“十三五”国家重点出版物出版规划项目

20世纪中期云南少数民族社会历史调查实录

第九卷

民族语言调查（三）

主　编　申　旭
副主编　肖依群

云南人民出版社

此成就。5卷本《秘境——云南民族濒危影像记忆》于两年前编定，即将面世，而《实录》的编辑和出版事宜肇始于2012年，至今已8年有余。其间不断大费周折与各方机构、多个部门商谈切磋，多次按照要求提交情况说明、申请报告、策划方案、出版计划、经费预算；曾接到过项目已获批准的通知，也见到了权威机构的立项文件，但结果都无从言说，令人身心俱疲、感喟不已。2015年，我在《云南民族调查史料钩沉（1950—1965）》（云南人民出版社2016年版）一书的“前言”中写道：

2004 年，我们策划并出版了《见证历史的巨变——云南少数民族社会发展纪实》一书，全书分为 4 卷，即社会发展卷、生产劳作卷、生活习俗卷和文化艺术卷，书中提供了 1480 幅珍贵的历史照片，是我们搜集、整理云南民族调查资料的阶段性成果。之后在继续查找、搜集和购买各种云南民族调查资料的同时，我们在极为困难的条件下，阅读了全部能够找得到和看得到的云南民族调查资料，并开始着手辨识和系统分类整理工作，计划将其部分陆续公开出版。由于经费等多方面的原因，这项工作至今仍在进行之中，因而先将云南民族调查资料的主要情况和一万多份史料的目录编成《云南民族调查史料钩沉（1950—1965）》一书，抛砖引玉，希冀有更多的人来关注和研究新中国建立初期云南各民族的发展历程，也期望有更多的人去抢救和保护云南民族调查资料，少存遗憾，给后人留下一笔不可多得的精神财富。

来到“十三五”收官之年，《实录》史料的辨识、分类、整理、选编和出版进程步入快速前行的轨道。

二

20世纪中期云南少数民族社会历史调查资料，主要包括以下几个方面的内容：

1. 民国时期的调查资料；
2. 中共云南省委边疆工作委员会的调查资料；
3. 云南省民族事务委员会的调查资料；
4. 云南省民族工作队的调查资料；
5. 中央民族访问团西南民族访问团第二分团的访问调查资料；
6. 云南民族识别研究组的调查资料；
7. 云南民族语言调查组的调查资料；

8. 全国少数民族社会历史调查中的云南民族调查资料；

9. 为贯彻执行民族政策，配合中央、云南省有关方面的各项工作，云南省各专区、自治区（州）、县、市、区、乡以各种组织形式进行的调查资料。

《实录》中民国时期的调查资料收录较少，范围也不甚广，目的仅在于使阅读者和使用者对1950年前后阶段云南少数民族的基本情况和发展进程有一个连续性的概念，不致截然割裂开来，重点仍聚焦于1950年云南解放以后各方面所发生的重大变革，并以1956—1964年的调查资料最为集中。因1956年开始的全国少数民族社会历史调查，包括云南在内的大部分地区在1965年时已基本结束，《民族问题三种丛书》的编写工作又因“文化大革命”的来临而陷于停顿状态，《实录》内容的时间下限也就确定在1966年“文化大革命”开始以前。

提起“云南民族调查”，人们首先想到的就是始于1956年的全国少数民族社会历史调查，即人们通常所说的“全国民族大调查”。实际上，早在1941年8月，中国共产党就做出了《中共中央关于调查研究的决定》，对中国社会各阶层进行调查研究。在1956年全国少数民族社会历史调查开始之前，中央人民政府先后派出了中央民族访问团西南民族访问团第二分团、云南民族识别研究组和云南民族语言调查组前往云南进行各项访问调查，中共云南省委边疆工作委员会、云南省民族事务委员会、云南省民族工作队等也对云南省解放初期各方面的情况做了大量的调查研究工作，为云南省少数民族身份和种类的最终确认、云南边疆民族地区社会经济的发展和中央民族政策的制定、贯彻执行奠定了坚实的基础。

从1956年开始，中国历史上第一次有组织、有计划进行的全国少数民族社会历史状况科学调查，系由毛泽东倡议、彭真负责。当时明确了调查工作由全国人民代表大会民族委员会主持，成立了由全国人民代表大会民族委员会主任委员刘格平、中央民族事务委员会副主任刘春和中央民族学院副院长费孝通组成的调查领导小组，在全国人民代表大会民族委员会成立了调查办公室。1956年4月，全国人民代表大会民族委员会制订了民族调查规划，拟定筹建云南、贵州、广西、西藏等地区少数民族社会历史调查组，计划在4—7年内基本弄清楚各主要少数民族的社会经济结构和阶级情况。当年就组织了云南、四川等地8个调查组，抽调了民族学家、社会学家、历史学家、经济学家以及社会科学研究人员、民族工作干部、大专院校师生参加。对云南各民族的调查，至“文化大革命”以前基本结束。据不完全统计，20世纪50—60年代云南民族调查资料初步整理出万余种，总字数在1亿字以上；整理档案资料和文献摘录数百种，计2000多万字；录制少数民族社会历史科学纪录片7部，拍摄各民族照片数万幅，还搜集了一批少数民族历史文物。

中国少数民族社会历史调查及其资料的整理、出版时间前后长达数十年之久。这是新中国成立以来唯一的一次大范围、全方位的少数民族调查，丰富的材料比较详细、忠实地记录下了各民族历史和现状，是非常可贵的第一手材料，为我国少数民族身份、种类的识别和确认提供了科学依据，培养了新中国第一批民族学家和人类学家，为中国少数民族的社会发展和新中国民族学、人类学的奠基与成长发挥了举足轻重的作用。就最终确定少数民族种类最多的云南省而言，民族识别和调查做得最好，民族工作尤为仔细和认真，民族政策的贯彻和落实最到位，调查资料数量及保留较多，内容也极为丰富，因而显得尤为弥足珍贵。

《实录》所说的"云南少数民族调查资料"即指上述各项调查的文献、提纲、记录、报告、总结、信件、照片、纪录片文本、研究成果、纸质文物等各类历史资料，以及20世纪50—60年代铅印的云南民族调查资料。

20世纪50—60年代，全国人民代表大会民族委员会云南少数民族社会历史调查组、中国科学院民族研究所云南民族调查组和云南省少数民族社会历史研究所等部门和研究机构编辑铅印的调查资料，由于封面一律为白色，故又被称为"白皮书"。

云南民族调查资料白皮书总共印刷了多少种，目前尚不得而知。到目前为止，我们收藏到58种，涉及云南25个世居少数民族中的14个，即彝族、哈尼族、白族、傣族、傈僳族、拉祜族、佤族、纳西族、景颇族、布朗族、阿昌族、怒族、德昂族、独龙族等。其他11个少数民族没有涉及，原因和可能性有3点。

1. 当时进行的少数民族社会历史调查主要是为撰写各少数民族简史、简志提供资料，具体分工的方法是：一个民族若同时分布在若干省区，则由分布该民族人数最多的省区负责撰写，其他省区负责该民族的社会历史调查，并把调查资料提供给承担撰写任务的省区。云南配合贵州、广西等省区撰写任务而进行调查的少数民族共有8个，即蒙古族、回族、藏族、苗族、壮族、布依族、瑶族、水族等。

2. 普米族、基诺族和满族3个民族被识别和确定为单一民族的时间较晚。普米族于1961年被确定为单一民族，而基诺族直到1979年才被确定为单一民族。当时普米族和满族两个民族的调查资料已经初步整理，但未被列入白皮书，而基诺族尚被称为攸乐人，其调查资料则被列入彝族的内容范畴。

3. 某些民族的调查资料，也许已经收入白皮书，只是我们尚未见到。

通过阅读白皮书，并将其与云南民族调查资料手稿及后来公开出版的国家民委

《民族问题五种丛书》之《中国少数民族社会历史调查资料丛刊》中的云南部分进行对照，简而言之，白皮书的价值主要体现在以下4个方面。

第一，《中国少数民族社会历史调查资料丛刊》没有全部收录白皮书的内容。仅举一例如下。

中国科学院民族研究所云南省少数民族社会历史调查组、云南省少数民族社会历史研究所办公室在《四川及云南昭通地区彝族社会历史调查资料》（彝族调查资料之二，1963年5月10日）白皮书的“说明”中写道：

因为编写《彝族简史》的需要，中国科学院民族研究所云南省少数民族社会历史调查组与云南省少数民族社会历史研究所于1960年2月至5月，至四川凉山彝族自治州和西昌地区以及羌族地区进行了调查。此次调查中，以云南大学历史系方国瑜教授为首的20多位师生，也作为调查组的成员参加了工作。本资料就是以此次调查的一部分专题材料为主，包括云南昭通地区毗连四川凉山的有关部分调查而成的。

《四川及云南昭通地区彝族社会历史调查资料》白皮书共收录四川、云南有关彝族的调查16篇。20世纪80年代，在出版国家民委《民族问题五种丛书》之《中国少数民族社会历史调查资料丛刊》时，云南省编辑组编辑了一本《四川广西云南彝族社会历史调查》（云南人民出版社1987年版），但未收录任何一篇该白皮书中的调查资料。

第二，云南民族调查资料白皮书主要来自当年的调查手稿，但现今部分手稿已不存在或很难寻觅，白皮书就成为当时调查最真实的记录。

截至目前，我们已粗读过1万多份尚未系统整理和公开出版的云南民族调查资料，大多为复写本、刻印本、油印本和抄本，表明这些资料并非孤本，其中部分曾经内部印刷，部分已经编入白皮书或《中国少数民族社会历史调查资料丛刊》。例如，《思茅　玉溪　红河傣族社会历史调查》编者指出：

本集共收集孟连傣族历史文献译文、社会调查资料及景谷、元江、新平、金平、红河各县调查材料共十七篇，其中八篇曾由中国科学院民族研究所云南民族调查组、云南省民族研究所以内部资料形式铅印过。[①]

① 云南省编辑组编：《思茅　玉溪　红河傣族社会历史调查·后记》，国家民委民族问题五种丛书之一《中国少数民族社会历史调查资料丛刊》，云南人民出版社1985年版。

《傣族社会历史调查》（西双版纳之十）编者指出，该集收入的资料中，“《勐海县勐混区曼蚌乡傣族农村公社和家族组织调查》一文，曾见于云南省历史研究所的内刊”①。《傣族社会历史调查》（西双版纳之三）编者指出：

本集收入的译稿，都是1954年至1955年间收集的有关西双版纳宣慰使司和各勐的史料，大部分在五十年代作内部资料刊印过。《傣族宣慰使司地方志》，是傅懋勣教授和刀忠强同志在1953年翻译的，我们根据中共西双版纳州委档案科和省历史研究所的复写本和油印本，选用了其中几节。《防火的通告》《宣慰使侍卫轮流执勤牌》等五篇，均选自省历史研究所的手抄稿，没有译者署名，只在卷内目录“调查写作年月”栏中注明“1954年”。这些稿件均请当年西双版纳傣族社会联合调查组翻译小组主持工作的刀国栋同志过目，认定确系这个小组的翻译稿。②

《傣族社会历史调查》（西双版纳之六）编者指出：

本集共收入十二篇调查资料，其中《勐遮傣族社会经济情况调查》和《勐遮傣族农民内部的封建等级调查》两篇，在六十年代初期作为内部资料铅印过。其余各篇原件，除了《版纳勐遮景真傣族社会历史情况调查》存中共西双版纳傣族自治州州委档案室外，均存省历史研究所。③

《傣族社会历史调查》（西双版纳之七）编者指出：

本集收入了景糯、勐很、勐旺、景董以及象明的调查资料共十四篇。收入的这些资料原件，除《景糯傣族社会经济情况调查》《勐旺傣族社会经济调查补充材料》《勐旺曼练景寨调查》《勐旺曼扫寨调查》存中共西双版纳傣族自治州州委档案科外，其他各

① 云南省编辑组编：《傣族社会历史调查（西双版纳之十）·后记》，国家民委民族问题五种丛书之一《中国少数民族社会历史调查资料丛刊》，云南民族出版社1987年版。
②《民族问题五种丛书》云南省编辑委员会编：《傣族社会历史调查（西双版纳之三）·后记》，《中国少数民族社会历史调查资料丛刊》，云南民族出版社1983年版。
③《民族问题五种丛书》云南省编辑委员会编：《傣族社会历史调查（西双版纳之六）·后记》，《中国少数民族社会历史调查资料丛刊》，云南民族出版社1984年版。

件均存省历史研究所。[①]

《傣族社会历史调查》（西双版纳之八）编者指出：

本集收入勐罕、勐笼、勐养和勐景哈、勐宽等五个勐的调查资料十二篇。……除上述外，其余各篇五十年代的油印本，原件存省历史研究所。[②]

仅仅要弄清楚这些原件现今是否还存世，其中哪些作为内部资料刊印过、哪些曾收入云南民族调查资料白皮书、哪些已收入《中国少数民族社会历史调查资料丛刊》、都进行了哪些删节和修改等，都不是一件简单容易的事情。

第三，《中国少数民族社会历史调查资料丛刊》遗漏了太多白皮书原有的信息。

白皮书大多有“前言”或“编后记”，如1958年2月13日全国人民代表大会民族委员会云南民族调查组、云南民族研究所《1956年12月至1957年6月云南西盟卡瓦族社会经济调查总结报告·卡瓦族调查材料之一》（全国人民代表大会民族委员会办公室编，1958年3月）白皮书的“编辑前言”：

自 1956 年 12 月至 1957 年 6 月，我组、所 3 个田野调查组分别调查了德宏州南部景颇族 6 个点，西盟县卡瓦族 6 个点，碧江县傈僳族 2 个点，贡山县四区独龙族 3 个点，碧江、福贡、贡山三县怒族 3 个点。在过去调查的基础上，进一步调查研究了这五族地区的生产力、生产关系、阶级分化、政治及家族制度、意识形态及生活习惯和社会主义改造中的问题。但我组、所初创之际，全部干部都是生手，受过资产阶级社会学、民族学一定的影响，几次批判又软弱无力；尤其对马列主义学习不深，不善于正确地进行阶级分析，特别是对过渡时期两条道路斗争的认识不明确，因此五族调查材料在目前社会主义改造与生产大跃进两个高潮中不能够全部说明问题，就是阶级分化与社会主义改造中的矛盾问题，组、所内干部意见也不一致，尚不能得出准确结论。

上述五族调查，原始材料 164 万字，景颇族社会、经济、政治、意识形态及历史的专题材料 38 万字，五族各点的综合材料 50 万字，卡瓦与景颇两族的综合材料 51 万字，

① 云南省编辑组编：《傣族社会历史调查（西双版纳之七）·后记》，国家民委民族问题五种丛书之一《中国少数民族社会历史调查资料丛刊》，云南民族出版社 1985 年版。

② 云南省编辑组编：《傣族社会历史调查（西双版纳之八）·后记》，国家民委民族问题五种丛书之一《中国少数民族社会历史调查资料丛刊》，云南民族出版社 1985 年版。

五族 5 个总结材料共 30 万字。另收集文物 193 件，摄拍照片 900 张，可供研究参考。

办公室编印资料 150 万字，这是研究边疆各民族社会经济的基础。争取文史馆、参事室及云大教师多人协助，抄录明清两代云南及东南亚民族史料 400 余万字，翻译外文著作中的云南及东南亚民族资料 120 万字，对于明清以来各民族历史关系研究有参考价值。

五族田野调查材料及总结材料，尚须较长时间修改才能付印。就是五族 5 个总结材料，合计亦达 30 万字，不便领导同志看阅。为便于领导同志在百忙中以短时间看阅我组、所调查研究情况，特将五族调查材料各写成 2000—4000 字的总结提要。

该书的“编后记”除了告诉我们该书的编辑者是云南少数民族社会历史调查组、云南省少数民族社会历史研究所，校阅者是张凤岐以外，还讲述了此次调查的基本情况：

1956 年 12 月至 1957 年 6 月，我组在西盟瓦族自治县对马散、永广、中课、翁戛科、岳宋等 5 个瓦族寨子进行了重点调查，并对该县其他少数民族（拉祜族、傈僳族、“罗缅”）进行了某些调查。我们的调查是在过去调查材料的基础上进行的，过去的材料给了我们帮助和启发。

在调查过程中，是在思茅地委会、澜沧边工委会、西盟工委会和西盟瓦族自治县筹委会以及西盟各区委会的具体领导和帮助下进行的，并得到当地驻军的大力协助。

由于我组同志多是初次参加调查工作，缺乏农村工作经验，理论水平不高，因而我们的调查是很肤浅的、不全面的，有些材料还须复查，有些论点还值得商榷。

云南民族调查组第一分组

1957 年 12 月　昆明

《1956年12月至1957年6月云南西盟大马散卡瓦族社会经济调查报告·卡瓦族调查材料之三》（全国人民代表大会民族委员会办公室编，1958年3月）白皮书除了“前言”以外，还有“编者说明”和“编后记”。全国人民代表大会民族委员会云南少数民族社会历史调查组、云南省少数民族社会历史研究所撰写的“编者说明”主要讲述了此次调查的时间、地点和内容：

全国人民代表大会民族委员会云南少数民族社会历史调查组第一分组于 1956 年 11 月至 1957 年 7 月，到云南西盟卡瓦族自治县（筹备委员会）在卡瓦族的 6 个点（大马散、岳宋、永广、中课、翁戛科、龙坎）进行了社会经济和历史的调查工作。大马散是分组的调查重点，在这里调查历时 7 个多月之久，写成了这个调查报告。

本册包括大马散寨卡瓦族的概况、经济［包括农业（生产力：生产工具、生产技术、劳动力的使用、产量。生产关系：生产资料占有、劳动组织与分工、合种、土地买卖、雇工、债务、蓄奴），手工业及副业，商业］、社会历史（历史、政治、军事、物质生活、家庭、婚丧、宗教、科学文艺、文教卫生）和大马散农业生产合作社情况。第一分组试图在几年来地、县委调查的基础上，进一步调查研究了大马散卡瓦族的生产力、生产关系、阶级分化、政治及家族制度、意识形态及生活习惯和社会主义改造的问题。大马散是西盟卡瓦族的腹心地区，保留本民族的固有特点较多些，代表面较宽，所以，在这里进行实地调查就能了解西盟腹心地区卡瓦族的特点。

自从 1957 年冬至 1958 年春省委提出苦战三年改变我省的面貌以来，西盟大马散卡瓦族与全省各族人民一样，掀起了生产大跃进和合作化大跃进的高潮，两个高潮互相推动，使大马散卡瓦族起了亘古未有的大变化，如猎头之俗已在大跃进中停止；许多落后习惯已完全改变。本调查报告由于调查时间的限制性，有些卡瓦族在前进中所存在的矛盾和问题，在 1956—1957 年夏调查时还没有暴露出来，或尚未发现。因此当时调查研究的认识与今天卡瓦族大跃进中生动活泼的局面，容或有不全面不深透之处。但作为了解大马散卡瓦族生产和合作化大跃进以前的实际情况，仍然有参考价值，特刊印出来，以供各方研究之助。

“编后记”则提供了整理者的分工情况：

我组在马散调查中得到中共西盟工委会、西盟瓦族自治县筹委会及马散区委会的大力帮助，区上的同志们更提供了许多材料，特此致谢！本报告的整理者是：顾宗振同志负责“概况”“生产资料占有”“劳动组织与分工”“合种”，杨炳炎同志负责“生产力”“手工业及副业”“文教卫生”，沈琼英同志负责“土地买卖”“雇工”“大马散农业生产合作社情况”，李仰松同志负责“债务”“物质生活”，黄宝璠同志负责“蓄奴”“商业”，徐志远同志负责“历史”“军事”“姓氏与父子连名制度”“科学文艺”，傅愫斐同志负责“政治”“家庭”“婚丧”“宗教”。

云南民族调查组第一分组

1957 年 12 月　昆明

国家民委《民族问题五种丛书》云南省编辑委员会编的《佤族社会历史调查（一）》[1]将该册的标题改成了《西盟大马散佤族社会经济调查报告》，删去了《1956年12月至1957年6月云南西盟大马散卡瓦族社会经济调查报告》白皮书中的“前言”“编者说明”和“编后记”。

云南民族调查资料白皮书的“前言”“编辑前言”“说明”“编辑说明”“编后记”为我们提供了丰富和宝贵的云南民族调查组的信息，但在公开出版《中国少数民族社会历史调查资料丛刊》时大多被删去，留下了太多的缺憾，其中部分也许已经无法弥补。

第四，《中国少数民族社会历史调查资料丛刊》几乎对所有收录进白皮书的内容进行了修改或删节。

鉴于上述，《实录》将收录部分白皮书的内容，主要包括3个方面：一是《中国少数民族社会历史调查资料丛刊》没有收录的文稿，二是《中国少数民族社会历史调查资料丛刊》虽然收录但删改过多的文稿，三是《中国少数民族社会历史调查资料丛刊》仅做了部分收录的文稿。《实录》对于部分白皮书文稿的收录，如果能找到原稿，即以原稿为准；如果无法找到原稿，则以白皮书为准。

三

《中国少数民族社会历史调查资料丛刊》云南部分，收录的不仅是1956年开始的“全国民族大调查”中云南的民族调查资料，而且包括部分1950年至1955年中央和云南省有关部门所做的各项云南民族调查的资料。例如，1958年5月云南少数民族社会历史调查组在《西双版纳傣族社会经济史料译丛》“前言”中写道：

中央访问团第二分团，中共云南省委边疆工作委员会，云南省民族事务委员会，各地、县委，各民族工作队及其他部门和民族工作干部，几年来对云南各少数民族地区的社会经济情况曾进行了许多调查工作，搜集了大量资料，这些资料是此次调查研究的基础。现特委托中共云南省委边疆工作委员会研究室、云南省民族事务委员会、我组参加其工作，将上项资料分别整理编辑；全国人民代表大会民族委员会并指定我组负责刊印出来，

① 《民族问题五种丛书》云南省编辑委员会编：《佤族社会历史调查（一）》，《中国少数民族社会历史调查资料丛刊》，云南人民出版社1983年版。

以供我组作为调查研究的基础材料及各有关部门和民族工作的参考。[①]

在该书的“编者说明”中，编者又写道：

在解放后几年民族工作基础上，1954 年九十月间，中共云南省委边委、省委宣传部与省民委先后派去工作组，会同思茅地委联络组与西双版纳工委调查组，并选拔当地傣族干部 20 余人，共同组成近 70 人的调查工作队，展开了景洪、勐海、勐遮、勐腊、勐捧等版纳的傣族社会调查工作。在进行调查工作中，也广泛地搜集过去西双版纳宣慰使司和各勐公私所藏的傣文抄本进行翻译，编成本书。[②]

另外，如《中国少数民族社会历史调查资料丛刊》收录的云南民族识别等方面的资料，调查时间也都在1956年“全国民族大调查”开始以前。

云南民族调查资料最初计划用来编写《民族问题三种丛书》，即《中国少数民族简史》《中国少数民族简志》《中国少数民族自治地方概况》。1978年党的十一届三中全会以后，中央决定将《民族问题三种丛书》扩成《民族问题五种丛书》，增加了《中国少数民族语言简志丛书》和《中国少数民族社会历史调查资料丛刊》。《民族问题五种丛书》中的前4种已于20世纪80年代前后基本出版完毕，第五种即《中国少数民族社会历史调查资料丛刊》，作为国家民委《民族问题五种丛书》之一，于20世纪80年代前后全国共出版143册。其中，云南部分由云南人民出版社和云南民族出版社共出版73册，约计3000万字，册数和字数均约占全国出版总量的一半。国家民委《民族问题五种丛书》修订本于2009年由民族出版社出版，合计为86种147册，其中《中国少数民族社会历史调查资料丛刊》云南部分，虽然《崩龙族社会历史调查》不再单独出版，但是加上民族出版社1990年出版的《基诺族普米族社会历史综合调查》1册，仍为73册。

国家民委《民族问题五种丛书》之《中国少数民族社会历史调查资料丛刊》的编纂工作始于1979年。费孝通曾回忆说：“我是1950年到贵州的，从那年开始就搞民族调查。在这以前，什么叫少数民族，我们也不大清楚。通过中央访问团的几次调查，搜集到不少资料，了解了有些什么民族。……总之，过去30年的民族调查工

① 全国人民代表大会民族委员会办公室编：《西双版纳傣族社会经济史料译丛 · 傣族调查材料之一 · 前言》，1958 年 5 月。

② 全国人民代表大会民族委员会办公室编：《西双版纳傣族社会经济史料译丛 · 傣族调查材料之一 · 编者说明》，1958 年 5 月。

作，国家是花了钱花了力的，各个民族都出了力。我们搞了不少资料，数量很大。可是，这一大批资料很多都不在了，在‘四人帮’横行时损失了。据我所知，贵州烧得很厉害，一卡车一卡车的资料拉去烧掉了，别的地方也损失了不少。这样，现在剩下的材料就很宝贵了。正是因为这个教训，所以在三中全会之后，国家民族事务委员会就提出来，要抓紧时间把过去的材料整理出来，要编五种丛书，供大家使用。”①“1978年的中共十一届三中全会后，国家民委行政机构得以恢复，隔年即在北京召开了出版‘五丛’的规划会议，并成立了由众多著名专家学者组成的编委会，以民委党组的名义向党中央进行报告。此报告于1979年3月由中央宣传部和中央统战部转发至相关省和自治区，并将这一计划列为国家哲学社会科学研究‘六五’规划重点科研项目，作为国家任务下达执行。借此，因‘文革’而搁置的民族问题‘三套丛书’得以充实、提高、发展至‘五种丛书’。”“2003年9月1日，民族出版社将一份重修、再版《民族问题五种丛书》的设想和方案上报至国家民族事务委员会民族问题研究中心。经相关专家学者的反复研究论证，《关于修订、再版〈民族问题五种丛书〉的总体方案》于2005年2月制定出台。随后国家民委主任李德洙主持召开党组会议，审议并原则上通过了该方案。是年7月，经报请国务院批准，修订再版工作全面启动。”②

为了做好这项宏大巨制的修订工作，在北京成立了“国家民委《民族问题五种丛书》总修订委员会”，并在“基本保持原貌，统一体例、版本，增加新内容”的总体指导方针下，根据各种丛书的不同特点，制定了具体的修订思路。“‘中国少数民族社会历史调查资料丛刊’的修订，主要是尊重史实，修正错误，增加注释。”③修订原则即包括两个方面：一是“尊重史实”，即尊重当时的调查成果，原封不动地保留原文，连标点符号都不改，只在需要修订的地方用标注的方式加以说明；二是“拾遗补阙”。一方面由于原版“五种丛书”的调查重点集中于西南、西北地区，此次修订需要补上中东南等地区漏掉的内容；另一方面需要以页下注释的形式补充调查点几十年来人口、经济、社会、风俗、语言等方面的变化情况。④

① 费孝通：《费孝通民族研究文集》，民族出版社1988年版，第295—296页。
② 徐姗姗：《对“民族大调查”与“社会历史调查丛刊”的再解读》，《广西民族研究》2007年第2期。
③ 李德洙：《国家民委〈民族问题五种丛书〉修订再版总序》，2007年8月。
④《中国少数民族社会历史调查丛刊》修订领导小组：《〈中国少数民族社会历史调查丛刊〉修订要求与相关说明》（2006年2月），转引自徐姗姗《对“民族大调查”与“社会历史调查丛刊”的再解读》，《广西民族研究》2007年第2期。

在新中国成立初期历次的民族调查中，无论从规模来讲，还是从结果来看，开始于1956年的全国少数民族社会历史调查都是史无前例的，曾被国家民委等部门和国外学术机构评价为“前无古人，后无来者”。以此次民族调查为基础，出版了《民族问题五种丛书》。这套丛书是当今世界上多民族国家中唯一一部由政府组织、社会力量广泛参与、全面反映国内各民族情况的大型综合文献，内容涉及民族区域自治、民族学、民族史、民族语言文字以及民族经济、文学、宗教、医药、体育、音乐、舞蹈、美术等诸多领域；调查编写工作涉及全国19个省、自治区及中央有关单位400多个编写组，1700余人执笔，共编写出版《民族问题五种丛书》403本，总字数约8000万字；其编写出版工作自1958年开始，到1991年暂告一段落。

四

1950—1965年以各种形式进行的民族调查及其成果是新中国民族理论形成的第一成果，至今仍是民族学、人类学研究的一块稳固基石，在中国民族学发展史上具有里程碑意义。云南是中国共产党民族政策具体实践的一个成功典型案例，丰富而翔实的各少数民族社会历史调查资料则具有充分的代表性。云南是中国少数民族种类最多的省份，是中国少数民族社会历史调查的重点省份，也是中国少数民族社会历史调查文献资料保存最多的省份。当前，云南正在努力建设我国民族团结进步示范区，回顾民族工作历程、总结民族团结经验、促进民族理论创新，是创建示范区的基础性重点工作，因而编辑出版《实录》有着重要的理论价值和现实意义，也将产生深远的影响。

我们现在编辑的这套图书，曾被命名为《〈民族问题五种丛书〉续编——云南少数民族社会历史调查资料未刊稿汇编》，其原因就在于云南少数民族社会历史调查资料未刊稿的存世量远超于人们对它的掌握和认知，其主要目的之一则是为了弥补《中国少数民族社会历史调查资料丛刊》云南部分的某些缺憾与不足。

《中国少数民族社会历史调查资料丛刊》云南部分收录了当时诸多民族调查资料的精华，这一点毋庸置疑，此不赘述。但从现存云南民族调查资料的情况看，《中国少数民族社会历史调查资料丛刊》也存在一些缺憾，主要表现在两大方面。

1. 缺少9个民族的内容。云南有26个世居民族，《中国少数民族社会历史调查资料丛刊》云南部分仅收录了17个民族的调查资料，而汉族、蒙古族、藏族、壮族、布依族、满族、水族、普米族和基诺族等9个民族的内容没有收录。需要说明以下两点。第一，虽然新中国成立初期云南的各项调查主要集中在少数民族地区，调查对象主要是各少数民族，出版的图书名称为《中国少数民族社会历史调查资料丛刊》，但云南汉族的调查资料也应该以某种形式被收录其中。云南民族关系中有3个重要的“离不开”，即汉族离不开少数民族、少数民族离不开汉族、少数民族之间互相离不开，要想把一个地区的民族情况弄清楚，没有汉族的调查资料是很难做到的。就我们目前所见到的云南民族调查资料而言，其中约有数百份汉族调查资料，内容包括云南汉族的来源、汉族与云南社会经济的发展、汉族与少数民族的融合、新中国成立前汉族商业垄断和云南资本主义萌芽、新中国成立初期云南汉族状况、云南山区汉族社会经济调查等诸多方面。第二，在20世纪80年代云南民族出版社和云南人民出版社出版的《中国少数民族社会历史调查资料丛刊》中，没有基诺族和普米族的内容，1990年民族出版社出版了《基诺族普米族社会历史综合调查》一书，其中的上篇“《基诺族社会历史综合调查》，是根据全国民族问题五种丛书编委会云南分编委1980年的决定进行编写的。这一资料的完成是长时间调查的结果”[①]。虽然基诺族在1979年才被正式确认为中国的一个单一民族，但在20世纪50—60年代的民族调查资料中，有数十份有关“攸乐人”的调查报告，这些调查资料并没有收入《基诺族普米族社会历史综合调查》一书。而《基诺族普米族社会历史综合调查》的下篇《普米族社会历史综合调查》，虽然收录的是20世纪50—60年代的调查资料，但部分经过选编者的多次修订，已经无法看到其原始面貌。后人在对前人的历史调查资料进行选编时，删除不利于民族团结或不合时宜的内容非常必要，但选编者基于自己的知识背景对其他民族（当时云南民族识别工作尚未结束，部分民族及其支系的身份、名称尚未最终确认，但参订者将调查资料涉及的所有民族称谓全部改为后来确定的“规范化名称”[②]）的调查资料进行“选编”“参订”“修订”（修订者与调查者并非同一民族），必然面临语言、文化诸多方面的困难和不理解，其结果也就很难完全展示原始调查资料的真实性和准确性。

2. 内容涵盖面不够。首先，据目前所了解的情况，云南民族调查资料存世量居全国第一。在修订出版的147册《中国少数民族社会历史调查资料丛刊》（民族出版

①《民族问题五种丛书》云南省编辑委员会编：《基诺族普米族社会历史综合调查（上篇）·基诺族社会历史综合调查·说明》，《中国少数民族社会历史调查资料丛刊》，民族出版社1990年版。

②《民族问题五种丛书》云南省编辑委员会编：《基诺族普米族社会历史综合调查（下篇）·兰坪、宁蒗两县普米族社会调查·说明》，《中国少数民族社会历史调查资料丛刊》，民族出版社1990年版。

社2009年版）中，云南有73册，占了总册数的一半。没有整理和出版的内容，云南民族调查资料现存在1亿字左右，远远超过现已出版的《中国少数民族社会历史调查资料丛刊》字数的总和。

在云南民族调查资料中，最具价值者为原始档案，即云南少数民族社会历史调查资料，其重要原因之一就在于其他4种丛书的编写依据大多来自第五种即云南少数民族社会历史调查资料。据不完全统计，云南调查组收集、整理和编写的历史档案、少数民族文献和调查资料目前已公开出版约3000万字，大约占到调查资料总字数的1/4。没有系统整理和出版的调查资料，部分存藏于北京市、云南省及其各州市县档案馆、图书馆和相关机构，部分散落于民间或由私人收藏，部分由原参与民族调查的工作人员收藏，部分见诸网上书店，版本包括稿本、复写本、刻印本、油印本、铅印本以及少数民族文字文献，内容则包括调查资料、调查提纲、工作计划、工作报告、工作笔记、文件、公文、批示、审稿意见、会议记录、总结、简报、通信、纸质文物（地契、证照、奖状、土司谱牒、账本等）、纪录片文本（拍摄提纲、脚本、分镜头剧本、解说词）等。但这些珍贵的史料数十年来几乎无人问津，其中部分资料由于保存不当或经过多次搬迁损毁严重，部分已经丢失，有些已有虫蛀，有些则因时间太久（受当年的纸张和墨水质量所限）或受潮而变得字迹模糊、难以辨认，亟待抢救性整理和出版。

云南之所以现存有如此大量丰富的民族调查资料，与云南的地理环境、民族情况、历史发展等多方面的复杂因素是分不开的。由于云南民族具有复杂性、国际性、宗教性等多方面的特点，新中国成立初期在云南的各项民族调查工作都要比在其他省区的工作更难做，需要的时间也更长。例如，新中国成立初期中央决定派出民族访问团到全国民族地区进行访问，首先派出的就是西南民族访问团（1950年），而东北内蒙古民族访问团在两年之后才派出。中央民族访问团西南民族访问团又分为3个分团，第一分团去西康，第二分团到云南，第三分团去贵州。到1951年3月，第一、第三分团的工作已全部结束，而第二分团即云南分团第二阶段的访问工作才刚刚开始。中央民族访问团西南民族访问团第二分团走访了云南9个专区的42个县（含设治局），除了建立地方民族民主联合政府、开办民族干部培训班、召开地区民族代表会议等各项重要工作以外，还整理和编写了百余万字的访问调查资料，这在中央派到全国各地的民族访问团中实属唯一。

前面所说8个方面的云南民族调查资料（不包括民国时期的调查资料），至今大部分尚未整理和出版。已出版的《中国少数民族社会历史调查资料丛刊》中的云南资料只是这些民族调查资料中的极小部分，而且很多重要内容几乎没有涉及。即使读完《中国少数民族社会历史调查资料丛刊》云南部分的全部内容，人们对新中国成立之后一个时期内的云南民族情况依然缺乏了解。比如：云南民族调查是怎样开始和进行的，来龙去脉是什么；云南多种社会形态并存的状况如何；云南的民主改革是在什么条件下如何分类进行的；云南民族区域自治政策和民主建政工作是怎样贯彻和落实的；云南第一个民族自治区和民族自治县是如何成立的，有什么经验和不足，对以后其他民族自治区、自治州和自治县的建立有什么影响和借鉴；等等。

其次，某些少数民族的各类调查资料很多且内容极为丰富，而《中国少数民族社会历史调查资料丛刊》仅收录了其中的极少部分。

最后，我们所说《中国少数民族社会历史调查资料丛刊》收录资料的涵盖面不够还有另外一种情况，即某一方面的资料有所收录，但或掐头去尾，或只见其一不知其二，使人无法了解某一方面资料的全面情况。例如，关于云南民族识别共有3个综合调查报告，第一阶段的识别报告名称为《云南省民族识别研究第一阶段工作初步总结》①，仅其中的《云南民族识别研究组第一阶段民族识别总结》部分被收录在《云南少数民族社会历史调查资料汇编》中，标题被改为“云南省民族识别报告”②，而第二阶段云南民族识别（第一阶段云南民族识别工作总结上报不到1个月，第二阶段云南民族识别工作已经开始）总结和后来的云南民族识别综合调查报告均未被收录，无论是一般读者，还是专业研究人员，仅通过《中国少数民族社会历史调查资料丛刊》收录的资料，对新中国云南民族识别情况和过程都不可能有一个基本的了解。

对于缺少9个民族内容的情况，由于《实录》的内容是少数民族社会历史调查史料，因而汉族不再单独列项，读者可以从各少数民族调查资料和综合调查资料（如“经济生活”部分）中窥见一斑；没有列项的各少数民族资料，除当时尚未识别、“正名”、列为单一民族从而导致没有（或尚未发现和整理）调查资料者外，我们尽量予以弥补和增添。对于内容涵盖面过窄的情况，除了增加单独板块以外，我们在各卷少数民族调查资料中也会适当加以补充。

---

① 中共云南省委边疆工作委员会编印：《云南省民族识别研究第一阶段工作初步总结》，1954年8月25日。

② 云南省编辑组编：《云南少数民族社会历史调查资料汇编（三）》，《中国少数民族社会历史调查资料丛刊》，云南人民出版社1987年版。

五

《实录》名为“实录”，就表明了对原始文献史料进行实录即是《实录》最主要的特色之一，也是《实录》与过往同类图书最大的不同之处，保持调查资料的原貌和真实性便成为编辑《实录》的不二法门。

在选编《实录》资料的过程中，经过我们将云南民族调查资料的手稿、原件和白皮书等进行比对，可以发现，部分《中国少数民族社会历史调查资料丛刊》中云南的资料已经做了一定程度的修改，有些调查资料改动的幅度相当大，中央民族访问团西南民族访问团第二分团编辑出版的《云南民族情况汇集草稿》就是一个典型的例子。

中华人民共和国成立后不久，根据毛泽东主席的建议，中央决定向全国各民族地区派遣访问团。从1950年7月到1952年年底，中央共派出4个民族访问团，即中央民族访问团西南民族访问团、中央民族访问团西北民族访问团、中央民族访问团中南民族访问团和中央民族访问团东北内蒙古民族访问团。1950年6月，中央决定首先派出西南民族访问团，由刘格平任团长，费孝通、夏康农任副团长，团员共120余人，分别深入川、滇、黔、康民族地区进行访问。中央民族访问团西南民族访问团团员由中央民族事务委员会、文化教育委员会、内务部、卫生部、贸易部、青年团中央等20多个单位（政务院所属各部、会、院、署）抽调组成。中央民族访问团西南民族访问团下设3个分团，第一分团赴西康，刘格平兼任团长；第二分团赴云南，夏康农兼任团长，王连芳任副团长；第三分团赴贵州，费孝通兼任团长。中央民族访问团西南民族访问团第二分团即云南分团，简称中央访问团第二分团。

1950年7月2日，中央民族访问团西南民族访问团离开北京，经武汉到重庆，西南军政委员会主席刘伯承、副主席邓小平作欢迎报告。刘伯承在欢迎报告中指出：

> 关于西南少数民族问题，以我们来说还是一个新的问题，我们仅一知半解，许多情况我们还不大了解，比如西康藏族人口，云南、贵州少数民族的种类，到今天还没有精确的统计。……希望访问团每达少数民族地区要首先赔不是；另外是要多多调查研究，做一个毛主席的好学生。……要正确地执行民族政策，首先要调查研究。毛主席指示我们：“没有调查研究，就没有发言权。”①

①《刘伯承同志在欢迎中央访问团会上关于西南民族工作问题的报告》（1950年7月21日），云南省委办公厅印《民族工作文件汇编》，1951年8月。

邓小平在讲话中指出：

中央民族访问团这次到西南来，必定对我们帮助很大。你们在少数民族方面研究、了解的东西比我们多得多。特别是你们下去以后，亲身接触具体情况，会发现许多问题。我们很希望同志们研究各种问题，多提意见，哪怕是一个片面的意见，也比没有意见好。现在我们就是苦于没有意见。……依靠同志们的工作，我相信可以解决西南最复杂的又是最重大的问题——民族团结问题，至少可以打下一个很好的基础。[①]

中央访问团第二分团走访了云南9个专区的42个县，从中央访问团第二分团的行程来看，其在云南的访问可以分为两个阶段。第一阶段从1950年8月6日至1951年1月31日，主要访问滇西各地。1月31日滇西各组返回昆明做短暂休整，第二分团领导做半年来第一阶段工作初步总结。第二阶段从1951年2月22日至5月中下旬，主要访问滇南各地。5月中下旬滇南各组返回昆明，齐聚安宁温泉，做第二分团工作和个人总结。

此外，中央访问团第二分团还整理和编写了100余万字（《实录》编者按目前已收藏的78册书稿页数统计）的访问调查资料，这套资料有一个总的名称，即《云南民族情况汇集草稿》。

中央访问团第二分团编印的《云南民族情况汇集草稿》（后文简称《草稿》）也分为两个阶段，第一阶段的访问成果标明为“材料”，标明的出版（《草稿》为竖排铅印，小32开本，纸张粗糙，封面用红字印刷，虽然标有“出版”字样，但并无统一书号）时间是1951年2月；第二阶段的访问成果标明为“资料”，标明的出版时间是1951年7月。可以看出，中央访问团第二分团的工作不仅时间长（中央访问团第二分团第二阶段工作刚刚开始，第一分团和第三分团的工作已经结束）、成果多（目前尚未看到其他访问团有如此大量的实地访问调查报告面世），而且时间抓得很紧——1951年1月31日第一阶段工作结束，2月份就出版了第一阶段的访问材料；1951年6月10日中央访问团第二分团离昆返京，7月份人们就看到了墨香犹存的第二阶段访问资料。

中央民族访问团西南民族访问团第二分团第一阶段访问了6个专区，即宜良、丽江、保山、大理、楚雄、武定，在这6个专区的每册《草稿》前面都有一个“编

①《邓小平文选》第一卷，人民出版社 1994 年版，第 170—171 页。

者声明”：

这些材料是我们从1950年8月29日至1951年1月31日（其中大部时间是在行动中），先后在圭山、丽江、保山、大理、武定、楚雄等地区进行兄弟民族访问工作中，通过当地干部、民族代表及熟悉当地情况的人士所了解的一些情况。为应各有关机关之急需，仅将原材料加以整理，尽量避免主观分析与结论，在文字上仅要求念得通、看得懂。但由于是短期的访问与了解及仓促整理，情况难免不真实或不深入，观点难免错误，文字烦琐或不通顺。故仅能供各有关机关进行民族工作的参考或进一步考察的线索，并望于今后的调查研究，加以校正。

1951年2月 日

中央民族访问团西南民族访问团第二分团第二阶段访问了3个专区，即普洱、蒙自和文山。在普洱区和蒙自区的每册《草稿》中也都有一个“编者声明”，与前面6个专区每册《草稿》的“编者声明”内容基本相同，只是时间和地点有了更动：

这些材料是我们从1951年2月22日至1951年5月底（其中大部时间是在行动中），先后在蒙自、普洱、文山等地区进行兄弟民族访问工作中，通过当地干部、民族代表及熟悉当地情况的人士所了解的一些情况。为应各有关机关之急需，仅将原材料加以整理，尽量避免主观分析与结论，在文字上仅要求看得懂。但由于短期访问及仓促整理，情况难免不真实或不深入，观点难免错误。故仅能供各有关机关进行民族工作的参考或进一步考察的线索，并望于今后的调查研究，加以校正。

1951年6月 日

20世纪70年代末，国家民委将《民族问题三种丛书》扩展为《民族问题五种丛书》时，部分《草稿》被编入《民族问题五种丛书》之《中国少数民族社会历史调查资料丛刊》中，名称为《中央访问团第二分团云南民族情况汇集》，分上、下两册，由云南民族出版社1986年出版。

《草稿》共计有多少册？这是一个迄今尚未找到答案的问题。作为中央民族访问团西南民族访问团第二分团副团长并留任云南的王连芳在《云南民族工作回忆》一书中回忆道：

当时我们可能了解的民族情况，联络组基本上都了解到了。每次送到我那里的材料都很多，由孙敏贤同志帮我一道看，并进行分类处理。一是如控告、纠纷和违反禁忌等需当地干部引起注意的，留在当地处理，一般的交县里，重要的给地委；二是典型材料、综合材料、总结等直接报省委，少数给省民委；三是报送中央的材料，紧迫的直接电告中央，其他的则带回北京。这些材料虽然粗浅但却使我们初步掌握了云南少数民族的基本情况，为中央和省委以后的民族工作决策提供了重要依据。其中一部分在 1985 年被编成《云南民族情况汇集》（上、下集），留下了近 90 万字的珍贵资料，其他资料和总结均随团带回北京，保留在中央民委。①

王连芳所说的《云南民族情况汇集》即1986年出版的《中央访问团第二分团云南民族情况汇集》（后文简称《汇集》）。《汇集》编者在上册“后记”中说：

1981 年底，为编辑西双版纳地区的傣族调查资料，马曜教授首先将珍存的中访团这批资料中有关西双版纳的调查资料十件，交付编入《傣族社会历史调查（西双版纳之一）》（云南民族出版社出版）。出书后引起各方关注，经编委丛刊组研究决定，命专人搜集这批资料，编入中国少数民族社会历史调查资料丛刊。由于历史原因，当年中访团达百余件、百余万字的《云南民族情况汇集草稿》，已很难见到完整成套的了。在搜集这些资料过程中，先后得到省档案馆、省民委资料室同志的鼎力协助，终于将文山以外各地区调查资料基本收齐。

《汇集》编者在下册“后记”中又说：

上、下两集的资料，从搜集原件到编辑付印，前后历时两年多；在搜集资料、编辑过程中，原中央访问团二分团副团长省人大常委会副主任王连芳同志，始终给予各种极大的支持和指导。马曜教授将珍藏数十年的资料近 30 件交付编辑。原中访团二分团的苏丹、宋伯胤、胡鸿章、宋文治、高文英、尹寿铭等同志，以极大的热情为编辑提供情况、照片等。

作为中央民族访问团西南民族访问团第二分团成员并留居云南工作的胡鸿章回忆说，中央访问团第二分团“接触了分别居住在60个县内的少数民族群众，做了20

① 王连芳：《云南民族工作回忆》，民族出版社 2012 年版，第 12—13 页。

个村和10余个专题的典型调查，整处了近百万字的调查材料”[①]，又说中央访问团第二分团“整理了70份近80万字的调查材料”[②]。关于《草稿》的册数，有“70份”和“百余件”之说，但不知道“百余件”的根据从何而来，更不晓得“百余件”的具体内容；关于《草稿》的篇幅，则有“近80万字”“近90万字”“近百万字”和“百余万字”等等不同的说法。

关于文山专区的访问资料，《汇集》编者在上册“后记”中说：

> 经我们在昆明、北京两地查找，又函请文山壮族苗族自治州民委查询，均未找到。

中央民族访问团西南民族访问团第二分团访问文山的资料有多少，当时是否已编入《草稿》？这也是无从知晓的问题。中央民族访问团西南民族访问团第二分团成员宋伯胤在1951年2月12日的日记中写道：

> 老聂告诉我，下一阶段工作我参加第一组，组长是老范，我是副组长，由老聂率领，去蒙自、文山工作三个月。团部去宁洱，还有一路去澜沧，这两组是远征军。我们的地区是近了点，团部给予的任务，他们是做“线”的访问，我们则做“面”的调查。[③]

从宋伯胤后来的日记来看，他这一组人马又分为两部分，一部分去蒙自，一部分去文山，宋伯胤只去了蒙自，在他的日记中有详细的记录。他在1951年5月27日的日记中写道：

> 到文山去的同志们回来了。二分团这一次是最后的会师。[④]

到文山去的“同志们”都有谁，是否编写了访问调查资料，依然不得而知。

为了寻找中央民族访问团西南民族访问团第二分团在文山的线索，我曾两次前

① 胡鸿章：《回忆中央访问团访问云南》，云南省编辑组《中央访问团第二分团云南民族情况汇集（下）·附录三》，《中国少数民族社会历史调查资料丛刊》，云南民族出版社1986年版。

② 胡鸿章：《回忆中央访问团云南分团》，《云南文史资料选辑第四十四辑·云南民族工作回忆录（一）》，云南人民出版社1993年版。

③ 南京博物院编：《宋伯胤文集·民族调查卷》，文物出版社2012年版，第216页。

④ 南京博物院编：《宋伯胤文集·民族调查卷》，文物出版社2012年版，第304页。

往文山壮族苗族自治州、市各档案馆、图书馆、民宗局、政协文史资料编辑审查委员会等相关机构查阅档案资料，仅在文山州档案馆查到了两份提及中央民族访问团的资料。两份资料皆有两个版本，一为手稿，一为刻印稿，内容基本一致。一份资料为中国共产党文山地方委员会1951年3月17日统族字第贰号文，名为《文山地委统战部关于民族工作的计划》，其第三部分“关于民族调查工作”写道：

各县要在五月下旬（即中央访问团未到前）完成下列各项民族调查工作：

①民族种类——名称。②各民族人口数——尽可能得到正确数字，即匪乱地区亦应估计人口的约数。③各民族分布地区——如能绘图说明更好。④风俗习惯——各民族婚姻、年节等礼俗制度。⑤各民族的历史——叙述民族来历、有过什么沿革或斗争。⑥社会概况——各少数民族与汉族的关系，各民族互相间的关系。土司、领袖、头目和经济、生活等情况，应各民族分别叙述。⑦干部情况——县、区、村各级干部各若干？党团员干部各若干？⑧文化情况——有无自己的语言文字？学校情形？⑨宗教——有何宗教信仰？迷信程度。⑩治安状况——报导各少数民族地区匪特活动情况及有无参加匪特的恶霸地富。

从这份民族调查工作计划中，我们从一个侧面可以大致了解中央民族访问团西南民族访问团第二分团在云南各地访问调查的具体内容，还可以知道中央民族访问团西南民族访问团第二分团在1951年5月下旬（或以后）要去文山访问，这与宋伯胤记录的时间稍有出入（宋伯胤1951年5月27日的日记说“到文山去的同志们回来了”）。我们所无法知道的是——文山地区制订的民族调查工作计划完成得如何，是否编写了调查报告？如果是，又是否会列为中央民族访问团西南民族访问团第二分团调查材料的一部分？如果答案是肯定的，那为什么到目前为止在《草稿》中没有找到任何有关文山调查资料的痕迹？如果答案是否定的，又是出于什么原因？（《草稿》普洱和蒙自两区资料的“编者声明”中都提到去过文山访问调查并进行了材料整理）

另一份资料为中国共产党文山地方委员会1951年7月18日发文第031号，名为《地委关于召开各族各界代表会议建立联合政府复麻栗坡市委》。其中，在“（三）如何产生政府委员问题”一节中提到了“见张冲、王连芳同志《关于普洱专署组织联合政府的总结报告》”[①]，在“（五）领导思想问题”一节中指出：

> 中访团来文山指示后，少数民族工作已引起各级党委注意，但把阶级斗争与民族团结对立起来的左倾情绪还未根绝，争取与稳定民族上层分子还不坚决。……必须明确在边远地区，特别民族关系混乱的地区，只有把社会改革暂退一步，把民族团结、民主建政、生产工作、抗美援朝运动、爱国主义教育推进一步，把少数民族团结发动起来，才能推动其他工作。我们要在思想上彻底解决此一问题，并将这一精神贯彻到具体工作中去！

这份资料对中央民族访问团西南民族访问团第二分团到过文山做了确切的记录，但除了做指示以外有没有像在其他地区一样编写调查报告并编入《草稿》？从到目前为止所掌握的资料来看，依然不得而知。

《草稿》是中央民族访问团西南民族访问团第二分团最为重要的成果之一。从《汇集》编者叙述的情况看，《草稿》非常珍贵，但散佚情况严重，在20世纪80年代编辑《汇集》时，曾“命专人搜集”，并动用组织手段，都未能将《草稿》收齐。我们曾查找和阅读了上万份的云南民族调查手稿资料，对老一代民族工作者吃苦耐劳的革命精神和一丝不苟的工作作风充满敬意，因而历来视其为可信的史料。先是一个偶然的机会，从一家旧书店淘到几册《草稿》，将《草稿》和《汇集》进行简单对照阅读之后，顿时让人心生狐疑：两种版本同一篇访问调查的内容居然有很多地方无法对应！是我见到的这几本情况如此，还是所有《汇集》收录的《草稿》内容已非原文？经过20多年的搜集和寻访，现已收藏除文山区以外的《草稿》原件共78册（其中一册为翻拍件），依照中央民族访问团西南民族访问团第二分团的访问路线顺序，计有路南圭山区材料5册、丽江区材料17册、保山区材料13册、大理区材料2册、楚雄区材料1册、武定区材料7册、普洱区资料20册和蒙自区资料13册。除《傣族社会历史调查》（西双版纳之一）收录10册以外，《汇集》共收录《草稿》63册。

将《草稿》与《汇集》进行比对，发现《汇集》编者对《草稿》动了较大的“手术”，主要有以下几个方面。

1. 未收录或部分收录。《汇集》没有收录的《草稿》有5册，对其他部分《草稿》的内容仅做部分收录或删节收录。

---

① 关于张冲、王连芳的报告及中央民族访问团西南民族访问团第二分团协助成立普洱专区联合政府，参见申旭、肖依群编著的《云南民族调查史料钩沉（1950—1965）》（云南人民出版社 2016 年版）一书之“I 中央访问团第二分团对云南的访问调查”。

2. 掐头。每册《草稿》都有封面和“编者声明”，封面上标有“云南民族情况汇集草稿”“××区材（资）料之×”“中央访问团第二分团”字样以及篇名、出版年月等各种信息，《汇集》将其和“编者声明”、目录等一并删除。

3. 去尾。王连芳在《云南民族工作回忆》一书中写道，中央民委受命筹建访问团时，访问过程中的调查研究工作就备受重视，民委领导指派他负责起草一个调查提纲，由杨静仁修改后报送中央。1950年6月访问团全体人员集中在北京国子监学习，当时的中央书记处书记、北京市委书记彭真派秘书到国子监找他，转达了3点意见：第一，访问有多种功能，但其中一个重大的政治任务就是多方面了解民族情况报告中央，为中央今后的民族工作决策作参考；第二，调查提纲所列的项目都可以，但最根本的东西是调查各族群众的愿望、要求和疾苦，不要以为群众意见零碎，从零碎意见中可以看到人民的真实要求和期待，从而懂得人民要我们干什么、不要我们干什么；第三，调查要尽可能深入，尽可能深入下面，从一户、一个人那里了解情况。①另外，《中央访问团的任务、工作方法和守则》规定中央访问团的任务有两条，其中之一是“对西南各兄弟民族之政治、经济、文化情况、民族关系、群众要求以及当前民族政策的执行情形，有重点地进行调查研究，并搜集有关资料”②。《汇集》将《草稿》中关于民族关系、群众要求和民族政策执行情形等方面的内容（放在各篇访问调查报告的后半部分）大多删去，对其他方面的内容也部分删除，对此，《汇集》编者的解释是：“编辑过程中，以不失历史资料为前提，对各篇作了必要的删节或摘要，均不一一注明。”③

4. 换名。大部分《草稿》的标题被重新命名。

5. 肢解。一册《草稿》被分成2个、3个甚至4个材料并分别加上标题后放入《汇集》之中。

6. 重组。颠倒《草稿》原文的内容次序重新组合。

7. 改写。全部《草稿》的内容均被做过改写或改编。

8. 添加。《汇集》编者人为添加了“内容”或自己的主观臆断。

1951年2月17日，中央民族访问团西南民族访问团第二分团副团长王连芳召集会议，布置整理访问材料的工作及具体要求。宋伯胤在当天的日记中写道：

---

① 参见王连芳：《云南民族工作回忆》，民族出版社2012年版，第10—11页。

②《中央访问团的任务、工作方法和守则》，《中央访问团团员手册》，1950年。（参见《实录》第一卷）

③ 云南省编辑组：《中央访问团第二分团云南民族情况汇集（上）·后记》，《中国少数民族社会历史调查资料丛刊》，云南民族出版社1986年版。

晚上在王副团长屋里开会，参加者是留昆整理资料的同志。王副团长指出，在着手整理材料以前，必须首先解决两个思想问题：第一，以非常宝贵和高度重视的态度来对待这个任务；第二，不要随意处置同志们心血的成果。至于整理材料的具体要求，有四点。

（一）整理材料是一个材料汇集的过程，我们所要做的事情就是将材料汇集起来，不是系统地编成文件。

（二）有文必录。即使同一个问题，有两种说法，也要录进去。

（三）原则上无大问题。

（四）文字略通顺。①

"材料汇集""有文必录"是《草稿》整理成册的重要基本准则。《宋伯胤文集·民族调查卷》一书收录了他自己11篇《草稿》中的文章，但颇具意味的是，每篇文章的末尾都注明有"原载云南省编辑组：《中央访问团第二分团云南民族情况汇集》，云南民族出版社，1986年"字样；也就是说，该书的编者并没有对照《草稿》原文，而是沿用了没有按照"材料汇集""有文必录"原则进行编辑的文本，若以后有人引用该书，极有可能造成误解误用的不良后果。

国家民委《民族问题五种丛书》云南省编辑委员会在《中国少数民族社会历史调查资料丛刊》（修订本）云南部分的"出版说明"中说："《丛刊》是研究民族历史、民族学等学科的综合性调查资料汇编。我们这次编选基本上以过去调查整理稿为基础，以便保证调查资料的客观性。在具体编选时，则以具有科学研究价值作为选编资料的标准。在时间上以反映各民族民主改革前社会面貌的资料为主。根据调查资料的价值大小，采取全录或节录。"可能是由于修订原则的约束，抑或是修订者没有找到"过去调查整理稿"，因而在2009年民族出版社出版的修订本中，虽然强调此次修订再版的主要工作是"订正错误"②，但将《草稿》原文与之对比来看，《汇集》中的错误显然没有得到"订正"，这种情况严重地影响了文献史料的真实性和准确性。我们非常赞同"尊重史实"的修订原则，但仅就《草稿》而言，现今人们尊重的并不是其原文的"史实"，而是经过《汇集》编者改编、改写后的"史实"。

① 南京博物院编：《宋伯胤文集·民族调查卷》，文物出版社2012年版，第219页。

②《中国少数民族社会历史调查资料丛刊》修订编辑委员会：《中国少数民族社会历史调查资料丛刊·修订再版说明》，2007年12月。

遭遇了《汇集》编者大刀阔斧的“手术”，《草稿》已经变得“面目全非”，可谓“旧貌换新颜”。但可以肯定的是，经过了彻头彻尾的改变以后，《汇集》中的诸多问题也许瑕不掩瑜，但它无论是对于云南民族调查资料真实性和完整性的保存和留传来说，还是对于后人参考和进行学术研究而言，都不失为一种“硬伤”。

六

《实录》的编辑出版是一个系统性工程，第一阶段计划出版30卷。具体内容是：

第一至二卷：中央民族访问团西南民族访问团第二分团；

第三至四卷：民族工作；

第五至六卷：民主改革；

第七至九卷：民族语言调查；

第十卷：民族人口·民族识别；

第十一卷：民族民主建政与区域自治；

第十二卷：经济生活；

第十三卷：全国少数民族社会历史调查工作文档；

第十四卷：民族问题三种丛书与云南少数民族社会历史科学纪录片工作文档；

第十五至二十八卷：云南各少数民族调查资料；

第二十九至三十卷：图录和三十卷总目。其中，图录包括有关公文、函件、工作书札、电报稿，各少数民族历史照片、民族调查和纪录片拍摄工作照，中央访问团和慰问团赠送云南少数民族礼物、云南少数民族敬献中央人民政府礼品的照片。

在30卷图书中，云南少数民族资料与其他分类资料各占一半。

各卷预计完稿时间：

2020年：10卷。

2022年：7卷。

2023年：6卷。

2025年：7卷。

《实录》各卷采用纵向和横向两种分类编排方式，在一卷之内必要时纵向与横向交错进行。

第一至十四卷内容的分类架构为纵向排列，即大体上是按各项调查的时间顺序，其主要目的有二：一是为了突出新中国成立伊始中央人民政府对云南边疆人民的关怀、党的民族政策在云南的施行及新中国民族工作的“云南现象”和“云南经验”；二是展示新中国成立初期云南各项民族调查（包括中央民族访问团西南民族访问团第二分团、民族语言、民族识别等中央人民政府派出的调查组和云南省委边疆工作委员会、云南省民族事务委员会、云南省民族工作队等云南本地的调查组）的主要（文字）成果。第一至十四卷的内容突出两个重点，一是1949年以后从中央到地方各级政府机构及下属民族事务机构对云南各地的调查，二是新中国成立初期云南经历的重大事件（如清匪反霸、镇反、减租退押、民主改革、区域自治、互助合作、经济发展等），以展示这一时期云南社会的发展历程。

第十五至三十卷的内容主要集中于全国少数民族社会历史调查中的云南各少数民族调查及相关图片，各民族资料按民族代码顺序依次列出，其分类架构大体为横向排列。

编辑《实录》的整体思路，既着重于全面，也考虑到具体；既有选择重点，也要照顾到各方面的平衡。例如，第五至六卷内容为“民主改革”，包括3个部分，即土地改革、和平协商土地改革和直接过渡。这两卷资料选择的要旨，既要考虑到纵向的主题思路（从中央文献到地方指示，弄清事件的来龙去脉和具体内容），又要顾及内容涵盖面（如清匪反霸、减租退押、土改、复查以及土地改革中的建党、建团、妇女工作等），还要照顾到横向3个方面的大体平衡（一是3个部分内容篇幅的平衡，二是各地区、市县覆盖面的平衡，三是各民族内容的平衡）。再如，在民族语言调查资料的选择上，既要考虑到面的平衡（只要是有调查资料的民族，尽可能有所展现），又要有侧重地照顾到各卷内容的平衡（比如藏族，除语言调查资料外，其他方面的调查资料较少，在以往出版的《中国少数民族社会历史调查资料丛刊》中也没有云南藏族的资料），还要有重点（比如彝族，不但是云南支系、人口最多和分布最广的少数民族，而且还涉及四川、贵州等省，同时还是与周边东南亚国家共有的跨境民族）。

如此架构的目的在于以下5点。一是尝试对1950—1965年的云南民族调查史料进行一次系统性的梳理，因尚属首次，难度甚大，但却非常必要，也具有重大的现实意义。二是通过系统梳理，为总结新中国成立初期民族工作的“云南现象”和“云南经验”提供扎实和充足的史料依据，并在此基础上使其能提升到民族学研究和民族工作的理论高度。三是展现以前所有同类图书中大多没有收录却又极为重要的内容。四是摒弃以前大多主要选择经济内容的编辑思路（经济内容的重要性不言而喻，我们将主要在第十五至二十八卷各民族板块中加以展现）。如果《实录》在内容上与以往同类图书大体雷同或相似，只是在数量上进行些许增添和补充，那就失去了其应有的价值。毛主席当年曾对中央其他领导讲，少数民族地区也要进行社会改革了，一改革很多东西以后就再也见不到了，所以要抢救，这才有了中国“前无古人、后无来者”的少数民族社会历史调查。但是要“抢救”而且已经“抢救”的东西，绝非仅有经济甚至只是农业生产一项内容。五是通过文字、图片系统和全方位的展现，试图勾勒出新中国成立初期云南民族调查的全幅景象和完整进程，并以一斑而窥全豹，从而对全国各少数民族地区的社会历史调查在广度和深度方面能有进一步的了解和认识。

执守严谨的重材料、重考证学风并提出“史学即是史料学”观点的历史学家傅斯年曾说过：“整理史料是件很不容易的事，历史学家本领之高低全在这一处上决定。后人想在前人工作上增高：第一，要能得到并且能利用前人不曾见或不曾用的材料；第二，要比前人有更细密更确切的分辨力。”[①]囿于心智、学识、能力与对云南民族调查史料的认知和掌握程度，及对民族史史料学及其目录学、分类学的一知半解，加之新中国成立初期各种访问团、慰问团、调查组、民族识别研究组、工作队、代表团、参观团等活动密集频繁，更有史无前例的“全国少数民族社会历史调查”，以及中国共产党各项民族政策和实施细则的深入持续贯彻执行，从而使云南民族调查史料的存量和内容变得更为丰厚，全面系统梳理可谓工程浩大，仅凭一己之力很难付诸实施并顺利面世，因而我们现阶段仅仅是在力学不倦的同时，尽力去做一些局部的抢救性整理工作。目前，30卷图书的资料已基本齐备，编选工作也在按照计划有条不紊地展开。当然，我们不会停下继续搜集和整理云南民族调查文献史料的脚步，在身心安好、精力财力尚可维系的情况下，依然会不回头地执着前行，并借此表达对那些在极端严酷环境下脚踏实地开展民族工作的工作者的诚挚敬意。他们历尽艰辛、勇于奉献甚至以生命的代价[②]获取的第一手调查资料，早已构成云南民族文化遗产宝库中不可或缺的重要组成部分。文化是民族的灵魂，是民族精神和民族素质的纽带，深深植根于民族的血脉之中。这些史料之所以如此珍贵，很大程度上就在于其丰厚的民族文化内涵，值得永久藏存。想要留住它们，就离不

① 傅斯年：《史学方法导论》，《傅斯年全集》第1册，湖南教育出版社2003年版，第58页。

②1958年9月29日下午7时，云南民族调查组怒江分组贡山小组成员陈延长在调查途中坠落怒江，不幸遇难。时任贡山小组组长洪俊于10月1日上报《关于陈延长同志牺牲的经过（报告）》，详细描述了事件的经过。我们藏有这份报告的原件（复写稿），其内容将编入《实录》第十三卷。——编者

开执着者的良苦用心；想要解读、弘扬和传播它们，就离不开研究者的孜孜矻矻和传播者的不懈努力，其中最重要的一个方面，就是具有历史眼光和远见卓识的出版者，云南人民出版社就担当了这一举足轻重、令人钦敬的角色。

这些无可复制的实地调查资料，已经成为云南民族文化遗产宝库中的经典。何谓经典？2003年诺贝尔文学奖得主、南非作家J. M. 库切（John Maxwell Coetzee）的定义也许最为贴切。他在题为“何谓经典”的演讲中说道：

> 经典就是得以存活之物……历经过最糟糕的野蛮攻击而得以劫后余生的作品，因为一代一代的人们都无法舍弃它，因而不惜一切代价紧紧地拽住它，从而得以劫后余生的作品——那就是经典。

作为云南民族文化遗产宝库中的经典，它们不能被遗忘，也不应该被率意“修正”。作为云南珍贵民族记忆的收藏者和云南历史文化的研习者，我们也会时刻牢记——“为了明天而收集昨天”。这既是初衷，也是终极目的。

申　旭

2020年1月15日

编辑说明

1. 20世纪中期云南民族调查的内容广泛、丰富、繁芜，由于时间、精力、费用等诸多因素，仅靠个人努力显然无法完成全部云南民族调查史料的搜集工作，挂一漏万在所难免。就目前了解和掌握的情况看，有些调查史料或调查笔记没有标题，且内容相当零碎；有些史料仅有存目而内容已佚；有些史料仅见标题而尚未看到具体内容；有些史料抑或无必要收录，因此《实录》内容为精选而非大全。

2. 通过多年对云南民族调查史料的持续收藏和研读，《实录》暂将其分为13个大类，即中央民族访问团西南民族访问团第二分团、民族工作、民主改革、民族语言、民族人口、民族识别、民族民主建政与区域自治、经济生活、全国少数民族社会历史调查、三种丛书、少数民族社会历史科学纪录片、云南各少数民族调查史料和图片。

3. 本着拾遗补阙的原则，已公开出版的史料原则上不再收录，但为了展现一项调查工作的全过程并保持一套史料的系统性和完整性（收齐一套史料往往需要数年甚至更长的时间），同类图书仅做部分收录或删节、改动过多而又相当重要的史料，则全文收录。

4. 某些文稿有手写本、复写本、刻印本、油印本、铅印本等多种版本，其中部分为摘录或摘要本，《实录》选择相对完备、详细的版本。

5. 《实录》按具体内容和民族内容进行分类，前者按时间先后编排，后者按中国民族代码顺序排列。

6. 一卷或一个板块具体内容的编辑，按照省、专区、自治区（州）、县、市、区、乡等行政区划依次进行，各级行政区划排名不分先后。

7. 依照中国民族代码顺序排列的云南各民族调查史料，按照当时各调查分组或调查小组的调查对象和调查主题进行分类。例如彝族分组的调查史料，除了其中标明为其他民族的调查内容以外，皆归入彝族范畴。

8. 带有歧视和侮辱意味的民族称谓一律删除，必须保留者皆做修改，比如“猡”改作“倮”，“母鸡”改为“佲僟”，等等。

9. 部分史料中存在民族歧视和侮辱方面的叙述，凡影响民族和谐与团结部分予以删除，不加注明。

10. 1966年以前云南各项民族调查（参见《实录》之“写在前面”）期间，部分少数民族尚未进行民族识别或完全确认，部分少数民族的名称尚未最终确定，《实录》对这一时期云南民族调查史料中的原有民族或其支系称谓予以保留，不做改动。例如佤族在定名之前，曾被称为或更改为“瓦族”“卡瓦族”“佧佤族”“佧瓦族”“卡佤族”等，本书不做统一，以免完全抹去了民族名称的历史演变过程。

11. 1966年以前云南各项民族调查（参见《实录》之“写在前面”）期间，部分少数民族自治地方的名称尚未最终“正名”，《实录》原样保留，不做更动。

12. 由于调查、访问、翻译、记录、整理的人员、时间、地点等方面的不一致，人名、地名的写法并不一致，《实录》以脚注形式予以标明，不做统一或修改。

13. 同一专业术语在不同文献中的用法不同，如三种丛书，又写作“三套丛书”“三种民族问题丛书”“民族问题三种丛书”等，除明显错讹之处以外，不做统一。

14. 部分文稿封面、目录标题与正文标题并不一致，本书原样录入，不做改动，仅在页下注释说明。

15. 部分文稿中的数字明显存疑，除有直接证据或旁证据之修改外，不做更改，也不做说明。

16. 原文稿中数字表述多为汉字，除必须使用汉字者外，现统一使用阿拉伯数字。

17. 部分汉字的使用几十年来已有明显变化。如“哪里”原稿作“那里”，“做生意”原稿作“作生意”等；再如助词“的”“地”“得”的使用也较为随意。现根据当下汉语使用规范进行统一，不做说明。

18. 部分文稿标题没有域名，为方便阅读，根据内容将域名放在括号内置于标题前予以标明。

19. 部分文稿没有标明日期，如能在正文中查出日期，则将其摘出置于文稿的开端。

20. 文稿中个别明显笔误或错漏之处，直接补入和改正，不做注释。

21. 限于当时记录、翻译和编写等各方面的原因，部分文稿无法通读，《实录》

在不扰乱和改变其原有风格的前提下稍加理顺。

22. 为了方便阅读，对个别较长的段落稍加分段调整。

23.《实录》尽量保持原记录文稿的行文风格和断句构成，但为了保证史料的完整性和阅读顺畅，根据内容对部分文稿的序号进行了补入和调整；对标点符号按现在的使用规范做了修改，不做说明。

24. 由于纸张、墨水、年代久远、保存不当、记录编写人员笔误等诸多原因，部分史料的自造字、错别字偏多，个别专有名词处已有残破或漫漶不清，以致极难辨识和无法卒读。对此，《实录》尽力以其他同类史料予以校正补入，无法补入者，则标以虚缺号“□”。

25.《实录》第七、八、九卷内容为云南民族语言调查资料。由于各方面的原因，此3卷采用扫描和拍照方式将原手写稿内容呈现。原手写稿中的汉语存在有错别字、繁体字、异体字、不规范简体字、自造字等情况，还有词汇、语法序号编排混乱，表格随意断开、分页等现象，作为对珍贵原始资料的抢救性保护留传，《实录》不做任何改动，保持原稿模样。

26.《实录》收录的史料，部分为个人收藏，部分存藏于相关档案馆、图书馆、资料室，部分存藏于当年参加过民族调查的工作人员手中，为了方便阅读和使用，尽量列出日期、署名等相关信息，并置于每篇文稿的开端，但不标明收藏出处。

目 录

哈尼语简况

1958年

哈尼语简况

哈尼语是汉藏语系藏缅语族彝语支的一种语言。哈尼语和彝语、拉祜语、傈僳语、纳西语等同语支语言非常相近。在语法上，基本语序都是主语—宾语—谓语；修饰关系的词组都是被修饰的名称——形容词修饰语，被修饰的名称——数量词修饰语。在语音上，都是辅音分清浊，缺少复辅音和复元音，没有辅音韵尾。不同点主要表现在词汇上，不同语言间不同源的词有的超过半数，但词汇中有许多基本词汇如“我”“你”“三”“五”“眼睛”“脚”“鱼”“肉”“白”“红”“来”等则是同源的。

哈尼语分为3个方言。

1.哈耶方言：主要是自称“哈尼”“耶尼”的人使用，人口约33万，主要分布在红河哈尼族彝族自治州、西双版纳傣族自治州、元江县等地。

2.碧卡方言：主要是自称“碧约”“卡多”“哦怒”的人使用，人口约13万，主要分布在思茅专区。

3.豪白方言：主要是自称“豪尼”“白宏”的人使用，人口约7万，也主要分布在思茅专区。

方言之间的差别以词汇最为显著，语音次之，语法最小。在词汇上，哈耶方言和碧卡方言用了1925个词进行比较，其中：同源词有771个，占40%；不同源的词有1154个，占60%。哈耶方言和豪白方言用了1961个词进行比较，其中：同源词有1388个，占70.8%；不同源的词有573个，占29.2%。碧卡方言和豪白方言用了2079个词进行比较，其中：同源词有1352个，占65%；不同源的词有727个，占35%。在语音上，哈耶方言辅音都分清浊，元音都分松紧，但碧卡方言和豪白方言的浊辅音大部分都消失了，紧元音也开始逐渐在消失。由上看来，哈尼语的3个方言中，以哈耶方言和碧卡方言之间的差别为最大，豪白方言介于二者之间，在词汇上和哈耶方言接近一些，但在语音上则和碧约方言接近。

汉族人口多，社会发展较快，因而各民族人民在与汉族人民的长期交往中，很自然地吸收汉语成分来丰富自己的语言。汉语对哈尼语的影响表现在词汇上比较突出。解放前，哈尼语就吸收了一些汉语词汇，如“蚕豆”“麦子”“花生”“街子”“算盘”“洋碱”等，但在当时，由于受到社会条件的限制，借词的数量是很有限的，而且借的大多是生产生活上的用词。解放后，民族关系发生了根本的变化，在党的领导下，哈尼族的生产力得到了迅速的发展，在词汇中增加了大量的表示新思想新事物的汉语借词，如“毛主席”“共产党”“土改”“贫农”“跃进”“模范”“带头”等等，这些词被借用进来以后就成了哈尼语词汇中的一个重要组成部分。

解放后，哈尼语借用汉语词具有下面几个特点。

1. 数量多。我们统计了1563个常用词，其中汉语借词有367个。这些词中，解放后借入的有287个，占78%；解放前借入的只有80个，占22%。由此可见，解放前哈尼语和汉语虽然经过了几百年的接触，但借词的数量远远比不上解放后10年来的借词。这些词由于是和生产斗争、阶级斗争紧密地结合在一起的，因此很快地就在群众口语中巩固下来。

2. 借词中以音译词最多。在哈尼语中也有一部分半借词和意译词，这些词不多，而且有些已经逐渐被音译词所代替。这说明了汉语和哈尼语之间的紧密关系，因为音译词和汉语更接近，更有利于两族之间的交际。

除了词汇外，哈尼语的语音、语法也受到了汉语的影响，在有的地区已经借入了汉语的复合元音和带辅音尾的韵母，在语法上也增添了一些新的形式。

汉语是我国各族人民共同的交际工具，因此，学习汉语已成为哈尼族广大人民的一致要求。各地哈尼族操用汉语的程度是不同的，和汉族较接近的地区，如思茅专区的哈尼族，很多人都能操用汉语，但在红河哈尼族彝族自治州和西双版纳傣族自治州的哈尼族，由于和汉族接触较少，目前大部分人还不能操用汉语。

红河哈尼族彝族自治州的哈尼族由于较聚居，因此哈尼语通行较广，与其相邻的一些民族如汉族、彝族、傣族等，有一部分人也会说哈尼话。

哈尼族过去没有文字，解放后，党为了更快地提高哈尼族人民的文化水平，为哈尼族创制了文字。哈尼文在1958年初步定案，8月在红河哈尼族彝族自治州试验推行，并在群众中进行扫盲，目前已有3万人脱盲，并培养了哈尼文初级师资500余人。

哈尼文以哈耶方言为基础方言，以绿春县大兴镇哈尼话做标准音。哈尼文采用了26个拉丁字母做字母形式，在字母的设计和安排上尽量地做到了和汉语拼音方案取得一致。

哈尼语文字方案（草案）

云南省少数民族语言大学科学讨论会

1957年3月　昆明

哈尼语文字方案（草案）

哈尼语文字方案

（草案）

云南省少数民族语言大学科学讨论会

1957.3.　昆明

哈尼語文字方案（草案）

哈尼語使用兩种方言文字：哈雅方言文字和碧卡方言文字。文字方案是以字母总表中的字母来拼写标準音的。

哈尼語字母总表

印刷体		手写体		名称	音标对照	
大写	小写	大写	小写		国际音标	汉語拼音方案
A	a	A	a	a	a	a
B	b	B	b	be	b p	b
C	c	C	c	ce	tsh	c
D	d	D	d	de	d t	d
E	e	E	e	e	ɤ	e
F	f	F	f	fe（兼调号）	f	f
G	g	G	g	ge	g k	g
H	h	H	h	he	x	h
I	i	I	i	i	i	i
K	k	K	k	ke	kh	k
L	l	L	l	le	l	l
M	m	M	m	me	m	m
N	n	N	n	ne	n	n

印刷体		手写体		名称	音标对照	
大写	小写	大写	小写		国际音标	汉語拼音方案
Ŋ	ŋ	Ŋ	ŋ	ŋe	ŋ	ng
O	o	O	o	o	o u	o
Θ	θ	Θ	θ	θ	ɔ	—
P	p	P	p	pe	ph	p
Q	q	Q	q	调号	—	—
R	r	R	r	紧音符号	—	—
S	s	S	s	se	s	s
T	t	T	t	te	th	t
U	u	U	u	u	u v	—
Ш	ш	Ш	ш	ш	ɯ ɿ	—
Z	z	Z	z	ze	dz ts	z
W	w	W	w	we	ɣ	—
X	x	X	x	调号	—	—
Y	y	Y	y	y	y	y
З	з	З	з	зe	ʒ	—
Ы	ы	Ы	ы	ы	ʅ	—

一、哈尼語哈雅方言文字方案（草案）

（一）哈尼語哈雅方言文字以哈尼语哈雅方言哈尼次方言为基礎方言，以大村大寨哈尼语的语音为标準音。

（二）哈尼语哈雅方言文字字母设用哈尼语字母总表中的28個字，字母的名称和发音有如下表。

印刷体		手写体		名称	音标对照	
大写	小写	大写	小写		国际音标	汉语拼音方案
A	a	A	a	a	a	a
B	b	B	b	be	b	—
C	c	C	c	ce	tsh	c
D	d	D	d	de	d	—
E	e	E	e	e	ɤ	e
F	f	F	f	fe	f	f
G	g	G	g	ge	g	—
H	h	H	h	he	x	h
I	i	I	i	i	i	i
K	k	K	k	ke	kh	k
L	l	L	l	le	l	l
M	m	M	m	me	m	m
N	n	N	n	ne	n	n

2

印刷体		手写体		名称	音标对照	
大写	小写	大写	小写		国际音标	汉语拼音方案
Ŋ	ŋ	Ŋ	ŋ	ŋe	ŋ	ng
O	o	O	o	o	o	o
Θ	θ	Θ	θ	θ	ɔ	—
P	p	P	p	pe	ph	p
Q	q	Q	q	调号	—	—
R	r	R	r	紧音符号	—	—
S	s	S	s	se	s	s
T	t	T	t	te	th	t
U	u	U	u	u	u	—
Ш	ɯ	Ш	ɯ	ɯ	ɯ	—
Z	z	Z	z	ze	dz	—
W	w	W	w	we	ɣ	—
X	x	X	x	调号	—	—
Y	y	Y	y	y	y	y
Ʒ	ʒ	Ʒ	ʒ	ʒe	z	—

（三）声韵调表示方法。

声母

b〔p〕	p〔ph〕	m〔m〕		f〔f〕
bi〔bj〕	pi〔phj〕	mi〔mj〕		
d〔t〕	t〔th〕	n〔n〕	l〔l〕	
z〔dz〕	c〔tsh〕			s〔s〕 ʒ〔z〕
gi〔dʑ〕	ki〔tɕh〕	ŋi〔ȵ〕		hi〔ɕ〕 ci〔j〕
g〔g〕	k〔kh〕	ŋ〔ŋ〕		h〔x〕 w〔ɣ〕

韵母

鬆元音	i〔i〕 y〔ɿ〕 ei〔e〕 a〔a〕 θ〔ɔ〕 o〔o〕 e〔ɤ〕 u〔u〕 ɯ〔ɯ〕
紧元音	ir〔i̠〕 yr〔ɿ̠〕 eir〔e̠〕 ar〔a̠〕 θr〔ɔ̠〕 or〔o̠〕 er〔ɤ̠〕 ur〔u̠〕 ɯr〔ɯ̠〕

声調

調值	˥55 高平	˧33 中平	˩31 低降
声調字母	x	（省略）	q

（四）音节类型

类别	例字	子音	母音	声調
母音	ur〔u̠˧〕"铧"犁	——	ur	——
母音＋声調	θq〔ɔ˩〕卖	——	θ	q
子音＋母音	pθ〔phɔ˧〕闸门	p	θ	——
子音＋母音＋声調	nox〔no˥〕你	n	o	x

（五）划分音节的方法。

1、如有調号的，按调号划分音节。如：

ax mix 读 ax—mix（a˥ mi˥）貓

miq koq 读 miq—koq（mi˩ kho˩）紫

2、没有标调号的，用下列方法划分音节。

(1) 有紧音符号的，按紧音符号划分音节。如：

ner siq 读 ner—siq（nɛ̱˧ si˩）黄豆

gir lur 读 gir—lur（dʑi̱˧ lṳ˧）石磨

(2) 没有紧音符号的，如母音後面是子音，该母音属前一音节。如：

dei ma 读 dei—ma（de˧ ma˧）田埂

nuu soq 读 nuu—soq（nɯ˧ so˩）明天

（六）正音条例

1、p pi t c k ki 在鬆元音字母前读（pʰ）（pʰi）（tʰ）（tsʰ）（tɕʰ）（kʰ）。如：

piaq 读（pʰja˩）"蓋"热 teq 读（tʰɤ˩）"舂"米 keix 读（tɕʰe˥）酸

2、p pi t c k ki 在紧元音字母前读（p）（pj）（t）（ts）（tɕ）（k）。如：

peirq 读（pe̱˩）呕吐

tor 读（to̱˧）"包"物

kir 读（tɕi̱˧）"搔"痒

3、i 在母音前，但又不和子音相拼时，读（j）。如：

ieir 读（je̱˧）一"朵"花

iar 读（ja̱˧）"扫"地

4、uu 在 z c s 了后读（ɿ）。如：

cuu 读（tshɿ˧）"急喘"氣

suux 读（sɿ˥）黄

5、母音起首的音节 i 前带有（j），其它母音前面带（ʔ）。如：

ix 读（ji）去 eixheiq 读（ʔe˥ xe˩）蒿枝

（七）正字条例。

1、大写。

(1) 一句话的第一個字母要大写。如：

ŋax maq zaq。我不吃。

Ax go doq gu。哥哥说话。

(2) 人名、地名、書名、机関、团体、国家等的名称。

第一個字母要大写。如：

Gθcada 共產党
Mθq zuhiq 毛主席
Hθqhoq 红河

(3) 文章、标语等的标题，每個字的第一個字母要大写。如：
ŋax du E zukoq 我们的祖国

2、缩写。

(1) 音节缩写。如：
tukeiɤ 土改

(2) 字母缩写。如：
g·c·d· 共產党
s·l· 苏联

3、連写。

全連写：

(1) 複音词要写。如：
[lɤ˩ lɤ˧] 写成 lɤrqlir 鸡膆
[ɣo˧ khɯ˩] 写成 wokuq 秧

(2) 带附加成份的词要連写。如：
[a˩ lɛ˩] 写成 aqlɛq 手
[a˩ ma˧] 写成 aq ma 妈

(3) 複合词要連写。如：
[tshi˥ khɯ˥] 写成 cixkux 油渣
[ȵɯ˩ tshe˩] 写成 ŋiuqceiq 犁

(4) 作为一整体吸收進来的複合借词要連写。如：
[ma˧ tshe˥] 写成 ma ceix 马車
[bei˩ tsha˥] 写成 beiqcax 白菜

半連写（加短横）：

(1) 重叠名词後一音节的要半連写。如：
[mi˥ lɔ˥ lɔ˥] 写成 mix lθx-lθx 野火烧山
[khɯ˥ bɛ˧ bɛ˧] 写成 kux bieir-bieir 脚麻木

(2) 重叠形容词後一音节的要半連写。如：
[xɯ˥ lɯ˧ lɯ˧] 写成 hux lu—lu 圆圆的
[bɛ˧ lɛ˧ lɛ˧] 写成 biar lar—lar 扁扁的

(3) 外来语和本语结合成一個四個音节以上的整体的要半連写。如：[mo˩ ȵe˩ pʰe˥ xɔ˩] 写成 moqŋieiq—peixhoq 毛呢衣服 4

[khɣ˥mi˩mi˥xɔ˩]写成 kyx miq — mixhθq 昆明地方

（4）四個音節以上的多音節词要分連写。如：

[mi˩ʒi˩mi˥ʒi˥]写成 miqziq — mix zix 螢火虫

[mo˩ʒi˩gɔ˥sɯ˥]写成 moqziq — gox sux 貿易公司

4、移行。

以音節为单位移行。移行时在上一行末端加短横。如：

Gθcada nθxma aqmeix dux，haxgei zurqher hax-gei bia。其產党像太阳，照到那兒那兒亮。

5、表示语法意义的变调标变调，其他一樣标本调。如：

[ŋa˥hɯ˧mjɔ˩gɔ˩]写成 ŋax u miθqgθq 我的東西

[phe˥xɔ˩˥]写成 peixhθq 衣裳

6、声母 ki[tɕ] gi[dʑ] ŋi[ȵ] hi[ɕ] 跟母音 i 相拼时，省略声母 gi、ki、ŋi、hi 的 i。如：

[dʑi˧]写成 gir 魔豆腐

[tɕhi˩]写成 kiq 塞

7、用清塞音、清擦音和松元音相拼的外来语，一律用濁塞音，濁塞擦音字母表示。如：

[tsa˥tɕhi˥]写成 zax kix 痒氣

[kɔ˥ʒe˩]写成 gθxzeiq 工人

（八）文字中可用阿拉伯數碼。如：

bala ceix tirq la siq 可写成 bala 11 siq ← 十一月

cux kiq iax ŋarq ceix waq 可写成 cux 140 waq ← 140个人

（九）标点符号。

。句号 表示一句话完了之後的停頓。如：

ŋax nusoq noq iθx hu la u。我明天来看你。

，逗号 表示一句话中間的停顿。如：

ŋax aqioq iθx maq her，ŋax aqioq axgo iθx her。我不认识他，我认识他哥哥。

；分号 表示一句话中間並列的分句之間的停顿。如：

Noxia daxgia baxmorq e suxtsheiq，ŋaxia iqdi bax；noxia maq bax morq e suxtsheiq，ŋaxia iqdi maq bax。

你們大家要办的事，我們一定办；你們不赞成办的事，我們一定不办。

：冒号 表示提示语之後的停顿。如：

Aqioq eix："ŋax maq lax ax"。

他说："我不来了"。

？问号 表示一句问话完了之后的停顿。如：

Nox ix maq ix？ 你去不去？

！感叹号 表示一句感叹话完了之后的停顿。如：

Nox taq lax iaq！ 你别来！

" "引号 表示文中引用的部分。如：

Aqioq eix："ŋax ceix hurq biθ ax"。

他说："我满十岁了"。

（ ）括号 表示文中注释的部分。如：

ŋa kiorq laqhyx doxŋia—mixcaq ŋa（laxsa—baqma dogɯ）。我家在六村（元江下面）。

——破折号 表示底下有个注释性的部分、又表示意思的跃进。如：

Hixgei ŋaq e mixcaqŋa—doxŋia。

这里是我的家乡——六村。

…… 省略号 表示文中省略的部分。如：

ŋax ceixpiux、laqpix、caqderq …… wex。

我买米、辣子、盐巴……。

（十） 文字样品

印刷体

Gaxu, ŋaxia haqŋiq ioqwaq sorqwarq maq giar, sorqwarq maq giar e saqʒo eix liq maq eix saq kiθx. Geifarq huqteix, ŋaxia miqŋieiq θx zaq cox zaq liq maq zaq ŋia, dθ liq maq dθ ŋia, iorqwaq e sorqwarq giar lax ŋia leix iurqmar liq maq mar her ŋia.

Ŋieqox, Gecada Meqcurhiq seqtor, ŋaxia daxgiax zorqzu, ŋaxia nθ kiq nθ huxdar kiq nθ mɯq.

Ieiqnθ ŋaxia baxlaxnei haqŋiq sorqwarq woq zθx dur lax, ŋaxia haxgirq nyq haxgirq eix, haxgirq burq lax ŋia uxax.

手写体

Gaxu, ŋaxia haqŋiq ioqwaq sorqwarq maq giar, sorqwarq maq giar e saqʒo eix liq maq eix saq kiθx.

5

Geifarq hugteix, ŋaxia miqŋieiq Ox zaq Cox zaq liq maq zaq ŋia, do liq maq do ŋia, iorqwaq e sorqwarq giar lax ŋia leix iurqmar liq maq mar her ŋia.

ŋioqox, Gocada Moqcurhiq seqtor, ŋaxia daxgiax zoqzu, ŋaxia no kiq no huxdar kiq no muq.

Ieiqno ŋaxia badlaanei haqŋiq sorqwarq woq zox dur lax, ŋaxia haxgirq nyq haxgirq eix, haxgirq burq lax ŋia uxax.

漢意：

從前，我們哈尼族沒有自己的文字，沒有文字的痛苦說也說不完。解放前，勞动人民沒有吃，沒有穿，做夢也夢不到会有自己的文字。

現在有了共產黨毛主席領導，我們当了家作了主，我們的生活一天比一天好。

今天又幫助我們哈尼族創造文字，我們想什麼說什麼就可以写什麼了。

二、哈尼語碧卡方言文字方案（草案）

㈠ 哈尼語碧卡方言文字以哈尼語碧卡方言為基礎方言，以墨江縣城周圍（联珠、碧溪、漣漪三个区）的碧约话語音為標準音。

㈡ 哈尼語碧卡方言文字字母使用哈尼語字母總表中的27个字母，字母的名称和發音有如下表。

印刷体		手寫体		字母名称	音標對照	
大寫	小寫	大寫	小寫		国际音標	漢語拼音方案
A	a	A	a	a	a	a
B	b	B	b	be	p	b
C	c	C	c	ce	tsh	c
D	d	D	d	de	t	d
E	e	E	e	e	ɤ	e
F	f	F	f	fe (兼调号)	f	f
G	g	G	g	ge	k	g
H	h	H	h	he	x	h
I	i	I	i	i	i	i
K	k	K	k	ke	kh	k
L	l	L	l	le	l	l
M	m	M	m	me	m	m

印刷体		手写体		字母名称	音标对照	
大写	小写	大写	小写		国际音标	汉语拼音方案
N	n	N	n	ne	n	n
Ŋ	ŋ	Ŋ	ŋ	ŋe	ŋ	ng
O	o	O	o	o	u	o
Θ	θ	Θ	θ	θ	ɔ	—
P	p	P	p	pe	ph	p
Q	q	Q	q	调号	—	—
R	r	R	r	紧音符号	—	—
S	s	S	s	se	s	s
T	t	T	t	te	th	t
U	u	U	u	u	v	—
Ш	ш	Ш	ш	ш	ɿ	—
Z	z	Z	z	ze	ts	z
X	x	X	x	调号	—	—
З	з	З	з	зe	z	—
Ы	ы	Ы	ы	ы	ʅ	—

（三）声韵调表示方法

声母：

b[p]	p[ph]	m[m]		f[f]	
bi[β]		mi[m̥]			
d[t]	t[th]	n[n]	l[l]		
z[ts]	c[tsh]			s[s]	ʒ[z]
					(i[j])
g[k]	k[kh]	ŋ[ŋ]		h[x]	

韵母：

单元音韵	松	i[i] ei[e] a[ɑ] θ[ɔ] o[u] u[v] e[ɤ] ɯ[ɿ] bɪ[ʅ]
	紧	ir[i̠] eir[e̠] ar[ɑ̠] θr[ɔ̠] ur[v̠] er[ɤ̠] ɯr[ɿ̠] bɪr[ʅ̠]
复合韵		ia[ia] ai[ai] ua[ua] eu[ɤu] iu[iu] au[au] ui[ui] iau[iau] uai[uai]
附鼻尾韵		iŋ[iŋ] eiŋ[eŋ] aŋ[aŋ] oŋ[uŋ] eŋ[ɤŋ] ueiŋ[ueŋ] uaŋ[uaŋ]

声调：

调值	˥55高平	˧33中平	˧˩31低降	˧˥35高升
声调字母	x	（省略）	q	（f）

（四）音節類型：

類型	例字	子音	母音	调号
母音	ur[v̠˧]"蛋"	—	ur	—
母音+声调	oq[u˩]卖	—	u	q
子音+母音	po[phu˧]"開"门	p	o	—
子音+母音+声调	nux[nv˥]你	n	u	x
母音+子音	oŋ[uŋ˧]"竭"土	ŋ	o	—
母音+子音+声调	iŋx[iŋ˥]印	ŋ	i	x
子音+母音+子音	diŋ[tiŋ˧]疔	d, ŋ	i	—
子音+母音+子音+声调	guŋx[kuŋ˥]梳子	g, ŋ	u	x

(五) 划分音節的方法

1. 如有调号的，按调号划分音節。如：

axnix 读 ax-nix[a˥ ni˥] 猫

miqzeq " miq-zeq[mi˩ tsɔ˩] 紫

2. 没有调号的，用下列方法划分音節。

(1) 有紧音符号的，按紧音符号划分音節。如：

nersuq 读 ner-suq[nɤ̰˧ sɿ˩] 黄豆

lurzir " lur-zir[lṵ˧ tsḭ˧] 石磨

(2) 没有紧音符号的，如母音後面是子音（ŋ除外）该子音屬前一音節。如：

deima 读 dei-ma[te˧ mɔ˧] 田埂

ieisuq " iei-suq[je˧ sɯ˩] 明天

(3) 母音後是ŋ，则用短横"-"划分音節。如：

mei-ŋarq 读 mei-ŋarq[mei-ŋa̰˩] 口吃

daŋ-i " daŋ-i[taŋ˧ ji˧] 单衣

(4) 两个母音相连而成的多音節詞，如易被誤為单音節词，要在母音之间加短横划開。如：

ma-u 读 ma-u[ma-u] 眼珠

(六) 正音條例。

1. z c s n 在 i ei 前（在ei前的n除外）读[tɕ][tɕh][ɕ][ȵ]。如：

zi 读 [tɕi˧] 客气

ciq " [tɕhi˩] 偷

neirq " [ȵḛ˩] 二

neiq " [ne˩] 醒

2. z c s 在bi前读[tʂ][tʂh][ʂ]。如

zbiq 读 [tʂʅ˩] 宠的表

cbir " [tʂhʅ̰˧] "削"皮

sbix " [ʂʅ˥] 死

3. i在母音前，但又不和子音相拼时，读[j]。如：

ieq 读 [jɔ˩] 儿子

ia " [ja˧] 鸡

4. eir读[iḛ]。如：

deirq 读[tiḛ˩]话 meir 读[miḛ˧]坟墓

5. 母音起首的音節，i前带有〔j〕，e前带〔ɣ〕，在其他母音前带〔ʔ〕。如：

iq 读 〔ji˩〕 剩
oq " 〔ɣu˩〕 賣
excax " 〔ɣɤ˥tsha˥〕 湯
eix " 〔ʔe˥〕 那

(七) 正字條例

1. 大寫。

(1) 一句話的第一個字母要大寫。如

Ngax maq zoq. 我不吃。
Axgo doq miq. 哥哥说话。

(2) 人名、地名、書名、機关、团体、国家等的名称，第一個字母要大寫。如：

Huyxcangdangq 共產党
Maugzusiq 毛主席
Hugqhoq 红河

(3) 文章、佈告等的標題，每一字的第一個字母要大寫。如：

Ngoqu Ge Zuggoq 我们的祖国

2. 縮寫。

(1) 音節縮寫。如：

tuqgaiq 土改
seiyaiqhuix 縣委會

(2) 字母縮寫。如：

G.C.D. 共產党
S.L. 苏联

3. 連寫。

全連寫

(1) 摹音词要連寫。如：

〔lɤ˩li˧〕 寫成 lerqlir 鸡啼
〔kv̠˧tshi˩〕 " " qurciq 秧苗

(2) 带附加成份的詞要連寫。如：

〔a˩la̠˩〕 寫成 aqlarq 手
〔a˩mɔ˧〕 " " aqmo 媽媽

(3) 複合词要連寫。如：

［nv˩tshɤ˩］ 写成 nuqceq 犂
［ɤ˥tshe˩］ ,, ,, exceuq 冷水
(4)作為一整体吸收進来的複合借詞要連寫。如：
［ma˩tshɤ˧］ 寫成 maqce 馬車
［pɤ˩tshai˥］ ,, ,, beqcaix 白菜
半連寫（加短横）：
(1)重叠名詞後一音節的要半連寫。如：
［me˥lu˥lu˥］ 寫成 meixlux-lux 野火燒山
［tshi˥pi˧pi˧］ ,, ,, cixbir-bir 脚麻木
(2)重叠形容詞後一音節的要半連寫。如：
［a˩na˧na˧］ 寫成 arqnar-nar 黑黑的
［ta˧pa˧pa˧］ ,, ,, darbar-bar 扁扁的
(3)外来語和本語结合成一個四个音節以上的整体，要半連寫。如：
［mau˩ni˩kɔ˩tshɔ˩］ 寫成
mauqniq-goqcoq 毛呢衣服
［khui˧miŋ˩me˥tshɔ˩］ 寫成
kuimingq-meixcoq 昆明地方
(4)四个音節以上的多音節詞要半連寫。如：
［ni˥mv˩ni˩mv˩］ 寫成 nixmuq-nirqmuq 螢火虫
［mo˥ji˥kuŋ˧sɿ˧］ 寫成 moxix-guysu 貿易公司
4．移行。
以音節為單位移行。移行时在上一行末端加短横。如：
Gunxcangqdangq nixmo sudux, nixcax hozax lirq-kex hozax aqleq-leq.
共産党像太陽，照到那兒那兒亮。
5. 表示語法意義的变调標变调，其餘一律標本调。如：
［pi˩tsɔ˩］ 寫成 biqzoq 餵
［ŋa˥nɔ˥tɤ˩］ 寫成 ŋax nof deq
(八) 文字中可用阿拉伯数碼。如：
bele cex teq le 可寫成 bele 11 le 十一月
cox teq iax ŋoq cex goq 可寫成
cox 150 goq 一百五十人

(九) 標点符號：

· 句號　表示一句話完了之後的停頓。如：
Ŋax aqmox isuq fux no zox deiq lax la ŋe. 我明天来看你。

, 逗號　表示一句話中間的停頓。如：
Ŋax iqkoq zox maq suqlaq lax, ŋax iqkoq aqgor zox suqlaq lux.
我不知道他，我知道他哥哥。

; 分號　表示一句話中间并列的分句之间的停頓。如：
Noqu daxzia baŋx zox ge suxciŋ, ŋoqu iqdiŋxmax baŋx; noqu maq zaŋxceiŋq ge suxciŋ, ŋoqu iqdiŋxmax maq baŋx.
你们大家要辦的事，我们一定辦；你们不贊成的事，我们一定不辦。

: 冒號　表示提示语之後的停頓。如：
Iqkoq miq: "Ŋax maq lax bax."
他說："我不来了"

? 問號　表示一句問話完了之後的停頓。如：
Nux li maq li?　你去不去？

! 感嘆号　表示一句感嘆話完了之後的停頓。如：
Nux taq lax!　你别来！

" "引號　表示文中引用的部份。如：
Iqkoq miq: "Ŋax cex kurq be bax."
他說："我满十岁了。"

( )括號　表示文中註釋的部份。如：
Ŋo dox ixkox Turqlux zax ŋex (Hoŋqho arqtar)　我家在墨江（紅河上面）

——破折號　表示底下有個註釋性的部份，又表示意思的躍進。如：
Iozax ŋo ge meixcoq ŋex——Turqlux.
這裡是我的家鄉——墨江。

……省略號　表示文中省略的部份。如：
Ŋax ceixpux、suqpix、corqmeirq……ux.
我買米、辣子、盐……。

(十) 文字様品

印 刷 体

Teq ni naxfux，ŋɵqu haneiqcuq zɯxziq ge ueiŋq-zɯx maq za，ueiŋqzɯx maq za ge Kuqnɵq miq hax maq miq zix Kɵq．Maq gaiqfaŋx fux，iaxmix zɵq ge cox maq iɵ zɵq，maq iɵ dei，zɯxziq ge ueiŋqzɯx zai dei ma hax maq mameix tɵq．

Iuqmex，Guŋxcaŋqdaŋq Mauqzuqsiq liŋqdauxhei，ŋɵqu daŋzia zɵqzuq iɵ cir，ŋɵqu ge niiarq teq ni teq ni ti zox mɵr lux bax．

Iɵqni，ŋɵqu haneiqcuq zox ueiŋqzɯx bax deŋdur，ŋɵqu haxziq Siaŋq haxziq miq ziox haxziq cur Keirq bax．

手 寫 体

Teq ni naxfux，ŋoqu haneiqcuq zɯxziq ge ueiŋq-zɯx maq za，ueiŋqzɯx maq za ge kuqnoq miq hax maq miq zix koq．Maq gaiqfaŋx fux，iaxmix zoq ge cox maq io zoq，maq io dei，zɯxziq ge ueiŋqzɯx zai dei ma hax maq mameix toq．

Iuqmex，Guŋxcaŋqdaŋq Mauqzuqsiq liŋqdauxhei，ŋoqu daŋzia zoqzuq io cir，ŋoqu ge niiarq teq ni teq ni ti zox mor lux bax．

Ioqni，ŋoqu haneiqcuq zox ueiŋqzɯx bax deŋdur，ŋoqu haxziq siaŋq haxziq miq ziox haxziq cur keirq bax．

漢意：從前，我们哈尼族沒有自己的文字，沒有文字的痛苦說也說不完。解放前，勞动人民沒有吃，沒有穿，做夢也夢不到會有自己的文字。

現在有共產党毛主席領導，我们當了家作了主，我们的生活一天比一天好。

今天，又帮助我们哈尼族創造文字，我们想什么說什么就可以寫什么了。

傣语简况

1957年

傣语简况

一、语言系属和方言概况

傣语是汉藏语系壮侗语族壮傣语支中的一个语言。

傣语的语序和汉语、侗语、黎语、壮语、苗语、瑶语一样，都是：

主语——————谓语——————宾语

傣族地区　　　普遍建立了　　　人民公社

但傣语修饰关系的词序却与汉语不同，汉语是修饰的名词或代词及修饰的形容词放在被修饰的名词的前面，而傣语和侗语、黎语、壮语一样，都是修饰的名词或代词及修饰的形容词放在被修饰的名词的后面。例如：

锅铜 =“铜锅”

衣红 =“红衣”

黄牛咱们 =“咱们的黄牛”

房子新 =“新房子”或“房子新”

傣语多音节词的构成，大部分是从单音节的根词派生出来的。例如：

luk————zai

子女　　男（人）　男儿

luk————sau

子女　　女（人）　女儿

傣语与壮语是同一个语支的不同语言，因而它们的基本语词有许多是同源的；语音的变化对应关系也很明显，韵尾辅音一般都有-m、-n、-ŋ、-p、-t、-k，声调一般都是6个。

傣语方言主要的有两个，一个叫傣纳方言，一个叫傣仂方言。傣纳方言主要分布在德宏傣族景颇族自治州和耿马、双江、镇康、临沧、沧源等县；傣仂方言主要分布在西双版纳傣族自治州。除了这两个方言外，其他分布在思茅专区、玉溪专区、丽江专区、红河哈尼族彝族自治州、楚雄专区、大理白族自治州的傣话与傣纳方言、傣仂方言都有一定的差别，但因尚未全面调查和深入比较研究，所以还不能确定它们究竟是另一些方言还是隶属于傣纳方言或傣仂方言的一些土语。

傣纳、傣仂方言的差别主要表现在词汇上，其次表现在语音上，再次表现在某些语法现象上。

词汇的差别主要表现在不同词源上，例如：在2908个词中，同源的2196个，占75.5%；不同源的有712个，占24.5%。

语音的差别主要表现在以下这几点。

1. 傣仂方言一部分地区还保留声母b、d，傣纳方言大部分地区b已混入m、d已混入l。

2. 傣仂方言声母n与l构成对立音位，傣纳方言大部分地区n和l并为一个音位。

3. 傣仂方言ô与o、ĕ与e在单韵母中也能区分不同词义；傣纳方言大部分地区单韵母ô已混入o，单韵母ĕ已混入e。

4. 傣纳方言有韵母ăw，傣仂方言大部分地区没有ăw，凡是傣纳方言ăw韵母的字，大部分读如ăi。

二、傣族与别族语言的相互影响及语言使用情况

云南是一个多民族多语言的省份，因而各民族在长期交往中，各族语言便很自然地发生相互丰富、相互促进的作用。汉族是我国在社会发展上较先进的民族，因此各民族在与汉族交往中都吸收了许多汉语词，而汉族也同时吸收了许多少数民族语词。从傣族历史发展上看，傣族和汉族的关系自古至今都十分密切，因而傣语和汉语的相互影响也最深远。早期的汉语借词和汉傣同源词是很多的，例如“纸”“笔”“墨”“金”“银”“铜”“针”“鸡”“黄牛”和一些基本的数目字。

以上这些词，从汉、傣族社会发展的先后不同情况看，应该是傣语与汉语词汇中的共同成分，这是主要的一面；另一方面，由于佛教传入历史比较悠久，通过经书的翻译和宗教的影响，也渗入了一些巴利语和缅语的宗教用语，但这些词为数不多，而且一般仅使用于宗教的活动范围，因而对傣语的影响不大。

解放后，在党的领导下，傣族和其他少数民族一样，在政治、经济、文化各方面都获得了飞跃的发展。由于政治、经济、文化的迅速发展，新鲜事物的不断出现，傣语中也就很自然地涌现了大量反映政治、经济、文化的和科学技术的新词术语，而这些新词术语90%以上是直接从汉语借来的，例如“开会”“重庆”；有一些名词借词，往往在借词之前冠以与傣话相当的通名。

至于分布在内地与其他民族杂居的傣族，如思茅专区、丽江专区、红河哈尼族彝族自治州、楚雄专区等地的傣话，因受汉语影响较深，语音、语法上的变化也就较大。例如：傣语中本来有副词teytey（很），是用来置于形容词之后修饰形容词的，但内地傣语从汉语里借进了“很”之后，同时“很好”的词组结构也就进入了傣语。这种变化也是很自然

的，因为语法的变化往往是和语词的变化连在一起的。

在语音上，内地傣话也受到了一些影响。例如德宏、西双版纳大部分地区的傣话kh与x、tsh与s不构成对立音位，而内地的傣话大多构成对立音位，甚至有的地区-n、-p、-t、-k等韵尾已经消失或在逐渐变化中。

分布在德宏傣族景颇族自治州、西双版纳傣族自治州和临沧专区及这些地区附近的傣族，因比较聚居，所以傣语是傣族人民的主要交际工具。分布在思茅专区、玉溪专区、丽江专区、红河哈尼族彝族自治州、楚雄专区、大理白族自治州的傣族人民（约有15万人），因与别族特别是与汉族杂居，因此大多数人使用二重语或多重语，即除操用傣语之外，还操用汉语或别族语言。因这些地区的傣族大多数人都会说汉语，他们都要求直接学习汉文，所以自去年起已用汉文进行扫盲。在德宏和西双版纳地区，自解放以来，尤其是自去年工农业大跃进以后，群众要求学习汉语文也日渐迫切，现小学三年级已开始教汉语文课，许多区乡干部也正在积极学习汉语文，而且已有很多人学会。

傣族是云南边疆少数民族中社会发展较快、生产品较丰富的一个民族，因而邻近民族在与傣族经济联系、相互往来中便很自然地吸收了许多傣语词。例如拉祜族的常用词汇中就有400多个傣语词，佧佤语中就有500多个傣语借词，在布朗语、崩龙语和阿昌语中也有不少傣语借词。这对于这些民族语言之间的相互丰富起了一定的作用。

三、原有文字概况和文字改进

云南傣族原有文字比较通用的有傣纳文和傣仂文。傣纳文主要使用在德宏傣族景颇族自治州地区，临沧专区的耿马、双江、沧源、澜沧、镇康和思茅专区的景谷、景东等县的傣族也有一些人使用这种文字。傣仂文主要使用在西双版纳傣族自治州的傣族和布朗族地区。同上述傣文相近的，还有一种金平傣文则只使用于金平的少数傣族当中。这3种文字在形体上已有很大的差别，傣仂文字母是圆体的，傣纳文字母是方体的，金平傣文则是方而带草的。

另一个差别是傣仂文和金平傣文表示声母的字母都分为两类，一类是阳声调声母，一类是阴声调声母。阳声调声母专拼写阳声调类的字，阴声调声母专拼写阴声调类的字，所以一个声母都要两个或两个以上的字母来表示，以致字母数目很多，如傣仂文仅表示声母的字母就有48个，金平傣文则有42个。傣纳文字母没有阴声母和阳声母的区别，所以表示声母的字母只有19个。

傣仂文、傣纳文原来都是只用于宗教上的文字，后来方逐渐用于民间，并以之记录诗歌、传说、故事、历史、星相、占卜、医药等。傣纳文曾用来翻译《三国演义》《罗通扫北》《薛仁贵征东》《王莽篡汉》等书，但因为没有印刷条件，所以流传不广。

西双版纳和德宏的傣族是信仰佛教的。过去西双版纳一般傣族男孩七八岁时都要被送进佛寺里去当小和尚，在佛寺由佛爷或大和尚传授佛经知识，学傣文也是在这一段时间里学的，所以懂得傣文的人较多。在德宏方面，因社会发展进了一步，七八岁的男孩已不进缅寺，只有到10岁以后才定期进缅寺烧香拜佛，所以懂得傣文的较少。金平傣文懂的人更少，在全县600多傣族中，只有100多人懂。

云南傣族在解放前个别地区除了使用以上3种文字以外，还有一种叫傣绷文的。这种文字与旧傣纳文只是形体上不同（傣绷文字母是圆体的），而在表示声韵的拼写法上基本上是一致的。这种文字只有在德宏边沿的瑞丽县及澜沧县的少数傣族和佧佤族懂得，因为懂的人少，所以还没有发展成为民间通用文字。另外，1939年德国曾派来一个披着宗教外衣实际进行侵略活动的特务到玉溪专区新平县活动，这个特务为了要掩护其政治活动和毒化群众，曾根据新平第四区的傣话用汉字注音符号制定了一套新平傣话注音字母，以翻译《圣经》作为传教工具。但因群众并不受其迷惑，极少人去信基督教，所以懂得这种注音字母傣文的人极少，因而这种注音字母傣文也就无法在群众中推广，而终为群众所摒弃。

各民族均有使用和发展自己民族语言文字的自由，这是党和国家民族政策的一个重要内容。云南边疆傣族有自己历史悠久的文字，但原有那几种文字还共同存在着以下几个严重缺点：

1. 同一个音位可以用几个不同的字母或符号来表示；

2. 同一个字母或符号可以表示几个不同的音位；

3. 同一个写法可以表示完全不同的音节。

要发展边疆傣族文教事业，迅速地普及教育，首先必须改进文字，将繁复难学的、不能正确表达傣语的旧傣文修改为简单的、能正确表达傣语的、易为群众学习的文字。因而党和政府根据傣族人民的要求，于1954—1955年在原有傣文字母的基础上，分别帮助改进了傣仂、傣纳两种文字，现德宏、西双版纳两自治州傣族地区的小学校及群众性扫盲都已分别用这两种文字；出版了傣文的《消息报》（傣仂）、《团结报》（傣纳），编译了许多有关党的方针政策上的、工农业方面的书刊和通俗读物，这对于贯彻党的方针政策、迅速普及小学教育和扫盲都起了很大的作用。

除西双版纳傣族自治州、德宏傣族景颇族自治州用傣文进行小学教学和扫盲外，内地如思茅专区、玉溪专区、红河哈尼族彝族自治州、楚雄专区、大理白族自治州、丽江专区等地的傣族，因为他们的话与傣纳、傣仂方言差别较大，学习傣仂文或傣纳文有困难，而且这些地区的群众大多会说汉语，群众要求直接学习汉文以便能更快地学习汉族的先进经验、学习毛主席著作、学习科学技术，所以这些地区的学校和群众扫盲都已用汉文进行教学，并已取得了很大的成绩。

傈僳语简况

傈僳语是属于汉藏语系藏缅语族彝语支的一种语言。它和彝语、拉祜语最相近，特别是：

1. 以单元音为主，除i、u做介音时与其他元音相连外，各元音都不能相连。

2. 有区别词义的声调6个，其中有两个紧调。

3. 辅音一般都清浊相对，辅音不出现在音节的末尾。

4. 语词以复音词为主，单音词多半是词根或根词。复音词中又以复合词为主，它的拼成方式很多，最主要的是主从式和附加式，其次是支配式和重叠式。

5. 语法范畴用助词和词序来表达，很少有形态变化。

词序固定，各类词在句中都有一定的位置，表示一定的意义，通常是主语在谓语前，谓语在宾语后（主—宾—谓），如“我干活儿”应说为“我活儿干”。但是，使用了表示宾语的助词，宾语可以放在主语的前边。

6. 修饰的形容词在名词的后边，如把“好人”说成“人好”。

7. 量词丰富，大都是由名词或动词转化来的，同类的词都带有与之相当的同类量词。

傈僳语虽然地理分布广，但是语言却表现得相当一致，各土语的语法无甚差别，词汇也基本相同。就怒江傈僳语来说，根据语音的特点，可粗略地分为两种土语。禄劝傈僳族说的话和怒江差别较大，可以看作另一种方言。

在主要的聚居区怒江傈僳族自治州内都使用傈僳语言，其他地区语言的使用情况则不大一致，除使用本族语言外，尚有操用汉语或其他邻近民族语言的情况。此外，与傈僳族聚居一起的民族像怒族、独龙族和白族也能操用傈僳语言并使用傈僳文字。怒江傈僳族自治州各县的民族干部和农村的积极分子都要求学习汉语汉文，而像腾冲、盈江、永胜、华坪、维西等地的傈僳族，在群众会议上或是和外人交际往来时都用汉语，他们要求学汉文、读汉书。1958年秋，这些地区开始用汉文扫盲，并办了许多汉文夜校。

目前，各地的傈僳族小学都采用汉文课本，高级小学则完全用汉语教学，并且在学校范围内推广汉语普通话。

傈僳族同许多民族结邻而居，近百年来，互相在经济上、政治上、文化上发生着联系。在交往中，不但生产上受到了汉族的先进影响，加速了傈僳族社会的发展，同时也还吸收了大批的汉语借词，丰富并发展了自己语言的词汇。解放前，腾冲土话的常用词汇里就有很多汉语借词。解放后，民族关系起了根本的变化，傈僳族和汉族人民的交往协作更是一日千里地发展着，词汇也随之发生了巨大的变化。通过各项政治运动和社会活动，吸收了大量的汉语借词。解放初期，有“毛主席”“共产党”“团结”“进步”等词，合作化运动中吸收了“合作社”“供销社”“评工记分”“社员”等。1958年，自怒江州整风反右和生产大跃进以来，新词的增加更是惊人，不论是政治术语还是生产用语都成批地吸收了进来，像“整风”“反右”“斗争”“阶级”“地主”“富农”“积肥”“水利”“人民公社”“红专大学”“共产主义”“扫盲”等，不胜枚举。

借词的格式有3种。

1. 音译的：这是拟制新词的主要方式，解放后几乎变成增加新词的唯一手段了。

2. 意译的：数目不多，有的在口语中流行了一个时期就淘汰了，代之以音译的借词。

3. 音译加意译的：从解放后语言的发展事实来看，这种形式只是一种过渡阶段的形式，意译的那半截经过一段时间就自行脱落，不再起注解作用了。

在大量汉语借词的影响下，各土话的音位系统里都增加了［t］音位，有的土话里还增加了复元音和鼻音韵的音节结构。

傈僳族原来没有文字。帝国主义传教士为了掩盖侵略怒江的活动和进行文化侵略，曾经拟制了一套拼音符号，除宗教头人外，很少有人会使用这种符号，再加上这套符号书写不便、印刷困难，没有成为傈僳族人民的文字。

维西县农民汪忍波于1925年创制了一些音节字，一个形体像汉字一样地代表一个音节，约有500个字，仅流行在维西县三、四区一带，因字数太少，也没有发展使用起来。解放后，在党的民族政策的光辉照耀下，傈僳族在政治上获得了当家做主的权利，各地都要创造一种能全面反映傈僳语言事实的全民文字。党根据傈僳族的具体情况，曾先后组织语文工作人员对傈僳族语言做了调查研究。1956年，怒江傈僳族自治州召开了文字研究委员会扩大会议，确定以怒江一带地区的语言为基础方言，以怒江东岸的碧江县的语言为标准音。1956年底，根据标准音设计了文字方案，并进行试验教学。1957年，在云南省语文科学讨论会上，由傈僳族的代表对方案和试验教学情况进行了讨论，并做出了有关文字的决议。

经过了几年的努力，在党的领导下，在苏联专家的无私帮助下，在彻底打击了地方民族主义取得两条道路斗争的胜利基础上，根据国务院批准的关于少数民族文字方案中设计字母的几项原则精神拟定了文字方案。它采用了26个拉丁字母，在试验推行和扫盲教学的实践中充分证明了文字方案的优越性，既简洁地反映了全部的语言事实，又跟汉语拼音方案息息相通。这样，不但有利于傈僳语言的发展，同时对巩固祖国大家庭的团结和促进各民族在社会主义建设事业的共同发展和繁荣也有着促进的作用。

云南昌宁县“永白”语调查报告

1958年12月31日

云南昌宁县“永白”语调查报告

雲　南

昌宁县“永白”语调查报告

1958年12月31日

第四工作隊語言調查發音合作人和記音人表

發音合作人	姓名	籍貫：省	自治洲（專區）	自治县（县市）	區	鄉（鎮）	村
民族語							
汉语	李叔文	云南	德宏自治洲	昌宁县	四区	耒和乡	新寨

年龄	性别	学校教育（几年）	現有文化程度	职业
38	男	没有	初识文字	农业社员 畜牧业代表

住在山上或平原？距离县城、區鄉政府所在地多远	住在山区 离县城180华里、离区40里
会説那些方言或语言	会说本民族话 会说汉话
父母是否和本人说样语言	父母同样会说本民族话和汉话

民族和民族語			
本人的语言是否受过其他方言或语言的影响	受汉语影响		
民族支系名称		語言和方言名称	這种语言（或方言）分佈地区
民族语	1137SU+阿		与永北地区的1137SU+阿完全通话与怒江1137SU+阿有部分修通话
汉语	永白族		

記音人	姓名	民族	已参加了几年语言调查工作	过去调查研究过何种语言（或方言）
	伍國平	汉	一年半	

記音类别：（重点　　代表点1点　　副点）

記音地点：德宏自治洲昌宁县四区耒和乡新寨社

記音及研究時間（自1958年11月4日至1958年11月9日；实际记音及研究时间共24小時）

備註：

昌宁县米和乡新寨永白族语言调查报告

(一)调查情况:

这次调查永白族的主要目的,是为了识别民族系属,提供材料,了解永白族的语言、历史、歌谣、故事。我组于1958年11月4日到达新寨永白族地区调查了解了一个星期,其中为了紧密结合党的中心秋收秋种工作,与群众"三同"及参加劳动,也进行调查了解工作。了解的情况分述如下:

永白族自称为"ɬi˥ su˧ pʻɛ˩"又称"tsʻo˧ pʻɯ˧"(人白的意思)原先是永白人,永白在兰坪县三区松平的一个地名,他们从永白地方迁来,就叫永白族,他们先搬到过凤庆、镇康等地后来才迁到昌宁县更戛区、米和乡、新寨,时间不超过50年左右,现有人户20户117人,另有困山1户人口4人,西米乡李达寨1户4人,整个昌宁县共有22户125人,他们的风俗习惯是年老的喜欢打猎,旧社会都崇拜迷信鬼神、老人死了请"~~ȵɛ˩~~ pʻa˩""bɛ˩ dʐɛ˩"开阴路,人病了,请"ȵɛ˩ pʻa˩"来叫魂送鬼,因此往往造成病亡的多数。

旧社会的婚姻都是父母包办的,只要男女双方父母同意就请媒说合,男方送女方一对布,两壶酒,两把草烟,拉一支羊去请女方的客人,结婚时,男方请亲友吹起芦笙带领亲友去接,女方也有亲友来送,就这样成亲了,由于父母包办,男女双方往往造成夫妻不和等现象,解放以后已经改变了。

(二) 语言情况.

我们共收集了永白族语言词汇2033个语法81条，据发音人的说，他们能与怒江傈僳族一部份能够通话，因此这次我们到怒江傈僳族自治州、泸水县去调查您我语时顺便将永白话与傈僳语比较了几百个词汇，比较的结果是 比较总词汇232个

全同词汇149个 占64.2%

相似词汇31个 占13.4%

不同词汇52个 占22.4%

从比较的结果和永白族的自称上来看他们可能是属于傈僳族的一个支系，同时我们从简单了解，他们原来在永白地方也是傈僳族聚居的地区，永白是现在的华坪县松华，但我们没有到过华坪，材料还很缺乏，必须进一步的了解.

(三) 语音部分.

永白族语言音系，共有辅音36个，元音有单元24个，归并为13个，辅元音5个，辅音自成音节的2个，声调5个，现将辅音，元音，声调分别列表如下：

(1) 辅音表.

发音方法 \ 发音部位			双唇音	舌尖音					喉音
			双唇	唇齿	舌尖中	舌尖后	舌面前	舌根	
破裂	不带音	纯	p		t			k	ʔ
		吐气	pʻ		tʻ			kʻ	
	带音	纯	b		d			g	
破裂摩擦	不带音	纯			ts	tʂ	tɕ		
		吐气			tsʻ	tʂʻ	tɕʻ		
	带音	纯			dz	dʐ	dʑ		
带音		鼻音	m		n		ȵ	ŋ	
		边音			l				
摩擦		不带音		f	s	ʂ	ɕ	x	h
		带音		v	z	ʐ	ʑ	ɣ	
半元音			w（相当于汉语拼音方案里的w						

表内辅音的示范因相衔突故不能合排音位，

② 音系例证：

p	pɨ˥ 盖	pɸ˧ 扮配	pɯ˥ 豪猪
pʻ	pʻɯ˥ 白	pʻɯ˧ 银子	pʻɨ˩ 遗失
b	by˥ 梳（梳头）	bɨ˧ 美丽	bɸ˩ 例
m	mɯ˥ 教	mi˧ 熟	mɯ˩ 老
f	fɸ˧ 捣	fɸ˥［茶核桃］	fɯ˧ 蛋
v	vE˧ 开（花）	vE˩［猪］	vɯ˩ 卖

ts	tsɿ˥ [跳过]	tsʉ˧ [姓]	tsɿ˧ 羞道
tsʻ	tsʻɿ˥ 十	tsʻɤ˧ 胖	tsʻo˧ 人
dz	dzɿ˥ 挖	dzɑ˧ 饭	dzɵ˩ 花椒
s	sɿ˥ 摩擦	sɛ˧ 粘羊	sɛ˩ 杀(猪)
z	zɿ˧ 坚固	zɵ˩ 使用	zɑ˩ 儿子
t	tɵ˥ 埋	tæ˧ 拖	tɛ˩ 接(水)
tʻ	tʻɵ 寸	tʻo˧ 啄	tʻæ˩ 滚
d	dɤ˧ 瘦	dɑ˩ 捧	dʉ˧ 喝
n	ne˥ 少	nɛ˧ 看	ny˩ 闻(鼻闻)
l	lɵ˥ 晒	lo˧ 轻	li˩ 重
tʃ	tʃɿ˥ 红	tʃɤ˧ 酸	tʃɑ˥ 吃(使吃)
tʃʻ	tʃʻɿ 有(的)	tʃʻɿ˧ 甜	tʃʻo˩ 六
dʒ	dʒɿ [酒]	dʒɑ˧ 漏	dʒɑ˩ 咒(咒人)
ʃ	ʃɑ˥ 穿着	ʃɿ˧ 长	ʃɛ˩ 滑(路滑)
ʒ	ʒʉ˧ 拿	ʒa˧ [路]	ʒʉ˧ 提
tɕ	tɕɛ˥ 戳	tɕi˧ 扒	tɕɛ˩ 花(颜色花)
tɕʻ	tɕʻɛ˥ 弯	tɕʻi˧ 斤	tɕʻi˩ 床
dʑ	dʑi˥ 胆	dʑɛ˥ 惹	dʑi˩ 铜
ȵ	ȵi˥ 压	ȵi˧ 你	ȵɛ˩ 瓦
ɕ	ɕɛ˥ (燕子)	ɕi˧ 剥皮	ɕy˩ 走(走路)
ʑ	ʑɛ˥ (岩子)	ʑi˧ 水	ʑi˩ 醉(酒醉)

k	ko˥ [野鸡]	ku˧ 九	kɑ˧ [玩]
kʻ	kʻo˧ 戴	kʻɑ˩ 苦(味苦)	kʻo˩ 年
g	gu˥ 会(会做)	go˧ 掩	gɯ˩ 结(绳结)
ŋ	ŋɑ̃˥ 鱼	ŋu˧ 哭	ŋo˩ 筛(动)
x	xɯ˥ 菊(叶子)	xɑ˧ 打猎	xɑ˩ 肉
ɣ	ɣɯ˥ (左)	ɣɑ˧ [打歌]	ɣɯ˩ 大
w	wɑ˩ 雪	wɑ˧ 数(动)	wɑ˧ 得(得东西)
ʔ	ʔi˥ 他	ʔɨ˧ 回	ʔu˩ (菜)
h	ho˥ (帽子)	hi˧ 房子	hi˩ 八

3. 元音：音系和音位。

元音音系，共24个，根据条件合并为13个。

i (ɿ ʅ i ĩ) ɨ (ɨ ɨ) y (y ỹ) ɸ E (E Ẽ) æ ɑ ɑ̃ a (a ã) o

õ (õ ũ) u ɯ (ɯ ɤ)

辅元音5个互相衔接不能合并 ie iɑ io iu uɑ.

辅音自成音节的2个 m̩ n̩

4. 元音例证。

i	pi˥ 盖	mi˧ 甑	tʻi˧ 泡
ɨ	mɨ˧ (眼睛)	vɨ˩ (草花)	tʻɨ˧ 快(刀利)
y	by˧ 飞	my˧ 毛	dʑy˧ 落(太阳落)
ɸ	lɸ˥ 晒	pɸ˧ 分配	mɸ˧ 喷水
æ	pʻæ˩ 呕吐	tæ˥ 舂	tʻæ˩ 浅

E	SE˥ 认识	lE˧ 来	mE˩ 兵
ɑ	pɑ˥ 穷苦	pɑ˧ 嗅取	dzɑ˩ 吃
ɑ̃	ŋɑ̃˥˧ 鱼		
a	tsʻa˥（太阳）	pa˧（月亮）	ma˩ 不
o	ŋo˥ 梗（石子梗）	po˧ 饱	mo˩ 薅（草）
õ	põ˥（老头子）	xõ˩ 打鼻干	
u	pʻu˥ 白	mu˧ 学	lu˩ 献
ɯ	mɯ˥ 尾巴	tɯ˧ 切	ɣɯ˩ 大

5，音位说明

（1）"ẽ"鼻化音，只出现"hẽ˧"骂一个词里，在这个词的本身，受辅音"h"的影响，似乎有鼻化，但它与"e"不冲突，故以"e"为音位代表。

（2）"ỹ"只出现在"hỹ˥鼻子"一词，和"hỹ˧鸟笼"一词中，这两个词的辅音本身近乎鼻化现象，同时 y ỹ 不发生冲突，以 y 作音位代表。

（3）e 和 E 之间，在语言词汇上不发生冲突，故以 e 归併为 E。

（4）ã 和 ɑ̃ 各只出现 1 次，同时也不冲突，以 ã 作音位代表。

（5）发音人在发带有 i 元音时都带有颚化现象。

（6）ɿ 和 ʅ i 以 i 作音位代表，凡 ts tsʻ dz s z 一套与元音 i 相拼时实际音值是 ɿ 应读作 ɿ，凡 tʂ tʂʻ dʐ ʂ ʐ 一套与 i 相拼时其实际音值是 ʅ 应读作 ʅ。

(十) h和x之间互相有点靠近，但不很明显。

6、声调例证

˥55	pɪ˥ 盖	pʰu˥ 白	mu˥ 数
˦44	pu˦ 豪猪	mɸ˦ 喷水	tsʰɯ˦ 胖
˥˧53	pu˦ 挑	pʰu˦ 鼠子	bo˦ 饱
˩˧13	pɪe˩˧ 踢	mɪ˩˧ 热闹	fɸ˩˧ 捣
˨˩21	pʰu˩ 肿	mu˩ 老	vu˩ 卖

7、借词部份。

永白族与汉族杂居，他们之间关系比较密切，互相往来互相学习，团结互助已在他们之间建立起来了。永白族都学会汉语，也就进一步提高汉语文化，因此永白语中凡是新词术语都借用汉语。兹举例如下：

坝子 pa˥ tsɿ˦　城 tɕʰẽ˩　搀 tɕʰy˩

扁 pɪe˦　算 suã˥　让 zã˥

车 tɕʰE˦　裁缝 tsʰai˩ fo˦　表 pɪe˥。

（三）语法部份。

(1) 构成複合名词时，词根与词根没有特殊标志，但在家畜家禽名加词构成多音名词。

例 a˥ tɕʰi˩ 山羊　a˦ pʰu˦ 绵羊

(2) 没有一定的外部语言上是表达"性"的範畴；人和动物的自然性别是靠词汇意义和附加词词汇来表示。

例 ʔu˥ dʑy˩ pa˥ 公狐狸　ʔu˥ dʑy˩ ma˦ 母狐狸

狐狸公　狐狸母

（3）没有一定的外部语言工具表达"数"的範畴，靠自然数词结合量词表达的。

例：za˧ n̥ʑi˩ tɯ˥ 儿子两个　a˥ n̥ʑi˩ tɕʰi˩ tɕʰe˥ 黄牛一条

（4）只有数词和量结合成为数量词连用，没有副名词，数词和量词连用时，数词在量词之前

例：tsʰo˧ tɕʰi˩ tɯ˥ 一个人　sɿ˥ dzɿ˧ tɕʰi˩ dzɿ˥ 一棵樹
人　一　个　　树　一　棵

（5）名词与形容词连用时，名词位于形容词之前。

例：a˥ mu˩ pʰu˥ 白马　tsʰo˧ za˩ tsa˩ 好人
马　白　　人　好

（6）名词与数词连用时，后面又加量词构成名+数+量的合成词

例：a˥ mu˩ sa˧ tɕʰi˩ 三匹马　za˩ ŋua˩ tɯ˥ 五个儿子
马　三　匹　　儿子　五　个

（7）没有介词实质表示，虽然有相当于介词格式的虚词，但在语句中可以省略。

（8）名词能够做宾语，做宾语时在谓语动词之前。

例：ŋa˥ a˥ mu˩ dzɿ˩ 我骑马　ŋa˥ dʑɿ˧ pʰu˩ du˧ 我喝酒
我　马　骑　　我　酒　喝

（9）名词既有格，由名词或代词主格后加"te˥"或"gɯ˧"构成

例 ŋa˧ te˥ 我的　nɯ˧ te˥ 你的

ŋa˧ gɯ˧ a˥ n̥ʑi˩ 我的牛　a˥ n̥ʑi˩ gɯ˧ ʔɯ˥ tɕʰi˧ 牛的角
我　的　牛　　牛　的　角

（10）名词~~后加~~或代词后加"tɛ˥"表示该名词属于宾格.

例：a˥na˩ a˥vɛ˩ tɛ˥ k'o˩ 狗咬猪
狗 猪（ ）咬

a˥mu˩ a˥na˩ tɛ˥ bɛ˧ 马踢狗
马 狗（ ）踢

（11）没有的名词只有量词带数词构成词组.

例：zɛ˩ nɸ˧ za˩ tɕi˩ tɯ˥ 一个小孩
（小孩）一 个

sɿ˧ dzɿ˧ tɕi˩ dzɿ˧ 一棵树
（树）一 棵

（12）量词与名词连用时，其间不加数词.

例：a˥ tɕ'i˩ sa˧ tɯ˥ 三只山羊　a˥vɛ˩ ɲi˩ tɯ˥ 两个猪
山羊 三 个　猪 两 个

（13）量词能作动量和时量的单位.

例：tɕi˩ tɯ˧ tɛ˥ 打一下　sa˩ ɲi˧ so˧ 学三天
一 下 打　三 天 学

（14）量词与名词，只有同形的，没有借形的.

例. k'ɯ˧ 窝（名）　ʂɿ˩ k'ɯ˧ 七窝.

lo˧ gɯ˥ 碗　sa˩ lo˧ gɯ˥ 三碗

（15）一部分名词中不同的事物能用一个量词.

例 tso˧ tɕi˩ tɯ˥ 一个人　a˥ ɕɛ˧ fu˧ tɕi˩ tɯ˥ 一个鸡蛋
人 一 个　鸡 蛋 一 个

（16）（部位）人称事物名词之后有相当于"套""付"之类的量词。

例：n̥ɑ˧˩ mɑ˥ lɑ˩ 娘儿俩　n̥i˩ pɑ˥ lɑ˩ 两父子。

（17）量词与指示代词连用时，其间不加不加数词，量词在数词~~量词和数~~和代词之后，构成代＋数＋量。

例：tɕie˧ tɕʰi˩ dʑɿ˥ 这一棵（树）　tɕie˧ tɕʰi˩ tɯ˥ 这一个
这 一 棵　这 一 个

（18）量词与形容词连用时，量词在名词之后。

例：tsʰo˧ tsɑ˩ tɕʰi˩ tɯ˥ 一个好人
人 好 一 个

sɿ˧ ve˧ sɿ˩ tɕʰe˥ tɕʰi˩ te˥ 一朵红花
花 红 一 朵

（19）量词与数词连用时，量词在数词之后。

例：tsʰo˧ zɑ˩ n̥i˩ tɯ˥ 两个人　a˥ n̥i˩ sɑ˧ tɕʰe˧ 三条牛
人 两 个　牛 三 条

（20）形容词迭表示程度加深，但不表示疑问和其他意义。

例：tsʰɑ˩ po˧ kʰɑ˩ kʰɑ˩ 盐很咸　sɿ˧ ve˧ sɿ˩ sɿ˩ 花很红
盐 咸 咸　花 红 红

（21）形容词没有特殊的词头词尾。

（22）形容词与指示代词连用时，形容词位于指示代词之后。

例：tsʰo˧ zɑ˩ tʰo˧ mɑ˧ tsɑ˩ 这个好人
人 这 个 好

(23) 形容词与量词连用时，形容词在量词之前，但也可以在量词之后。

例：tsʻo˧ ɣɯ˩ tɕʻi˧ tɯ˥ 一个大人　a˥ ȵi˧ tɕʻi˧ tɕʻe˥ tsa˧ 一条好牛
人 大 一 个　牛 一 条 好

(24) 多音形容词被否定副词修饰时，多音形容词在否定副词之后。

例：da˧ da˧ 帮助　ma˩ da˧ da˧ 不帮助

(25) 联合式的复合形容词与否定副词连用时，否定副词在形容词之前。

例：wa˩ ta˧ ta˧ ka˧　ma˩ wa˩ ta˧ ta˧ ka˧
得 力　不 帮 助

(26) 形容词与（很）连用时，形容词在（很）之后。

例：tɑ˩ ɕi˧ tsa˧　tɑ˩ ɕi˧ tsa˧
‘很’ 好　很 好

(27) 部分形容词加词头、词尾，转化为副词。

例：ɣɯ˩ 大　a˥ ɣɯ˩ ma˩ 大大地

(28) 代词能直接与数量词连用，没有其他特殊的语言之处。

例：ŋa˧ 我　ŋa˧ n˩ tɛ˥ 我俩个

(29) 代词的领有格的构成是：代词后加“tɛ˥”名词后加“gɯ˥”构成。

例：ŋa˧ tɛ˥ a˥ ȵi˧　a˥ ȵi˧ gɯ˥ tɕʻi˧
我 的 牛　牛 的 角

(30) 第一人称代词，主格和宾格没有引述形式。

例：ŋa˧ 我　ŋa˧ ȵi˧ 我们

(31) 代词有主格宾格的区别，宾格代词后加“tɛ˥”

例：ŋa˧ ʔi˥ tɛ˥ tɛ˥ 我打他　ʔi˥ ŋa˧ tɛ˥ tɕʻi˧ gɯ˧ lɑ˧
我 他（ ）打　他 我（ ma不）借给 来

他不借给我

(32) 指处所的指示代词和其他词连用时，位于其他词之后。

例：nu˦ha˦nɛ˦ti˦a˥ŋɛ˥ 你在这里吗。
你 这 里 在 吗？

(33) 指性质、状态、方式、行动的指示代词和动词连用时，位于动词之前。

例：nu˦tɕi˦tɕi˥ pi˦pa˥tɕa˩tɕi˦ 你别说这种话。
你 这 种 话 别 说

go˦lie˦mu˦ 那样做
那 样 做

(34) 指示代词与量词之间能插入"一"数词"十"前，能加"一"

例：a˥ŋi˩go˦tɕi˩tɕɛ˥ 那条牛 tɕi˩tsɿ˦
牛 那 一 条 一 十

(35) 指示代词与名词连用时，位于名词之后。

例：a˥ɛ˦tɕo˦ma˦tɕi˩ŋi˦lɛ˦lɛ˦fu˦ 这只鸡鸡天天下蛋。
鸡 这 只 一 天 天 下

(36) 疑问代词和其他词连用时，位于其他词之前。

例：a˩ma˦ŋa˥ 是谁 nu˦a˦nɛ˦dɛi˦ŋa˥ 你去那里
谁 是 你 那 里 去 是

(37) 物主代词第一式修饰名词时，物主代词代词后面加"gu˦"构成。

例：ŋa˦gu˦a˥ŋi˩ 我的牛
我 的 牛

（38）没有物主代词第二式.

（39）没有返身代词.

（40）代词第一式重叠构成返身强调代词.有时借用汉语来充实构成返身强调代词.

例：ŋa˧tɛ˥ŋa˧ 我自己　　ŋa˥tsɿ˥tɕi˩ 我自己（借汉词）

我的我　　我自己

（41）有连接代词重叠式.

例：tɕʰi˩ʔu˩mu˥su˧pɛ˧ ʔi˥ʔɛ˥nɛ˩nɛ˩nɛ˥za˩la˥

（老师）说 他 明天 早早 地 来

老师说：他明天早早地来

（42）代词重叠表示肯定的意思.

例：ŋa˧tɛ˥ŋa˧dʑe˧ 我肯定去

我的我去

（43）指示代词表达距离的远近时，中间加“mɯɛ˩”表示更远，表方位时，没有一定的规律可选.

例：go˧nɛ˧ 那边　　go˧mɯɛ˩nɛ˧（更远的那边）

那边　　那 边

ʔu˥ka˧nɛ˧　　dʑo˧bo˥nɛ˧

上 边　　下 边

（44）“我们”只有包括式，没有排除式的.

例：ŋa˧我　　ŋa˧ŋɛ˩我们

（45）代词能做主语.

例：ʔi˥ ɣo˩ sa˧ tɯ˥ ma˩ la˧ ka˧ 他们三人不来了。
他们 三 个 不 来 了

nɯ˥ ma˥ ma˩ tsʻa˩ 这个不好。
这 个 不 好

（46）代词受宾语助词的帮助，放在动词前面做宾语。

例：ʔi˥ ȵi˧ tɛ˥ tɛ˥ 他打你　a˥ nɛ˩ ŋa˧ tɛ˥ kʻo˥ 狗咬我
他 你（ ）打　狗 我（ ）咬

（47）代词放在介词前面做宾语，但介词不常使用，也可以省略。

例：nɯ˧ a˩ ma˧ lɛ˥ tʻo˧ tɛ˧ 你对谁说。
你'谁'说 对（介词）

nɯ˧ a˩ nɛ˧ pɯ˥ la˧ 你从哪儿来
你 何处（从）来
（介词）

（48）代词做谓语。

例：tsʻɯ˧ sɿ˩ tʻi˧ ɣɯ˧ pɛ˩ ŋa˧ ȵi˧ tɛ˥ 这些谷子是我们的
谷 子'这 些'我 们 的

tʻɯ˩ ɣɯ˩ tʻi˧ pê˩ ȵi˧ tɛ˥ 这本书是你的
书 这 本 你 的

（49）没有连音动词。

（50）谓语动词末尾重叠表示强调。

例：la˧ la˧ 来来 强调快来　dʑi˧ dʑi˧ 去去 强调快去

（51）动词重迭不表示疑问，只表示强调。

例：dʑi˧ dʑi˧ tʻa˥ kɛ˩ 快去玩　la˧ nɛ˩ nɛ˧ ȵi˧ 来看看瞧
去 去 玩　来 看 看 瞧

（52）动词有自动、使动的区别，区别时多音或变调。

例 ga˩ 穿（衣） 自动 　　ga˧gɯ˩ 穿（衣） 使动。

du˧ 喝 自动 　　do˧ 喝 使动

dza˩ 吃 自动 　　tɕa˥ 吃 使动。

（53）带宾语的是及物动词，不带宾语的是不及物动词。

例：a˥pʰɛ˧pʰɯ˧tɯ˧ 公鸡叫。ŋa˥dza˥dza˩（dza˩） 我吃饭。

鸡 公 叫（不及物） 我 饭 吃（及物）

（54）单音动词被否定副词修饰时，在否定副词之后。

例：ma˩pa˧ 　　tá˩gu˧

不 摸 　　别 拉

（55）多音动词被否定副词修饰时，在否定副之后。

例：dʑi˩dʑa˧ 　　tá˩dʑi˩dʑa˧

帮 助 　　别 帮 助。

（56）动词连用，有下列几种形式：

动补式 ʔi˥sɿ˧ma˩tɕʰi˧dʑi˧tɕo˩ 他说，不去砍柴

他 柴 不 破 去 说

连动式 nu˧dʑi˧ʔi˥tɛ˥tɕa˧dʑi˧ 你去找他。

你 去 他（ ）找 去

动词连用 ŋa˧tɛ˥ɣu˧tɕa˥la˧ 拿给我吃

我（ ）拿给吃 来

（57）动词被副词修饰时，副词在动词之前。

例：a˩za˩za˩ba˥a˥dʑi˧ 慢慢地去 　　ma˩la˥

慢 慢 地 去。 　　不 来

（58）动词的间接宾语在前，直接宾语在后。

例：ʔi˥ ŋa˧ tɛ˥ ga˩ pɸ˧ tɕi˩ tɯ˥ ɣɯ˩ 他给我一个箭把。

他 我（ ）箭 把 一 个 给
（间） （直）

（59）表态方式有分析式的，有下列几种形：

完成态：ʔi˥ dɸi˧ ɸo˧ 他走了。 dʑa˥ dʑa˩ gu˧ ɸo˧
他 去 了 饭 吃 完 了

经历态：ŋa˥ pɛ˥ tɕi˧ dɸi˧ ȵɛ˧ tso˧ 我去过北京。
我 北 京 去 过

a˥ na˩ xa˩ ŋa˧ dʑa˩ ȵi˧ ma˩ tso˧ 我吃不过狗肉
狗 肉 我 吃 不 过

始动态：ȵi˥ mi˧ xɛ˥ tsi˧ si˩ ɣɯ˩ li˩ la˧ 今天开始割谷子
今 天 开始 谷 子 割 回 来

继续态：a˥ tɕi˥ mɯ˧ ta˥ mɯ˧ ta˥ la˧
磨子 叫 着 吃 着 来

（60）动词作谓语在主语之后。

例：ʔi˥ tso˧ za˩ tɛ˥ 他打人 ʔi˥ la˧ ga˩ 他来了。
他 人（ ）打 他 来 了

（61）动词能做补语，作补语时，位于动词谓语之后。

zo˧ la˧ a˥ ȵi˩ gu˧ bu˥ dɸɛ˩ gu˩ dɸi˧ 牛赶过那边去
拿来 牛 那边 赶 过 去

（62）助动词不能重迭，重迭不表示任何意义。

(63) 没有多音助动词，重迭不表示任何意义。

(64) 助动词与动词连用时，位于动词之后：

例：zɿ˧˩ gu˥˧ 会用　ŋa˧ dʑi˧˦ pʰu˩ do˧ nɯ˧ 我要喝酒。
　　用　会　　　我（酒　）喝　要

(65) 副词没有特殊的词头词尾，有的动词和形容词前加“a”后加“ə˥”会转化为副词。

例：ma˩ 不　a˩ za ba˦˥ ə˥ 慢慢地。
　　　　　　慢　慢地

(66) 只有单音动词，没有复合动词。

例：a˩ za˧ za˩ 光学。

(67) 副词在动词和形容词之前。

例：tɕʰi˩ tsʰi˧ tsa˧　ma˩ mie˧
　　太　热　　不　多。

　　ma˩ dʑi˧ dʑa˧　ma˩ tɛ˥
　　不　帮　助。　不　打

(68)“ma 不”是副词，不是词头。

(69) 介词位于名词之后。

例：tɕʰan˧ tɕi˩ nɛ˧ tɛ˩ pʰu˥ tɕʰi˥ 从昌宁来
　　昌　宁（从　）来

(70) 连接词位于两个名词或代词之间。

例：mɿ˥ tɕʰi˩ nɛ˩ ni˥ ɣu˧ tɕʰi˧ tɕʰi˩ tɕʰi˧ tsʰɿ˥ 家猫和野猫像一样
　　家猫（和，野猫　一　样像

nu˧ ɲi˧ ŋa˧ tɕʰi˩ tɕe˧ tɕi˧ la˥ 你和我在一处.
你 和 我 一 处 在

(71) 语气词一般出现在句首或句末.

例. mu˧ a˧ ! tsʰɯ˧ sɿ˩ gu˧ ma˩ ta˧ 唉！谷子还收不完
唉！谷 子 收 不 完

e˥ bɯ˧ bɯ˧ la˧ ma˩ 快快来嘛.
快 快 来 嘛.

(72) 一句话中只能出现两个语气词、一个在前. 一个在后.

例. ʔɛ˧ ! ʔi˥ ma˩ la˧ kau˥ 喂！他不来了吗
喂：他 不 来 吗？

(73) 象声词一般在名词和动词之间. 叹词位于句首或句末.

例. la˩ ma˧ ʔi˥ mɯ˥ [illegible] tɤ˩ tɤ˩ lɛ˥ tɕi˥ la˥
老 虎 的 尾巴 䵊 " 打 " 响 了.
老虎的尾巴䵊"的打"响了.

ai˩ ! ma˩ ha˥ tʰo˧ ma˩ gɯ˧ 唉；雨不会下了.
唉！雨 下 不会了

(74) 谓语在主语前边. 名词. 动词. 形容词. 能做谓语.

例 ŋa˧ pʰo˩ ʔɛ˩ ʔa˩ ŋau˧
我 和 白 族 是 我是和白族.
ʔi˥ dza˥ dza˩ 他吃饭.
他 饭 吃
ʔɛ˩ tɕi˩ ɲi˥ tɕʰi˧ ŋau˧ 叶子是绿的
叶子 绿 的 是

（75）：宾语在动词谓语之前。名词和代词可以做宾语。

例：ŋa˧ dʑɿ˩ pʰɤ˩ du˧ 我喝酒

我 酒 喝

ŋa˧ ʔi˥ tɛ˥ tɛ˥ 我打他

我 他（ ）打

（76）双宾语。间接宾语在前，直接宾语在后。

例：ŋa˧ ʔi˥ tɛ˥ sɯ˥ tɕʰi˧ tɕi˩ tɯ˥ gɯ˩

我 他（ ）梨 一 个 给 我给他一个梨。

（77）补语在谓语动词之后。结果补语

例：tsʰɯ˧ sɿ˩ ʔɯ˩ gɯ˧ pa˧

谷 子 割 完 了 稻子割完了。

程度补语：ʔi˥ nɛ˧ ka˧ a˥ lɯ˩ mɛ˥ lɛ˧ tɕi˥

他 黑 得 锅 烟子 像 他黑得像锅烟子一样。

趋向补语 dʑɛ˩ tʰa˥ dʑi˧ 赶起走

赶 起 去

时间补语：ŋa˧ ɕi˩ ŋi˧ la˧ lo˥ tɕi˧ 我来满七天了

我 七 天 来满了

（78）定语在谓语前边：数词量词做定语。

例：tsʰo˧ za˩ tɕi˩ tɯ˥ tsʰa˩

人 一 个 好 一个好人。

wa˩ kɯ˧ ɣɯ˩ tɕi˩ tɯ˥

山 大 一 座 一座大山

（79）否定副词作状语，位于动词之前。

例：ma˧la˥ ma˧dʑɿ˧dʑa˧

不来 不帮助。

（80）宾语和主语换位时，要用一定的助词帮助。

例：ŋa˧ʔi˥tɛ˥tɛ˥na˧pa˧

我他（ ）打痛了。 我把他打痛了。

ʔi˥ŋa˧tɛ˥tɛ˥na˧pa˧

他我（ ）打痛了 他把我打痛了。

1959年1月17.

昌宁县来和乡新寨永北族自称“[illegible]”语语音配合表 1958年11月

音位 元音		i	i̱	i	i	i	i̱	y	y	ɸ	ɛ	ɛ	ɛ	ɛ	ɚ	a	ã	a	ã	o	õ	u	õ	ɯ	ɯ	ie	iɑ	io	iu	–	uɑ	鼻	
音值 辅音 声类		ɿ	ɿ̱	ʅ	i	ĩ	i̱	y	ỹ	ɸ	e	ẽ	ɛ	ɛ̱	ɚ	ɑ	ɑ̃	a	ã	o	õ	u	ũ	ɯ	ɤ	ie	iɑ	io	iu	–	uɑ	m̩	ŋ̩
p	55				盖					[油渣]			[蹄]			[独子]				[肘]	[老好]	蒸			[香肠]								
	44									[一拣]						[薑芭]		吧				豪猪											
	33				[佑]					分配	[鞭]		[脚]			躲藏		[月亮]		[耳]		挑			[斑鸠]	扁							
	13						[脚底]																			踢							
	21				[手巾]		[牛肉]			[葫芦]			[马槽]		[嘴]	[伙瓶]		[包子]		[玉米花]					[棺材]								
pʻ	55				[牛皮绳]								[手]									白				[被子]							
	44																																
	33							[冰雹]		[公鸡]			[编提]							[掉魂]		银子			解(衣物)	喜欢							
	13																																
	21				遗失			[锅盖]		[酒糟]			[Yㄇ]		吹呕	[媒人]		[叙父]				腰			[酒]	[叶子]							
b	55							抗(衡)		[苍蝇]												掉到			[斟酒]								
	44																								[大老婆]								
	33				强壮		美丽	飞		补锅			[肥]							炮		懒			射箭								
	13																								[猪分]								
	21						[炸起]	浓雾		[倒]			[虫]			薄		[石桥]		笔		[虫]			[柴块]	蜂							
m	55				[猫]			光滑		[触]			[女婿]					[猴]				教	尾巴										
	44									喷水												学	高(山)										
	33				熟		[眼睛]	毛		[名字]			搅(瓷)			[大麦]		饱(饭)		[成功]		[中柱]	叫(牛)			[字]	[什么]						
	13				热闹																	笑(微笑)											
	21				[唾沫]			[鸭子]					兵			[買]		不		瞎(子)		老	[翻子]			多						[多回]	
f	55									[荞麦花]																							
	44																																
	33																					蛋											
	13									捣																							
	21																																

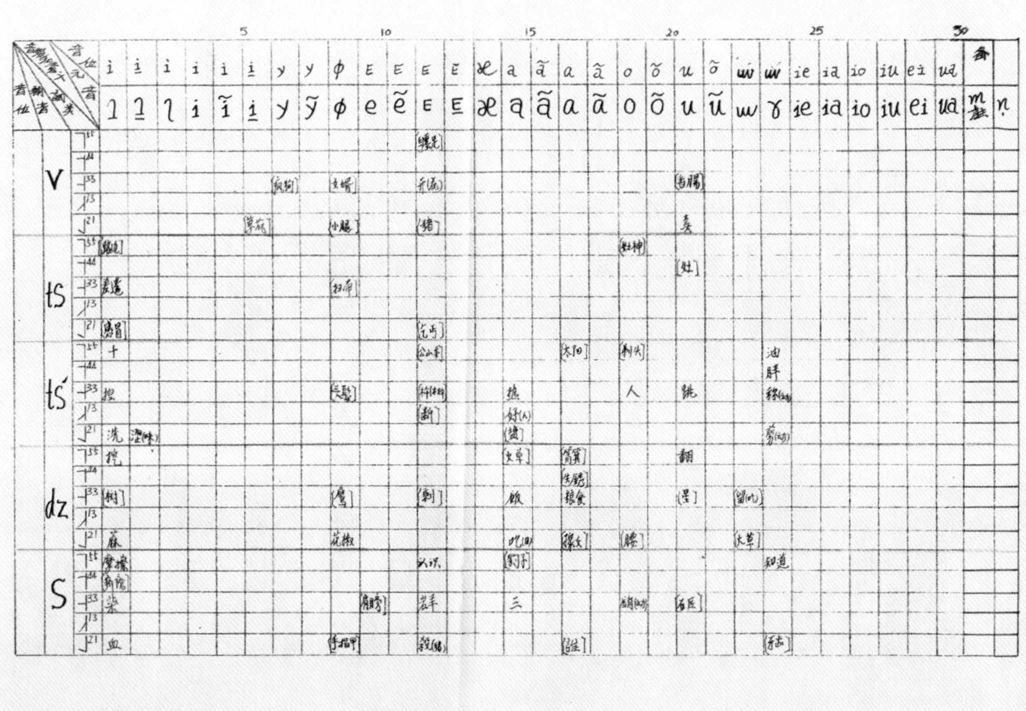

音位 元音		i	i̱	i	i	i	i̱	y	y	ɸ	ɛ	ɛ	ɛ	ɛ	ɚ	a	ã	a	ã	o	õ	u	õ	ɯ	ɯ	ie	iɑ	io	iu	ei	uɑ	鼻	
音值 辅音 声类		ɿ	ɿ̱	ʅ	i	ĩ	i̱	y	ỹ	ɸ	e	ẽ	ɛ	ɛ̱	ɚ	ɑ	ɑ̃	a	ã	o	õ	u	ũ	ɯ	ɤ	ie	iɑ	io	iu	ei	uɑ	m̩	ŋ̩
v	55												[蝙蝠]																				
	44																																
	33							[疯狗]		[女婿]			升(高)									[香肠]											
	13																																
	21						[算命]			[小腿]			[猪]									麦											
ts	55	[蝗虫]																		[灶神]													
	44																					[灶]											
	33	麦芒								[扫帚]																							
	13																																
	21	[感冒]											[乞丐]																				
tsʻ	55	十											[公山羊]					[太阳]		[剃头]					油								
	44																								胖								
	33	搜								[三脚]			[锌]			热				人		跳			稀								
	13												[新]			好(人)																	
	21	洗	涩(味)													[贵]									穷								
dz	55	挖														[火草]		[箐箕]				翻											
	44																	[生锈]															
	33	[树]								[鹰]			[剩]			饭		粮食				[墨]		[留(吃)]									
	13																																
	21	麻								花椒						吃(饭)		[裸女]		[腰]				[大草]									
s	55	摩擦											认识			[豹子]									知道								
	44	[翅膀]																															
	33	柴									[肩膀]		岩羊			三				胡(?)		[石匠]											
	13																																
	21	血								[手指甲]			杀(猪)					[谁]							[牙齿]								

音位 声母 调类 \ 音位 元音		ɿ	ɿ̱	ʅ	i	ĩ	i̱	y	ỹ	ɸ	e	ẽ	ɛ	ɛ̱	æ	ɑ	ɑ̃	a	ã	o	õ	u	ũ	ɯ	ɤ	ie	ia	io	iu	ei	ua	m̩	ŋ̍
		i	i̱	i	i	i	i̱	y	y	ɸ	ɛ	ɛ	ɛ	ɛ	æ	a	ã	a	ã	o	õ	u	õ	ɯ	ɯ	ie	i					备	
z	55																																
	44																																
	33	[蝌蚪]	坚固																														
	13																																
	21	尿								使用			[清洁人]			儿子		[妇女]															
t	55				[唾沫]					埋			打		舂	[溅(水)]		[铁钉]		[火]				個		[脖子]							
	44									[蝗虫]						[丢失]		[眼睛]						[漆]									
	33				在(在家)			[强壮]		[翅膀]			用(锄)		抱	[马尾松]		[香(香)]		[腰]		[吹水泡]		切(菜)		[桃树]							
	13				泡(水)					编(篮)			提抱																				
	21				[脑]					穿(鞋)			提(水)		[骂]	[加水]						[赛跑]											
tʻ	55									寸						烫(火烫)				[砧板]													
	44									[包(包)]																大							
	33									說			[乘(换)]			[牛脑肉]				啄		拿				[瓶子]							
	13						限(限)													[蚊子]													
	21				撒(种)		藏(水)			[绳扣子]			[蔺]		浅			菜(菜地)		踩		钻(钻)			[斧]						[绿团]		
d	55																																
	44															[蕨菜]				[水井]													
	33				[痊]															喝(酒)		喝(粥)			瘦								
	13																																
	21				[跳]			[蚕豆]		结(结)			[路]			摔				[坐(帽)]		剁(剁)			打(铁)	迟(迟到)							
n	55							[肺]		揉	少		深			[耳]		[骟牛]				[脑(腿)]		嫩(叶子)									
	44												黑																				
	33							[耍]		[贝鼓]			看			值		病		[豌豆]						[疙瘩]							
	13												早																				
	21							闻(气味)					神			[狗]								[集威]									二

音位 声母 调类 \ 音位 元音		ɿ	ɿ̱	ʅ	i	ĩ	i̱	y	ỹ	ɸ	e	ẽ	ɛ	ɛ̱	æ	ɑ	ɑ̃	a	ã	o	õ	u	ũ	ɯ	ɤ	ie	ia	io	iu	ei	ua	m̩	ŋ̍
																																备	
l	55				[赔偿]					晒			[狼]			[弯曲]				[救人]		[玉米花]			[乳头]								
	44									[剁猪]										鞍		炒											
	33				田			[虹]		[鸡蛋]	[额]		剩			来				[耳孔]		白寿			[云雀]	[拨瓣子]							
	13									抹(墙)																							
	21				重			[揭瘦]		[国]			[手]			[媒人]		[毯子]		是狗		龍			舔	疼							
tʂ	55			红									转			使吃				猜		抓(抓头)			[一道]								
	44															[滴(水)]				[桌子]													
	33			拔									[砧板]			[脐带]		[路边]		[周围]		[手镯]			酸								
	13			撕																													
	21												[破布]			[鲁鸭]									[筷子]								
tʂʻ	55			[虎子]																		有(多)											
	44																																
	33			甜									[白米]									蒸熟			[粗糠]								
	13																																
	21			捆									裂(木板)							六		提(提水)			炭料								
dʐ	55			把(扎)																													
	44																																
	33			[酒]												漏(水)						[筷子]			[刺]								
	13			[断]																		[斗(牛斗)]											
	21			[拔绳]														咒(人)		[骸骨]		[筋]			[一块]								
ʂ	55			扭												劳苦				[搓绳]		黄			[像]								
	44			長												[惭愧]																	
	33			[死]												找				肯		金											
	13																								摸								
	21			种籽									滑(路)																				

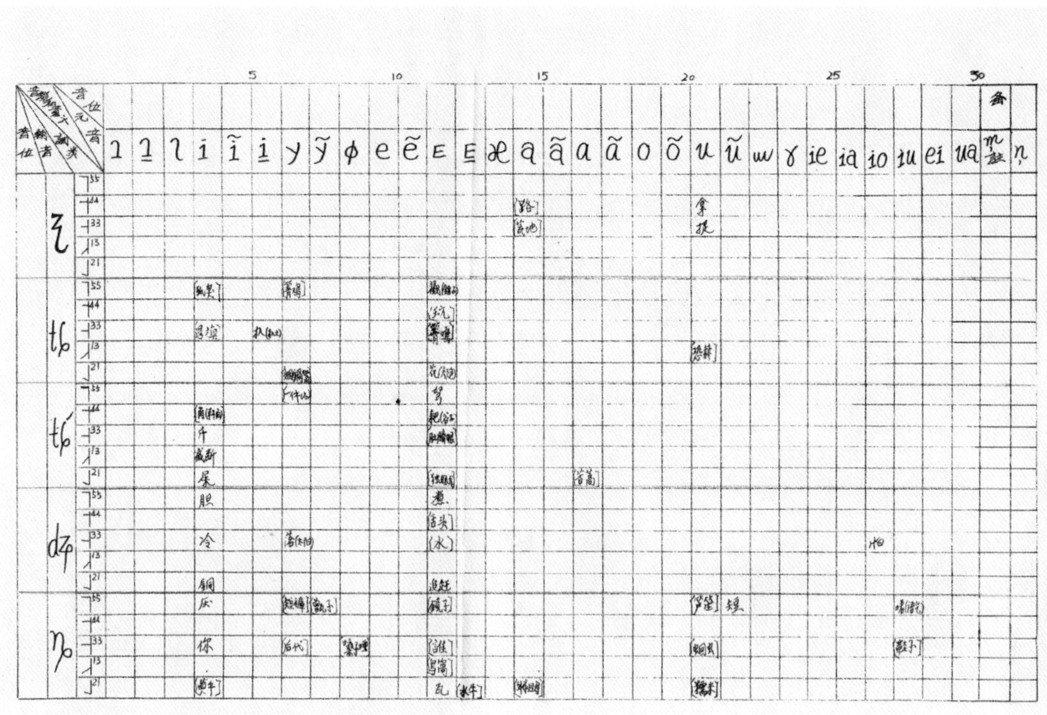

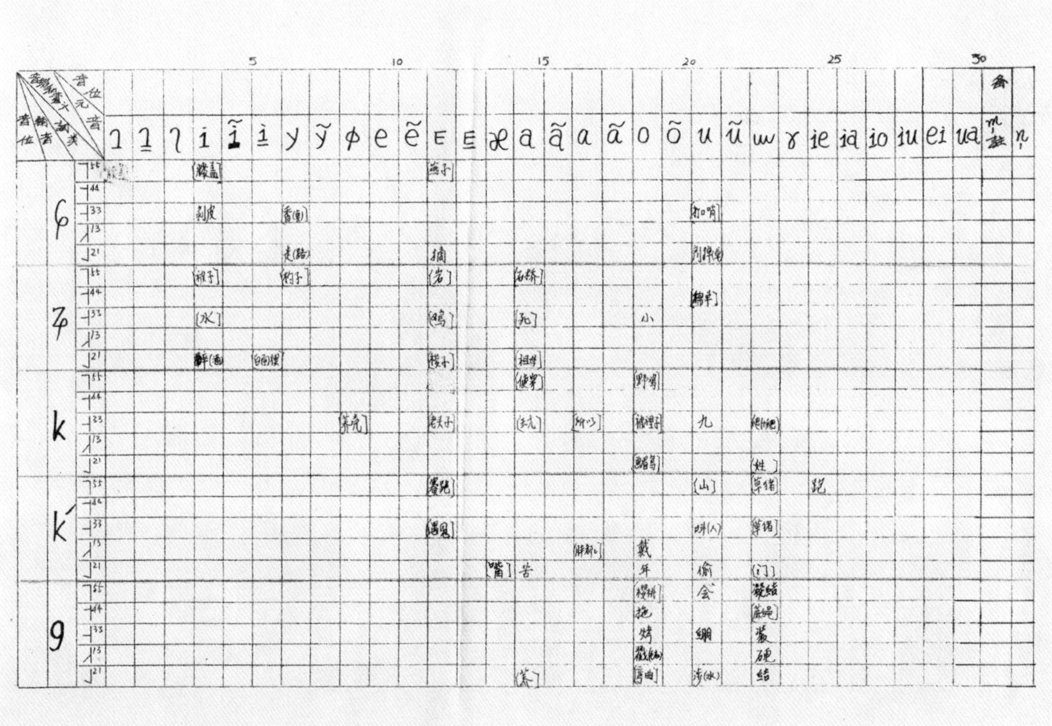

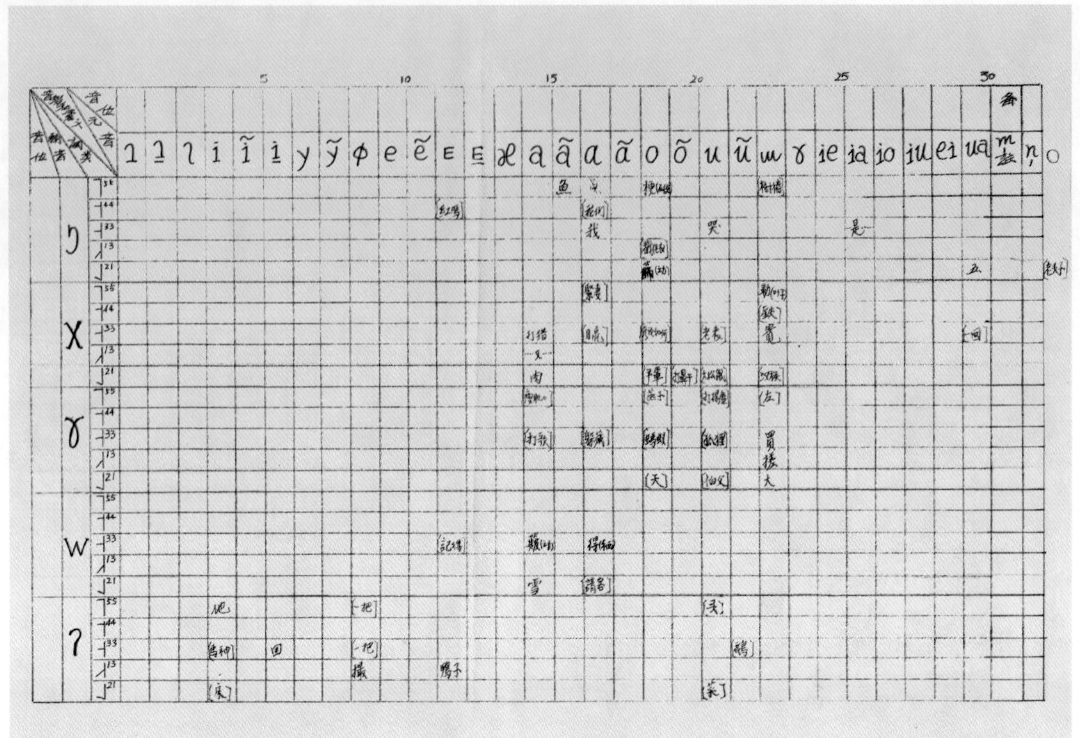

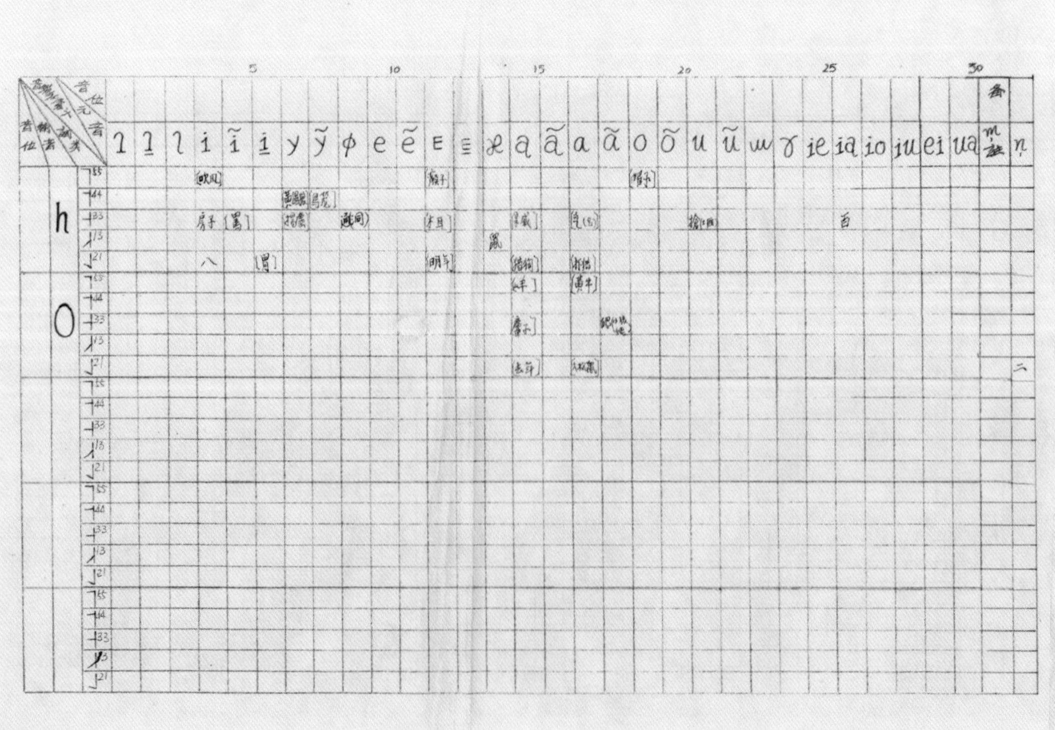

佤语简况

佤族的语言一般认为属南亚语系孟高棉语族佤崩语支，和它相近的语言国内还有崩龙语、布朗（蒲满）语。

佤语的特征大致如下。

语音：有36个辅音、9个元音，各分松紧，没有声调。36个单辅音组成了52个单声母，其中包括16个由塞音与边音或擦颤音构成的复辅音。18个单元音和8个辅音韵尾组成了156个韵母。

词汇和语法：佤语中的词多数是单音节的，单音节的根词构成了词汇中最基本的部分。除了单音节的词外，佤语中也有很多多音节的词。

佤语有用辅音的清浊区分动词和名词的情况。用句法手段拼成的词，主要有联合式和偏正式。在丰富发展现代佤语词汇中，偏正式是个非常活跃的形式，因之，多音节词在词汇中有逐渐增多的趋势。

虚词和词序是佤语中主要的语法手段。虚词有帮助实词表达意义、配合实词造句的功用。

佤语的一般词序是：

（主语）←（状语→定语）→（状语）→谓语→（宾语←定语）→（补语）

词序基本上是固定的，两可的格式往往有意义上的差别。

佤语内部可分为3种方言，即布饶方言、阿佤方言、佤方言。方言的差异是历史的产物，因之，这种方言的划分与佤族内部各支系的社会历史发展有一定的相应关系，即沧源、澜沧、耿马、双江一带自称“布饶”的属于布饶方言；西盟、孟连以及澜沧靠近上述地区自称“阿佤”的属于阿佤方言；镇康一带自称“佤”的属于佤方言。方言间的差别主要表现在语音和词汇上，语法上差异不大。

佤族人民在与邻近各族人民千百年来共同生活、共同斗争的过程中，从这些民族的语言中汲取了养料，而使自己得到了不断的丰富和发展。解放前，佤语的发展是缓慢的，它主要是从傣族语言中吸收借词，傣语借词涉及生活的各个方面，有政治的、文化的，也有经济的、生活的。傣语借词进入佤语后就成为佤语词汇中不可分割的部分，有的并成了词汇的基本部分，和佤语固有的基本词汇一样，具有了很强的派生能力。解放后，在党的领导下，佤族社会得到彻底的改造，佤语也得到了飞跃的发展。政治经济制度上的变革、生产上的跃进、文化教育的高涨，都在佤语中得到充分的反映。新词成批成批地出现，其涉及面之广和数量之多，那是任何时代都难以比拟的。解放后出现的新词完全是从汉语中吸收的，这说明了汉族在建设祖国各民族大家庭中的重大作用，也说明了佤族人民对汉族老大哥的无比信赖。

傣语和汉语借词多数是音借的，只有少数是借音加注或半译半借的。

傣语和汉语借词在语音上对佤语最明显的丰富作用是带入了［f］音位。

还需提及的是，孟连、澜沧、沧源、耿马与傣族接近地区的佤族大都也会讲说傣语，镇康、澜沧、双江的佤族也会说汉语。

佤族原无文字，接近傣族、信仰佛教的地区用傣文，和汉族接触较多的地区用汉文。

四五十年前，披着宗教外衣的帝国主义分子为了实现帝国主义的侵略阴谋，曾设计了一套标记佤语的符号。由于他们对创制文字的理论和实践知识方面的根本无知，所设计的这套符号就不具备成为通用文字的条件，如没有确定基础方言和标准音、没有规定正音法和正字法、不能正确地表达语音等等，因此这套符号为了施展他们的阴谋虽曾在宗教范围内使用，但由于广大佤族人民对帝国主义者的深恶痛绝和符号本身的严重缺陷，这套符号始终没有被佤族人民用为文字。

解放后，党的民族政策明确规定，各民族都有使用和发展本族语言文字的自由。在建设祖国社会主义边疆的过程中，佤族人民日益感到要有一套能很好地为边疆社会主义建设服务的本族文字。党和政府对佤族人民的这种要求与愿望给予了深切关怀——1952年秋，中央民族学院语文系开办了佤语班，培养佤语方面的翻译、研究人员；1956年6月，中央民族事务委员会、中国科学院少数民族语言研究所、中央民族学院与云南省主管机构组织了少数民族语言调查队，深入阿佤山进行普遍调查。在对语言和社会历史材料做科学分析的基础上，确定了以政治、经济、文化较为发达，人口较多、语言普遍性较大的布饶方言为基础方言，其中的宏帅话为标准音，拟订了一套以拉丁字母为字母基础的佤族文字方案。经过1年左右的试验推行，证明了这个文字方案（草案）是适合于用作佤族人民的书面交际工具的。1957年11月汉语拼音方案（草案）公布后，根据国务院关于少数民族文字方案中设计字母的几项原则的指示，对原方案中字母表示音位的方法进行了一次修订。1958年8月，利用这个修订方案（草案）在佤族地区开展了全面的扫盲工作，旬月之间，人人学文化，房房读书声。作为迅速提高佤族人民共产主义觉悟和文化水平的工具，佤族文字方案掀开了佤族文化史上新的一页。

卡瓦语言情况和文字问题

云南省少数民族语文科学讨论会

1957年3月　昆明

卡瓦语言情况和文字问题

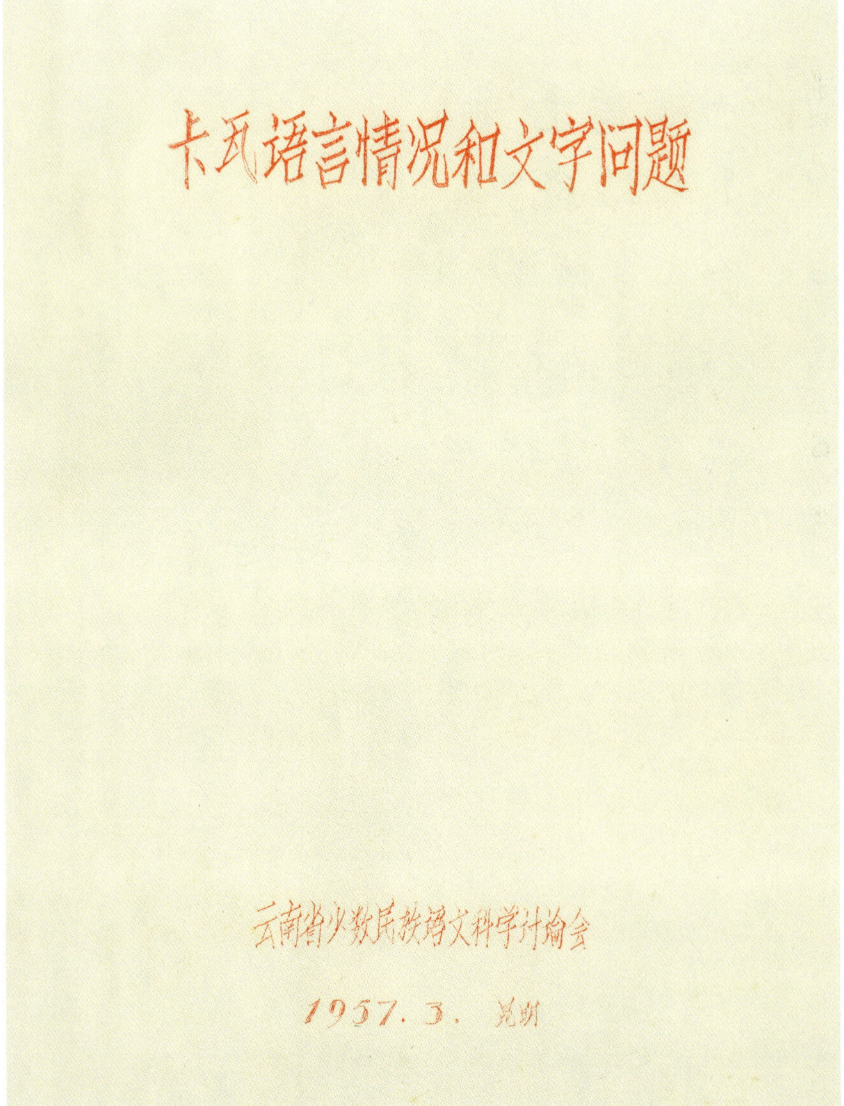
卡瓦语言情况和文字问题

云南省少数民族语文科学讨论会

1957.3. 昆明

目錄

卡瓦語調查点表

方言	序号	調查地点	正点	副点	备攷
布饶	1	滄源县岩帅	〃〃		标准音点
	2	滄源县班洪	〃〃		
	3	完冷	〃〃		41年线以外
	4	耿马傣族卡瓦族自治县勐简	〃〃		
	5	澜沧拉祜族自治区安康		〃〃	
	6	澜沧拉祜族自治区[illegible]		〃〃	
	7	绍兴		〃〃	41年线以外
	8	腊刀		〃〃	41年线以外
阿佤	1	西盟自治县(筹委会)马上	〃〃		
	2	岩城	〃〃		41年线以外
	3	西盟自治县(筹委会)[illegible]		〃〃	
	4	西盟自治县(筹委会)岳宋		〃〃	
	5	永别力		〃〃	41年线以外
	6	山东		〃〃	41年线以外
阿瓦来	1	西盟自治县(筹委会)阿瓦来	〃〃		
	2	孟连傣族卡瓦族自治县[illegible]	〃〃		
	3	澜沧拉祜族自治区[illegible]	〃〃		
瓦	1	镇康县孟[illegible]	〃〃		

一般情况。

卡瓦族是雲南的少数民族之一。分布在北緯21°29′以北，23°29′以南，東經98°21′以東，99°45′以西。以西盟、滄源、孟連、瀾滄的卡瓦山區為最集中。該区北接孟定、耿馬，南至南卡江滙入怒江處，東至岩帥、木戛、孟梭、孟馬，西至怒江與緬甸木邦接界。面積約有14,178平方公里。此外双江縣、鎮康縣和耿馬傣族卡瓦族自治縣等也有少数卡瓦族。

卡瓦族人口目前尚無正確的統計，初步估計約有200,000人左右，佔全省人口1%强。分布情况如下：(一)

滄源縣 80,000人 佔該縣總人口93%左右

西盟自治縣（籌委会）45,000人 佔該縣總人口90%左右

瀾滄拉祜族自治區 24,964人 佔該區總人口10.5%

孟連傣族拉祜族卡瓦族自治縣 13,199人 佔該縣總人口29.1%

耿馬傣族卡瓦族自治縣 12,412人 佔該縣總人口18.12%

鎮康縣 14,006人 佔該縣總人口7.5%

双江縣 4,793人 佔該縣總人口8.26%

註：1.千人以下的未统計在内。

2.滄源、西盟兩縣由於國界未定，此數只是一個約數。

附表一 人口分布圖

根據現有的材料卡瓦族可以劃分為四個支系：即布饒（paɹauk），阿瓦（a vɯɣʔ），阿佤来（a vaʔlɔːi），瓦（vaʔ），列表如下：

稱謂 \ 支系 \ 人口		布饒	阿瓦	阿佤来	瓦
自稱		paɹauk	a vɯɣʔ	a vaʔlɔːi (vɔʔ)	vaʔ
他稱	漢族	小卡瓦，用內家	大卡瓦	卡瓦	本人，本族
	傣族	va˧ va˧，va˧	va˧	va˧	va˧
	拉祜族	a˧ va˥	a˧ va˩	a˧ va˩	
互稱	布饒		ɹuaʔ	ɹuaʔ	jaʔɹɯt (mɤŋ hɔm)
	阿瓦	paɹauk		a vaʔ	
	阿佤来	paɹauk	a vaʔ		
	瓦	vaʔɹɔk	vaʔɹɔk	vaʔɹɔk	
人口		120,000	35,000	25,000	14,006

解放前卡瓦族由於反動政府的统治和民族压迫，在政治上还没有形成一個统一的政治中心，而是處於分散的部落状態，雖然也有初級

部落联盟的形式，但各部落仍然是分散的，獨立的。所以部落是卡瓦族比較穩定的共同體，也是卡瓦族政治组织的基本單位。

卡瓦族社会组织最基層的單位是村寨。有些村寨由一個家族所组成，也有一些是由幾個家族聚居在一起所组成，它是逐漸由血緣關係过渡到地域關係。

卡瓦族社会经濟面貌因地区情况不同而有若干差別，基本上可以分爲兩种類型：一种是卡瓦山的中心地区（即西盟一帶地方），可以較多地看到基於内在因素自發發展的本来面貌；另一种是與漢族、傣族、拉祜族隣接或雜居的地区，（滄源縣，耿馬傣族卡瓦族自治縣，瀾滄拉祜族自治区等一帶地方）因受外来影响，已有若干变化。底下簡單介绍一下这兩個地区的基本情况。

卡瓦山的中心地区在解放前经濟得不到發展，生産力落後，人民生活非常痛苦。農業还處於刀耕火种時期，大多使用竹木農具，不用牛耕种，鉄器还没有被廣泛使用，大部份耕种旱地，水田很少。因此，一個全勞動力每年創造的財富，只有200斤左右的谷子。土地關係具有二重性：宅地，園圃，水田多屬於私有，個別地区有租佃，買賣關係，但尚處於低級形式，荒地，荒山仍屬公有。已能制造鉄器，銀器，雖然有鉄匠，但一般只制造刀子。竹器制造係[illegible]家庭副業，一般不出售。能紡織，紡織工具多使用簡單的木棰，但有的地方也用木架，原料多係野麻，樹皮等。商業也不發達，但也有幾個定期的市集。供應市場的商品大多是國産鹽巴，火柴和從國外輸入的布疋，衣服等。趕集的多是卡瓦人。最大的街場每次有500人左右，少的也有60人左右，一次交易額最高的有3,000半開（一），少的也有幾百半開。從事[illegible]商業的人，已逐漸增加，但并未形成一种專業。

隣接内地地区的，由於附近民族的影响，似乎已進入封建社会，经濟比較發達。農業方面已使用鉄鋤，鉄犁等，并且普遍使用畜力。開水田，修水溝已相當普遍。有的已與漢族地区不相上下。水田，園圃已屬私有，并且發生了買賣關係。旱地因山地空曠，仍可以任意耕种。鉄器，竹器，紡織比中心地区前進了一步，并能制造陶器。鉄匠已為農業生産服務，能鑄犁鏵，也能補鋤等。竹器的制造，除了供給自己使用外，并能出售於市場。已能用棉花棉纱紡織，并使用了紡車，織布機等。商業已相當發達，出現了專營商業的人。有市場七八處，其中以岩帥市集為最大，供應市場的商品主要是國産鹽巴、布疋，也有從國外輸入[illegible]一些日用品如打火機，紡纱、布疋，鋤頭等。

（一）半開是用銀鑄的偽幣每枚重三錢六分，二枚折合偽幣一元。所以稱為半開。每枚半開折合人民幣伍角。

卡瓦族的宗教信仰以固有的多种神教佔優勢地位。各地盛行"祭木鼓""剽牛""祭鬼"等儀節。接近傣族和拉祜族地区的鎮康、滄源的班洪、孟連等地信仰佛教。1922年帝國主義傳教士永文森等人在卡瓦山沿边地区傳教以後，有部分卡瓦族[illegible]改信基督教。

解放以後在党和毛主席的民族政策光輝照耀下，卡瓦族在政治上已獲得和其他民族平等的地位，在縣、省及全國人民代表大会都有卡瓦族自己的代表。在當地政府機関中，[illegible]有不少卡瓦族幹部。幾年以来，人民政府还组织了訪問團、工作隊深入山区，宣傳政策，贈送禮品，联歡、慰問，密切了卡瓦族人民和政府的联系，加强民族間的團結，基本消除了歷史上遺留下来的民族間隔閡。

党和政府為了帮助卡瓦族發展生產和改变貧困落後狀態，每年無償發給大批鉄質農具，發放救濟粮款和鹽巴。截至1955年，在有工作隊（组）的地区先後發放鋤頭1,048把，大小春籽种30,000多斤，救濟和貸放粮食300,000多斤。因此这幾年生產發展很快，開了很多水田和水溝，生產技術也不断得到改進。1955年以来在西盟自治縣（籌委会）的馬上寨和滄源縣的賀南鄉試辦了農業生產合作社，这是党引導卡瓦族人民走向社会主義的開端。

解放前卡瓦族一般都沒有上过学校，很少有人認得漢文，信耶苏教的寨子，有少數人懂得傳教士拟制的卡瓦文。解放以後文教事業有很大的發展，單滄源一縣現在就有小学11所，学生達1,000人左右，瀾滄拉祜族自治区的中学有十幾個初中程度的卡瓦族学生，其他各区也都先後建立了学校。此外最近在滄源、瀾滄、孟連、耿馬等縣的大部分村寨開辦了許多夜校和各种訓練班，推動了文化学習的高潮。

衛生情況也有顯著的改变，解放以前，卡瓦山区根本沒有什麼医療衛生機構，現在從縣到区都設有衛生院、衛生所和接生站。并有本民族的医生和衛生員。

我們可以肯定的說，在这短短的幾年中，在党和人民政府的領導下，基本上改变了卡瓦山的落後面貌，卡瓦人民已经在政治上得到平等和自由，经濟和文化得到了不斷的發展與提高。这一切都說明了在党和毛主席的領導下，卡瓦族将变成一個繁榮富强的民族。

卡瓦語概況

卡瓦語屬南亞語系孟高棉語族瓦绷龍語支，這個語言有以下幾個特点：

一、語音。

1、以喉頭鬆緊区分元音音位，如：岩帥話（下同）。

i i̱（一）	sim（选）	si̱m（小鳥）
e e̱	tɓe（海城）	tɓe̱（想念、紙）
ɛ ɛ̱	tɛ（桃遮）	tɛ̱（甜）
a a̱	ka（啃）	ka̱（螃）
ɔ ɔ̱	pɔ（别、分）	pɔ̱（月加）
o o̱	po（黄昏）	po̱（向）
ɤ ɤ̱	rɤ（船）	rɤ̱（拖）
ɯ ɯ̱	bɯ（油）	bɯ̱（耳環）

2、有由塞音、边音、擦顫音组成的複輔音，如：

plɛʔ（藍色）
plɛ̱ʔ（簸子）
blɛ̱（標幟）
blɔ̱t（脫底）
klɯ̱t（一段（布））
klɯt（自撑）
glu（坎）
glu̱（哨子）
pre（绸緞）
pre̱（混合）
bra（鑼）
braun（吓唬）
kra̱uʔ（羊頭）　　（一）在元音下面加"一"表示緊元音
krauʔ（新）

3、有p、t、k、m、n、ŋ、ʔ、h八個輔音韻尾，如：

ka̱p（腮）　ka̱t（刺）　ka̱k（叉）　ga̱m（榛）
ka̱n（结繫）　kaŋ（搁阻）　ka̱h（解）　ka̱ʔ（魚）

4、沒有声調，單举一個音節的時候往往用一個降調，如果变换其声調也不会更变詞的意義，但在镇康的瓦方言喉頭鬆緊與声調高低相結合，一般是緊的唸高降˥˩，鬆的唸低降˩，如镇康縣的孟汞話：

pɛ̠˨˩（薄）　　pi˨˩（筆）
ʔa̠˨˩（勿）　　ʔa˨˩（帮工）
ɕa̠k˨˩（英）　　ɕak˨˩（剥）

在耿馬傣族卡瓦族自治縣的拉翁語裡，有四個調子，即˥、˥˩、˨˩、˩˧。一般是緊的唸高平或高降，鬆的唸低降或低升；高平與高降或低降與低升可以互相變讀。如：

ʔɣiʔ ˥˨˩（瘦）　　ʔɣiʔ ˨˩˧（猴子）
ʔɣiʔ ˨˩˥（撑）　　ʔɣiʔ ˩˧˨˩（火）

從以上情況看來，有少数地方的卡瓦語元音鬆緊有轉化為声調的趨勢。

二、語法

1、附加成分較少，比如在詞根上加上一個或一個以上的附加成分来区別詞的意義不多。

2、有類別詞，一般的次序有两种。

A、被限制的名詞——数詞——類別詞。如：

puiɛ　tiʔ　kauʔ　一個人
人　一　個

mɔiɛ　tiʔ　mu　一条牛
牛　一　条

B、数詞——類別詞——被限制的名詞。如：

tiʔ　kauʔ　puiɛ　一個人
一　個　人

tiʔ　mu　mɔiɛ　一条牛
一　条　牛

3、語序。一般使用以下的次序：

A、主語——謂語——賓語。如：

ʔɣʔ　mɔh　pa ʔauk　我是卡瓦族
我　是　卡瓦

maiʔ　mɔh　hɔʔ　你是漢人
你　是　漢人

在問話或答話時，一般動詞可以提前。如：

mɔh　maiʔ　pa ʔauk？
是　你　卡瓦　你是卡瓦族嗎？

mɔn, mɔn ɣʔ pa ɾauk. 是.我是卡瓦族
是 是 我 卡瓦

B.被限制的名詞——限制的代詞或名詞。如：

siʔbeʔ tɕɛʔ ɣʔ 我的衣服
衣服 的 我

kuiʔ maiʔ 你的父親
父親 你

C.被限制的名詞——限制的形容詞。如：

si beʔ ɭuŋ 黑衣服
衣服 黑

pɯi hɔʔ 漢人
人 漢

下面以滄源縣岩帥寨的話為例列出它的音位系統。

輔音音位表：

發音方法／發音部位	塞音				塞擦音				擦音			鼻音				边音	
	清		濁		清		濁		清	濁		濁		濁		濁	
	純	吐氣	純	吐氣	純	吐氣	純	吐氣	純	純	吐氣	純	吐氣	純	吐氣	純	吐氣
双唇	p	p'	b	b'								m	m'				
唇齒									f	v	v'						
舌尖中	t	t'	d	d'					s			n	n'	ɹ	ɹ'	l	l'
舌面前					tɕ	tɕ'	dʑ	dʑ'		ʑ	ʑ'	ȵ	ȵ'				
舌根	k	k'	g	g'								ŋ	ŋ'				
喉壁	ʔ								h								

輔音音位举例。

p paŋ（叢） pa（拖.耙）
p' p'aŋ（槍声） p'a（盒子）
b baŋ（休息處） ba（腿）
b' b'aŋ（敞開）
m maŋ（人名） ma（地）
m' m'aŋ（刺竹） m'a（栽秧）
f faŋ（解放） fa（發）
v vaŋ（追） va（寬）

v̇	va˥	（稗子）		
t	ta˥	（不同）	ta̱	（黄白(病容)）
t'	t'a˥	（地窖）	t'a	（待）
d	da˥	（圈栅）		
d'	d'a˥	（水堤）	d'a	（先走）
n	na˥	（姑娘）		
n'	n'a˥	（戴）	n'a	（馊）
l	la˥	（長）		
l'	l'a˥	（馱）	l'a̱	（遲晚）
ʌ	ʌa˥	（岩石）	ʌa̱	（二）
ʌ'	ʌ'a˥	（霧）	ʌ'a	（雪）
s	sa̱˥	（象）	sa̱	（做生菜）
tɕ	tɕa˥	（馬掌）	tɕa̱	（蝉之一）
tɕ'	tɕ'a˥	（鈸）	tɕ'a	（試）
dʑ	dʑəʔ	〈躲藏〉		
dʑ'	dʑ'əʔ	〈青〉		
ȵ	ȵəʔ	〈嘴嚼硬物〉		
ȵ'	ȵ'əʔ	〈眼屎〉		
ɕ	ɕa̱˥	（小姜）	ɕa̱	（生小孩）
ɕ'			ɕ'a	（生産）
k	ka̱˥	（攔阻）	ka̱	（人名）
k'	k'a˥	（鉄鍋）	k'a	（傷心）
g	ga̱˥	（枷）	ga̱	（[illegible]）
g'	g'a˥	（陀螺）	g'a	（牛叫）
ŋ	ŋa˥	（精子）	ŋa	（象牙）
ŋ'			ŋ'a	（公,雄）
h	ha˥	（光潔）	ha	（恐怕）
ʔ	a̱˥	（張開）	a̱ʔ	（咱,倆）
pl	pla̱˥	（光滑）	pla̱	（慘淡）
p'l			p'lu	（吹）
bl	bla˥	（好看）	bla̱	（放任）

kɹ　kɹu̠t（一段）
k'ɹ　k'ɹut（自棹）
gɹ　gɹu（台階）
g'ɹ　g'ɹu（哨子）
pʌ　pʌe̠（蓖子）
p'ʌ　p'ʌe（混合）
bʌ　bʌa̠ŋ（蚊子）
b'ʌ　b'ʌut（挣脱）
kʌ　kʌu̠p（能趕上）
k'ʌ　k'ʌup（疲憊）
gʌ　gʌaŋ（模樣）
g'ʌ　g'ʌaŋ（槍）

說明：

1. f只出現在漢語借詞中，一般是青少年及小孩讀f老人仍讀p。如：

青少年，小孩，　　老人
tɕəŋ fu　　tɕəŋ p'u（政府）
fa　　p'a（发）

2. ɕ，ʑ在前元音前舌位較前，在後元音前舌位較後如：

ɕi̠ʔ ——→ ɕi̠ʔ（我們）
ɕah ——→ ɕah（[illegible]）

3. 元音起音的音綴都有喉塞音如：

ʔa̠i（老大）
ʔi̠ŋ（小二）
ʔu̠ʔ（雞叫）

4. ŋ，k在前高元音之後面時，舌位前移，似c，ɲ。如：

ti̠k ——→ ti̠c（去）　ti̠ŋ ——— tiɲ（大）
di̠k ——→ dic（踩）　di̠ŋ ——— diɲ（墻）

5. 塞濁音，塞擦音往往帶有同部位的鼻音m，n，ŋ。如：

bi̠ ——→　mbi̠（瓜）
di̠ ——→　ndi̠（火把）
gi̠ ——→　ŋgi̠（耙）

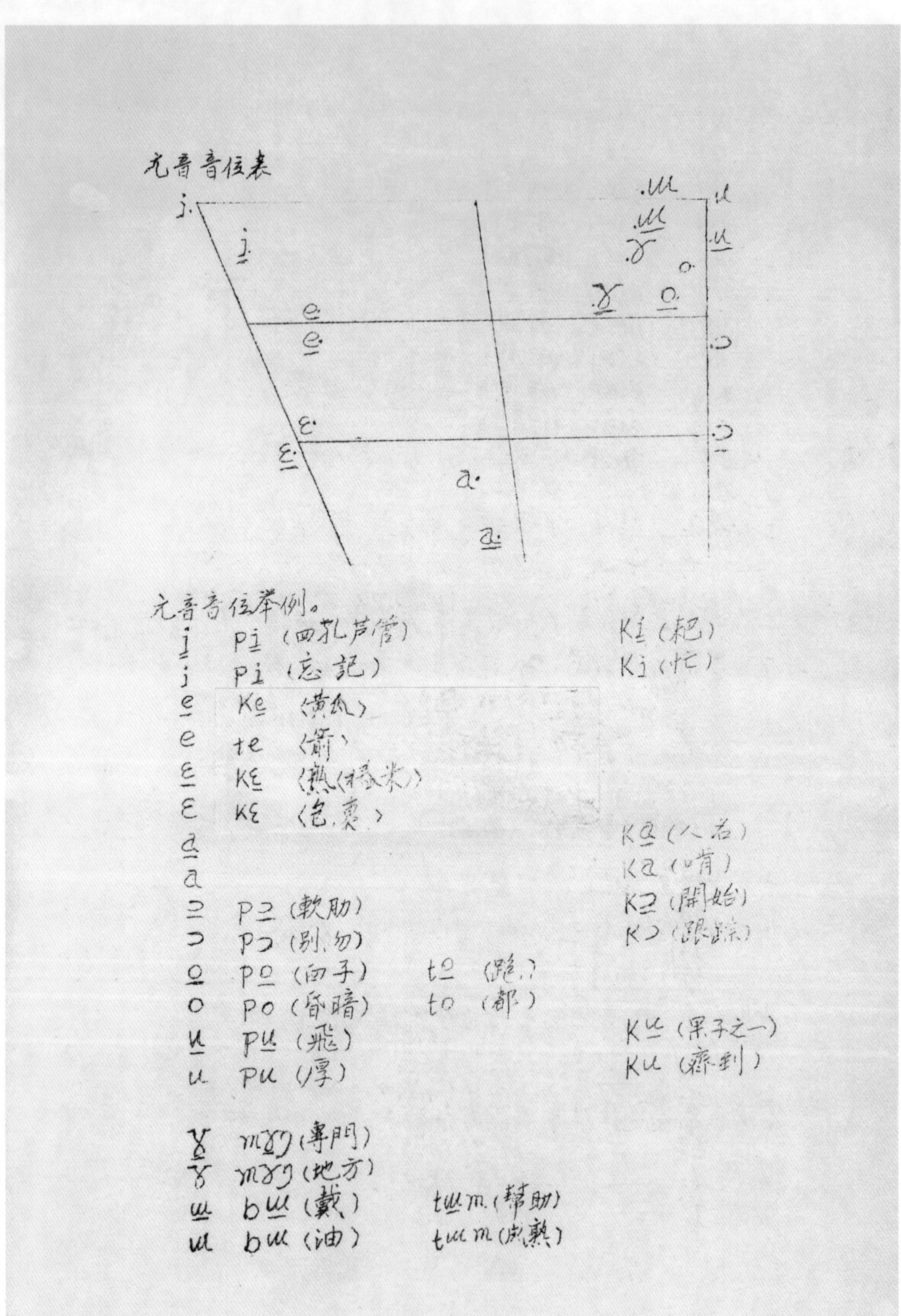

元音音位表

元音音位举例。

i̱	pi̱（四孔芦管）		Ki̱（耙）
i	pi（忘記）		Ki（忙）
e̱	Ke̱（黄瓜）		
e	te（箭）		
ɛ̱	Kɛ̱（熟（糯米））		
ɛ	Kɛ（包裹）		
a̱			Ka̱（人名）
a			Ka（啃）
ɔ̱	pɔ̱（軟肋）		Kɔ̱（開始）
ɔ	pɔ（別、勿）		Kɔ（跟踪）
o̱	po̱（面子）	to̱（跪）	
o	po（昏暗）	to（都）	
u̱	pu̱（飛）		Ku̱（果子之一）
u	pu（厚）		Ku（瘀到）
ɤ̱	mɤ̱ŋ（專門）		
ɤ	mɤŋ（地方）		
ɯ̱	bɯ̱（戴）	tɯ̱m（幫助）	
ɯ	bɯ（油）	tɯm（炭熟）	

說 明：

1. 一般是紧元音舌位較低，音較清晰；鬆元音舌位較高，音較模糊。其实際音值見元音圖。

2. e e̱ o o̱ 在不帶 p、t、m、n 韻尾時，往往帶有[illegible]音 i 和 u。如：

tḛ ⟶ tḛi（性交）　　po̱ ⟶ po̱u（四）

veŋ ⟶ veiŋ（城）　　koŋ ⟶ kouŋ（纺车）

jek ⟶ jeik（匠）　　lo̱k ⟶ lo̱uk（沸）

3. ɛ ɛ̱ 帶 k、ŋ 韻尾時，往往帶有[illegible]音 i。如：

kɛiŋ　（算了吧）

4. ia ia̱ 帶 p、t、m、n 韻尾時，讀為 iɛ iɛ̱。如：

dia̱p ⟶ diɛ̱p（跳蚤）

giap ⟶ giɛp（带夹）

pia̱m ⟶ piɛ̱m（育芽）

（接下頁）

tiam —— tiɛm （矮）
tɕiat —— tɕiaet （橋）
kiat —— kiɛt （咬）
giən —— giaɛn （手指）
miən —— miɛn （灶神）

5，au，au，aɯ，aɯ 不带 p.t.k.m.n.ŋ 韻尾時讀為 ao，ao，aɤ，aɤ，如：

sibau? —— sibao? （带）
bau? —— bao? （再）
tauh —— taoh （贖回）
tauh —— taoh （水漂）
kau —— kao （十）
ʈau —— ʈao （樹尖）
daɯ? —— daɤ? （裡面）
laɯ? —— laɤ? （壞）
daɯh —— daɤh （一處）
laɯh —— laɤh （打）
saɯ —— saɤ （裝）
taɯ —— taɤ （一起）

6，ɔi ɔi oi oi ɤi ɤi 不带 p.t.k.m.n.ŋ 韻尾時讀為 ɔɛ ɔɛ oe oe ɤe ɤe，如：

ŋɔi —— ŋɔɛ （疥瘡）
kɔih —— kɔɛh （抓）
nɔi? —— nɔɛ? （人名）
sioi —— sioe （嗅）
tɕoih —— tɕoeh （買）
siɤɤi —— siɤɤe （以前）
aŋɤih —— aŋɤeh （表示不同意声）
mɤi? —— mɤi? （霧·汉？）

7，在多音缀的詞中，若第一音缀以單元音 a 作韻母時，往往讀為 ə。如：

kaman —— kəman （病之一）

語法情况（以岩帥為例）

一、詞法

1.岩帥話[illegible]構成不同的[illegible]有部分的詞变化詞幹中的元輔音来表達不同的語法範疇：

（一）以声母清濁变化区分動詞和名詞。如：

形態变化	動詞	名詞
K：g	Klɔm（挑）	glɔm（挑（一挑））
P：b	Pɯa（捲）	bɯa（捲（一捲））

（二）以声母清濁变化区分自動與他動。如：

形態变化	他動	自動
K：g	Kan（解開）	gan（自解）
P：b	PɯiK（脱）	bɯiK（自脱）

元音变化区分人称代詞的双數和多數。如：

形態变化	双數		多數	
ɛ：i	ʔɛʔ	（我倆）	ʔiʔ	（我們）
	Kɛʔ	（他倆）	Kiʔ	（他們）
a：e	aʔ	（咱倆）	eʔ	（咱們）
	Paʔ	（你倆）	Peʔ	（你們）

2.詞的構成，岩帥話的詞可以分為單[illegible]詞，[illegible]複[illegible]詞[illegible]

[illegible]情况。

（一）[illegible]音單詞

A.純粹的單詞，这种詞的每個音節可以說只是一個音符，本身全然没有什麽意義。如：

su saK（乱）　　tu taK（垂下）

ʔiŋ ʔaŋ（摇）　　duy day（过大）

vu vaŋ（纤细）　　mu mi（麻木）

B.加詞頭和詞尾的單詞

加詞頭的，如：

Si：	vɔK	（割）	Si vɔK	（镰刀）
	man	（放）	Si man	（飘流）
Pa：	rauh	（紅）	Pa rauh	（紅的）
Kɤn：	tʰay	（工價）	Kɤn tʰay	（帮工）
	Pui	（人）	Kɤn Pui	（人們）

tɕau?: kaiŋ （工作）　tɕau kaiŋ（工作者）
　　tɕaiŋ （缝）　tɕau tɕaiŋ（裁缝）

加词尾的如：

動詞後面加上詞尾"ʑau"表示"試"的意思。如：

ʑuh（做）　ʑuh ʑau?（ʑuh tɕ ʑau?）（做做看）

tɕim（嚐）　tɕim ʑau?（tɕim tɕ ʑau?）（嚐嚐看）

C.外来語音譯單詞：

用岩帥話的詞譯外来語的音，这种詞裡面的每個音節自然都不代表意義。如：

kai faŋ（解放）

tau lun（討論）

sɯ fu（師傅）

tɕəŋ fu（政府）

（二）複合詞——複合詞的構成大略有下列幾种方式，

A.名詞＋名詞＝名詞

la? khau?（樹叶）
叶　樹

ne? la xu?（腊肉）（借漢語一半即 la xu?）

B.名詞＋形容詞＝名詞

pui ʔɔ（傻瓜）
人　啞

tau? paiŋ（白菜）
菜　白

C.名詞＋動詞＝名詞

pui hɛ?（賊）
人　偷

tɕak pɯ（飛機）
機器　飛

D.動詞＋名詞＝動詞

mui rhɔm（相愛）
愛　心

ʑuh ma（种地）
做　地

E, 数量詞＋名詞＝名詞

bɯa [illegible]（布尺）
尺 布

lɔk [illegible]（房間）
間 房

（三）詞與詞結合關係

A, 修飾語的詞序：一般修飾語放在被修飾語之後。

[illegible]（紅的花）
花 紅

[illegible]（白的毛 頭髮）
毛 白

B, 補充關係：一般補語放在被補語後边。

[illegible]（弄坏）
做 坏

[illegible]（吃飽）
吃 飽

C, 動宾關係：動詞在前宾語在後。

[illegible]（种地）
做 地

[illegible]（赶集）
去 街（集）

D, 主謂關係：主語在前，謂語在後。

[illegible]（雞叫）
雞 叫

二、句法

1, 語序——岩帥話的語序不像漢語那样固定，由於語序不同，[illegible]語義的差異一般情形是在問話時往往把動詞提前，答話時雖然有動詞提前情况，但没有像問話時那样普遍；一般的次序有两种：

（一）主語＋謂語＋宾語

mɔi sɔm [illegible]（牛吃草）
牛 吃 草

ɣ? tɔk mai? kɛ（我打你）
我 打 你
ɣ? hu dau? lazh（我上街去。
我 去 裡 街
（二）謂語＋主語＋宾語
hu mai? du mɔ? 你去那裡。
去 你 那裡
hu ɣ? dau? lazh（我去街裡。
去 我 裡 街
2、句子结構岩帥話按其句子的用途可以把句子分為下列四种：
（一）直陳句：
ɣ? mɔh kɔm gau lai. 我是学生
我 是 学 生
nɔh hɔit hu。 他已经走了
他 已经 走
in mɔh pa tauh. （这是紅的。
这 是 的 紅
si ŋai mɔh si ŋai tuah （今天是星期）
（二）疑問句：往往用語調來表現的，但也有用其他形式表示疑問：
A、用疑問代詞表示疑問的如：
ruh mai? pate? ? 你做什麼？
做 你 什麼
B、重叠謂詞（動詞形容詞）中間加"ɛŋ"表示疑問的如：
hu mai? ɛŋ mai hu?（你去不去？
去 你 不 你 去
mai? sɔm ɛŋ sɔm? （你吃不吃？
你 吃飯 不 吃飯
C、用語助詞"lɛh"表示疑問的如：
saŋ hu pa? lɛh? （你俩想去嗎？
想 去 你俩 嗎
kɔm ot mai? lɛh? （你好嗎？
好 在 你 嗎

（三）祈使句：

ɲ̥ɔʔ nɔm maiʔ tuɯn ʔɤʔ phauɯ nɔm！请你帮我倒一下水！

请　　你　　帮　我　倒　水

maiʔ hu dauʔ laɯ tɕuɯiʔ！你去街上一下！

你　去　裡　街

（四）感叹句：

kai faŋ tɕiŋ peʔ tiʔ ɲɔm ʑuh nin！解放军这样好呀！

解放军　　　　好　　这样

韵母表

韵类／主要元音／韵		i	i̲		e	e̲				ɛ	ɛ̲								a	a̲							ɔ	ɔ̲			o	o̲			u	u̲			ɤ	ɤ̲			ɯ	ɯ̲		
介	u-																ua	u̲a̲																												
				ie																																										
	i-						iɛ	i̲ɛ̲																																						
音												ia	i̲a̲																																	
元音韵尾	-i																				ai	a̲i							ɔi	ɔ̲i			oi	o̲i			ui	u̲i			ɤi	ɤ̲i			ɯi	ɯ̲i
	-u								ɛu					iau	i̲a̲u̲								au	a̲u																						
	-ɯ																								aɯ	a̲ɯ																				
喉音韵尾	-ʔ	iʔ	i̲ʔ		eʔ	e̲ʔ	iɛʔ	i̲ɛ̲ʔ		ɛʔ	ɛ̲ʔ	iaʔ	i̲a̲ʔ				uaʔ	u̲a̲ʔ	aʔ	a̲ʔ	aiʔ	a̲iʔ	auʔ	a̲uʔ	aɯʔ	a̲ɯʔ	ɔʔ	ɔ̲ʔ	ɔiʔ	ɔ̲iʔ	oʔ	o̲ʔ	oiʔ		uʔ	u̲ʔ	uiʔ	u̲iʔ	ɤʔ	ɤ̲ʔ	ɤiʔ	ɤ̲iʔ	ɯʔ	ɯ̲ʔ	ɯiʔ	ɯ̲iʔ
	-h	ih	i̲h		eh	e̲h	iɛh	i̲ɛ̲h		ɛh	ɛ̲h	iah	i̲a̲h	iauh	i̲a̲u̲h		uah	u̲a̲h	ah	a̲h	aih	a̲ih	auh	a̲uh	aɯh	a̲ɯh	ɔh	ɔ̲h	ɔih	ɔ̲ih	oh	o̲h	oih	o̲ih	uh	u̲h	uih	u̲ih	ɤh	ɤ̲h	ɤih	ɤ̲ih	ɯh	ɯ̲h	ɯih	ɯ̲ih
鼻音尾韵母	-m	im	i̲m							ɛm	ɛ̲m	iam	i̲a̲m						am	a̲m							ɔm	ɔ̲m			om	o̲m			um	u̲m			ɤm	ɤ̲m						
	-n	in	i̲n		en	e̲n				ɛn	ɛ̲n	ian	i̲a̲n				uan	u̲a̲n	an	a̲n							ɔn	ɔ̲n			on	o̲n			un	u̲n			ɤn	ɤ̲n						
	-ŋ	iŋ	i̲ŋ		eŋ	e̲ŋ				ɛŋ	ɛ̲ŋ	iaŋ	i̲a̲ŋ	iauŋ	i̲a̲u̲ŋ		uaŋ	u̲a̲ŋ	aŋ	a̲ŋ	aiŋ	a̲iŋ	auŋ	a̲uŋ	aɯŋ	a̲ɯŋ	ɔŋ	ɔ̲ŋ	ɔiŋ	ɔ̲iŋ	oŋ	o̲ŋ	oiŋ	o̲iŋ	uŋ	u̲ŋ	uiŋ	u̲iŋ	ɤŋ	ɤ̲ŋ			ɯŋ	ɯ̲ŋ	ɯiŋ	ɯ̲iŋ
塞音尾韵母	-p	ip	i̲p							ɛp	ɛ̲p	iap	i̲a̲p						ap	a̲p							ɔp	ɔ̲p			op	o̲p			up	u̲p										
	-t	it	i̲t		et	e̲t				ɛt	ɛ̲t	iat	i̲a̲t				uat	u̲a̲t	at	a̲t							ɔt	ɔ̲t			ot	o̲t			ut	u̲t			ɤt	ɤ̲t						
	-k	ik	i̲k		ek	e̲k				ɛk	ɛ̲k	iak	i̲a̲k	iauk			uak	u̲a̲k	ak	a̲k	aik	a̲ik	auk	a̲uk	aɯk	a̲ɯk	ɔk	ɔ̲k	ɔik	ɔ̲ik	ok	o̲k	oik	o̲ik	uk	u̲k	uik	u̲ik	ɤk	ɤ̲k			ɯk	ɯ̲k	ɯik	ɯ̲ik

註 我們的意見：卡瓦語的音節結構方式仍以開[illegible]的表示方法[illegible]方便

3 各方言情况

从现有的材料来看，卡瓦语方言间的差异主要表现在語音词彙两方面。布饒方言和瓦方言以喉头松紧区分元音音位，而阿瓦方言和阿佤莱方言就没有这种分别。虽然是这样，[illegible]有[illegible]。就整个卡瓦语来说，各地语音的对应現象、明显、单纯的仍佔多数。词彙各地也有差異。[illegible]。因此，我们在划分卡瓦语的方言和土语时，根据这两方面作主要标準，同时也参攷语法现象。

根据现有的材料和上述标准，我们把卡瓦语分为四个方言：即布饒方言、阿瓦方言、阿佤莱方言和瓦方言。四个方言内部又分若干土语。列表如下：

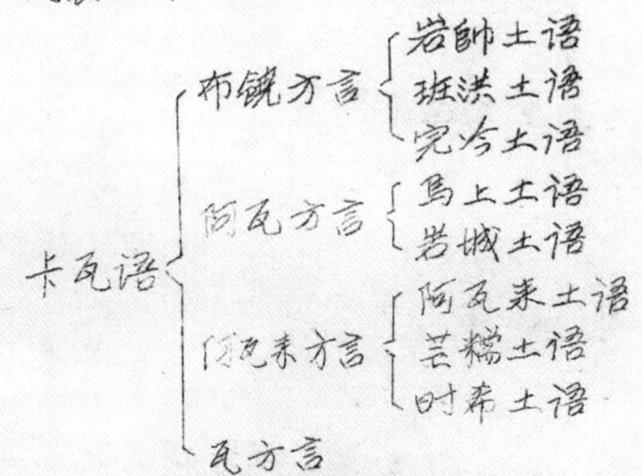

卡瓦语四个方言分佈区域，大致与这个族的支系相当：即西源县，双江县、瀾滄、拉祜族自治区和耿馬 傣族卡瓦族自治县一带的卡瓦族自称 pɯ ʐauk，汉人叫小卡瓦的屬于布饒方言。西盟自治县（筹委会），的馬上、中课、岩城一带自称 ʔa vɯŋʔ，汉人叫它大卡瓦的屬于阿瓦方言。西盟自治县（筹委会）的阿瓦莱翁戛科和孟連傣族、拉祜族、瓦族自治县的芒糯一带自称 ʔa vaʔ bi 或 vɔʔ。汉人称小卡瓦的，屬于阿瓦莱方言。鎮康县的孟汞，猛棒、等一带地方叫 vaʔ。汉族称“本人”或“本族”的，屬于瓦方言。

下面我们分述一下四个方言的语音、词彙、语法的特点。

1．语音：

A、布饶方言：

辅音：清塞音、浊塞音、清塞擦音、浊塞擦音、鼻音、边音擦颤音、浊擦音、一般有吐气和不吐气的两套。

如岩帅话（下同）

pi̱	（芦笙）	ba̱ŋ	（地棚）	tɕe	（城堡）
p'i	（鬼怪）	b'aŋ	（光）	tɕ'ɤ	（试）
ti̱	（照亮）	dɔ̱	（诱饵）	dʑa̱k	（烟竿子）
t'i	（马椿）	d'ɔ	（佚盖）	dʑ'ak	（肴）
mi	（富）	rɔ̱m	（水）	vi	（虹）
m'i	（拌和）	r'ɔm	（心）	v'i	（串门）
nE?	（酸）	lai	（书）	ʐa	（大箐）
n'E?	（叫）音位	l'ai	（歪）	ʐ'a	（生育）

一般有汉语借词"f"如：

tɕəŋ fu　（政府）

fa　（発）

元音：有松喉元音和紧喉元音两套。如：

tEh　（灵）　　tɯm　（成熟）

tE̱h　（灭火）　　tɯ̱m　（帮助）

这个方言辅音音位一般在36个左右。元音音位一般在18个左右。比芒市话的宛冷话多了两个音位，即ʌ和Δ。如：

Fʌ　（灰）　　mΔ　（地界）

B、阿佤方言：

辅音：清塞音，塞擦音，浊塞音、浊塞擦音也分吐气与不吐气两套。如马上话（下同）

paŋ　（叢）　　boŋ　（挡）

po　（别）　　b'in　（一撮）

鼻音、颤音、边音一般有清化与不清化两套。如：

ma　（天）　　la　（茶）　　vaŋ　（岩洞）

m̥a　（笼片）　　l̥ak　（聪明）　　v̥aŋ　（牙齿）

这个方言虽有f，但不是借词音位，与布饶方言的v'相对应。如：

馬上	岩帥	
faik	vaik	（黑）
fak	v'ak	（掛）

元音不因喉头松紧区分音位。如：

馬上	岩帥	
mɤŋ	mɤ̱ŋ	（專門）
ku̱an ŋak	kɔ̱n ŋɛ̱	（嬰兒）
dɔʔ	da̱uʔ	（傻）

这个方言辅音位一般在34个左右。元音々位一般在9个左右。

C、阿瓦来方言：

辅音：没有全浊音，清塞音、清塞擦音分为吐气与不吐气的两套。在芒糯土语里的芒糯话、鼻音、擦颤音、边音分清化与不清化两套。如：

mo	（説）	lɔk	（跪）	ɹɔm	（水）
m̥o	（仔细）	l̥ɔk	（可惜）	ɹ̥ɔm	（心）

元音：也不因喉头松紧区分元音々位。如：

阿瓦来	岩帥	
aɯʔ	ɤ̱ʔ	（稍）
kaɯʔ	ka̱ɯʔ	（个）
taiʔ	ta̱iʔ	（手）

这个方言辅音々位一般是19个，在芒糯土语的芒糯话里26个，多了7个，即 m̥ n̥ ŋ̊ ɲ̊ l̥ ɹ̥ ɬ 如：

m̥ɔ （仔细）

n̥am̥ （血）

l̥ɔk （可惜） ŋ̊ak （湿） ŋ̊lɔŋ （裹脚布）

ɹ̥ɔm （心）

ɬet （乾癟）

元音々位这三个土语都不同，阿瓦来土语的阿瓦来话共有10个，时希土语的时希话有9个，比阿瓦来话少了一个央元音ɐ、芒糯土语的芒糯话只有7个。比阿瓦来话少了2个，即ɛ、ɤ。

D、瓦方言：

辅音：只有清塞音、清塞擦音、分吐气和不吐气两套。其他仅有不吐气的纯音。有ɬ音位。

元音：分松紧两套。但与声调高低相结合。紧的念高降，松的喉低降。如镇康县孟汞话：

pi˧˩	（箫）	pi˩	（笼）
seʔ˧˩	（一点儿）	seʔ˩	（金肤）
bɔ˧˩	（水井）	bɔ˩	（堆子）

这个方言辅音音位一般在 25 个左右。元音音位 20 个左右，比岩帅土语的岩帅话多了两个，即ʌ ʌ̱ 如：

ʔʌk （仰抬） tʌ̱jʌ̱k （耳朵）

A、卡瓦语方言辅音音位比较表：

岩帅	马散	阿佤来	孟汞
p p' b b' m m' f v v' t t' d d' n n' r r' l l' s tɕ tɕ' dʑ dʑ' ȵ ȵ' ʑ ʑ' k k' g g' ŋ ŋ' ʔ h	p p' b b' m m' v f t t' d d' n n' r r' l l' s tɕ tɕ' dʑ dʑ' ȵ ȵ' ʑ k k' g g' ŋ ŋ' ʔ h	p p' m v t t' n r l s tɕ tɕ' ȵ ʒ k k' ŋ ʔ h	p p' b m v f t t' d n r l s tɕ tɕ' dʑ ȵ ʃ ʒ k k' g ŋ ʔ h
36	34	19	25

B、元音音位比较表：

註(1)此对照表以布饶方言的岩帅话、阿佤方言的马散话、阿佤来方言的阿佤来话、佤方言的孟汞话作代表。

岩帅	马散	阿佤来	孟汞
i i̱ e e̱ ɛ ɛ̱ a a̱ ɔ ɔ̱ o o̱ u u̱ ɤ ɤ̱ ɯ ɯ̱	i e ɛ a ɔ o u ɤ ɯ	i e ɛ a ɐ ɔ o u ɤ ɯ	i i̱ e e̱ ɛ ɛ̱ a a̱ ɔ ɔ̱ o o̱ u u̱ ʌ ʌ̱ ɤ ɤ̱ ɯ ɯ̱
18	9	10	20

C、韵母对照表：

岩帅	孟汞	马上	阿佤来
i	i	i	i
i̱	i̱		
ih	ih	ih	ih
i̱h	i̱h		
iʔ	iʔ	iʔ	iʔ
i̱ʔ	i̱ʔ		
im	im	im	im
i̱m	i̱m		
in	in	in	in
i̱n	i̱n		
iŋ	iŋ	iŋ	iŋ
i̱ŋ	i̱ŋ		
ip	ip	ip	ip
i̱p	i̱p		
it	it	it	it
i̱t	i̱t		
ik	ik	ik	ik
i̱k	i̱k		
e	e	e	e
e̱	e̱		
eh	eh	eh	eh
e̱h	e̱h		
eʔ	eʔ	eʔ	eʔ

岩帅	孟汞	马上	阿佤来
e̱ʔ	e̱ʔ		
em	em	em	em
en	en	en	en
e̱n	e̱n		
eŋ	eŋ		eŋ
e̱ŋ	e̱ŋ		
		ep	ep
et	et	et	et
e̱t	e̱t		
ek	ek	ek	ek
e̱k	e̱k		
ɛ	ɛ	ɛ	ɛ
ɛ̱	ɛ̱		
ɛh	ɛh	ɛh	ɛh
ɛ̱h	ɛ̱h		
ɛʔ		ɛʔ	ɛʔ
ɛ̱ʔ			
ɛm	ɛm	ɛm	ɛm
ɛ̱m	ɛ̱m		
ɛ̱n	ɛ̱n	ɛn	ɛn
ɛ̱n	ɛn		
ɛŋ	ɛŋ	ɛŋ	ɛŋ
ɛ̱ŋ	ɛ̱ŋ		
ɛp	ɛp	ɛp	ɛp

岩帥	孟汞	馬上	阿佤来
ɛ̱p	ɛ̱p		
ɛt	ɛt	ɛt	ɛt
ɛ̱t	ɛ̱t		
ɛk	ɛk	ɛk	ɛk
ɛ̱k	ɛ̱k		
a	a	a	a
a̱	a̱		
ah	ah	ah	ah
a̱h	a̱h		
aʔ	aʔ	aʔ	aʔ
a̱ʔ	a̱ʔ		
am	am	am	am
a̱m	a̱m		
an	an	an	an
a̱n	a̱n		
aŋ	aŋ	aŋ	aŋ
a̱ŋ	a̱ŋ		
ap	ap	ap	ap
a̱p	a̱p		
at	at	at	at
a̱t	a̱t		
ak	ak	ak	ak
a̱k	a̱k		
			ɐʔ
			ɐh
			ɐm
			ɐn
			ɐp
ɔ	ɔ	ɔ	ɔ
ɔ̱	ɔ̱		
	ɔh		ɔh
	ɔ̱h		

岩帥	孟汞	馬上	阿佤来
	ɔʔ		ɔʔ
	ɔ̱ʔ		
ɔm	ɔm	ɔm	ɔm
ɔ̱m	ɔ̱m		
ɔn	ɔn	ɔn	ɔn
ɔ̱n	ɔ̱n		
ɔŋ	ɔŋ	ɔŋ	ɔŋ
ɔ̱ŋ	ɔ̱ŋ		
ɔp	ɔp	ɔp	ɔp
ɔ̱p	ɔ̱p		
ɔt	ɔt	ɔt	ɔt
ɔ̱t	ɔ̱t		
ɔk	ɔk	ɔk	ɔk
ɔ̱k	ɔ̱k		
o	o	o	o
o̱	o̱		
oh	oh	oh	oh
o̱h	o̱h		
oʔ	oʔ	oʔ	oʔ
o̱ʔ	o̱ʔ		
om	om	om	om
o̱m	o̱m		
on	on	on	on
o̱n	o̱n		
oŋ	oŋ	oŋ	oŋ
o̱ŋ	o̱ŋ		
op	op		
o̱p	o̱p		
ot	ot		
o̱t	o̱t		
ok	ok		
o̱k	o̱k		

岩帥	孟汞	馬上	阿佤来
u	u	u	u
u̱	u̱		
uh	uh	uh	uh
u̱h			
uʔ	uʔ	uʔ	uʔ
u̱ʔ	u̱ʔ		
um	um	um	um
u̱m	u̱m		
un	un	un	un
u̱n	u̱n		
uŋ	uŋ	uŋ	uŋ
u̱ŋ	u̱ŋ		
up	up	up	
u̱p	u̱p		
ut	ut	ut	ut
u̱t	u̱t		
uk	uk	uk	uk
u̱k	u̱k		
ɤ	ɤ	ɤ	ɤ
ɤ̱	ɤ̱		
ɤh		ɤh	ɤh
ɤ̱h			
ɤʔ	ɤʔ	ɤʔ	ɤʔ
ɤ̱ʔ	ɤ̱ʔ		
ɤm	ɤm	ɤm	ɤm
ɤ̱m	ɤ̱m		
ɤn	ɤn	ɤn	ɤn
ɤ̱n	ɤ̱n		
ɤŋ	ɤŋ	ɤŋ	ɤŋ
ɤ̱ŋ	ɤ̱ŋ		
		ɤp	ɤp
ɤt	ɤt	ɤt	ɤt

岩帅	孟汞	马上	阿佤来
ɤ̲t	ɤ̲t	ɤt	ɤt
ɤk	ɤk		ɤk
ɤ̲k	ɤ̲k		
ɯ	ɯ	ɯ	ɯ
ɯ̲	ɯ̲		
ɯh		ɯh	ɯh
ɯ̲h			
ɯʔ		ɯʔ	ɯʔ
ɯ̲ʔ			
ɯm		ɯm	ɯm
ɯ̲m			
ɯn	ɯn	ɯn	ɯn
ɯ̲n	ɯ̲n		
ɯŋ	ɯŋ		
ɯ̲ŋ	ɯ̲ŋ		
ɯp		ɯp	ɯp
ɯ̲p			
ɯt	ɯt		ɯt
ɯ̲t	ɯ̲t		
ɯk	ɯk		ɯk
ɯ̲k	ɯ̲k		
	ʌ		
	ʌ̲		
	ʌʔ		
	ʌ̲ʔ		
	ʌ̲m		
	ʌ̲n		
	ʌŋ		
	ʌp		
	ʌk		
	ʌ̲k		
ie			

岩帅	孟汞	马上	阿佤来
iɛ			
i̲ɛ			
iɛh			
i̲ɛ̲h			
iɛʔ			
i̲ɛ̲ʔ			
	i̲i		
	i̲i̲		
ia		ia	ia
i̲a			
iah		iah	iah
i̲a̲h			
iaʔ			iaʔ
i̲a̲ʔ			
iam		iam	iam
i̲a̲m			
ian		ian	ian
i̲a̲n			
iaŋ		iaŋ	iaŋ
i̲a̲ŋ			
iap		iap	iap
i̲a̲p			
iat		iat	iat
i̲a̲t			
iak		iak	
i̲a̲k			
		iɔ	iɔ
		iɔʔ	
		iɔh	
		iɔm	
		iɔŋ	iɔŋ
		iɔt	

岩帅	孟汞	马上	阿佤来
		iɔk	iɔk
iu	iu	iu	
i̲u	i̲u		
iuh		iuh	
i̲u̲h			
iuʔ		iuʔ	
i̲u̲ʔ			
			ea
			eaʔ
			eah
			eaŋ
			eak
		iɤ	
		iɤh	
		iɤm	
		iɤn	
		iɤp	
		iɤt	
		iɯ	
		iɯh	
		ɛi	
		ɛih	
		ɛiʔ	
		ɛiŋ	
	eu		
	e̲u		
	ɛu		
	ɛ̲u		
ai	ai	ai	ai
a̲i	a̲i		
aih	aih	aih	aih
a̲i̲h	a̲i̲h		

岩帥	孟汞	馬上	阿佤来
aiʔ	aiʔ	aiʔ	aiʔ
a̱iʔ	a̱iʔ		
aiŋ	aiŋ	aiŋ	aiŋ
a̱iŋ	a̱iŋ		
aik	aik	aik	aik
a̱ik	a̱ik		
		aɤ	
		aɤʔ	
		aɤn	
		aɤk	
au	au		au
a̱u	a̱u		
auh	auh		auh
a̱uh	a̱uh		
auʔ	auʔ		auʔ
a̱uʔ			
auŋ			auŋ
a̱uŋ			
auk			auk
a̱uk			
aɯ			
a̱ɯ			
aɯh			
a̱ɯh			
aɯʔ			
a̱ɯʔ			
aɯŋ			
a̱ɯŋ			
aɯk			
a̱ɯk			
ɔi	ɔi	ɔi	
ɔ̱i	ɔ̱i		

岩帥	孟汞	馬上	阿佤来
ɔih	ɔih		
ɔ̱ih	ɔ̱ih		
ɔiʔ	ɔiʔ		
ɔ̱iʔ			
ɔiŋ	ɔiŋ	ɔiŋ	
ɔ̱iŋ	ɔ̱iŋ		
ɔik	ɔik	ɔik	
ɔ̱ik	ɔ̱ik		
		ɔu	
		ɔuʔ	
		ɔuh	
		ɔuŋ	
		ɔup	
		ɔuk	
oi	oi		oi
o̱i	o̱i		
oih	oih		oih
o̱ih	o̱ih		
oiʔ			
oiŋ	oiŋ		oiŋ
o̱iŋ			
			oit
oik	oik		oik
o̱ik	o̱ik		
ui	ui	ui	ui
u̱i	u̱i		
uih	uih	uih	uih
u̱ih			
uiʔ			uiʔ
u̱iʔ			
uiŋ	uiŋ	uiŋ	uiŋ
u̱iŋ			

岩帥	孟汞	馬上	阿佤来
		uit	uit
uik	uik	uik	uik
u̱ik			
		uɛ	
		uɛŋ	
		uɛk	
ua		ua	ua
u̱a			
uah		uah	uah
u̱ah			
uaʔ			uaʔ
u̱aʔ			
			uam
uan		uan	uan
u̱an			
uaŋ			uaŋ
u̱aŋ			
			uap
uat		uat	uat
u̱at			
uak		uak	uak
u̱ak			
		uɔ	
		uɔŋ	
		uɔp	
		uɔk	
	ʌi		
	ʌ̱i		
	ʌiʔ		
	ʌ̱iʔ		
	ʌih		
	ʌ̱ih		

岩帥	孟录	馬上	阿瓦来
	ʌik		
	ʌ̱ik		
		uɤ	
		uɤh	
ɤi	ɤi		
ɤ̱i			
ɤih	ɤih		
ɤ̱ih	ɤ̱ih		
ɤiʔ			
ɤ̱iʔ			
	ɤiŋ		
	ɤ̱iŋ		
	ɤik		
	ɤ̱ik		
		ɤa	ɤa
			ɤah
			ɤaʔ
			ɤam
			ɤan
		ɤaŋ	ɤaŋ

岩帥	孟录	馬上	阿瓦来
			ɤap
			ɤat
		ɤak	ɤak
ɯi	ɯi	ɯi	ɯi
ɯ̱i			
ɯih	ɯih		ɯih
ɯ̱ih			
ɯʔ			
ɯ̱ʔ			
ɯiŋ	ɯiŋ	ɯiŋ	ɯiŋ
ɯ̱iŋ			
	ɯit		ɯit
ɯik	ɯik	ɯik	ɯik
ɯ̱ik			
iau			
i̱au			
iauŋ			
i̱auŋ			
iauk			
i̱auk			

下面列出布饶方言与其他三个方言語音对应規律的一些例証：

岩帅	阿瓦来		岩帅	阿瓦来	
p ～ p'			tɕ ～ tɕ'		
piaŋ	p'iaŋ	（上面）	tɕia	tɕ'ia	（酿酒）
paiŋ	p'eiŋ	（白）	tɕiah	tɕ'iah	（穿孔）
b ～ p			tɕaiŋ	tɕ'eŋ	（缝）
biat	pɛt	（挤）	dʑ ～ tɕ		
biam	pɛm	（淋疮）	dʑiaŋ	tɕaŋ	（侦察）
bai	pɔi	（泡沫）	dʑiah	tɕiah	（串）
m' ～ m			dʑiɯ	tɕ'iɯ	（漏斗）
m'ai?	mai?	（鸡虱）	dʑ' ～ s		
m'ɔm	mɐm	（好）	dʑ'amh	samh	（风箱）
m'aiŋ	maiŋ	（雄）	dʑ'ɔŋ	sɔŋ	（高粱）
v' ～ v			g ～ k		
v'aik	vaik	（黑）	gian	kɛn	（手指）
v'aiŋ	vaik	（捞）	giap	kiap	（带）
t ～ t'			si gaik	ɹa kaik	（大阴天）
tiat	t'iat	（踢）	g ～ g'		
tiam	t'im	（矮）	gauŋ	g'oŋ	（凳子）
tiaŋ	t'iaŋ	（跨腿）	gau?	g'o?	（火炭）
d ～ t			g ～ ŋ		
diap	tɛp	（跳蚤）	gaɯ	ŋɤ	（学习）
dia	tea	（排）	g ～ ŋɹ		
diak	teak	（炒）	gam?	ŋɹɯ?	（高兴）
d ～ t'			g' ～ k		
si daiŋ	t'iŋ	（肚脐）	g'auk	kɔk	（请）
ɹ' ～ ɹ			g'in	ken	（苦胆）
ɹiam	ɹɛm	（铁）	g'ut	kat	（耙子）
ɹ'auŋ	ɹauŋ	（响篾）	pɹ ～ p'ɹ		
ɹ'uat	ɹuat	（擤）	pɹeh	p'ɹih	（麻鸡）

岩帅	阿瓦来	
pren	prɛn	（野猪）
prɔŋ	pruɔŋ	（调 ）
bl ～ pl		
blaɯʔ	plɯʔ	（计）
bla̱ɯŋ	plaɯŋ	（滕光）
si bloe	ra ploe	（冲走）
bl ～ ml		
blin	mlin	（搾下眼皮）
bla̱k	mlɣak	（蝙蝠）
br ～ mr		
bra̱i̱	mrɛ	（髀）
brai	mrɯin	（麻疹）
braiŋ	mreŋ	（吉祥鸟）
br ～ pr		
bra̱ŋ	praŋ	（蚊子）
briaŋ	si priaŋ	（酸）
kl ～ k'l		
klia	k'lia	（股）
klian	k'lɛn	（怀抱）
klɔk	k'lɔk	（四）
kr ～ k'r		
kraiŋ	k'riŋ	（咬）
kraɯŋ	k'rɣŋ	（货物）
krit	k'rit	（磨）
gl ～ kl		
glɔm	klɔm	（担子）
gl ～ ŋl		
gla̱uh	ŋlauh	（脱离）
glaŋ	ŋlaŋ	（这样长）
gl ～ ŋl		
glat	ŋlat	（惊吓）

岩帅	阿瓦来	
gl ～ k'l		
glɔk	k'lɔk	（刺）
gr ～ ŋr		
grəik	ŋrik	（姐）
grain	ŋrain	（晒台）
grai	ŋrai	（失落）

岩帅 i̱ ～ i / e / ɛ　ia / iə / ea / ai

岩帅	阿瓦来	
ʥi̱m	kim	（钉子）
pi̱ŋ	piŋ	（烤肉）
hi̱ŋ	hiŋ	（铃）
si gri̱t	si kret	（蟋蟀）
si̱p	sep	（嗑
si̱n	sen	（如果）
kri̱n	krɛn	（塱）
in	ɛn	（这）
ih	ɛh	（吃）
hi̱	hia(hir)	（鼠之一）
bi̱	piə	（瓜类）
ti̱	tia	（ 亮）
li̱ŋ	liaŋ kaŋ	（自行車）
iŋ	iaŋ	（返回）
kli̱ŋ	klean	（纺）
ʥi̱ŋ	taiŋ	（墙）
kri̱ʔ	kaiʔ	（勤着）

岩帅	阿瓦来	
i ～	i, e, ɛ, ia, eɑ	
ɣɸi	ɣɸi	（老二）
tiʔ	tʻiʔ	（一）
biʔ	pɔk piʔ	（换工）
gin	ken	（苦胆）
tit	tet	（某々）
kʻɹi	kʻɹe	（金子）
ɹi̱	ɹʻɛ	
ŋi̱m	mɛm	（指甲）
vi	vɛ	（串门）
lik	liak	（猪）
ʑi	ʒian	（空）
tiŋ	tʻiaŋ	（大）
gi	keɑ	（回顾）
ɛ̱ ～	i, ɛ, ɑ, ɑi	
si dɛ̱ʔ	si tiʔ	（教育）
tɛ̱m	tɛm	（写）
pɛ̱t	pɛt	（老八）
pɛ̱h	pɛh	（摘）
ʑɛ̱ʔ	ʑɑʔ	（我们）
nɛ̱ʔ	nɑiʔ	（雨笠）

岩帅	阿瓦来	
nʻɛʔ	nɛ	（叫）
pɹɛh	pʻɹɛh	（野猪）
lɛt	lɛt	（舌苔）
bɹɛ	mɹɑ	（梗）
siɸɛʔ	tjɑʔ	（天神）
vɛn	ɹɑvɑ	（撑开）
ŋɛʔ	ŋɐʔ	（房子）
ɹɑp	ɹɐp	（接待）
sibɹɛm	mɹɐm	（挖苦）
sinɛn	nɤɑn	（停止）
pɛ	pʻɤɑ	（哄骗）
tɛn	ɹɑtʻɤɑn	（变化）
bɹɛʔ	mɹiɑʔ	（偷）
gɹɛʔ	ŋɹiɑʔ	（扰乱）
pɹɛ̱ʔ	pɹɑiʔ	（当心）
so̱ʔ lɛʔ	si lɯi	（奴仆）
vɛn	vuɑn	（拴）
ɑ̱ ～	ɑ, ɔ, ɤɑ, ɑi	
sigɑ̱ŋ	sikɑŋ	（葫芦）
sigɑ̱n	sikɑh	（梳子）
bɹɑ̱ŋ	pɹɑŋ	（蚊子）
ɑn	ɔn	（那）
dɑ̱k	sitɔk	（舌头）
blɑ̱k	mlɤɑk	（蝙蝠）
kɹɑ̱m	kʻɹɤɑm	（筏子）
gɑ̱n	kɑin	（岔路）
ɑ ～	ɑ, ɐ, ɯ, eɑ, ɤɑ	

岩帅	阿瓦来	
an	an	（说）
kʰaŋ	kʰaŋ	（跨腿）
sak	sak	（饱）
n̥am	n̥ɛm	（血）
dʑaʔ	tɕʰɯʔ	（骂）
kʰlap	kʰlɯp	（关）
tɕaʔ	tɕʰɛa	（姊妹）
gʰam	kʰɣam	（剪子）

ɔ ~ { ɛ, ɔ, o, u, iɔ, au, ua, ɣa, uo }

岩帅	阿瓦来	
m̥ɔm	m̥ɛm	（好）
n̥ɔm	n̥ɛm	（好（吃））
dʑɔŋ	sɔŋ	（高粱）
kʰɔŋ	kʰɔŋ	（筐子）
sɔ	sɔ	（锁）
tʰɔŋ	tʰoŋ	（领头）
sɔŋ	soŋ	（驮筐）
tɕɔ	tɕu	（对）
lɔm	lum	（锋利）
mɔk	miɔk	（大蛇）
si nɔ	si nao	（小伙子）
plɔk	plauk	（邻居）
kɔŋ	kuɔŋ	（虫）
xɔn	xuan	（削）
hɔ	hua	（公牛）
tɔk	tɣɔk	（腾）
klɔk	kɣak	（话）
ŋɔŋ	ŋkʰɣaŋ	（膝盖）

岩帅	阿瓦来	
pʰɔŋ	pʰuoŋ	（调解）
tɔm	tuom	（垫）
ŋɔk	ŋuok	（脖子）

o ~ { ɔ, o, au }

岩帅	阿瓦来	
tok	tɔk	（桌）
lok	lɔk	（开沸）
kok	kɔk	（叫做）
pot	pot	（数）
ŋot	ŋot	（凳子）
toŋ	toŋ	（烧）
to		
po	pau	（菌子）
o	au	（嫂子）
moʔ	mauʔ	（收荞）
oʔ	auʔ	（竹子）
koh	kauh	（收）

o ~ { ɔ, ua, ɣa }

岩帅	阿瓦来	
hok	hɔk	（晒）
lokpaŋ	nɔkpaŋ	（鹭鸶）
tom	tɔm	（土罐）
hot	hot	（窝）
tɕot	tɕot	（砍掉）
si lot	si lot	（吸）
bo	pua	（晚上）
ɣbo	ɣbua	（客人）
top	tuap	（盖）
dʑot	tɕɣat	（撮）

岩帅 阿瓦来

ɯ ～ { ɛ / ɤ / ɯ }

ȵɯp nɛp （关）
blɯt mlɛt （吞）
xɯm hɤm （胎衣）
xɯp xɤp （唱）
tɕɯt tɕɛt （熄）
gxɯm kxɯm （下面）
ɯn ɯn （凿）
tɕɯp tɕɯp （穿）

ɯ ～ { ɛ / e / ɤ / ɯ / ɤa }

ȵʼɯn nɛn （推）
kʼɯn kʼen （送鬼）
hɯm hɤm （洗）
mɯm mɤm （写）
kʼɯm kɤm （封火）
kɯm kʼɯm （锻）
tɯm tʼɯm （熟）
tɕɯm tɕʼɯm （豆子）
dʑɯ tɕɤa （下坡）
kɯ kɤa （[illegible]）

ai ～ { i / e / ɛ / ai }

gxaik ŋxik （蛆）

岩帅 阿瓦来
pai pʼe （火柴）
maiʔ meʔ （你）
bxai mxɛ （[illegible]）
kxai kxɛʔ （[illegible]）
tɕai tɕai （闲）
lai loch lai loch （交换）
dai tai （[illegible]子）

ai ～ { i / e / ɛ / ei / ai / ɔi / ɯi }

laik lik （进）
si vaik si vik （燕子）
maiŋ miŋ （小蚊子）
si ŋai si ŋe （远）
tai te （花）
vai ve （借）
kaik kɛk （害羞）
paiŋ pʼeiŋ （白）
grai grai （失落）
ŋaik ŋaik （好吃）
vaik vaik （黑）
bai pɔɛ （泡沫）
sivaik si vɔik （燕子）
brai mrɯih （麻疹）
tɯtaik tʼɯik （揉）

au ～ { a / ɔ / au / aɯ }

岩帅	阿瓦来	
tauŋ	taŋ	（下扣子）
kau	kɔ	（十）
tauh	tɔ	（赎回）
tɕaukhau	tɕɔkɔʔ	（树神）
tauh	tuh	（炸）
ŋauh	ŋɔuh	（脱落）
k'au	k'au	（混杂）
mauk	ŋauk	（咳）
rauh	rauh	（热）
nauk	nauk	（脑）
kauŋ	kaɯŋ	（孔雀）
krauŋ	kraɯŋ	（小舌）

au～ a / ɔ / o / u / ɣ / ɯ / au / aɯ / ɯi / ɣa

岩帅	阿瓦来	
sibauŋ	rapaŋ	（螺）
gauk	kɔk	（请）
nauʔ	nɔʔ	（狗）
n'auʔ	nɔʔ	（前几天）
gauŋ	g'oŋ	（条凳）
pauʔ	p'oʔ	（伴）
gauʔ	g'oʔ	（火炭）
rau	ru	（红利）
gauʔ	kɣʔ	（火把）
bauʔ	pɯʔ	（再）

岩帅	阿瓦来	
ʑauʔ	ʒɯʔ	（晃）
tɕauʔ	tɕ'ɯʔ	（生气）
tɕau	tɕau	（早）
vau	vau	（凶）
tɕau	tɕauʔ	（主人）
hauk	haɯk	（上）
ʑu ʑauk	ʑaɯk	（耳朵）
ʑauk	ʑaɯk	（借）
gauh	kɯih	（嘴壳）
bɹauk	mɹɣak	（狼）
nauk	nɣak	（海）
ɹauk	ɹɣak	（蛤蟆）

ua～ ɔ / ua / ɣa / ɛ

岩帅	阿瓦来	
[illegible]	[illegible]	[illegible]
suat	sɔt	（刺割）
pua	pua	（搓）
kuat	kɣat	（冷）
uah	ɔɛh	（肿）
suah	sɔɛh	（炭）

ua～ ɔ / o / u / ua / ɣa / e

岩帅	阿瓦来	
p'uan	p'ɔn	（五）
muat	mot	（疮）
lua	lua	（粳）
gua	kua	（髓）
ɹuat	ɹuat	（捕）
tuah	t'ueh	（瓢）
ŋuah	ŋueh	（贵）

岩帅	马上	
岩帅 ~ 马上		
pi	pʻi	（忘记）
pi	pʻiɯ	（饭豆）
pit	pʻit	（粘）
pin	pʻin	（抓,扒）
pi̠h	pʻih	（剖,破肚）
peʔ	pʻɛiʔ	（羊,胜利）
pɤɛ̠h	pʻɤiɯh	（野猪）
pɔ	pʻo	（别的）
puk	pʻuk	（饿(水)）
pɤɔŋ	pʻɤoŋ	（调介）
pu	pʻu	（后）
puʔ	pʻɔuʔ	（一揹）
pɤuʔ	pʻɤoʔ	（被子）
puʔ	pʻɔuʔ	（弟々）
pon	pʻun	（能,得）
pliɯh	pʻliɯh	（矛）
pi̠am	pʻiɤm	（骂,劳）
plian	pʻljɯh	（茅）
plɔɛ	pʻlui	（珠子）
pliɯŋ	pʻlɤŋ	（茅）
pauʔ	pʻiu	（同伴）
pɤɯih	pʻɤɯh	（花(布)）
pɯih	pʻɯh	（树浆）
pɯik	pʻɯik	（晒）
paiŋ	pʻiŋ	（白）
b ~ bʻ		
bi̠ʔ	bʻi̠ʔ	（[illegible]工马上）
bin	bʻin	（一撮）
bo	bʻu	（晚上）
bɯ	bʻiuʔ	（动物油）
bɤh	bʻɤh	（归）

岩帅	马上	
bo̠ek	bʻuik	（倒开）
bauʔ	bʻiuʔ	（再）
bauʔ	bʻiuʔ	（添）
baɪt	bʻɛik	（吐口水）
d ~ t		
di̠m	si tem	（九）
di̠ap	tiap	（跳蚤）
dɤk	taɤk	（刺）
da̠i	tai	（裙子）
da̠ɯʔ	ka taiʔ	（里面）
si da̠iʔ	si tɛʔ	（捌）
m ~ m̥		
mʰa	m̥a	（瘦后）
mʰaŋ	m̥aŋ	（竹々）
mʰok	m̥ok	（帽子）
mʰɔŋ	m̥ɔŋ	（听）
mʰɔm	m̥uan	（枕头）
mʰɔm	m̥ɔm	（好）
mʰɯm	m̥ɤm	（鸟窝）
mʰaiʔ	m̥ɛʔ	（鸡虱）
mʰaiŋ	m̥ɛiŋ	（雄的）
i ~ i̥		
ihɛʔ	i̥ɛʔ	（雨）
iʰak hiau	i̥ak heiŋ	（聪明）
iʰɯt	i̥ɤt	（奔）
iʰauŋ	i̥ɔŋ	（高）
iʰai	i̥ai	（歪）
iʰiao	i̥iɔ	（流利）
i ~ iɯ		
ti	tiɯ	（照亮）
ki	kiɯ	（耙）

岩帅	马上	
bɿ	bɿɯ	（瓜类）
hɿ	hɿɯ	（老鼠之一）
ɯ ～ {ɯi ɤ}		
kɯt	kʻɯit	（春）
tɯt	tʻɯit	（顶）
ɹʻɯ	ɹɤ	（多）
tɯt	ɹɤt	（猪）
ɹʻɯt	ɹɤt	（奔）
kʻɯn	kʻɤn	（送鬼）
kʻɯm	kɤm	（封火）
gʻɹɯ	gʻɹɤ	（赶）
mʻɯm	[illegible]ɤm	（鸟窝）
si bɯm	a phɯm	（圆圆）
hɯm	hɤm	（洗）
mɯ̱t	mɤt	（生气）
sɯ̱t	sɤt	（给予）
sɯ̱t	sɤt	（毒之一）
[illegible]ɯ̱t	[illegible]ɤt	（熄灭）
[illegible]ɯ̱p	[illegible]ɤp	（穿）
ɹɯp	hɹɤp	（喝）
ɔ̱ ～ ua		
kɔ̱n	kʻuan	（远）
kɔ̱n	kuan	（儿子）
gɔ̱n	guan	（刀）
ɔ ɔ̱ ～ o		
ŋɔ̱k ŋɔ̱	ŋok ŋo	（[illegible]）
vɔ̱k	vok	（[illegible]）
klɔ̱k	kʻlok	（[illegible]）
mɔ̱t	ka[illegible]	（[illegible]）
hɔ̱t	hu[illegible]	（[illegible]）

岩帅	马上	
lɔ̱t	luat	（促）
dɔk	dok	（早秋）
mɔk	mok	（大炮）
ŋɔk	si yok	（簸子）
tɔk	tʻok	（木碗）
si vɔk	si vok	（镰刀）
kɹɔk	kʻɹok	（木鼓）
ɹɔk	ɹok	（房间内）
kɔk	k ok	（圈、桶、揩）
[illegible]ɔm	[illegible]om	（少）
gɔŋ	gʻoŋ	（山）
tɔŋ	tʻoŋ	（铜）
ɹɔŋ	ɹoŋ	（[illegible]）
pɹɔŋ	pʻɹoŋ	（调介）
kɔŋ	kʻoŋ	（[illegible]）
ɹɔŋ	si ɹok	（水井）
[illegible]	[illegible]uan	（枕头）
ɹɔn	ɹuan	（到）
sɔ̱m	som	（吃饭）
ɹɔ̱m	a lom	（[illegible]）
tɔ̱m	ka tom	（肝）
nɔ̱m	ka nɔm	（[illegible]）
ɹɔ̱m	a ɹɔm	（水）
dʒɔ̱m	dʒhom	（脾气、性情）
ai a̱i ～ ɛi		
ŋa̱ik	ŋɛik	（煮）
sa̱ik	sɛi[illegible]	（[illegible]）
si da̱iŋ	si [illegible]	（[illegible]、紫花树）
ɹa̱iŋ	ɹɛ[illegible]	（[illegible]）
kɹa̱iŋ	[illegible]	（[illegible]）
a̱iŋ	ɛiŋ [illegible]	（青苔）

岩帅　马上
klaiŋ　klɛiŋ　（镰刀）
gaiŋ　gɛiŋ　（剁）
ɑu ～ iɔ
ɸu ʑhauk　kiɔk　（耳朵）
blauŋ　bliɔŋ　（上坡）
nauk　niɔk　（满）
bɹauk　bɹiɔk　（狼）
gauŋ　ghiɔŋ　（条凳）

岩帅　孟永
m, mh ～ b
mhɔm　bom　（好）
mauʔ　bauʔ　（绳子）
mhɯn　bɯn　（万）
mi　bi　（富）
mhaiŋ　baiŋ　（雄）
mun　bun　（媳妇）
n, nh ～ d
nhɔŋ　dɔŋ　（地）
neʔ　deʔ　（肉）
niat　dɛt　（催）
num　dum　（年）
nɛʔ　dɑʔ　（酸）
ɲ, ɲh ～ dʒ
ɲhak　dʒak　（奶）
ɲi　dʒi　（老二）
ɲeʔ　dʒeʔ　（针）
kɔn ɲɔm　kɔn dʒɔm　（小孩）
ɲo　dʒun　（客人）

岩帅　孟永
ŋ, ŋh ～ g
ŋhot　gɔt　（椅）
ŋe　ge　（乖）
ŋɛɑ　gɛn　（呻吟）
ŋɛʔ　gɑʔ　（瘠）
ŋu　go　（火）
ɛ ～ ɑ
jɛn　jɑn　（拔）
mɛʔ　mɑʔ　（母）
nɛʔ　dɑʔ　（酸）
ɲɛʔ　dʒɑʔ　（房子）
jɛm　jɑm　（哭）
uɑ ～ ɔ
buɑ　pɔn　（足）
ʒuɑ ～ sɔn　（野猫）
tuɑ　tɔn　（背带）
huan　hɔn　（涨）
kuɑt　kɔt　（冷）
ʒi duɑt　thɔt　（醒）
kuɑt　khɔt　（老）
iɑ ～ ɑ
ɹiɑp　ɹɑŋ　（迎接）
ɹiɑŋ　ɹɑŋ　（样子）
tiɑŋ　thɑŋ　（跨）
kiɑŋ　khɑŋ　（老鼠）
diɑk　thɑk　（炒）
dʒiɑŋ　ʃɑŋ　（裤子）
ai ～ ʌi
siŋaiʔ　gʌiʔ　（太阳）
maiŋ　ɑ bʌiŋ　（蚊子）
laiŋ　lʌiŋ　（进入）

岩帅	孟汞	
vaik	vʌik	(肚子)
ʒa̠i	a ʒʌ̠i	(老四)
ta̠iʔ	tʌ̠iʔ	(平)
kɹa̠i	kɹʌ̠iʔ	(淦)
ka̠iŋ	kʌ̠iŋ	(头)
ga̠iŋ	gʌ̠iŋ	(短)
a̠ik	ʌ̠ik	(姊夫)
gɹa̠ik	gɹʌ̠ik	(蛆)
kɹa̠iŋ	khɹʌiŋ	(咬)
gaik	khʌik	(酱)
aɯ ～ ʌ		
pa̠ɯŋ	pʌ̠ŋ	(埋)
pa̠ɯŋ	pʌ̠ŋ	(吹)
ta̠ɯŋ	tʌ̠ŋ	(劈柴)
ta̠ɯk	tʌ̠k	(戴)
ha̠ɯk	hʌ̠k	(毛髮)
taɯk	thʌk	(才)
au ～ ʌ		
tʃauŋ	ʃʌŋ	(脚)
nauk	dʌk	(满)
jauk	jʌk	(枯)
jauŋ	jʌŋ	(寨)
ka̠uŋ	kʌ̠ŋ	(揽)
ma̠uk	bʌ̠k	(咳嗽)
ha̠uk	hʌ̠k	(上)
pauk	phʌk	(推)
aɯ ～ ai		
ɭaɯʔ	ɭaiʔ	(休息)
tʃaɯʔ	ʃaiʔ	(湿)
taɯʔ	taiʔ	(菜)
ʒa̠ɯʔ	ʒa̠iʔ	(痛)

岩帅	孟汞	
ia ～ e		
niah	a deh	(散四)
ɭiah	leh	(六)
ɹiah	ɹeh	([illegible])
pliah	phleh	(予)
ia ～ ɛ		
ɹiam	ɹɛm	(薄)
ɹian	ɹɛn	(牲畜)
ʃi giap	ʃɛp	(花椒)
niat	dɛt	(催)
liak	lɛk	(买)
biam	pɛm	(嘴巴)
hia	hɛn	(蜂)
i̠a	ɛ̠n	(鸡)
ki̠an	kɛ̠n	(硬)
di̠ap	a tɛp	(跳蚤)
bi̠at	pɛ̠t	(掐奶)
i̠ak	ɛ̠k	(牛轭)
tiam	thɛm	(缝)
ʒi kiat	khɛt	(冷)
tiak	thɛk	(比较)

2、詞彙：下面我们把布饶（以岩帥話作代表）、阿瓦（以馬上话作代表）、阿瓦来（以阿瓦来话作代表）、和瓦（以孟汞话作代表）四个方言的词彙作比较，得出结果如下表：

卡瓦語各方言詞彙相互比較表

类别 / 词数 / 比較点	比較詞彙总数	同源詞						同源詞总数		不同源詞总数	
		全同				相近					
		全同		[illegible]相有对应規律的		主要成分相同附加成分不同					
		词数	%	词数	%	词数	%	词数	%	词数	%
岩帥 孟汞	2196	147	6.7%	1079	48.1%	73	3.4%	1299	58.2%	897	40.8%
岩帥 馬散	1195	56	4.6%	657	55.2%	92	7.6%	805	67.4%	390	32.6%
岩帥 阿瓦来	1170	81	6.9%	644	55.1%	79	6.7%	804	68.7%	366	31.3%
孟汞 馬散	621	21	2.9%	221	51.6%	70	9.8%	312	64.3%	309	42.7%
孟汞 阿瓦来	741	22	2.9%	310	40.6%	75	10.1%	407	53.6%	334	46.4%
阿瓦来 馬散	925	137	14.8%	453	49.2%	79	8.4%	669	72.4%	256	27.6%

註：我們对每個調查点都記錄了200個以上的詞彙，但所記錄的语詞不是完全相同的，其中有些是這個点有，那個点沒有，所以只有拿共同的語詞来進行比較。

下面列出一些例词

岩帅	马上	
(一) 全同的		
p'ɤ	p'ɤ	(耙)
g'ak	g'ak	(吐痰)
k'ɑŋ	k'ɑŋ	(傈颇)
klap	klap	(关)
nam	ŋam	(血)
ʈ'ɑŋ	ɕɑŋ	(牙)
kɤt	kɤt	(想)
pa̱ʔ	pa̱ʔ	(你俩)
num	num	(年)
ŋut	ŋut	(鸟香)
(二) 有对应规律的		
luɑ	luɤ	(橙)
ʈ'nat	ʈnat	(枪种)
ŋɛ̱ɛŋ	ŋɛiŋ	(短)
ʔi̱ʔ	ʔiʔ	(我们)
ki̱	kiɯ	(耙)
e̱h	eh	(语气)
geh	g'eih	(剁)
ʔɛ̱ʔ	ʔɑʔ	(我俩)
nɛ̱ʔ	nɤʔ	(酸)

岩帅	马上	
(三) 相似的		
moeŋ	ɑmuiŋ	(妻子)
ki̱	ɑkɛ	(酥)
ke̱	ɑkɛ	(黄瓜)
tɛ	kaʔtɤ	(桃子)
ga̱h	tɑiʔgɑh	(魔芋)
latha	mɯ t'ɑ	(火车)
(四) 不同原的		
tɕ'ɔh	kʈɤɔh	(臊)
k'ɔh	plak	(交)
k'lɔk	p'lot	(活)
mɤ̱ʔ	pui	(谁)
bɔk	blɤɔʔ	(嘴吻)
kɤ̱ʔ	hɛiʔ	(他们)
ip	ɑr	(小匕)
bleʔ	g'luɑ	(吐舌)
ɑkleh	ɕɑhu	(蚂蚱)

岩帅	阿佤来	
(一) 全同的		
kʈɔm	kʈɔm	(茨竹)
p'ɔŋ	p'ɔŋ	(粉碎)
ʈɤ	ʈɤ	(船)
tɔɛ	tɔɛ	(打)
ŋuh	ŋuh	(打)
sirɛt	sirɛt	(鞭打)
lua	lua	(橙)
ʈut	ʈut	(批撒)
ʔuh	ʔuh	(做)
tɕɑh	tɕɑh	(披戴)

岩帅	阿佤来	
(二) 有对应规律的		
ni̱	niɯ	(雷)
ti̱ʔ	tiʔ	(一)
e̱ʔ	ɛʔ	(咱们)
ba̱	bɑ	(大腿)
tɕɤ	tɕ'ɯ	(件)
ɤʔ	ɑɯʔ	(我)
duh	tuh	(搁置)
toek	toet	(抽)
don	ton	(搬)

岩帅话	阿佤来话	
（三）相似的		
biʔ	pɔk piʔ	（换工）
ghaŋ	aŋ ŋhaŋ	（蛇螺）
ʑaŋ	ʑɛŋ	（久）
klɤh	khluɯh	（硑）
ga̱k	ŋɔkŋɔ	（骂）
u̱ʔ	ʑa uʔ	（啼）

岩帅话	阿佤来话	
（四）不同源的		
dɤʔ	nɛa	（笨）
kɔ́n	plak	（支）
ma̱	loe	（磨子）
gɔ́k	tɔt	（嗓子）
kɔ́	lik	（对）
lɔ́	alɤk	（馀）
ɓɔ́m	hiɤm	（小病）
dɛek	ŋluat	（抽（自动））

勐来话	马上话	
（一）全同的		
thi	thi	（鸭子）
kʻaŋ	kʻaŋ	（傈僳）
pʻu	pʻu	（厚）
tɛm	tɛm	（写）
ɓuh	ɓuh	（做）
sa̱ŋ	sa̱ŋ	（笑）
（二）有对应规律的		
bok	mɔk	（砍）
phoʔ	phɔuʔ	（弟々）
kʑih	kʑiuh	（熟）
ta̱p	tʻu̱p	（打）
ta̱i	taɛh	（打）
pa̱t	biat	（挤奶）
pʻao	po	（守）
duikdik	[illegible]k tɛik	（搓）

勐来话	马上话	
（三）相似的		
a siʔ	sɛiʔ	（虱子）
pa̱ʔ	si paʔ	（脸颊）
va̱t	sivuat	（鞭打）
hoik sa̱iʔ	sauʔ huit	（打摆子）
va̱t	[illegible]	（鞭打）
tɔaih	katʻaoh	（炸）
ka̱p	akap	（合併）
（四）不同源的		
lɛm lɛk	si thɛi	（钉子）
kʻu	bʑɔm	（双）
gaiʔ	a ʑiuh	（吠）
bak	bɔiŋ	（噜嗦）
ta̱ŋ	ŋɔu	（打）
khʑao	don	（搬）
tɔik	luɤ	（埋）
lu̱i	kʑit	（塞）

马上话	阿佤来话	
（一）全同的		
klɔŋ	klɔŋ	（碗）
hɔn	hɔn	（山药）
pʻu	pʻu	（厚）
sɛh	sɛh	（阉割）
sot	sot	（搭）
aŋ	aŋ	（晴朗）
kan	kan	（毡）
（二）有对应规律的		
ɡlat	ɣlat	（惊怕）
ɣən	ɯn	（勇敢）
mɔʔ	maoʔ	（收获）
kʻzɔu	kʻzao	（借栊）
ɡɔp	kɔp	（摺）
kʻlap	kʻlɯp	（夹）
ɲep	nɛp	（关门）
sɔŋ	soŋ	（关闭）
pʻɣaŋ	pʻɔŋ	（粉碎）
bʻuik	pɯik	（自开）

马上话	阿佤来话	
（三）相似的		
kʻut	kʻzait	（自掉）
vuh	vuŋ	（刨）
suk siap	katsɛp	（耳语）
lɛi lai	le	（松鼠之一）
akap	kap	（合拼）
anɛʔ	za naiʔ	（归纳）
katʻaoh	tʻuh	（炸）
（四）不同源的		
man katʻi	pa ɣet	（棉布）
pɔh	za set	（掀开）
atpʻot	lai loeh	（轮换）
sitʻoŋ	nua	（借）
vok vɛ	ɣok ɣoe	（蹲地）
tpɔn	kik	（看）
ɛit	jip	（闭眼）
ɡʻlua	plɛt	（吐舌）
puat	silot	（吸）

勐汞话	阿佤来话	
（一）全同的		
pʻit	pʻit	（黏）
lih	lih	（示）
tʻoʔ	tʻoʔ	（装）
jum	ʑum	（死）
jaŋ	ʑaŋ	（知道）
zap	zap	（接待）

勐汞话	阿佤来话	
（二）有对应规律的		
pzim	pzɛm	（猫）
lik	liak	（猪）
muk	muɔk	（砍）
kʻɔaŋ	kuaŋ	（阻挡）
kʻit	kit	（蟋蟀）
hʌm	hɣəm	（洗澡）
kʻoik	kʻoek	（洗）
zʌt	zɣət	（猎）
sip	sep	（嗑）

勐汞话	阿佤来话	
（三）相似的		
kɛ̱ŋ	sikiaŋ	（薑）
asɛ̱ʔ	seʔ	（虱子）
susiɛp	zatʃɛp	（耳语）
tʃɔk	tʃɤan	（腾）

勐汞话	阿佤来话	
（四）不同源的		
kla̱iŋ	siplaŋ	（肩）
s̱tlɛaŋ	tiɯn	（空间）
sa̱m	soet	（老三）
ka̱t	naok	（噎）
pɛ̱ŋ	zuzia	（平）
kɛ̱	tɤn	（搁置）
bɔ	ŋzuʔ	（雄）
sa̱i	tsaɯn	（装）
se	tɤm	（漫色）

岩帅话	勐汞话	
（一）全同的		
lin	lin	（云去）
viŋ	viŋ	（撑开）
sim	sim	（鸟）
kit	kit	（砍）
pen	pen	（吐）
zeŋ	zeŋ	（千）
lok	lok	（老人）
vai	vai	（借）
jaik	jaik	（拉）
ka̱	ka̱	（光）
（二）有对应规律的		
[illegible]	[illegible]	（窝）
[illegible]	[illegible]	（针）
[illegible]	[illegible]	（折）
vɛʔ	vaʔ	（带）
ŋɔm	gɔm	（坐）
mɔk	bɔk	（炮）
ŋu	go	（火）
bɤuŋ	bɤoŋ	（马）
num	dum	（年）
laɯk	lɤk	（选）

岩帅话	勐汞话	
（三）相似的		
n̥pi	a dʒi	（老二）
n̥pidn	a den	（静芸）
simɛ	ba	（种子）
la	lɯ la	（驴子）
sijoŋ	jɔŋ	（我）
ŋoʔ	agoʔ	（老五）
zup	a zup	（网）
si ŋai	gai	（远）
sigho̱	khoʔ	（窄）
i̱	a i̱	（小二）
（四）不同源的		
ta̱ʔ	ɤk le̱n	（祖先）
ta̱ɯk	pha	（才）
khɤaiŋ	phlaʔ	（咬）
khuan	ta̱n	（头旋）
nhap	bɤk	（猜）
kɛ̱n	ha̱m	（规劝）
pla̱ɯŋ	ŋɔk	（芽）
pa̱ŋ	lau	（枝）
gua̱ŋ	vaŋ	（快）
lhaŋ	tha	（驮）

3、语法：

四个方言在语法上大体相同，但仍有些差异。现在以阿佤方言的马上话，阿佤来方言的阿佤来话、佤方言的勐来话作代表与布饶方言的岩帅话作比较：

A、岩帅话与马上话：

1、岩帅话有一个词头 si，马上话与之对应的有三个，即si、a、ka。如：

岩帅 马上

si dah tah （劈）

si dah a tah （钩）

si tah （滑） ka ma 天

2、指示词修饰名词时，岩帅话只能在名词后放一指示词，而马上话可以在名词前后重复同一指示词。如：

岩帅话 马上话

这人 puiʔ in（人这） in pui in（这人这）

puiʔ an（人那） uah pui uah（那人那）

3、有的介词用法不同。马上话在动词与一般宾语间加介词 naŋ（nah）。如：

hu naŋ mɛʔ（到你那里去）

去 你

sɯɔm naŋ klɔŋ（用碗吃饭）

吃饭 碗

动词加地位词宾语时，中间加 noŋ 如：

hɔ noŋ Jah（到街上去）

hɔ noŋ ŋɛʔ（到家里去）

这个 noŋ 似与位词结合在一起，带有词头性质。但岩帅话只用一个 kah。

4、岩帅话有他称代词 nɔh（他）和指示词 an（那）。但马上话他称代词和指示词不分，只有一个 uah（他、那）如：

uah pui uah（那人）

uah mɔh pui（他是谁）

B、岩帅话与阿佤来话：

1、岩帅话的词头 si。阿佤来话与之对应的是：sa，va，如：

岩帅	阿瓦来
si vaik	si vik （燕子）
si miaŋ	ɣa maŋ（富）

2、数量词结合的次序不尽相同，如：十二年岩帅话只能说 ka̱u num ɣa̱（十二年）。但阿瓦来话既可说 kɔ nɐm ɣa（十二年）又可説 kɔ ɣa mɐm（十二年）。

3、没有以声母清濁区分自动与他动、动词与名词。如：

岩帥话	阿瓦来
kɪɔ̱m	kɪɔm （抬）（动）
gɪɔ̱m	kǎɯʔ kɪɔm（担子）（名）
pɯ̱ik	pɯik （脱）（他动）
bɯik	pɯik （脱落）（自动）

C、岩帥话与孟汞话

1、岩帥话词头 si ，孟汞话与之对应的除名词々头 a 外，还有一个形容词々头 si，其作用是加深形容词的程度。如：

岩 帥	孟 汞
si vai	a vai （豹子）
si ku̱at	si ku̱at （冷）

2、孟汞话量词可以加在名词的前面，作为名词的标志。如：

bu̱（个）	bu̱ pak（南瓜）
	bu dʑɔm（柿子）
baʔ（只）	baʔ a pɔ̱n（老抱手）
	baʔ a ɪa̱k（乌鸦）
tˊoŋ（条）	tˊoŋ ʔɓɔi（腰）

岩帥话没有这类结構形式。

3、岩帥话以声母的屈折，造成構词的形态：①它动々词的是清辅音，自动々词的是濁辅音。②动词的是清辅音，名词或量词的是濁辅音。孟汞话就没有这种構词形态。如：

岩 帥	孟 汞
kɪɔ̱m	kɪɔ̱m （挑）（动）
gɪɔ̱m	kɪɔ̱m （担子）（名）
ka̱n	ka̱n （解）（他动）
ga̱n	kǎn （解）（自动）

4、岩帅话的语序有下列二种形式。
①主语——谓語——宾語。
②谓语——主語——宾语。

在孟汞话裡，只有第一种形式。如：

岩帅 孟汞
ʒɤ? kit kau? ʌ? kit kau?（我砍树）
我 砍 树 我 砍 樹
kit ʒɤ? kau?
砍 我 树 （孟汞話不能这样说）

5、一些介词的用法不同，如 ka.
岩帅话可以說：kit kah vaik（用刀砍）
砍 刀
hu kah mai?（去你那兒）
去 你
孟汞话就不能这样说。
6、孟汞话里没有疑问助词 1ɛ?
7、数词和量词结合的次序，不尽相同。如：
岩帅话說：kau num ɤa（十二年）而孟汞话一
十 年 二
定要說：kau ɤa dum（十二年）
十 二 年

從上面比較的结果来看，卡瓦語各方言詞的語音有一定的差别，像阿瓦来方言没有全濁輔音那一套，所以比布饒方言少了17個音位。阿瓦方言、阿瓦来方言不用以使頭鬆緊區分元音音位，使得元音音位較比布饒方言、瓦方言少了一半左右。詞彙差别最大的是瓦方言和其他三個方言，不同的語詞佔40%—46%。其他方言間的差别，一般在25%—35%之間。語法上除了瓦方言和其他三個方言有些差别外，其他三個方言基本上是一致的。總的来說，瓦方言与布饒方言、阿瓦方言、阿瓦来方言差别都較大，布饒方言与阿瓦方言、阿瓦来方言間的差别次之，阿瓦方言与阿瓦来方言之間差較小。但各方言之間的語音对应關係都比較明顯、整齊。

4 各方言内部情况

布饶方言

说这个方言的卡瓦族自称为pa rauk（或pa ɣauk）主要居住在沧源县、双江县、耿马傣族卡瓦族自治县、澜沧拉祜族自治区，说这个方言的约有10万人左右。缅甸的一部份卡瓦族也有说这种方言的。

这个方言可分为岩帅、班洪、宽冷三个土语。岩帅土语通行在沧源县的岩帅区、勐省区、孟衡区在耿马傣族卡瓦族自治县的四排山区、澜沧拉祜族自治区的文东、上元两个区，和双江县的部份村寨。说这个土语的人口约有7万人左右。是所有土语通行最广的一个。班洪土语通行在沧源县的班洪区、永和区等一[illegible]方。说这个土语的人口约有1万5千人左右。宽冷土语通行[illegible]源县的宽冷、杨谅、宽模等部落，说这个土语的人口约有1千人左右(一)。

(一) 方言内部语音情况：

布饶方言的三个土语的语音会有些差别，但对应规律非常明显，彼此仍可通话。

从辅音上看，岩帅土语有塞浊音吐气和[illegible]吐气。班洪土语和宽冷土语里都没有。在宽冷土语里没有鼻音吐气那一套和借词音位f。岩帅土语和班洪土都有。

从元音上看，宽冷土语有紧喉元音位，比岩帅土语和班洪土语多两个音位ʌ ʌ̰。下面专列班洪土语班洪寨的音位说明。并附带和其他土语比较。

(1) 班洪寨音位说明：

(一)宽冷土语是在中缅政府发表关于边界问题的联合声明前调查的。

班洪話輔音音位表

發音方法 \ 發音部位			双唇	唇齿	舌尖中	舌面前	舌根	喉
塞音	清	纯	p		t		k	ʔ
		吐气	p'		t'		k'	
	濁	纯	b		d		g	
塞擦音	清	纯				tɕ		
		吐气				tɕ'		
	濁	纯				dʑ		
鼻音	濁	纯	m		n	ɲ	ŋ	
		吐气	m'		n'	ɲ'	ŋ'	
边音	濁	纯			l			
		吐气			l'			
擦音	清	纯		f	s			h
	濁	纯		v		ʑ		
		吐气		v'		ʑ'		
擦音颤	清	纯			r			
		吐气			r'			

元音音位18个（~~接下界~~）

i i̲ e e̲ ɛ ɛ̲ a a̲ ɔ ɔ̲ o o̲ u u̲

ɤ ɤ̲ ɯ ɯ̲

班洪話音位系統簡単説明書：

（一）輔音音位

p	pak	截	pa̱	搭土
ph	phak	洗菜	pha	合
b	[illegible]		ba	借錢
m	mak	经吃	ma	地
mh	mhak	牙屎	mha	痲疮
f	fu	府	fa	癸
v	vak	虫	va̱	袜子
vh	vhak	掛	vhat	舌
t	ta̱k	弹舌	ta̱	树名
th	tha̱k	神化	thaŋ	拉屎
d	da̱k	褴褛	da	晒乾
n	nat	栓	na	田
nh	nham	血	nhuʔ	青藤
l	la̱k	乌鸦	sila	銀饱
lh	lhak	聪明	lha̱wk	桃
ʎ	ʎaŋ	祖先	ʎa̱	二
ʎh	ʎha	雲	ʎhaŋ	牙
s	sak	饱	sa̱wʔ	病
tɕ	tɕak	机器	tɕa̱n	人名
tɕh	tɕhak	看	tɕha	茶
dʑ	dʑat	蓆	dʑa̱ŋ	鱼胆
ȵ	ȵi	老二	ȵi̱aʔ	房子
ȵh	ȵhak	眼屎	ȵha	热的冷了
ɕ	ɕan	单独	ɕi	空的
ɕh	ɕhan	毒草	ɕha	生小孩
k	ka̱k	树杈	ka̱	黄鼠狼
kh	khaŋ	铁锅	kha̱t	挽裤脚
g	ga̱k	吐痰	ga	熬夜
ŋ	ŋaŋ	精子	ŋa	象牙
ŋh	ŋhi̱m	指甲	ŋha	公
ʔ	ʔa̱k	簪子	ʔa̱ʔ	咱俩
h	hat	哑	ha	五十

复辅音

pl	pla̱k	方面	plɔ̱ŋ	腿
phl	phlɔp	猪吃声	phlu	吹
bl	blap	鲜	bla̱p	指
kl	klɔ̱ŋ	河	kla	睾丸
khl	khlaʔ	裤子		
gl	glaŋ	久	gla̱t	吓唬
pʐ	pʐɔŋ	调解	pʐɔp	牛虻
phʐ			phʐa	水声
bʐ	bʐɔm	荒地	bʐa̱uk	猴
kʐ	kʐak	剩	kʐɔ̱m	挑
khʐ	khʐat	垃圾斗	khʐam	倒塌
gʐ	gʐa̱ŋ	枪	gʐɔ̱h	筷筒

<二>元音

i	pi	笼	ti	舒
i̱	pi̱	薰	ti̱	要吃
e	tɕe	纸		
e̱	tɕe̱	耙		
ɛ	pɛ	越	tɛ	桃子
ɛ̱	pɛ̱	筐子	tɛ̱	甜
a	da	晒干	pa<sa>	明天
a̱	da̱	长	pa̱	撑
ɔ	pɔ	别	bɔ	牛叫
ɔ̱	pɔ̱	討	bɔ̱	松
o	to	都	po	苗遮
o̱	to̱	跪	po̱	血
u	pu	后	ŋu	火
u̱	pu̱	飞	ŋu̱	热
ɤ	ʐɤ	船	ʐɤŋ	久
ɤ̱	ʐɤ̱	棹	ʐɤ̱ŋ	角
ɯ	kɯ	撇	dɯ	柔软
ɯ̱	kɯ̱	雪沫	dɯ̱	虫名

<三>说明

A、辅音：

1、ɬ只出现在汉语借词中，小孩一般都念成 ph。

2、在 b、d、g、作声母时、往往带有同部位前流音、m、n、ŋ。

3、s在前高元音 i 之前都念成 ɕ。

4、ŋ在前元音 i、e 前往往读似 ȵ。

5、凡元音起首的音缀都有前喉塞 ʔ。

6、韵尾ŋ、k、在 i 元音之后、其部位往前移，似 ȵ、c。

B、元音.

1、前高元音 i 在 k、ŋ 之前读 ɤi 如：

ɬiŋ → ɬɤiŋ（大） diŋ → dɤiŋ（墙）

lik → lɤik（猫） pik → pɤik（弄直）

但借词例外，如借傣语 ɬiŋ（三弦）仍念 i 而不念 ɤi。

2、ai和au不带韵尾时，有单元音 æ、ɔ 的趋势。如：

vai → væ（划） lai → læ（书）

kau → kɔ（搭） ɬau → ɬɔ（上颚）

3、ia ia带 p、t、m、n 韵尾时、读为 iɛ、iæ、如：

ʑiap → ʑiɛp（盒子） tɕiap → tɕiæp（鞋子）

piam → piɛm（山歌） biam → biæm（淋巴）

vian → viɛn（管子） mian → miæn（樘）

tɕiatsip → tɕiɛtsip（八十） tɕiat → tɕiæt（老人）

4、o带ŋ、k、ʔ、h韵尾时念为 ou

如：poŋ <kouŋ>（岩洞） kʌoh <kʌouh>（乾）

ʌok <ʌouk> sip（六十） tɕoʔ <tɕouʔ>（修理）

5、u带m、p韵尾时，读为ɤ

如：num <nɤm>（年） tum <tɤm>（低头）

kum <kɤm>（唧） ʌup <ʌɤp>（集网）

gʌup <gʌɤp>（蝙）

6、ɤ带k、ŋ、ʔ、h韵尾时、读为ɤɯ、

如：tɤk <tɤɯk>（才） mɤŋ <mɤɯŋ>（地方）

bʌɤʔ <bʌɤɯʔ>（酒鬼） ʌɤh <ʌɤɯh>（直）

（2）各土语音位比较：

A、辅音对位对照表：（一）单辅音

辅音			例词			汉译意义
岩帅	班洪	完冷	岩帅	班洪	完冷	
p	p	p	pu	pu	pu	后
p'	p'	p'	p'ak	p'ak	p'ak	洗
b	b	b	blak	bla̲k	blak	一些
b'			b'aŋ			光
m	m	m	ma̲	ma̲	ma̲	地
m'	m'	m'	m'a	m'a		疟疾
f	f		fu	fu		(政)府
v	v	v	vɔt	vɔt	vot	沉默
v'	v'		v'ak	v'ak		挂
t	t	t	taktɤe	taktɤe	taktɤe	悬挂
t'	t'	t'	t'u	t'u	t'u	平等
d	d	d	da̲k	da̲k	da̲k	舌头
d'			d'a			落后
n	n	n	num	num	num	脖
n'	n'		n'am	n'am		血
r	r	ɣ	ra̲	ra̲	ɣa̲	二
s	s	s	sa̲msip	samsip	sa̲msip	卅
l	l	l	laŋ	laŋ	laŋ	湿
l'	l'		l'ak	lak		聪明
tɕ	tɕ	ts	tɕak	tɕak	tsak	武器
tɕ'	tɕ'	ts'	tɕ'aŋ	tɕ'iaŋ	ts'iaŋ	小铜锣
dʑ	dʑ	dz	dʑɔ	dʑua	dzok	打赌
dʑ'			dʑ'ak			看
ɲ	ɲ	ɲ	ɲɔp	ɲɔp	ɲɔp	捕
ɲ'	ɲ'		ɲ'ak	ɲ'ak		眼屎
ʑ	ʑ	z	ʑɔm	ʑuam	zom	火
ʑ'	ʑ'		ʑ'a	ʑ'a		生育
k	k	c	kua̲t	kat(?)	cua̲t	冷
k'	k'	c'	k'uat	k'uat	c'uat	人名
g	g	ɟ	gɔn	gɔn	ɟuan	小刀

辅音			例词			汉义
岩帅	班洪	安冷	岩帅	班洪	安冷	
gʻ			gʻut			耙子
ŋ	ŋ	-	ŋa	ŋa		象牙
ŋʻ	ŋʻ		ŋʻa	ŋa		公
ʔ	ʔ	ʔ	ʔoʔ	ʔoʔ	ʔoʔ	竹子
h	h	h	ha	ha	ha	五十
		ɡ			ɡɯ	老鼠
		ɡʻ			ɡʻɯ	大点
		G			Gɯ	鸟笼
		ɣ			ɣi	照

（2）複辅音

複辅音			例词			汉义
岩帅	班洪	安冷	岩帅	班洪	安冷	
pl	pl	pl	pleʔ	pleʔ	pleʔ	结果
pʻl	pʻl	pʻl	pʻlu	pʻlu 吹	pʻloʔ 补	
bl	bl	bl	blaʔ	blaʔ	blaʔ	梭子
bl			bʻlɔt			臀底
kl	kl	cl	kla	kla	cla	墨沉
kʻl	kʻl	chl	khlaʔ	khlaʔ	chlaʔ	裤子
gl	gl	ɟl	glat	glat	ɟlat	惊吓
gʻl			gʻlu			哨子
pr	pr					
pʻr	pr	pʻʒ	pʻra 混合	pʻra 水蒸	pʒe 兄弟	
br	br	bʒ	braʔ	braʔ	bʒaʔ	干
bʻr			bʻrauh			吓唬
kr	kr		krak	krak		刷
kʻr	kʻr		kʻrum	kʻram		自夸
gr	gr		grɔh	grɔh		门闩
gʻr			gʻraŋ			拾

B、元音各位对照表：

元音			例词			汉义
岩帅	班洪	完冷	岩帅	班洪	完冷	
i	i	i	tiʔ	tiʔ	tiʔ	一
i̠	i̠	i̠	bi̠h	bi̠h	bi̠h	扫帚
e	e	e	veŋ	reŋ	veŋ	城市
e̠	e̠	e̠	ple̠ʔ	ple̠ʔ	ple̠ʔ(?)	乌云
ɛ	ɛ	ɛ	nɛʔ	nɛʔ	nɛʔ	酸
ɛ̠	ɛ̠	ɛ̠	plɛ̠	plɛ̠	plɛ̠	村动
a	a	a	baŋ	baŋ	baŋ	光
a̠	a̠	a̠	ba̠ŋ	ba̠ŋ	ba̠ŋ	休息处
ɔ	ɔ	ɔ	p'ɔ	p'ɔ	p'ɔ	高量
ɔ̠	ɔ̠	ɔ̠	vɔ̠k	vɔ̠k	vɔ̠k	鸟
o	o	o	toŋ	toŋ	t'oŋ	埧子
o̠	o̠	o̠	po̠t	po̠t	po̠t	断
u	u	u	mu	mu	mu	土蚕
u̠	u̠	u̠	si u̠	su̠	u̠x	暖
ɤ	ɤ	ɤ	sɤ	sɤ	sɤ	人名
ɤ̠	ɤ̠	ɤ̠	lɤ̠	lɤ̠	lɤ̠	人名
ɯ	ɯ	ɯ	mɯn	mɯn	mɯn	万
ɯ̠	ɯ̠	ɯ̠	ɯ̠n	ɯ̠n	ɯ̠n	当
		ʌ			pʌ	灰
		ʌ̠			mʌ̠	地界

C、韵母对照表：

岩帅	班洪	宾冷
i	i	i
i̱	i̱	i̱
ih	ih	ih
i̱h	i̱h	i̱h
iʔ	iʔ	iʔ
i̱ʔ	i̱ʔ	i̱ʔ
		[illegible]
		i̱τ
im	im	im
i̱m	i̱m	i̱m
in	in	in
i̱n	i̱n	i̱n
iŋ	iŋ	iŋ
i̱ŋ	i̱ŋ	i̱ŋ
ip	ip	ip
i̱p	i̱p	i̱p
it	it	it
i̱t	i̱t	i̱t
ik	ik	ik
i̱k	i̱k	i̱k
e	e	e
e̱	e̱	e̱
eh	eh	eh
e̱h	e̱h	e̱h
eʔ	eʔ	eʔ
e̱ʔ	eʔ	e̱ʔ
		e6
		eτ
	e̱m	
en	en	en
e̱n	e̱n	
eŋ	eŋ	eŋ
e̱ŋ	e̱ŋ	

岩帅	班洪	宾冷
		ep
et	et	et
e̱t	e̱t	
ek	ek	ek
e̱k	e̱k	e̱k
ɛ	ɛ	ɛ
ɛ̱	ɛ̱	ɛ̱
ɛh	ɛh	ɛh
ɛ̱h	ɛ̱h	ɛ̱h
ɛʔ	ɛʔ	ɛʔ
ɛ̱ʔ	ɛ̱ʔ	ɛ̱ʔ
		ɛτ
ɛm	ɛm	ɛm
ɛ̱m	ɛ̱m	
ɛn	ɛn	ɛn
ɛ̱n	ɛ̱n	
ɛŋ	ɛŋ	
ɛ̱ŋ	ɛ̱ŋ	
ɛp	ɛp	ɛp
ɛ̱p	ɛ̱p	ɛ̱p
ɛt	ɛt	ɛt
ɛ̱t	ɛ̱t	ɛ̱t
ɛk	ɛk	
ɛ̱k	ɛ̱k	
a	a	a
a̱	a̱	a̱
ah	ah	ah
a̱h	a̱h	a̱h
aʔ	aʔ	aʔ
a̱ʔ	a̱ʔ	a̱ʔ
		a6

岩帅	班洪	宾冷
		aτ
		a̱τ
am	am	am
a̱m	a̱m	a̱m
a̱n	an	an
a̱n	a̱n	an
aŋ	aŋ	aŋ
a̱ŋ	a̱ŋ	a̱ŋ
ap	ap	ap
a̱p	a̱p	a̱p
at	at	at
a̱t	a̱t	a̱t
ak	ak	ak
a̱k	a̱k	a̱k
ɔ	ɔ	ɔ
ɔ̱	ɔ̱	ɔ̱
ɔh	ɔh	ɔh
ɔ̱h	ɔ̱h	ɔ̱h
ɔʔ	ɔʔ	ɔʔ
ɔ̱ʔ	ɔ̱ʔ	ɔ̱ʔ
		ɔ6
		ɔτ
		ɔ̱τ
ɔm	ɔm	ɔm
ɔ̱m	ɔ̱m	ɔ̱m
ɔn	ɔn	ɔn
ɔ̱n	ɔ̱n	
ɔŋ	ɔŋ	ɔŋ
ɔ̱ŋ	ɔ̱ŋ	ɔ̱ŋ
ɔp	ɔp	ɔp
ɔ̱p	ɔ̱p	ɔ̱p

岩帅	班洪	完冷
ɔt	ɔt	ɔt
ɔ̱t	ɔ̱t	ɔ̱t
ɔk	ɔk	ɔk
ɔ̱k	ɔ̱k	ɔ̱k
o	o	o
o̱	o̱	o̱
oh	oh	oh
o̱h	o̱h	o̱h
oʔ	oʔ	oʔ
o̱ʔ	o̱ʔ	o̱ʔ
		oɓ
		o̱ɓ
		oʈ
		o̱ʈ
om	om	om
o̱m	o̱m	o̱m
on	on	on
o̱n	o̱n	o̱n
oŋ	oŋ	oŋ
o̱ŋ	o̱ŋ	o̱ŋ
op	op	op
o̱p	o̱p	o̱p
ot	ot	ot
o̱t	o̱t	o̱t
ok	ok	ok
o̱k	o̱k	o̱k
u	u	u
u̱	u̱	u̱
uh	uh	uh
u̱h	u̱h	u̱h
uʔ	uʔ	uʔ

岩帅	班洪	完冷
u̱ʔ	u̱ʔ	u̱ʔ
		uɓ
		uʈ
		u̱ʈ
um	um	um
u̱m	u̱m	u̱m
un	un	un
u̱n	u̱n	u̱n
uŋ	uŋ	uŋ
u̱ŋ	u̱ŋ	u̱ŋ
up	up	up
u̱p	u̱p	u̱p
ut	ut	ut
u̱t	u̱t	u̱t
uk	uk	uk
u̱k	u̱k	u̱k
ɯ	ɯ	ɯ
ɯ̱	ɯ̱	ɯ̱
ɯh		ɯh
ɯ̱h		
ɯʔ		ɯʔ
ɯ̱ʔ		ɯ̱ʔ
ɯm	ɯm	ɯm
ɯ̱m	ɯ̱m	
ɯn	ɯn	ɯn
ɯ̱n	ɯ̱n	ɯ̱n
ɯŋ	ɯŋ	ɯŋ
ɯ̱ŋ	ɯ̱ŋ	
ɯp	ɯp	ɯp
ɯ̱p	ɯ̱p	ɯ̱p
ɯt	ɯt	ɯt

岩帅	班洪	完冷
ɯ̱t	ɯ̱t	ɯ̱t
ɯk		ɯk
ɯ̱k		ɯ̱k
ɤ	ɤ	ɤ
ɤ̱	ɤ̱	ɤ̱
ɤh		ɤh
ɤ̱h		ɤ̱h
ɤʔ	ɤʔ	ɤʔ
ɤ̱ʔ	ɤ̱ʔ	ɤ̱ʔ
		ɤɓ
		ɤʈ
ɤm	ɤm	ɤm
ɤ̱m	ɤ̱m	ɤ̱m
ɤn	ɤn	ɤn
ɤ̱n	ɤ̱n	ɤ̱n
ɤŋ	ɤŋ	ɤŋ
ɤ̱ŋ	ɤ̱ŋ	
		ɤp
ɤt	ɤt	ɤt
ɤ̱t	ɤ̱t	
ɤk	ɤk	ɤk
ɤ̱k	ɤ̱k	
		ʌ
		ʌ̱
		ʌʔ
		ʌ̱ʔ
		ʌh
		ʌɓ
		ʌʈ
		ʌm
		ʌ̱m

韵母		
岩帅	班洪	完冷
		ʌn
		ʌ̱n
		ʌŋ
		ʌp
		ʌt
		ʌ̱t
		ʌk
		ʌ̱k
ie		
iɛ		
i̱ɛ̱		
i̱ɛ̱h		
i̱ɛ̱h		
iɛʔ		
i̱ɛ̱ʔ		
ia	ia	
i̱a	i̱a	
iah	iah -	iah
i̱ah	i̱ah	
iaʔ	iaʔ	iaʔ
i̱aʔ	i̱aʔ	
		iap
		i̱ap
		iat
		i̱at
iam	iam	iam
i̱am	i̱am	iam
ian	ian	ian
i̱an	i̱an	i̱an
iaŋ	iaŋ	iaŋ
i̱aŋ	i̱aŋ	i̱aŋ
iap	iap	iap

韵母		
岩帅	班洪	完冷
i̱ap	i̱ap	i̱ap
iat	iat	iat
i̱at	i̱at	i̱at
iak	iak	iak
i̱ak	i̱ak	i̱ak
	ɤa	
	ɤ̱a	
	ɤah	
	ɤaʔ	
	ɤam	
	ɤ̱am	
	ɤan	
	ɤ̱an	
	ɤaŋ	
	ɤ̱aŋ	
	ɤap	
	ɤ̱ap	
	ɤat	
	ɤ̱at	
	ɤak	
	ɤ̱ak	
	iɔ	
	im	
	iɔŋ	
	iɔk	
iu		
i̱u		
iuh		
i̱uh		
iuʔ		
i̱uʔ		
		ei

韵母		
岩帅	班洪	完冷
	eih	
	e̱ih	
	eiʔ	
	e̱iʔ	
	e̱in	
	eiŋ	eiŋ
	e̱iŋ	e̱iŋ
	eik	eik
	e̱ik	e̱ik
ai	ai	ai
a̱i	a̱i	a̱i
aih	aih	aih
a̱ih	a̱ih	a̱ih
aiʔ	aiʔ	aiʔ
a̱iʔ	a̱iʔ	a̱iʔ
aiŋ	aiŋ	aiŋ
a̱iŋ	a̱iŋ	a̱iŋ
	ait	
	a̱it	
aik	aik	aik
a̱ik	a̱ik	a̱ik
au	au	au
a̱u	a̱u	a̱u
auh	auh	auh
a̱uh	a̱uh	a̱uh
auʔ	auʔ	auʔ
a̱uʔ	a̱uʔ	a̱uʔ
auŋ	auŋ	auŋ
a̱uŋ	a̱uŋ	a̱uŋ
auk	auk	auk
a̱uk	a̱uk	a̱uk
aɯ		

韵母		
岩帅	班洪	完冷
ə̱ɯ		
əɯh	əɯh	
ə̱ɯh	ə̱ɯh	
əɯʔ	əɯʔ	
ə̱ɯʔ	ə̱ɯʔ	
əɯŋ	əɯŋ	
ə̱ɯŋ	ə̱ɯŋ	
əɯk	əɯk	
ə̱ɯk	ə̱ɯk	
ɔi	ɔi	ɔi
ɔ̱i	ɔ̱i	ɔ̱i
ɔih	ɔih	
ɔ̱ih	ɔ̱ih	
ɔiʔ		
ɔ̱iʔ		
ɔiŋ	ɔiŋ	ɔiŋ
ɔ̱iŋ	ɔ̱iŋ	ɔ̱iŋ
ɔik	ɔik	ɔik
ɔ̱ik	ɔ̱ik	ɔ̱ik
oi	oi	oi
o̱i	o̱i	o̱i
oih	oih	oih
o̱ih	o̱ih	o̱ih
oiʔ		
		oi6
oiŋ	oiŋ	oiŋ
o̱iŋ	o̱iŋ	o̱iŋ
	oit	
	o̱it	
oik	oik	oik
o̱ik	o̱ik	o̱ik
ui	ui	ui

韵母		
岩帅	班洪	完冷
u̱i	u̱i	u̱i
uih	uih	uih
u̱ih	u̱ih	
uiʔ		
u̱iʔ		
uiŋ	uiŋ	uiŋ
u̱iŋ	u̱iŋ	
	uit	
uik	uik	
u̱ik	u̱ik	u̱ik
uə	uə	
u̱ə	u̱ə	
uəh	uəh	uəh
u̱əh		u̱əh
uəʔ	uəʔ	uəʔ
u̱əʔ	u̱əʔ	
		uə6
		u̱ə6
		uəx
		u̱əx
	uəm	uəm
	u̱əm	u̱əm
uən	uən	uən
u̱ən	u̱ən	u̱ən
uəŋ	uəŋ	
u̱əŋ	u̱əŋ	
	uəp	uəp
		u̱əp
uət	uət	uət
u̱ət	u̱ət	u̱ət
uək	uək	uək
u̱ək	u̱ək	

韵母		
岩帅	班洪	完冷
ɤi	ɤi	ɤi
ɤ̱i	ɤ̱i	ɤ̱i
ɤih	ɤih	ɤih
ɤ̱ih	ɤ̱ih	
ɤiʔ		
ɤ̱iʔ		
	ɤiŋ	ɤiŋ
	ɤ̱iŋ	ɤ̱iŋ
	ɤik	ɤik
	ɤ̱ik	ɤik
ɯi	ɯi	ɯi
ɯ̱i	ɯ̱i	
ɯih	ɯih	ɯih
ɯ̱ih	ɯ̱ih	
ɯiʔ		
ɯ̱iʔ		
ɯiŋ	ɯiŋ	ɯiŋ
ɯ̱iŋ	ɯ̱iŋ	ɯ̱iŋ
ɯik	ɯik	ɯik
ɯ̱ik	ɯ̱ik	
iau		iau
i̱au		īau
īauŋ	īauŋ	iauʔ
i̱auʔ		
i̱auk		
i̱auk		
		ʌi
		ʌiŋ
		ʌ̱ik
		uəiŋ
		uəik
		u̱əik

〈二〉方言内部词汇情况：

这个方言内部三个土语的词汇差别不大，现在我们举岩帅土语的岩帅话，班洪土语的班洪话，宽冷土语的宽冷话作代表，比较如下：

词汇相同相异比较表

类别 / 词数 / 比较点	比较词类总数	同源词：全同：全同		同源词：全同：[illegible]自有对应规律的		同源词：相近：词根成分相同附加成分不同		同源词总数		不同源词总数	
		词数	%	词数	%	词数	%	词数	%	词数	%
岩帅、班洪	1210	493	37.7%	378	36.5%	89	6.3%	460	50.2%	250	18%
岩帅、宽冷	1386	166	11.9%	817	59%	71	5.2%	1054	76.1%	332	23.9%

词汇异同举例

①全同的

岩帅	班洪	宽冷	
da̲ŋ	da̲ŋ	da̲ŋ	（猪圈）
a̲ŋ	a̲ŋ	ʔa̲ŋ	（张开，不）
klа̲ŋ	kla̲ŋ	kla̲ŋ	（啄木鸟）
ma̲	ma̲	ma̲	（地）
lan	lan	lan	（湿）
dak	da̲k	da̲k	（舌头）
ba̲ŋ	ba̲ŋ	ba̲ŋ	（休息处）
p'a	p'a	p'a	（一会）
pa̲ʔ	pa̲ʔ	pa̲ʔ	（你俩）

② 有对应规律的

岩帅	班洪		岩帅	完冷	
si ɡrak	si krak	（紫色）	a̱n	u̱an	（那）
dɸhan	dɸə̱n	（垫子）	a̱n kiʔ	u̱an ci̱ʔ	（那些）
dɸhan	dɸan	（蹬）	ɡa̱n	ɟan	（茅草）
blaŋ	ba̱ŋ	（光）	kra̱k	ɡa̱k	（水牛）
dɸhat	dɸa̱t	（萧子）	ti̱n	tiuɯn	（菌子）
tiak	tɤak	（比喻）	si ŋa̱ʔ	ɲa̱ʔ	（干净）
diak	dɤak	（炒）	si ɡra	ɟa̱	（枇杷之一）
liak	lɤak	（买）	ka̱	ca̱r	（黄鼠狼）
niat	nɤat	（懂）	nam	na̱m	（血）

③ 相似的

岩帅	班洪		岩帅	完冷	
pu̱ pi	pi	（摸）	tu taik	tuik tik	（揉）
ɡu̱n	si kɤn	（脱皮）	lu le	lur lir	（搓）
si ɡloik	ɡru̱ik	（弩机）	si vun	vun	（扔）
			pu̱ pi̱	pur pir	（摸）

④ 不同源的

岩帅	班洪		岩帅	完冷	
ɡram	nɔʔ	（剪子）	lat	zu̱at	（怕）
ɡa	bɔ	（牛叫）	vah	bɯs	（脚）
kra	hat	（沙哑）	nam siu	za̱m	（火药）
hak tɛ̱ʔ	kaɯŋ	（地方）	kra̱m	pɤa̱m	（筏子）
bra	baŋ	（锣）	tutɤ	ɡam	（蚕豆）
nam siu	mɤ	（火药）	si ɡlu	liaŋ	（鞦韆）
ka muŋ	tɸauʔ	（荞麦）			
dum	daŋ	（铁砧）			

〈三〉方言内部语法差异情况：

岩帅土语和班洪土语的语法结构，基本上相同，差异很少。岩帅土语和完冷土语也是基本上相同，但差别比班洪大。下面舒述两个土语进行比较。仍以岩帅寨和完冷寨的话为代表来进行比较。

1、数词和量词结合的次序不尽相同，例如：岩帅话从十进数以后数量词结合的次序是：数词＋量词＋数词，在完冷话里则是数词＋数词＋量词。例如：

岩帅 ① kau num ʈa （十二年）
　　 ② kau kaɯʔ ʈa （十二个）
完冷 ① co ɓa num （十二年）
　　 ② co ɓa cʌ （十二个）

2、人称代词在岩帅话里有，完冷话里没有，用指示词ʔuan代替。例如：

岩帅话：nɔh （他） ʔan （那）
完冷话：uan （他、那）

3、Iɛh 语助词在完冷话里没有。问话或疑问句里，通常用语气表示，岩帅话就有这个助词。如：

岩帅：① hɔit sɤm maiʔ Iɛh? （你吃了饭了吗？）
　　　② nɔh ɲiɛm ka ʈiʔ Iɛh? （他为什么哭呢？）
完冷：① hɔit sɤm maiʔ?
　　　② uan zɛm pu?

阿佤方言

这个方言的卡瓦族自称为 a rɯŋʔ、vŋʔ、a vɤŋʔ。主要分布在西盟自治县(筹委会)的中课、马上、永广、山东、岩城(一)。说这个方言的约有35,000人左右，缅甸有一部份卡瓦族也是属于这个方言的。

这个方言可分为马上和岩城两个土语，马上土语主要通行于中课、永广等部落。说这个土语的人口约有2万1千多人，是这个方言通行最广的一种土语。

岩城土语主要通行于岩城、山东等部落。说这个土语的人口约有1万4千人左右(二)。

这两个土语都能互相通话现在我们分别叙述一下这个方言内部语音、语法的情况。

方言内部语音情况：

马上土语和岩城土语在语音上的差别主要表现在韵母上，例如马上土语的马上话的ŋ、iɯ和岩城土语的岩城话的ɯŋ相对应。马上寨的 tʰŋh（变化）在岩城寨读作 a tʰɯŋh；a rɯŋh（陡）读作 rɯŋh、si mŋ（村子）读作 si mɯŋ、piɯ 读作 pɯŋ、prɯŋhl（野猪）读作 si prɯŋs。这两个土语的辅音和单元音数目完全一样。下面我们列出马上土语马上寨的音位系统、并将它和岩城土语作比较。

一、马上寨的音位系统：

A、辅音表

注

(一)山东、岩城在1941年以外

(二)岩城土语是在中缅两国政府代表关于边界问题的联合声明以前调查的。

马上话的音位系统

辅音音位表

发音方法 / 发音部位	塞音				塞擦音				擦音		鼻音		颤音		边音	
	清		浊		清		浊		清	浊	清	浊	清	浊	清	浊
	纯	吐气	纯	吐气	纯	吐气	纯	吐气								
双唇	p	pʻ	b	bʻ							m̥	m				
唇齿									f	v						
舌尖中	t	tʻ	d	dʻ					s		n̥	n	r̥	r	l̥	l
舌尖前					tɕ	tɕʻ	dʑ	dʑʻ		ʑ	ȵ̊	ȵ				
舌根	k	kʻ	g	gʻ							ŋ̊	ŋ				
喉壁	ʔ								h							

B、元音表

元音音位表

i　e　ɛ　a　ɯ　u　ɤ　o　ɔ

C、说明

、h在u前念ф，在i前念ç。如：

hue→фue（串门）　hia→çia（蜂）

2、ɣ̊的实际音值为hɣ。如：ɣ̊ɔm→hɣɔm（心）

3、元音起首的音缀都带有喉塞ʔ。如：ʔak（己）ʔo（傻）

4、i、a在作词头的音缀中念ɿ、ə。如：

si na→sɿ ma（拌）ka ma→kə ma（天）

5、ɔ在i和n、t中间念为o。如：hiɔn→hion（毒药）

、ɤ在t前念ɤa、o在k前念　。如：

sɤt（sɤat）（道）　ŋok→ŋɤɔk　）（头）

A、辅音对照表　1.单辅音

辅音		例词		汉文
马上	岩城	马上	岩城	
p	p	paŋ	paŋ	数
pʻ	pʻ	pʻo	pʻɔ	剐
b	b	boŋ	bɔŋ	梯
bʻ	bʻ	bʻin	bʻin	一撮
m	m	ma	ma	天
m̥	m̥	m̥a	m̥a	莸[illegible]
ɬ	ɬ	ɬap	ɬap	哈吹
v	v	vaŋ	a vaŋ	追
t	t	tɔʔ	tɔʔ	送
tʻ	tʻ	tʻoŋ	tʻɔŋ	铜
d	d	dak	dak	舌头
dʻ	dʻ	dʻum	dʻum	铁砧
n	n	nɔŋ	nɔŋ	内
n̥	n̥	n̥am	n̥am	血
l	l	la	la	茶
l̥	l̥	l̥ak	l̥ak	聪明
s	s	sɔm	sɔm	吃
ɣ	ɣ	ɣut	a ɣut	拉扯
ɣ̊	ɣ̊	ɣ̊aŋ	ɣ̊aŋ	牙齿
tɕ	tɕ	tɕak	tɕak	马鹿
tɕʻ	tɕʻ	[illegible]im	tɕʻim	嚐
dʑ	dʑ	dʑɔk	dʑɔk	大笛、拉扳[illegible]
dʑʻ	dʑʻ	dʑʻat	dʑʻat	跌倒
ȵ	ȵ	ȵi	ȵi	老二
ȵ̊	ȵ̊	ȵ̊ak	ȵ̊ak	眼屎
ɕ	ɕ	ɕak	ɕak	银
k	k	kat	kat	蒺
kʻ	kʻ	kʻaŋ	kʻaŋ	锅
g	g	gon	gon	奶盘
gʻ	gʻ	gʻoŋ	gʻɔŋ	山
ŋ	ŋ	ŋɔm	ŋom	坐
ŋ̊	ŋ̊	ŋ̊em	ŋ̊em	指甲
ʔ	ʔ	ʔaŋ	ʔaŋ	不
h	h	haŋ	haŋ	[illegible]

複辅音		例词		汉义
马上	岩城	马上	岩城	
pl	pl	plaŋ	si plaŋ	日
p'l	p'l	p'lut	p'lut	继承
bl	bl	blan	blan	脱底
b'l	b'l	b'lɛn	b'lɛn	凸
kl	kl	kla	kla	睾丸
k'l	k'l	k'lut 自掉	k'lɔk	鹭
gl	gl	glɛh.	gleh	嘶喊
g'l	g'l	g'lat	g'lat	吓唬
pr	pr	proh	proh	开花
p'r	p'r	p'roŋ	p'rɔŋ	调弄
br	br	bra	bras	倒塌
b'r	b'r	b'raŋ 锄头		
kr	kr	krɛʔ	krɛʔ	涂抹
k'r	k'r	k'rit	k'rit	磨
gr	gr	gɹum	gɹum	舂
g'r	g'r	g'rit	g'rit	石磨
	kv		kvaŋ	蝉
	k'v		k'van	水旋
	gv		gvɔk	镰刀、钩完
	g'v		g'vankaiŋ	色头

单元音		例词		汉义
马上	岩城	马上	岩城	
i	i	t'i	t'i	鸭子
e	e	ŋem	ŋem	指甲
ɛ	ɛ	prɛʔ	prɛʔ	辣
a	a	k'aŋ	k'aŋ	锅
ɔ	ɔ	tɕɔk	tɕɔk	买
o	o	gon	gon	奶盘
u	u	p'u	p'u	后
ɤ	ɤ	rɤ	rɤ	气
ɯ	ɯ	k'ɯm	k'ɯm	

韻母表

馬上	岩城	馬上	岩城	馬上	岩城	馬上	岩城
i	i	aʔ	aʔ	uʔ	uʔ		ies
iʔ	iʔ	ah	ah	uh	uh		iem
ih	ih		as		us		ien
	is		ar		ur		ieŋ
	ir	am	am	um	um		iep
im	im	an	an	un	un		iet
in	in	aŋ	aŋ	uŋ	uŋ		iek
iŋ	iŋ	ap	ap	up	up	ia	
ip	ip	at	at	ut	ut	iah	
it	it	ak	ak	uk	uk		ias
ik	ik	ɔ	ɔ	ɤ	ɤ		iar
e	e	ɔʔ	ɔʔ	ɤʔ	ɤʔ	iam	iam
eʔ	eʔ	ɔh	ɔh	ɤh	ɤh	ian	ian
eh	eh		ɔs		ɤs	iaŋ	iaŋ
	es		ɔr		ɤr	iap	iap
	er	ɔm	ɔm	ɤm	ɤm	iat	iat
em	em	ɔn	ɔn	ɤn	ɤn	iak	iak
en	en	ɔŋ	ɔŋ	ɤŋ	ɤŋ	iɔ	iɔ
	eŋ	ɔp	ɔp	ɤp	ɤp	iɔʔ	
ep	ep	ɔt	ɔt	ɤt	ɤt	iɔh	
et	et	ɔk	ɔk		ɤk		iɔr
	ek	o	o	ɯ	ɯ	iɔn	
ɛ		oh	oh	ɯʔ		iɔŋ	iɔŋ
ɛʔ	ɛʔ		os	ɯh	ɯh	iɔt	
ɛh	ɛh		or		ɯs	iɔk	iɔk
ɛm		om	om		ɯr	iu	
ɛn	ɛn	on	on	ɯm	ɯm	iuʔ	
	ɛŋ	oŋ	oŋ	ɯn	ɯn	iuh	
ɛp			op		ɯŋ	iɤ	
ɛt			ot	ɯp	ɯp	iɤh	
	ɛk		ok		ɯt	iɤm	
a	a	u	u		ie	iɤn	

馬上	岩城
iɤp	
iɤt	
iɯ	
iɯh	
ɛi	
ɛiʔ	
ɛih	
ɛiŋ	
ai	ai
aiʔ	aiʔ
aih	aih
aiŋ	aiŋ
aik	aik
	ao
	aoʔ
	aoh
	au
	auʔ
	auh
	auŋ
	auk
aɤ	
aɤʔ	
aɤh	
aɤk	
	aɯ
	aɯʔ
ɔi	ɔi
ɔiŋ	ɔiŋ
	ɔit
ɔik	ɔik
ɔu	

馬上	岩城
ɔuʔ	
ɔuh	
ɔuŋ	
ɔup	
ɔuk	
	oi
	oiŋ
	oik
	ou
	ouʔ
	ouh
	ouŋ
	ouk
ui	ui
uih	
uiŋ	uiŋ
uit	
uik	uik
uɛ	
uɛŋ	
uɛk	
ua	ua
uah	
	uas
	uar
	uam
uan	uan
	uaŋ
	uap
uat	uat
uak	uak
uɔ	

馬上	岩城
uɔŋ	
uɔp	
uɔk	
	uo
	uoh
	uos
	uoɤ
	uom
	uon
	uoŋ
	uop
	uot
	uok
uɤ	
uɤh	
ɤi	ɤi
ɤiŋ	ɤiŋ
ɤit	
ɤik	ɤik
ɤa	
ɤaŋ	
ɤak	
ɯi	ɯi
ɯiŋ	ɯiŋ
ɯit	
ɯik	ɯik
	ɯɤ
	ɯɤʔ
	ɯɤh
	ɯɤs
	ɯɤr
	ɯɤn
	ɯɤŋ
	iɛi
	iɛiŋ
	iɛ[illegible]

馬上	岩城
	iai
	iaik
	iau
	iou
	iouk
	uai
	ɯaik
	ɯɤi
	ɯɤiŋ
	ɯɤik

〈二〉方言内部词汇异同情况：

这个方言的两个土语的词汇差别不大，现在我们拿马上土语的马上寨的话和岩城土语的岩城寨的话作代表比较如下：

词汇异同举例：

①全同的

马上	岩城	
ʔaŋ	ʔaŋ	（不）
ma	ma	（天）
ɬap	ɬap	（哈欠）
tɔʔ	tɔʔ	（送）
dak	dak	（舌头）
ɣaŋ	ɣaŋ	（牙齿）
ɕak	ɕak	（马鹿）
ŋ̊ak	ŋ̊ak	（眼屎）
ɸak	ɸak	（很）
kla	kla	（睾丸）
kaŋ	kaŋ	（锅）

②有对应规律的

马上	岩城	
tɤh	a tuɤh	（变化）
si mɤ	si muɤ	（种子）
si ɣɛiʔ	si ɣeʔ	（太阳）
klɛiŋ	klɛŋ	（磨刀）
gɛiŋ	gɛŋ	（剁）
ŋ̊ɛiŋ	ŋ̊ɛiŋ	（雄的）
guih	gveh	（脚）

③相似的

马上		岩城
ɣɣak	（蛤蟆）	a xouk
ka thaoh	（爆炸）	tʰouh
ka ŋ̊ɔ	（脑）	ŋ̊au
pɔʔ	（带）	a paoʔ
ka moat	（疮）	muot

④不同的

马上	岩城	
klap	a klaŋ	（关）
ɸɔi	sam	（老三）
ani	ɸam	（火药）
dɕu	vɤh	（黨）
si lui	tɕɔŋ	（奴仆）
vɤʔ	pɛiŋ	（带）

〈三〉方言内部语法情况。

这两个土语在语法上的差别很小，我们提出下面两点加以说明。（以马上土语的马上话、岩城土语的岩城话作代表）

①马上话的词头si、a、ka，岩城话与之相对应的只有两个即si、a。

马上	岩城	
si kah	si kah	（梯子）
a ɸɔŋ	a ɸɔŋ	（熊）
ka tɔm	tɔm	（下蛋）

③、其他语法现象都相仝。如：

A、馬上[illegible]声母清濁区分动词与名词[illegible]动与自动。岩城话[illegible]这类形式。如：

馬上	岩城	
kɿɔm	kɿuam	（[illegible]）（动）
gɿɔm	gɿuam	（担子）（名）
pua	puaɤ	（捲）（动）
bua	buaɤ	（捲）（一捲）（名）
pɯik	pɯik	（脱）（他动）
bɯik	bɯik	（脱）（自动）

B、馬上话修饰语在被修语之後，岩城話也是这樣。如：

馬上	岩城
ɖaʔ k'ɔʔ	ɿaʔ k'auʔ

C、馬上话的語序一般是：主語＋謂語＋宾語、岩城話也是这样的次序。如：

馬上

aɯʔ som hɔ nɔŋ ɿan

我 想 去 街上

岩城

aɯʔ sam hau nɔŋ ɿas

我 想 去 街上。

詞彙相同相異比較表

類别 詞数 / 比較点	比較詞彙總数	同源詞						同源詞總数		不同源詞總数	
		全同		相近							
		全同		有对应規律		主要成分相同，附加成分不同					
		詞数	%	詞数	%	詞数	%	詞数	%	詞数	%
馬上 岩城	1007	220	22%	51	5.1%	89	8.9%	519	51.2%	165	16.5%

阿瓦来方言

这個方言的卡瓦族自称為ɑ vaʔ loi，主要居住在西盟縣的阿瓦来、孟連傣族拉祜族卡瓦族自治縣的芒糯等地方。説这個方言的人數約有二萬伍千人左右。據了解緬甸的莫列、散色、龍跨等地方也有人説这种方言的。

这個方言又可分為阿瓦来、芒糯、時希三個土語。主要通行在西盟自治縣(籌委会)的阿瓦来、翁戛科、大力鎖等地方，説这個土語的約有一萬二千人左右。芒糯土語主要通行在孟連傣族、拉祜族卡瓦族自治縣的富岩区的芒糯、莫恭、南亢等地方，説这個土語的人口約有一萬三千人左右。時希土語主要通行在瀾滄拉祜族自治区的時希和孟連傣族、拉祜族卡瓦族自治县的一部分地方。

1. 方言内部語音情况：这兩個土語語音的主要差别是：芒糯土語有鼻清化音、边清化音、擦顫清化音，阿瓦来土話裡没有。阿瓦来土話的ə、ɛ、ɤ、在芒糯土話里没有。

现在我們举出阿瓦来話的音位系统説明，并拿它和另外两土語進行比較。

1. 阿瓦来的音位系統

A. 輔音表

阿瓦来話輔音表

部位 \ 方法	塞音 清 純	塞音 清 吐气	塞擦音 清 純	塞擦音 清 吐气	擦音 清	擦音 濁	鼻音 濁	顫音 濁	边音 濁
双唇	p	pʻ					m		
唇齿						v			
舌尖中	t	tʻ			s		n	r	l
舌面前			tɕ	tɕʻ		ʑ	ȵ		
舌根	k	kʻ					ŋ		
喉壁	ʔ				h				

B，元音音位十个：

i ɿ e ɛ a ɑ ɔ

o ɯ ɤ u

C，説 明。

1. "ɿ"实際音值是舌位較低偏後近似"ɪ"如：

pɿ —— pɪ （芦笙）

tɿʔ —— tɪʔ （近）

2. "e"在不帶韻尾和帶韻尾k，ŋ，ʔ時都讀成"eɿ"，如：

pe —— peɿ （椅子）

peʔ —— peɿʔ （你們）

vek —— veɿk （刀子）

peŋ —— peɿŋ （癣）

3. "o"在不帶韻尾和帶韻尾"ʔ"時都讀成"ou"。如：

no —— nou （肺）

noʔ —— nouʔ （阻塞[鼻]）

4. "ia"帶韻尾p，t，n都讀成iɛ。僅有一個借詞（傣語）不变，即mɿiat（利息）

5. "ɤa"快説時，都讀成"ɤɒ"如：

tɤa —— tɤɒ （白肚鼠）

6. 元音開頭的音節都帶有喉塞ʔ。

2. 各土語音位对照表

（一）輔音音位对照表

A. 單輔音

輔音			例詞			
阿瓦来	芒糯	時希	阿瓦来	芒糯	時希	漢文
p	p	p	pɔŋ	pɔŋ	pɔŋ	樓梯
pʻ	pʻ	pʻ	pʻɿ	pʻɿ	pʻɿ	忘記

輔音			例詞			
阿佤来	岂糯	時希	阿佤来	岂糯	時希	漢文
m	m	m	ma	kama	ma	地
	m̥			m̥ɔi		听見
	f	(f)		fah	vih	撑開
v	v	v	vɔi	vɔi	vɔi	堅靭
t	t	t	tɔi	tɔi		灌浇
tʻ	tʻ	tʻ	tʻɔi	tʻɔi	tʻɔi	袋
n	n		nɔʔ	nɔʔ	nɔʔ	那样
l	l	l	lɔi	lɔi(高處)	lɔi	高處
	l̥			l̥ɔk		可惜
s	s	s	sɔi	sɔi	saivɔi	玉米
π	π	ɣ	πɔm	πɔm	ɣum	水
	π̥			π̥ai		禾蒄
tɕ	tɕ	tɕ	tɕɔk	tɕɔk(?)	tɕɔk	買
tɕʻ	tɕʻ		tɕʻa	tɕʻa		鳥之一
ȵ	ȵ	ȵ	ȵi	ȵi	ȵi	老二
	ȵ̥			ȵ̥ɔp		插
ʒ	ʒ	z	ʒɔm	ʒum	zum	死
	ʒ̥			ʒ̥am		血
k	k	k	ki	ki	tɕi	忙
kʻ	kʻ	kʻ	kʻɔp	kʻɔp	kʻɔp	合起
り	り	り	りɔm	りom	りɔm	坐
	り̥			り̥au		教
ʔ	ʔ	ʔ	ʔɔp	ʔɔp	ʔɔp	毒
h	h	h	hak	hak	hak	皮

一般我們現在了解，時希話以調子区别詞的意義，它與岩帥話的元音鬆緊相对应，一般是緊的唸高平，鬆的唸低平。如：

岩帥	時希
kɯi	kɯiʔ˥（父親）
ka̱	ka˥（烘）
si̱t	sit˥（切）
nat	nat˩（槍）

lɑi
pi

p̌i˩（筆）

D、複輔音對照表

複輔音			例		詞	
阿瓦来	芒耦	時帝	阿瓦来	芒耦	時帝	漢文
pl	pl	pl	plaʔ	plaʔ	plaʔ	核子
p̌l	p̌l	p̌l	p̌laʔ（批評）	p̌lɔk（膽）	p̌lak	瞎
ml	ml	ml	mli	mlei（手鐲）	mlet˩	白脈
	ŋl			ŋloe		人名
kl	kl	kl	klɔŋ	klɔŋ	klɔŋ	河
ǩl	ǩl	ǩl	ǩlaʔ	ǩlaʔ	ǩlaʔ	褲子
ŋl	ŋl	ŋl	ŋliʔ	ŋli	ŋli	房子
	ɦl			ɦlɔŋ		大那布
pπ	pπ	pɣ	pπaʔ（哄騙）	pπeʔ（打斗）	pɣal	斷奶
p̌π	p̌π	p̌ɣ	p̌πaʔ（吃）	p̌πiʔ（天气）	p̌ɣah	野猪
mπ	mπ	mɣ	mπaʔ	mπaʔ	mɣaʔ	能幹
	ŋπ			ŋπoe		人名
kπ	kπ	kɣ	kπaʔ	kπaʔ	kɣaʔ	路
ǩπ	ǩπ	ǩɣ	ǩπa（乱）	ǩπaɯʔ（芋頭）	ǩɣat	刻
ŋπ	ŋπ	ŋɣ	ŋπɛh（和睦）	ŋπɛʔ（漆树）	ŋɣaʔ	乾淨
	ɦπ			ɦπaʔ		勤勞

元音音位對照表

單元音			例		詞	
阿瓦来	芒耦	時帝	阿瓦来	芒耦	時帝	漢文
i	i	i	lin	li	li	生意
e	e	e	siklen（鐵）	kleh	kleh	缺牙
ɛ		ɛ	mɛt（鈎）		mɛt	挖空
a	a	a	paʔ	paʔ	paʔ	你俩
ɔ	ɔ	ɔ	πlɔm（水）	ɣɔm（水）	ɣɔm	桐 槍
o	o	o	ko（瘦）	kπoʔ（瘦）	kɣoʔ	出中
u	u	u	vuvu	vuvu	vu˩vu	風声
ɣ		ɣ	kɣt		kɣt	想
ɯ	ɯ	ɯ	mɯ	mɯ	mɯ	錢

韻母		
阿瓦来	芒糯	時帝
i	i	i
iʔ	iʔ	iʔ
ih	ih	ih
im	im	im
in	in	in
iŋ	iŋ	iŋ
ip	ip	ip
it	it	it
ik	ik	ik
e	e	e
eʔ	eʔ	eʔ
eh	eh	eh
em	em	
en	en	en
eŋ	eŋ	eŋ(eiŋ)
ep		ep
et	et	et
ek	ek	ek
ɛ		ɛ
ɛʔ		ɛʔ
ɛh		ɛh
ɛm		ɛm
ɛn		ɛn
ɛŋ		
ɛp		ɛp
ɛt	ɛt	
ɛk		
a	a	ə
aʔ	aʔ	əʔ
ah	ah	əh
am	am	əm

韻母		
阿瓦来	芒糯	時帝
an	an	ən
aŋ	aŋ	əŋ
ap	ap	əp
at	at	ət
ak	ak	ək
ɐʔ		
ɐh		
ɐm		
ɐn		
ɐŋ		
ɐp		
ɔ	ɔ	ɔ
ɔʔ	ɔʔ	ɔʔ
ɔh	ɔh	ɔh
ɔm	ɔm	ɔm
ɔn		ɔn
ɔŋ	ɔŋ	ɔŋ
ɔp	ɔp	ɔp
ɔt		
ɔk	ɔk	ɔk
o	o	o
oʔ	oʔ	oʔ
oh	oh	oh
om	om	om
on	on	on
oŋ	oŋ	oŋ
op	op	op
ot		ot
ok		ok
u	u	u
uʔ	uʔ	uʔ

韻母		
阿瓦来	芒糯	時帝
uh	uh	uh
um	um	um
un		un
uŋ		uŋ
	up	up
ut	ut	ut
uk	uk	uk
ɤ		ɤ
ɤʔ		ɤʔ
ɤh		ɤh
ɤm		
ɤn		ɤn
ɤŋ		ɤŋ
ɤp		
ɤt		ɤt
ɤk		ɤk
ɯ	ɯ	ɯ
ɯʔ	ɯʔ	ɯ
ɯh	ɯh	ɯh
ɯm	ɯm	ɯm
ɯn	ɯn	
ɯŋ	ɯŋ	
ɯp	ɯp	ɯp
ɯt	ɯt	ɯt
ɯk		
	ie	ie
	iep	ieʔ
	iet	ieh
	iɛ	iem
	iɛʔ	iet
	iɛh	

韵母			韵母			韵母		
	iɛm			eiŋ			uet	
	iɛn			eit		ua	ua	uə
	iɛt			ei		uaʔ		
	iɛp			aɛŋ		uah	uah	uəh
	ia			aɛt		uam		
	iam		aɯ	aɯ		uan		
	ian		aɯʔ	aɯʔ		uaŋ		uəŋ
	iaŋ		aɯh	aɯh		uap		
	iap		aɯŋ	aɯŋ		uat		
ia		iə	aɯp			uak		uək
iaʔ			aɯk	aɯk				
iah	ian	iəh	ɔi			ai		əɛ
iam	iam		ɔih			aiʔ		
ian	ian	iən	ɔik			aih		
iaŋ	iaŋ	iəŋ				aiŋ		əiŋ
iap	iap		oi	oi	oe	ait		
iat	iat		oih			aik		əiȶ
	iak	iək	oiŋ	oiŋ				
iɔ		iɔ	oit	oit		au	au	
iɔŋ			oik		oeȶ	auʔ	auʔ	
iɔk				oe	oɛ	auh	auh	
ea		iɯ		oeh		auŋ		
eaʔ				oeŋ	oiŋ	auk		
eah		iɯh		oet	oɛȶ		oa	
eaŋ		iɯŋ	ui	ui	ui		oah	
eak		iɯk	uiʔ		uiʔ		oan	
	ei		uih	uin			oaŋ	
	eiʔ		uiŋ	uiŋ	uiŋ	uɔ		
	eih		uit	uit		uɔm		
	eim		uik		uiȶ	uɔn		
	ein			ue		uɔŋ		

韵	母	
阿瓦来	芒糯	時希
ɯɔk		
ɣi	ɣi	ɣe
ɣih		ɣeh
	ɣiŋ	ɣiŋ
	ɣit	ɣik
ɣa		
ɣaʔ		
ɣah		
ɣam		
ɣan		
ɣaŋ		
ɣap		
ɣat		
ɣak		
	ɯa	
	ɯah	
	ɯan	
	ɯaŋ	
	ɯat	
	ɯak	
ɯi	ɯi	ɯi
ɯih	ɯih	
ɯiŋ	ɯiŋ	ɯiŋ
ɯit	ɯit	
ɯik		ɯik
	aɛi	
	ɔu	
		uɯ
		uɯh
		uɯŋ
		uɯk

2、方言内部詞彙異同情况。

这個方言内部的三個土語的詞彙有一定的差别,現在我們以阿瓦来土語的阿瓦来寨,芒糯土語的芒糯寨,時希土語的時希寨作代表,比較如下:

詞彙相同相異比較表

類別 詞數 比較点	比較詞彙總數	同源詞						同源詞總表		不同源詞總表	
		全同				相近					
		全同		[illegible]但有对应規律的		成分相同時加成分不同					
		詞數	%	詞數	%	詞數	%	詞數	%	詞數	%
阿瓦来 芒糯	984	145	14.7%	464	47.1%	43	4.3%	642	66.3%	332	33.7%
阿瓦来 時希	1058	118	11.1%	510	48.6%	66	5.9%	694	65.6%	364	34.4%

(一)全同的

	阿瓦来		時希
	pɨt	粘	pɨt
	sɔn	算	sɔn
	ɯt	鷓鴣叫	ɯt
	tɔm	嘱咐	tɔm
	paʔ	你俩	paʔ
	nɔʔ	够了	nɔʔ
(二)有对应規律的	khlɛp	快	khlɛp
	hɣm	洗澡	hɯm
	ən	駡	ɯn
	luat	怕	lat
	nɛʔ	酸	naʔ
(三)近似的	si kraik	洗	sait
	si tən	震動	lən
	ra vaŋ	追	vaŋ
	si tem	九	tim

	阿瓦来		時希
(四)不同源的	ɹɤe	縮	ɣɤn
	Kit	适水	sɯt
	lɯm	下蛋	zɯt
	mɔʔ	誰	phɯi
	thɯh	再	mɛ
	mɹɔʔ	能幹	lɛʔ
	阿瓦来	芒 糯	
(一)全同的	sam	sam	吃飯
	maɯʔ	maɯ	[illegible]
	Kɔk	Kɔk	叶
	haɯK	haɯk	工
	lih	lih	出
	sɔ	sɔ	銷
(二)有对应规律的	thɯ	thaʔ	咒罵
	ʑɔam	zɔm	哭
	vaik	vuet	上弦
	to	toɯ	給
	sao	saɯh	推醒
	mɹoe	bɹai	髒
(三)相似的	silot	zoat	吸
	ɹa thɹɤah	thɔh	变化
	si aoh	auh	干
	si vɛt	fiat	鞭打
	saɯh	sɯh sah	上下挑拌
	ɹa Khua	taɯ Khuɔh	边
(四)不同的	yaɯʔ	tam	通知
	siti	tam kɤɯ	教育
	tɔŋ	phɯaK	插
	thiaŋ	toan	衣过大
	tap	Kɹauʔ	虫中
	ɔŋ	ʔgom	頭朝下

3、方言内部語法情况。

这個方言的阿瓦来土語和芒糯土語,語法結構没有多大的差別,和時希土語比較也是基本相同的,但有些差異,可以提出下列三点(以阿瓦来寨和時希寨的話作代表)

(一)阿瓦来的詞頭nɣ.sa,va在時希話裡一個也没有。如:

阿瓦来	時希	
nɣ sam	sɔm3	(夜晚)
sa vit	vait.vɔŋ,	(燕子)
ɣa meʔ		

(二)數詞和量詞結合次序　不盡相同,如阿瓦来"十三個"可以說kɔ loi kaiʔ(十 三 個)也可以說kɔ kaiʔ loi(十 個 三)而時希話只能說ku3 oɛ3 kɣʔ(十 三 個)。

(三)阿瓦来的語序一般是主語+謂語+宾語,如:

ɣʔ koi kɔ πa naɯ　我有十二歲
我 有 十 二 歲

在問話或答話時可以把動詞提前,如:

ot mɛʔ taɯʔ maɯʔ?　你在那兒。
在 你 那 裡

ot ɣʔ a vaʔ loi　我在阿瓦来。(地名)
在 我 阿 瓦 来

[illegible]方言

这個方言的卡瓦族自称[illegible]，漢族称他們為本人，主要分[illegible]在鎮康縣境内。

鎮康境内的佤族共[illegible]人，佔全縣人口總數的[illegible]%。大都與其他民族雜居沒有成片的聚居地區。

这個方言内部是否可再分土語，还有待於以後進一步調查。

下面列出这個方言的代表点——孟汞話的音位系統。

輔音音位表

發音方法＼發音部位			双唇	唇齿	舌尖中	舌尖後		舌根	喉
塞音	清	純	p		t			k	ʔ
		吐气	p'		t'			k'	
	濁	純	b		d			g	
塞擦音	清	純			(ts)	(tʂ)	tʃ		
		吐气			(ts')	(tʂ')	tʃ'		
	濁	純					dʒ		
鼻音	濁	純	m		n		ȵ	ŋ	
摩擦音	清	純		f	s	(ʂ)	ʃ		h
	濁			v	z	(ʐ)	ʒ		
边音					l				

註：表内標有（ ）的均係借詞音位。

元音音位20個

i i̱ e e̱ ɛ ɛ̱ a a̱

ɔ ɔ̱ o o̱ u u̱ ʌ ʌ̱

ɤ ɤ̱ ɯ ɯ̱

说明：

1. 舌根音在前元音 i、e、ɛ 前一律颚化；

~~ki —— kj(?)~~

ke —— kje（黄瓜）

gɛn —— gjɛn（呻吟）

2. e 后面带 k 韵尾时前面声母颚化。

lek —— ljek（铁）

tek —— tjek（推）

3. ɔ 带 t、n 韵尾时实际音读为 ɔa；ɛ 带 k、ŋ 韵尾时实际读音为 ɛa。如：

pɔan（尾?）

n[illegible]t（跟?）

pɛ[illegible]k（铜子）

lɛaŋ（根）

4. ɛu、ɔi 的实际读音为 ɛau、ɔai 如：

lɔai（三）

bɔai（牛）

pɛau（盐?）

mɛau（菩萨）

5. 和岩帅话 aɯ 对立的韵母 aɯ，在孟汞（?）本话中可自由变读为 ai 或 au。如：

岩帅	孟汞	
taɯʔ	tauʔ	taiʔ（菜）
saɯʔ	sauʔ	laiʔ（病）
laɯʔ	lauʔ	laiʔ（休息）
laɯʔ	lauʔ	laiʔ（坏）

6. 元音开头的音缀都带有喉塞音 ʔ。如：

ʔan（鞍）

ʔat（沙哑）

7. 借词音位：在孟汞话中，由于借汉词而引入了几个新的音位：

元音

单元音	ɿ　ʅ
复元音	ʌu

辅音

發音方法 發音部位	塞擦音		摩擦音	
	清		清	濁
	純	吐气	純	
舌尖中	ts	ts'		
舌尖後	tʂ	tʂ'	ʂ	ʐ

例詞：

辅音

ts　tsɛ˧ ʎjʌɯ（醬油）
ts'　ts'o˧（存儲）
tʂ　tʂaŋ˧˦（章）
tʂ'　tʂ'ʊŋ（冲）
ʂ　ʂʌ˦（賒）
ʐ　ʐʌ ɣwaɯo˦（热鬧）

元音

ɿ　pɛiŋ tsɿ（餅子）　p[illegible]ŋ（[illegible]）
ʅ　k'ai˦ ʂʅ（開始）　p[illegible]（[illegible]）

A. 單辅音

p　pɿ（筆）　p[illegible]ŋ（[illegible]）
p'　p'ɿ（人）　p'[illegible]（遠）
b　bɿ（富）　b[illegible]ŋ（希望）
t　k[illegible]ŋ a ta（大鷹）　t[illegible]ŋ（[illegible]）
t'　t'a（駛）　t'aŋ（[illegible]水）
d　da?（酸）　a daŋ（蚕）
k　kɔ（開始）　ɣ[illegible]ŋ ko?（等）
k'　k'ɔ（挑剔）　k'o?（[illegible]）
g　agɔ（[illegible]）　go?（穀子）
ʔ　ʔɔ（鍋）　o?（竹）
tʃ　tʃa（嫁）　tʃ[illegible]k（馬鹿）
tʃ'　ga a tʃ'[illegible]k（綠油油）
dʒ　dʒa（烟）　dʒak
m　ma?（母親的謙称）　maŋ ɛn（雞卦）
n　　ngŋ（姑娘）

ʰn	ʰna̠	(撒嬌)	ʰna̠k	(小)
ŋ	a ŋɔ̠ i̠ŋ	(馬蹄蜂)		
ɬ	ɬa̠t	(發)	ɬa̠ŋ	(扔掉)
v	va̠t	(袜)	va̠ŋ	(聋盲)
s	sa̠ʔ	(早晨)	sa̠ŋ	(象)
π	πa̠	(二)	πa̠ŋ	(岩石)
ʃ	ʃo	(年紀)	ʃa̠ŋ ɛ̠n	(小批雞)
ʒ	ʒa̠	(分别)	ɹok ʒa̠ŋ	(白鶴)
h	ha̠ʔ	(熱)	hi̠ŋ	(鈴)
ɹ	ɹa̠ʔ	(叶子)	ɹa̠ŋ	(長)

複輔音

pɹ	pɹi̠ʔ	(果子)	pɹɔ̠k	(搓)
p'ɹ	p'ɹaʔ	(咳嗽)	p'ɹa̠ŋ p'ɹa̠i̠h	(秋千)
bɹ	bɹe	(鐲)		
kɹ k'ɹ	kɹe̠	(口吃) k'ɹi̠u(邑)	kɹɛ̠n	(捲) k'ɹɛn (槍)
gɹ	gɹi̠p	(落)	gɹeh	(扮手)
pπ	pπe̠	(雪)	pπi̠m	(旧)
p'π	ma̠n p'πe	(绸缎)	ʒe̠n a p'πɛ̠m	(静悄悄)
bπ	bπaʔ	(偷)	bπoŋ	(馬)
kπ	tʌ̠ kπe̠	(屁股)	k'πa̠k	(紅)
k'π	k'πi̠	(金)	k'πɛ̠m	(焦糊)
gπ	k'πa̠k a gπi̠ŋ	(紅艷艷)	gπʌi̠k	(断)

B. 單元音

i	pi	(筆)	kit	(砍)
i̠	pi̠	(薰)	ki̠t	(阻攔)
e	pe	(回来)	ʃeʔ	(会)
e̠	pe̠	(瞬还)	ʃe̠ʔ	(一点兒)
ɛ	atɛn	(蜜蜂)	kɛt	(咬)
ɛ̠	tɛ̠n	(講)	kɛ̠t	(不会生育的雌性)
a	ba	(种子)	nam	(從)
a̠	ba̠	(天)	na̠m	(血)
ɔ	bɔ	(匪)	sɔk	(找)
ɔ̠	bɔ̠	(水井)	sɔ̠k	(椿)

o	do（草）	lok	（沸）
o̱	do̱（稠）	lo̱k	（穷）
u	tʻu（胃）	dun	（埜）
u̱	tʻu̱（筷子）	du̱n	（缓慢）
ʌ	baʔpʌŋgʌiʔ（蜈蚣）	ŋʌk	（仰抬）
ʌ̱	pʌ̱ŋ（埋）	tʌŋʌ̱k	（耳朵）
ɤ	lɤn（浓）	lɤ	（锯子）
ɤ̱	lɤ̱n（光滑）	lɤ̱	（剩）
ɯ	tʌ̱i bɯ（戒指）	pɯn	（楼）
ɯ̱	bɯ̱（火草）	pɯ̱n	（件）

C，韻母表

i	en	ɛk
i̱	e̱n	ɛ̱k
iʔ	eŋ	
i̱ʔ	e̱ŋ	
ih		a
i̱h		a̱
im	et	aʔ
i̱m	e̱t	a̱ʔ
in	ek	ah
i̱n	e̱k	a̱h
iŋ		am
i̱ŋ		a̱m
ip	ɛ	an
i̱p	ɛ̱	a̱n
it		an
i̱t		a̱n
ik	ɛh	aŋ
i̱k	ɛ̱h	a̱ŋ
	ɛm	ap
	ɛ̱m	a̱p
e	ɛn	at
e̱	ɛ̱n	a̱t

eʔ	ɛŋ	ak
e̱ʔ	ɛ̱ŋ	a̱k
en	ɛp	
e̱n	ɛ̱p	
em	ɛt	
	ɛ̱t	
ɔ	oŋ	ʌ
ɔ̱	o̱ŋ	ʌ̱
ɔʔ	op	ʌʔ
ɔ̱ʔ	o̱p	ʌ̱ʔ
ɔn	ot	ʌ̱m
ɔ̱n	o̱t	ʌn
ɔm	ok	ʌ̱n
ɔ̱m	o̱k	ʌŋ
ɔɲ		ʌ̱ŋ
ɔ̱ɲ		ʌp
ɔŋ	u	
ɔ̱ŋ	u̱	ʌk
ɔp	uʔ	ʌ̱k
ɔ̱p	u̱ʔ	
ɔt	un	
ɔ̱t		ɤ
ɔk	um	ɤ̱
ɔ̱k	u̱m	ɤʔ
	uɲ	ɤ̱ʔ
	u̱ɲ	ɤm
o	uŋ	ɤ̱m
o̱	u̱ŋ	ɤn
oʔ	up	ɤ̱n
o̱ʔ	u̱p	ɤŋ
on	ut	ɤ̱ŋ
o̱n	u̱t	
om	uk	

ɔ̱m
ɔn
ɔ̱n
ɤt
ɤ̱t
ɤk
ɤ̱k
ɯ
ɯ̱
ɯn
ɯ̱n
ɯŋ
ɯ̱ŋ
ɯt
ɯ̱t
ɯk
ɯ̱k

ai
a̱i
aiʔ
a̱iʔ
ain
a̱in
aiŋ
a̱iŋ
aik
a̱ik

oi
o̱i
oiʔ
o̱iʔ

ɯ̱k
au
a̱u
auʔ
a̱uʔ
aun
a̱un
ɛu
ɛ̱u
eu
e̱u
iu
i̱u

ɔi
ɔ̱i
ɔiʔ
ɔin
ɔ̱in
ɔiŋ
ɔ̱iŋ
ɔik
ɔ̱ik

ɤi
ɤin
ɤ̱in

oin
o̱in
oiŋ
oik
o̱ik
ui
u̱i
uin
uiŋ
uik

ʌi
ʌ̱i
ʌiʔ
ʌ̱iʔ
ʌ̱in
ʌiŋ
ʌ̱iŋ
ʌik
ʌ̱ik

iu

ɤi
ɤin
ɤ̱in
ɤiŋ
ɤ̱iŋ
ɤik
ɤik
ɯ̱i
ɯin
ɯik

ʌu
ʌ̱u

ɛi
ɛ̱i
ɛiŋ
ɛ̱iŋ
e̱i
iiŋ
i̱iŋ

5 原有文字情况

卡瓦族本来没有文字。三十年前，美國傳教士永文森（vincent）為了通过傳教而進行其他活動，拟制了一套以拉丁字母為基礎的卡瓦文。1938年用这种文字出版了聖经新約全書。后来，又出版了一本经文蒿略，一本讚美詩和一本識字課本。这幾种書發行的数目很少。以新約来說，在瀾滄拉祜族自治区的大平樹寨300多个教徒中，只有10本，其他的書籍就更少了。

这种文字只是使用在信教的村寨，即瀾滄拉祜族自治区的上允区、文東区、糯福区，滄源縣的岩帥区、永河区、孟角区、孟省区，双江縣和孟連傣族拉祜族卡瓦族自治縣的部份村寨，以及中緬南段未定界的猛茅（新地方）一帶，接近傣族，瀾滄縣班洪区，西盟自治縣（籌委会）的阿佛来寨等，鎮康縣的部份卡瓦族多借用隣近的傣文（傣仂、傣納、傣绷三种）。但并不是用傣文寫自己的語言，所寫的还是傣語。

会这种文字的人目前尚無正確統計。由於这种文字只在信教的村寨中通用，所以從信教的材料中可以了解到一些情况。

滄源縣人口總数 80,000人
信教的 13,292人
任教職的 111人
教堂 74个
（其中岩帥区信教的5,925人，任教職的48人，教堂27个）

瀾滄拉祜族自治区人口總数 230,000人（卡瓦24,964人）
信教的 5,000人
任教職的 11人
教堂 11个

其他地方信教的約有二千人左右。從以上情况看来，信基督教的人数，佔卡瓦族總人口10%，估計会文字（包括只会字母的，略知拼音的）約有1000人左右，佔教徒總数的4.3%。

根据出版的宗教書籍分析，原有文字是以通用的25个拉丁字母拼寫的。

輔音（約26个）

字母：	p	hp	b	m	v	w	t	ht	d	n	l	r
國際音標：	[p]	[pʻ]	[b]	[m]	[v]	[w]	[t]	[tʻ]	[d]	[n]	[l]	[ɹ]
字母：	c	ch	j	ny	s	sh	k	k'	g	ng	h	y

國際音標：[tɕ] [tɕʻ] [dʑ] [ȵ] [ʃ] [ʒ] [k] [kʻ] [g] [ŋ] [h] [j]
字母：z f
國際音標：[ʒ]．[f]

元音（约9个）

字母：i e eh a aw o u eu ui
國際音標：[i] [e] [E] [a] [ɔ] [o] [u] [ɤ] [ɯ]

樣品

Hkai hoit Kra'i Simeliaug Yesu Ceu in Ka Ki Yauhpo ti tui-i Naw haok ika Hpau meung Yaoma mdi. Keli ngaum plak tai hkaum dawm siyeh heaw. ——卡瓦文新约全書132頁。

（耶苏那样讲了以后就接他上天让他坐在上帝的左边。）

这套文字非常不完备，它存在着許多缺点：

(1)不能很好地代表这一語言的語音特点。据說这种文字主要是拼寫布饒方言的岩帥安康方音的，但是：

1.岩帥方音裡共有36个輔音音位，在文字上只表示了24个，还有12个送气的輔音，即b，d，g，m，n，ȵ，ŋ，v，r，l，dʑ，ʒ，在文字裡没有表示出来。因此：

bay（休息的地方） bay（敞开） ma（地） ma（叢片）
vaik（上弦） vaik（昏暗） da（晒） da（先）
nam（慢） nam（血） lai（書） lai（歪）
ray（岩） ray（牙） dʑak（烟截） dʑak（看）
ȵak（嘴里的髒物） ȵak（眼屎） ʒa（大青樹林） ʒa（生育）
tauŋa（山芋之一） ga（牛吼） tiŋa（廿） ŋa（閹牛）

这些詞在文字裡都寫成了baug[bay]，ma[ma]，vaik[vaik]------等。这种在实際語言裡有区别意義作用，而在文字上相混的音假約有200多個。

2.岩帥話的主要元音有九个，各分喉頭鬆緊，共有18个元音。在文字裡只有九个鬆元音。因此：

ii pi（忘記） pi（四孔芦管）
ee te（箭） te（性交）
EE tE（桃子） tE（甜）
aa ka（啃） ka（人名）

ɔ ɔ̱　pɔ（分别.）　pɔ̱（助）
o o̱　po（昏暗.）　po̱（面子）
ɯ ɯ̱　pɯ（厚）　pɯ̱（飛）
ɤ ɤ̱　mɤ（地方）　mɤ̱（專門）
ɯ ɯ̱　hɯ（油）　hɯ̱（耳環）：

这些字都寫成了：pi(pi̱)，te(te)，peh(pɛ)，ka(ka)，paw(pɔ)，po(po)，pu(pɯ)，mewy(mɤ)，hui(hɯ)。元音候頭分鬆緊在布饒方言裡佔很重要的地位，如果不把他区分開来，就会使30%左右的音綴相混。

3. p、t、k、m、n、ŋ、ʔ、h八個韻尾只表示了六個，ʔ和h在文字上没有，这样使帶ʔ、h韻尾的詞和不帶韻尾的詞混雜起来。如：
tɛ̱（甜）、tɛ̱ʔ（土）、tɛ̱h（減少），都寫成了teh（tɛ）。

4. 岩帥語共有27個複元音。即：
ie、iɛ、iɛ̱、ia、ia̱、iɯ、iɯ̱、ai、ai̱、au、au̱、aɯ、aɯ̱、ɔi、ɔi̱、
oi、oi̱、ui、ui̱、ua、ua̱、ɤi、ɤi̱、ɯi、ɯi̱、iau、iau̱。

这些複元音在文字裡有的没有（如iɯ iɯ̱），有的混在一起，如：
ai、ai̱、au、au̱、aɯ、aɯ̱、----鬆緊对立的複元音在文字上都寫成了ai（ai̱）、ao（aɯ）、au（aɯ̱）、--------等。

（2）拼寫法式不够完善。

1. hp、ht、hk的拼寫形式把送气符号"h"擺在前面，这不但不合乎語音学原理，而且也不合乎这一語言的实際語音情况。

2. 用双字母的地方太多，比如在舊字母表裡共有九个元音，用双字母表示的就有四个。因此使得一些複元音只有藉助於附加符号表示。如：tui-i（tuɯi̱）（錘），ŋui-ik（ŋɯik）（蜂刺），maw-ey（mɔi̱）（口腔）。这樣給拼寫教学、書寫帶来了很多麻煩。

3. 文字未定型化。雖然这种文字已出現了幾十年，但是到現在还没有定型化，寫的人可以按照自己的方音任意拼寫，可以臨時拼湊，由於没有規定標準音点，因此就没有嚴格的正字法和正音法。如：
blɛ̱（鐲子）老百姓既可寫成ble，也可寫成blai。在連寫方面也是没有規則的。同样是一個詞頭，有的地方連寫，有的地方分寫，如Singai（今天）連寫，而Si mui-ik（一枝）却分寫。

这种卡瓦文從創立到現在，一直没有成為廣大人民的交際工具，除了少数信教的人用它来記宗教上的人名、地名外，对廣大的卡瓦族

人民来说，几乎没有什麽関係，就连滄源縣永河区的一位牧師也覺察到这种文字不能很好地代表自己的語言。他說文字上只有b，m，n，——————而没有b' m' n'——————因此baŋ休息處，b'aŋ光，ma地，m'a蔑片，就相混成為baŋ，ma，所以它是不完备的。

很可理解■帝國主義傳教士給卡瓦族扒制的这套文字，不是為了提高卡瓦族人民的文化■，只是為了追求傳播基督教和其他目的，加上这种人又没有具備專門的語言学知識（大概也没有做过什麽方言調查研究）更談不上什麽考虑这一民族和語言的發展前途，这种人任意地扒制一些符号来拼寫卡瓦語，所扒制的"文字"除了文字符号以外其他就什麽也没有了。■这种文字當然会有很多缺点，因之也就不能為廣大的卡瓦族人民服務。

語言文字是人們交流思想的工具，也是社会斗争和社会發展的工具。如果某种文字不能满足社會的要求，那末，这种文字就需要澈底改革（或重新扒制）卡瓦文就是这样的文字。

在社会主義建設高潮中，卡瓦族如果没有一套完善的文字来作為人們提高文化的有力工具，要他們很快地赶上其他先進民族，是比較困難的。一個民族是不可能帶着很多文盲進入社会主義社会的。周恩来總理在第八次黨代表大会上曾提出了民族語文問題必須实現的任務，他說："对那些还没有文字或者文字尚不完善的少数民族應該積極地幫助他們創制和改革自己民族的文字"。

解放这几年来卡瓦族在党和人民政府的領導下，政治和经濟方面得到很大的發展，但是由於卡瓦族没有自己完善的文字，在工作進程中遇到了不少的困難，首先是農業生產合作社找不到懂文字的辦事人員，只有使用比較原始的幫助記憶的辦法。这种困難还表現在民族教育方面，在民族小学和夜校的各門功課，就只好使用漢文課本来進行教学，小学生入学就学習和自己語言脫离的繁難的漢文，進度是非常緩慢的，所以我們應該儘快地把新的卡瓦文創制出来，為提高卡瓦族廣大人民的文化，為早日走進社會主義服務。

6 基礎方言和標準音問題

一、基礎方言　經过調查研究,我們建議以布饒方言為卡瓦文的基礎方言。其理由如下:

1.方言普遍性大。說这一方言的有十二萬人,佔総人口60%强,是卡瓦語四個方言中人口最多的一個,分布的地域也相當廣,國外有部份卡瓦語也屬於這方言,

2.政治經濟文化較發達。布饒方言区是卡瓦山最早解放的,解放前,該区大部份部落是卡瓦山地区較有勢力的。解放後在党和政府的領導下,進行了各种社会改革,大部份村寨已先後建立了鄉政府。在各級政府機関裡都有卡瓦族代表。估計將来卡瓦族自治州首府也設在該区的孟肯。幾年来,該區在党和人民政府的領導下,大力發展生產,改進生產技術,開了很多水田和水溝,人民的生活不斷得到改善。卡瓦山地区幾個最大市集都分布在这一地区,經商的人也比其他的区多。

他們由於接近漢族,傣族,接受先進文化的影响較多,因此,文化水平也較高。解放後,單这個方言区的滄源縣先後建立了十三所小学,佔卡瓦族全部小学数80%。学生約有1,100多人,佔卡瓦族全部小学生数90%。由於歷来文化較高,所以現在參加政府工作學習的卡瓦族幹部也以这個方言区的為最多。

從以上情況来看,卡瓦文以布饒方言為基礎方言是恰當的。

二、標準音點問題　我們建議以岩帥語音作卡瓦文的標準音。理由如下:

1.岩帥是政治經濟文化較發達的地方。岩帥区東界下允,西近滄源,南達木叓,北到双江。該区有十六個鄉,四十二個寨子,共4,342戶,21,680人。(其中卡瓦3,794戶,18,590人;拉祜377戶,1,964人;漢族76戶,326人。)岩帥是这区最大的寨子,有315戶,1,380人,其中卡瓦282戶,1,239人,其餘是漢族和拉祜族。

解放前該寨政治勢力較大,在卡瓦山地区較有威望。解放初期滄源縣政府曾設在这裡,現是区人民政府所在地。該寨頭人大多參加政府工作,任縣長,科長,区長等職務。寨内已先後建立了民兵隊,婦女会,青年團,少先隊等群衆性組織。

经濟上,在解放前雖然不亞於卡瓦族的中心地区,但生產力仍很落後。解放後,縣人民政府大力提倡修水溝,開水田,並發放農貸,農具,生產已有很大的發展。这個区各寨大多成立了互助組,合作社。該区的貿南已

全部建立了高級農業生產合作社。岩帥本寨也成立了这样的合作社。

岩帥市集為卡瓦山最大的市集。每次趕集人數，一般在七、八百人左右。街上有貿易公司、供銷合作社和人民銀行。趕集的人來自該縣的各区和双江、耿馬、滄源等縣的卡瓦族。这样就有可能使岩帥話傳播得更廣。

文教方面，該区在解放前也跟别的地方一样，非常落後，除了個別人曾到外地受过教育外，一般都沒有受过教育，很少有人認得漢文，解放後，全区已有三所小学，学生達441人。岩帥小学有学生143人。学生來源除了本寨外还有該区的部份寨子的兒童。此外岩帥夜校上学人數已達180人。岩帥卡瓦族參加工作和進民族学院及地方各种訓練班的人數，佔卡瓦山各寨的第一位。

2、語音普遍性大。滄源縣是卡瓦族人口最多的一個縣，岩帥在这個縣的東北面，由於經濟文化比較發達，各区來往比較頻繁，因此，岩帥話通行廣，懂的人多，有些担任翻譯的工作幹部，也常以岩帥話作口頭翻譯。它不但在布饒方言区最有威望，即是其他方言区的人參加了工作或進一般学校和民族学院学習後，也往往願意学習岩帥話。國外部份地区的卡瓦族也能說能聽岩帥話。這樣就保証了使用一种文字的可能性。至於其他方言区的人民学習卡瓦文，只要訂出一些具體的辦法來補充照顧学習上的問題，一些小的困難也是不難解決的。

如果在文字推行过程中，别的方言区的卡瓦族学習这种文字还有很大困難的話，那時再另想辦法或另制一套文字。

拉祜语简况
1958年

拉祜语简况

拉祜语是汉藏语系藏缅语族彝语支的一种语言。拉祜语具有彝语支语言的诸特点，如：（1）清浊声母对立无辅音韵尾；（2）复元音很少；（3）量词丰富；（4）词以单音节的词根为主；（5）用声调区分词义；（6）虚词和语序在语法表达手段中占重要的地位。

拉祜语内部分拉祜纳和拉祜西两种主要方言。拉祜族总人口约18万，拉祜纳约15万人，主要分布在澜沧、孟连、西盟、双江、耿马诸县；拉祜西约3万人，主要分布在景谷、勐遮及澜沧境内的南段、南岭、丫口、计六等区。两种方言的语法结构基本一致，语音的结构和音位系统也类似；差别较大的是词汇，基本词汇虽然大体相同，但是词汇方面的差别还是比较显著。这是由于近几个世纪以来，居住地区不同，分别与邻近其他民族在政治、经济和文化上互相影响而体现在语音方面的差异。例如解放前澜沧、糯福一带的拉祜纳多借傣词，南岭、丫口等区的拉祜西则多借汉词。

拉祜语在使用上除澜沧、西盟、孟连等处多用本语外，思茅、景谷、普洱、镇沅以及澜沧的南岭、许尔、大山等区的拉祜族都会讲汉语，使用二重语的情况相当普遍，甚至有些地区已失掉自己的语言改以汉语作日常交际工具。

拉祜族在历史上与汉、傣交错而居，各族劳动人民在长期的阶级斗争和生产斗争过程中结成了亲密的兄弟关系，反映在拉祜语言事实上非常明显——借汉词、傣词丰富了拉祜语的音节结构形式，增加了复合元音，借词的范围无所不包。解放后，拉祜语随着社会主义建设飞跃发展的总趋势大批吸收汉词丰富自己。

日常生活中，群众广泛使用着“共产党”“毛主席”“解放军”等词。通过历次运动自然地增加了很多新词，如镇反后吸收了“造谣”“破坏”，通过土改吸收了“阶级”“中农”“地主”“贫农”“斗争”，通过互助合作吸收了“互助组”“合作社”“会计”“工分”“公粮”“余粮”。通过1958年大跃进对词汇的丰富更为突出，如“总路线”“协作”“大跃进”“政治挂帅”“苦战”“突击”“红旗”“卫星”“人民公社”“质量”“保守”“克服”……还借用了日常生活用语中的“还是”“就是”“就是说”“东风压倒西风”……这些新词术语和新短语的出现表明民族语言间的共同成分在随着祖国社会主义飞跃发展不断地增长着。

拉祜族原无文字，在20世纪初，披着宗教外衣的帝国主义分子在拉祜族地区搞了一套以拉丁字母为基础的拼音文字，共分36个辅音、14个元音、7个声调，系统纷繁。虽已50余年，但包括教徒在内识字的人还不到总人口的0.5%。

解放后，在党的民族政策的光辉照耀下，党和政府依据拉祜族人民的需要，先后派语文工作人员对拉祜语和原有文字进行了调查研究。从1955年起，中国科学院语言研究所和云南省民委会又共同组织拉祜语调查小组进一步开展调查研究工作。在深入调查研究的基础上，通过1955年云南省民族语文工作会议、1955年第一次少数民族语文工作科学讨论会及1957年云南省少数民族语文科学讨论会等一系列的酝酿讨论，根据国务院关于少数民族文字方案中设计字母的几项原则精神，根据我国民族共同发展的需要，在党的亲切关怀和苏联专家无私的援助下，在两条道路斗争胜利的基础上，语文工作者与拉祜族代表本着“慎重稳进、由民族自愿自选”的方针，确定了基础方言与标准音，并在原有文字的基础上进行了文字改革。

通过1957、1958两年在云南民院拉祜语班、澜沧拉祜族自治县内开办的训练班试验推行，以及大跃进中全面铺开扫盲的实践，证明新方案确实比旧文字有许多优越性，拉祜族对它是满意的，像木戛区农民扎阿说：“党和毛主席关心我们搞生产，又使我们有自己的文字读书，老师也派到房子里来，我们一定要努力学好，才能更好地参加祖国社会主义建设……”像这样的反应是普遍的，从而也说明了新文字方案目前的确能为拉祜族人民社会主义文化革命和技术革命服务。

云南水族语言

云南"水"族语言

"水"语声母比佈依语有几个显著的特点。

① 水语清辅音相对立的浊辅音只有 b. d. 佈依语中有浊辅音.

② 声母中没有送气音，佈依语中有 ph、th、kh 清送气塞音和（个别借汉语）; tsh 清塞擦音. 但送气辅音出现的不普遍.

③ S. Z 和 θ 等完全对立的音位. 而 θ 等音发音部位在上下齿之间，此外发音时舌尖部位和 S. Z 的一致

相同点 佈依语中也有 θ 和 S 对立的地方 S 和 Z 都要发齿龈音. 这些音是舌尖到上下齿之间发的音.

④ 有一些喉塞音. ʔm. ʔt. ʔn. ʔl. ʔ

佈依语中有 ʔb. ʔd. ʔdʑ. ʔj. ʔv. 这些喉塞音还可以出现在任何元音的前面.

"水"语中有几个以喉塞音结尾的韵母如 eʔ. aʔ. oʔ. uʔ. əʔ. ieʔ. eəʔ

除了音节末尾的 p.t.k (以及ʔ) 发音上有一些特点 ...

[illegible]

摘自布依语调查报告：

布依族自称 $pu^4ʔjoi^4$（因语音变化有 $pu^4ʔjai^4$、pu^4ji^4、pu^4jai^3 等的读音）汉译为"土家"、"水户"、"本地"等。汉文献上记载上称作"仲家"。

除住在贵州黔南和僮族地区接近的住地，历史渊源也比较早，各方面都有密切的关系。广西西北部约有一百多十万僮族，自称也是 $pu^4ʔjoi^4$ 或 $pu^4ʔjai^3$，语言很相近。

布依语属于汉藏语系僮侗语族，僮傣语支。布依语除了和僮语有密切的关系外，和傣语也比较相近。侗语、水语、黎语也和布依语有着较密切的关系。

语音：

七的声母很显著，ʔ是喉塞的塞音，它可以出现在任何元音的前面。

除于鼻音声母以外 p、t、k（或ʔ）声母都有一个特点，就是不送气，或说是浊塞、不清楚。

ʔb．ʔd．ʔdʑ．ʔj．ʔv．叫喉塞音。

布依语中的送气辅音都是清辅音，除此以外都不读送气，送气辅音在汉语借词中出现。

长短元音的对立不是普遍存在，单元音时只有在长元音与短元音区别

a 是长元音。

复合元音：主要元音能与其它元音结合的元音有 i. u. ɯ. e. ə 五个。

单元音与韵尾的结合：元音 i. u. ɯ 能与各种韵尾结合，元音 e ə 能与鼻音

m. n. ŋ p t k 和 ŋ 的韵尾结合。

元音的"复化"

这些和相邻的地区的语言中元音 e、o 与韵尾结合时，变为复

合元音，如 e 变为 ia，o 变为 ua

傣语语法的语序结构。

1. 主+动+宾

2. 数+量+名

3. 名+形

侗傣语族的语言，有许多语言，在辅音前面有一个喉塞

音[ʔ]。如：景洪傣语：[ʔba]肩，[ʔda]骂，[ʔma]

揹，[ʔnaŋ]响，[ʔjaŋ]松散的

荔波水语：[ʔba]蝴蝶，[ʔdi]听，[ʔma]软，

[ʔna]脸，[ʔŋam]晚上，[ʔɣa]田，[ʔja]布。

[ʔwai] 乘船，[ʔdjai] 浅，[ʔnja] 小河，[ʔŋwa] 停船

现代的民族，四个特征具有这个共同体的一切成员之间都能了解的共同语言。民族的语言总是在有关的部族语言的基础上发展起来的。

布依语词汇

bun¹ 天、zum² 风　tɕau³ 头

布依语分为三个土语，第一土语区包括望谟、册亨、安龙、贞丰、兴义、罗甸、独山、荔波、三都、都匀、平塘、长顺、惠水、紫云、关岭的一部分，说这个土语的人口约五十万余。

广西的僮族——648万人，分几个支系。

①佈傣——广西南僮的一支系 ②布雅依（即沙人）——广西北僮的一支系，是贵州已经名为布依族，主要分佈在文山、砚山、邱北和曲靖专区 ③佈侬（土族）主要分佈在文山、广南 ④佈岱（土僚）分佈在个旧以南 ⑤佈依（土僚）分佈在金平、元阳两县……

此外分佈于罗平、禄劝等10县的佈依（仲家）是即上述佈雅依（沙人）一支的另一名称

贵州的布依族——125万人

据我国的史料记载，贵州省的布依族，原是从广西迁来的，经过长期的各自发展，便形成两个不同的民族

贵州侗族——70万人

分佈在贵州、湖南、广西三省区接壤地区。据考：侗族是古代越族的一个支系

侗族人除种植水稻外，还兼营林业。历史上侗族的文化是比较发达的，在建筑方面有结构复杂的桥梁、鼓楼，以及独特风格的戏剧和音乐。

僮语

南部方言语音上有一套送气清塞声母，北部方言没有。

僮语音韵的特点：①韵母数丰富，一般有七八十个韵，有a.e.i.o.u.ɯ等六个元音韵母，以及由他们后边带有i，u，ɯ，b，d，g，m，n，ŋ等辅音所构成的结合韵母，有少数地方还有ε、ɔ两个元音。②有以p，t，k，m，n，ŋ等辅音和i，u，ɯ等元音收声的韵母 ③以p，t，k收声的韵母的主要元音有长短对立的区别。

④声母比韵母少，一般只有十几个，有一套带喉塞的浊声母，有一套带腭化的声母，还有一套唇化辅声母，有八个声调

僮语语法：主语＋谓语＋宾语＋补语。

名词的修饰语都放在名词的后边。

形容词和动词的修饰语一般都放在后边

僮语词汇中以汉借词为数丰富。

僮语和布依语比较

北部方言分为五个土语，其中西北部的三个土语属于布依语方言，这是由于地理上的接近。沙语和僮语的北部方言很接近，同时也和布依语很接近，说沙语的人自称 pu⁴ʔjai⁴。侬语和僮语的南部方言很接近，说侬语的人自称 pu⁴noŋ²。

僮语和布依语比较

语法上：布依语和僮语的主要语法结构是相同的，布依语内部各地相同的八条语法现象和僮语语法比较，除第八条外，全部相同

词汇上：拿布依语内部各地相同的310个词和僮语标准语比较，93.1%是相同的

语音上：两种语有比较整齐的对应规律

长元音a，以及韵尾的长短也同样保持（读喉塞音）

布依语内没有ɬ，ɕ，h三个声母，但僮语借词内是有的

ʔb，ʔd；ʔv，ʔj两个合并到了ʔ、v中去了。

几个声母发音的描写

v 在不同元音中前后有两个读法 （都位语中）

在 a, ɯ, i, e 前面是齿唇摩擦音 v;

在 u, o 前面是双唇摩擦音 w, 发 w 时舌根抬得比一般的 w 要低、所以发出来的音没有 ɣ 的成分。

ts, s, z 三个音读时舌尖平展、抵触上齿背 要比较音近似 tθ, θ, ð；在 i 前面的 ts, s, z 都有轻微的颚化。

tɕ, ɲ, ɕ, ʑ 和 ts, s, z 都可以和元音 i 相拼。

韵母

a, ɯ, i, u, o 各分长短，e 是一个长元音。

长元音可以在音节中带各种的韵尾，短元音则须在音节中带各种的韵尾。

在中国古代西南有"白僰"之称呼，是以个别部落的名称代替他们的"白蛮"居住着一种民族，汉朝以后把它称为"濮"或"僚"，云南的傣族也就由这一族系中发展演变而来的。

唐代曾把傣族叫"金齿"，当时傣族的前身，把楚雄、滇南的"濮僚"称为"乌武僚"，也称"斑尼僚"，宋代以后把"濮"和"僚"称为"蛮僚"或"土人"，"乌僚""土人"就是傣族。蒙元朝则称为"僚族"或"僚子"，明代则通统称为"僚人"，主要分布在广西以下，贵州南部及云南之东南部。

僚族中以农业生产之大姓，他们以僚为自己的族名。

沙族和侬族是一个历史发展的分支，宋代曾有"[illegible]"二字，即现在的"仲家""布雅依"，主要集中在广南。

唐宋时，傣族居云南之南部的被称为"金齿""黑齿"；傣族又称为"白衣"；傣族分布到越南北部的称为"僚"，这就是唐宋时已形成的支系了。

僮族

僮族人民，喜楼居，上人，下畜（名之曰干栏），亦有平房，瓦屋顶罕见。

僮族人一般不喜食牛肉，

服饰：穿短衣长裙，紫衣裤，衣裤布都滚边

僮人结婚要送彩礼时，和送嫁妆时。

妇女劳动力是主要劳动力。

婚姻，以姑舅婚为主，父母包办，婚后妇女不落夫家贵州水族情况：

水族大都依山傍水居住，且同族同姓聚居，一寨之内很少有異姓的。全省共有十三万多人，聚居在黔南布依族苗族自治州的荔波、三都两县；独山、都匀及黔东南苗族侗族自治州的榕江、从江、丹寨

水族自称："布水"、"努水"、"睢水" 有13万人

水族有过一种象形文字，她们自己的历法，以阴历9月为正月.

水族人民从事农业劳动生产 种植稻谷、玉米，还种植甘蔗、

桐油、蓝靛等经济作物

刀耕火种、以合作用牛犁田

水族人民的手工业相当发达，铁、木、石、竹、以及纺织手工业.

总调

共同心理素质，一经形成，它就会反映在民族文化的特点上，即反映在该民族人民的文学、艺术、音乐、建筑、雕刻、陶瓷等等的特点上。

社会主义文化在苏联的各民族、国家中的发展，如果每个民族都能采用本民族的民族形式，那就可以整体地为社会主义文化的共同内容服务，只有这样，才可能进一步地发展它的民族形式，相应地吸取各民族文化中既有的有益的和世界的东西。

云南省师宗县罗平九龙人民公社以洪大队水族民族识别语言调查报告

调查地点：九龙人民公社以洪大队三排

调查人员：杨文虎

调查时间：1958年11—12月

云南省师宗县罗平九龙人民公社以洪大队水族民族识别语言调查报告

雲南省

師宗縣罗平九龙人民公社以洪大隊「水」族民族

識別語言調查报告

調查地点：

九龙人民公社以洪大隊三排

調查人員：

楊　文　虎

調查時间：

1958年11—12月

目　録

关于水族民族識别的语言調查报告.

一、一般情况：

今年十月初領导交下了去对云南罗平一带称"水户"的民族识别的任务.由于其他工作须要我们直到十一月底才到达了工作地点：师宗县罗平镇九龙人民公社洪以大队.(即原罗平县四区(牛子)以洪鄉).

根据領导指示調查只要求以達能識别该民族為目的.这样我就开始了調查工作.由于在语言及历史等方面这种民族的情况对调查者說来都不熟习因此在取得公社及大隊党委的同意后就先找本地本族年龄在七十歲以上的三位老年人：馬宪章 馬鳳章和劉发章进行了对该民族历史及移住情况的瞭解 但由于失续年久所获甚少以致不能說明和藉以解决重要问题。

随后就开始記音工作.发音合作人是一個不到卅歲的妇女 据说她是附近几個寨子的人的话和她们寨的话都能通懂 而且在年龄口齿及发音器官等都合符对一般发音合作人的要求 经当地群众介绍領导同意后我就選定了这個名叫田秀英的作为发音对象。

通过同大队议事作了工作会报后研究决定每天早飯即九時以前和晚飯即五点以后(一般七時半开始)是工作時间 九時(上午)到下午五時这段時间是劳动生产時间但由于生

產也。在十余天的工作中有50%还要多的時间連早上也参加了生產，總共工作時间大約不到50小時。

二、关于被調查对象民族的~~一般情况~~：概况：

1. 关于民族名称：

調查交待任务時說的這种民族称"水户"，但该地没有這樣叫的，一般是叫"水族"或"沙族"，也有叫"佈衣族"的，称呼各各不一。但根据一般情况說明"水户""水族"和"沙族"都是一個東西，亦可能他们都是"佈衣族"，因为也有少部分人這樣称，一些人又不同意，还須從各方面進一步研究证实。

水族的民族自称曰 pu˩ ʔe˧，他们称夷族曰：pu˩ le˧，称汉族曰 pu˩ ha˧，称苗族曰 pu˩ mio˩，汉族称他们为"仲家"或"仲家子"，据说是骂人的叫法。

2. 关于历史来源的一些传说：

我訪问了三個老人关于水族的家譜的说法都是一致的，都说家谱是南京籍柳树湾滑石板，也有说南京籍竹子巷柳树湾滑石板，另外的就是到云南的陆良又过孔家屯金鸡山、以后、岩瓮、以后黄華地居住。

相传水族是跟老吴王来雲南的，老吴王来雲南平蛮有些他手下當兵的，老吴王回去時說：要求我们回去的头向上睡，不去的头向下睡，结果头向下睡的睡着了，头向下睡的就同吴王回去，没去的就留了下来。（吴王亦为水族）

传说水族与苗族僰族不同，它不居高山而居近湖地，水边河湖边，因而名水族。后来汉族中的统治阶级歧视，加反犬旁喊水族为水仲家，故有些人又自称为沙族，但仍未离开水，因沙子也是在有水的地方才有。

三、关于语音现象的几点说明。

（一）声母：

1. 一般情况：

根据调查的504个词汇（其中根据僰语调查大纲选1—334又选335—1000中总挑170个共计504个）中来谈，本地水族语音在声母上没有整套出现的情况。一般表现以下特点：

① 除b. d外没有别的与清辅音相对的浊辅音。

② 有一个明显的卷舌声母ʂ. 其他没特别显著的卷舌声音，只是n这个音听起来似卷非卷很难判断是最好记成n。但仔细听了以后是与一般的特别是僰语中的n并不一致后又更为n.

③ 除借汉词汇外在504个词汇中没有出现一个词或一个音节是声母送气的，故整个声母中没有一个是送气的。

④ 除m n是鼻化声母外没有一个前附鼻音的声母。

2. 关於几個特殊声母的说明。

① 关於θ和ð。

s. z 和 θ ð 是两個完全对立的音位。发θ ð時舌尖被錯在上下齿之间发出，此外其他发音時和发s z時一致，故作θ ð。

② 关於 ʔm ʔt ʔl ʔn ʔʑ。

以上一组音只在504个词近十個音节中出现的次数并不多，但它和m n l t ʑ都有显著的不同。在发这套音時前面都帶有喉塞音ʔ，故作ʔm ʔt ʔl ʔn ʔʑ。

根据以上情况看来水族的声母是较为複杂的，甚至有几個在本上看是比較奇特的，加以調查者水平很低，工作经验少，故音位暫不能統归併，也许作一個存在問題以待更多和同志们商量討論会导后再作最后决定再归併不迟。

（三洞声母表於后：）

p	b	m	ʔm	v		
t	ʔt	d	n	ʔn	l	ʔl
			s	ʂ	θ	z ð
tɕ	ȵ	ɕ	ʑ	ʔʑ		
k	ŋ	x	ɣ	h	ʔ	o

还要说明一点：？ ○ 这两個音也有差别，即○只出现在韵母 an ~~ang~~ aŋ 的前面，而汉语拼音方案中的 an (安) ~~ang~~ aŋ (昂) 究竟差别如何？却有极明显的时候，古音与○完全不同。

(二) 韵母：

1. 一般情况：

一般说来罗平水族的韵母是比声母更为复杂些，它有很多独特的特点，即个数特别多。和声母的情况一样，韵母也没有进行音位的归併工作，有待研究。在韵母中甚至夹有汉语或汉语某些方言的特点。

韵母一般表现以下特点：

① 音数多：据未归併之前共出现韵母50個。

② 复音韵母多：在50個韵母中除16個音单韵母外，其他的34個都是双韵母、三韵母或四韵母。

③ 有唯一的鼻韵母 n 它在发音特点上和普通话中的 n 完全一致。

④ iɔ 和 ɔ 本是两個不同的音，作 iɔ 出现只二次，频率少，其中除一个借汉语 miɔ˩ (苗)(猫) 外，仅有一个 ~~Siɔ~~ θiɔ˩ (火柴)。

2. 关于几個伴喉塞韵尾的韵母。

记音中常出现了几个伴喉塞韵尾的韵母 eʔ aʔ oʔ uʔ əʔ ieʔ enʔ 它们和 e a o u ə ie en 一般的发音完全不同。

发音短促是由于喉塞阻终结，但又不是短调，该语言中根本没有短调。其特点是除u?是一样双唇之音出现外，其他都是?样随在根元音或介音和元音组成的复元音出现。

另外还有两个既有?收尾和m同时收尾的复韵母 $a^{?m}$ $ua^{?m}$，对于有?收尾的特点和上述完全一致，只是最后多了个双唇闭塞罢了。

3. 关于几个以双唇音m收尾的韵母：

记音中出现用m收尾的韵母：a^{m} e^{m} ie^{m} $iɯ^{m}$ an^{m} ua^{m} $ɯ^{m}$ uan^{m} $a^{?m}$ $ua^{?m}$。尽管它们有的出现次数很少，但和不带m收尾时的这些韵母有极明显的差别，而和汉语广东话中的情况极为相像，特别是他们（比较）韵发同时的 sa^{m}˧（三）和 $ʂɯ^{m}$˩（十）更为一样。总之它们的发音特点是毫无差别地发了a、e、ie、iɯ……其音后很快地把双唇合拢，故作 a^{m} e^{m} ie^{m} $iɯ^{m}$ an^{m}……。

4. 关于üe的问题

üe这个韵音也是比较特殊的，最初询问时由于记下来的只出现二四次，如：tüe˩（猜谜）hüe˧（谷子）等，经过仔细的听才发觉它和汉语拼音方案中的üe很相像，因一时找不出别的符号，就借用了拼音方案的üe记下来。

5. 关于复韵母：

① 双复韵母：

双复韵母共有15個（未归併进7個）：ia io ie ie? iu iu ei en en? ai an ue ua uo iie. 其中 ie ie? 和 tɕ tɕʰ ɕ ʑ 结合時实际音为 e e? 其次在双复韵母中有 io ia iu en an …… 等和汉语拼音方案中的几乎全部一致. io 相当于 iao, iu 相当于 iou.

② 三复韵母：

三复韵母共有7個：ian ang (an) eng (en) ong (on) uei uen uan (ian uan)

在这七個三复韵母中~~实际~~在发音上完全和拼音方案中的 ian ang eng ong uei(ui) uen(un) uan (iang uang) 一致. 可能按口語音标的音来对照有记错之处 这是因为音数复杂 对音标熟习不够 故记得多似拼音方案.

~~③ 四复韵母：~~

~~四复韵母共有2個 iang uang 情况和三复韵母一致就不多谈了.~~

总之由于罗平水族语言在韵母上是比较复杂的 更加以记音的水平有限 对该族的语言又不熟习 所以处理这些音時碰到实际上很多困难 尽管大胆地处理了 难免不当之处会有 有待读者研究依靠群众解决.

现将50個韵母例列后.

i ɪ e eʔ e^m n

a aʔ a^m aʔ^m ɒ ə əʔ

o oʔ ʊ u uʔ ɯ ɯ^m

ie ieʔ ie^m ia iɒ in iɯ iɯ^m ian ~~iang~~ [ian]

ai an an^m ~~ang~~ [aŋ]

ei en enʔ ~~eng~~ [eŋ]

oŋ

ua ua^m uaʔ^m ue uo uei uen uan uan^m ~~uang~~ [uaŋ]

iie

（三） 声调：

罗平水族语言共有五个声调：

˥55 ˦44 ˥˩51 ˩˧13 ˨˩21

① 关于半高平调：

半高平调 ˦44，在听音时有些音节好像是 ˧33，但又和汉语中的 ˧33调不尽一致，大多数细心地听去是稍低于 ˥55调的 ˦44调，像 ˧33调的音多出现在双音节的第二个音节，故单音节（基本音节词）中没有发现，故可说完全不是真正的 ˧33调而是44调受前音节的影响而成，但又无辨义作用，故全记成 ˦44调

② 关于高降调：

高降调 ˥˩51调，多出现在多音节的后一个音节而

面的音节和单音节中也有作为韵尾的，另外没有其他类似的声调研究得很清楚。所以多出现在后一音节很像一个语调，似在前后音节和单音节中也有出现的。所以哪一个调值是说不来，有待深入研究。

四、对识别该调查民族的初步意见。

通过这次调查所了解到的材料对罗平水族的识别提出几点初步意见，供以后进一步研究作参考：

首先我认为有人怀疑水族是彝族中的一个支系或和彝族有一定关系的说法是没有根据的。因为不管是从上自己的语言或从该族的历史传说（虽然还很缺不全但还能说明一些问题）、节日以及生活习惯、宗教信仰、服饰特点等方面来看和彝族毫无共同之处。所以首先可以肯定水族不是彝族的什么支系。而且从语言及历史上看两族之间也没什么关系。水族是据传王吴来时才来的吴王也是水族，吴王们云南来平彝县，老百姓所传属实，恰合彝族史书"水西传"吴王剿水西相符，这样可能两族在历史上曾有过纠纷。不过这是据传说分析，还须要不少材料证明。

其次我谈谈既然水族不是彝族究竟是什么族呢？首先可以肯定罗平师宗一带的"水族""沙族"及一般叫的"水户"实际上都是水族，至于该族到底能不能是布依族这也有一定的根据，因为：①这些地方的水族有称自己是佈衣族的。②不少群众在户口登记和学生在校登记也有登佈衣族的。③一部分地方工作干部也同意这种说法。这些都是比较可靠的线索，也是进一步深入研究的有利条件。只是由于这种民族居住的地区不同而别称，在贵州或其他地区称佈衣族，而这次调查的这些地区则大部称水族或沙族。

由于这族人分佈的地区广（据群众说在云南贵州和广西都有，这是可靠）所以水族是否佈衣族的问题有待进行研究比较，提出结论交群众鉴定。其实上面所说的“可能”也是从群众中得来。

（附调查材料及音缀表各一份）

谷草	na˧44 veng˅51	背	noʔ˅
豪猪	te˩21 ɕian˩	饱	ʔie˩ mɿ˧
盖	ʔa˥55 va˧	语言	~~tanŋ~~ taŋ˅
跳	sɿʔ˧	衣服	~~konŋ~~ koŋ˦ pu˩
埋	haᵐ˧	叶(子)	~~laŋ˧~~ laŋ˧
巫师	pɔ˥ mo˧	天	~~hanŋ~~ haŋ˥ puʔ˩ ʔmen˧44
公(鸡)	pu˅	各了	ʂuo˩
捆(动)	kue˥ te˩	黄	ken˩ ~~lianŋ˅~~ liaŋ˅
价钱		不	mei˥
呕吐	~~zu˩~~ ʒu˩	毛	pen˧
剥(动)	paʔ13	老	~~manŋ˧~~ maŋ
肿	voʔ˩	地	la˥ ʒen˩
[illegible]	pu˩ tɔ˩	饿	ʐɿu˦
旗子	leʔ˧ kei˅	熟	ʂoʔ˩
[illegible]	~~anŋ~~ aŋ˥ te˩ ~~quanŋ~~ ȵuaŋ˧	鸟	te˩ ma˧ (后者)
鸭子	teʔ˩ pi˥	尾巴	te˩ zen˧
蹄(牛)	ʒeᵐ˩ ten˧	岩	
藕	~~panŋ~~ paŋ˧	乾	hɯ˦
山	pu˥ po˧	左	~~lianŋ˅~~ liaŋ˅
指(紫)	ʔə˧	分配	ha˥
躲、避		媒人	pɯ˥ sɯ˧

银子	ŋan˩	甜	tang˩
洗清	θa˥	搖（用盆搖水）	ʂɯ˩
使穿	tan˥ kong˥	扇扒（鸡脚上的小爪）	ŋei˥
猪	tɕ˩ mv˧	丢	ʔmin˥
买	ʂɯ˥	叔（叔二）	ʂang˩
搭	lan˥	埂子	kang˩ tɕie˥
花（兔麻）	lu˥ le˥	蕨菜	paʔ˥ kue˥
卖	kie˥	挖	ba˥
云	tɕa˥ vu˥	打	tɯm˩
春	tam˥	喝	ʂue˥
抱	ʔɯ˥ m˩	爬到（小孩）	ʐuen˩
千	zang˥ ʐan˥	腋	ŋang˥ nan˥
使唱	ken˩	味	mong˥ mon˥
马尾松	ve˥ tɕi˩	黑	mei˥
摩	na˥	红	lin˥
一	kei˩	痛	ʔɕɪ˥ ʔɕie˥
莫（実动）		浅（水深的浅）	laʔ˩
底	ti˩（下面）	豆	tɕ˩ pei˩
喙	tue˥	问	kə˥
挖动	pan˩；ʔtei˥	重	ŋa˥
爬（树）	pin˩	来	ma˥

去	pai˧	十	ʂɯ^m˩
来	vɯ˧ ?	人	te˩ vn˩˦
飞	te˧ ŋɯ˧	盐	ku˧
喊	te˧ ʂɯ˧	胖	pei˧
轻	bɒ˧	热	aŋŋ˧ ?
捲	ta^m˩	吃	kn˧
缝	~~z~~θei˧	辣子	te˩ mn˥
谈	me˧ lu˥	双数	kiɯ˩
晒	ta˧˥ ?	骑	kuei˩
裤子	ka?˩ ~~vaŋ˧˥~~ vaŋ˧˥	饭	ho˧
四	~~ʂei˧˥~~ θei˧˥	剩	lɯ˧
炒	~~zaŋ˧~~ zaŋ˧	花椒	hua˧ tɕɒ˥（借）
舊	kɒ˧˥	土匪	ku˩ za˩
赔偿	te^h˧˥（tiie˧˥）	土司	
骨节	ta˩ tu˩ ?	学（向别人学）	~~ʂuaŋ˧~~ θuaŋ˧
咳嗽	ʔai˧	桥	le˩ tɕiɯ˧
汗	tɒ˥ an^m˧	三	sa^m˧
麻	le˧	血	tɒ˧ luen˩
连接	ʂen˧	知道	zo˥ li˧
石块（跳砂相碰）	vɯ˩	像	la͡˥m˩
洗	ʂa˩	选择	tɕe^m˥

牵	ɕən˧	堆（量）	vɯ˩
树	koʔ˩ vai˧	落（雪）	tɒ˧
翅子	te˩ ~~ʑai˧~~ θai˧	满	ʑieᵐ˧
尿	nɯ˧	踢	~~ʑoŋ˧~~ → ʒoŋ˧
使用	tɯ˧	攒	lan˥
兜子	lɯ˩ se˧	懒惰	tɕi˧
揉		滑（路）	puʔ˩ ze˩
大麦	ʔa˥ ~~ʑoŋ˩~~ θoŋ˩	粗	
鹰	te˩ ~~ʑaᵐ˩~~ ʒaᵐ˩	饿	~~ʑa˧m˩~~ θa˧m˩
烫（火烫）	le˥	露水	~~ʑaᵐ˧ ʑe˩~~ ʒaᵐ˧ ʒe˩
门	pu˥ tɯ˧	称	suan˩˥（借）
扁	~~piaŋ˧~~ piaŋ˥	便宜	ken˧
宽	~~loŋ˩~~ loŋ˩?	拔	loʔ˧
白	xue˧	蝇子	te˩ ɕia˩
脸	pu˩ ŋa˧	条（量）	θan˧
蒜	ma˩ ve˧	辫（头尾辫）	tin˩˥
剁（肉）	te˧ ~~naŋ˩~~ naŋ˩	好	ʔle˧
拆（房）	lɔ˩	骆驼	ta˩ ma˧（汉借）
放（释放）	xe˧	甜	ŋa˩
跳	kie˧	峰	te˩ be˩
蜂	te˩ ten˩	谷子	heⁿ˧ （hüe˧）

車	tse˥ （借）	找	ʒa˥
螃蟹	ʔlɯ˧	神 8	ʔa˥ van˧
腐爛	ŋ̊ɒ˩	小麦	ʔa˥ ɕim˧
傻（8）	ɕi˩˧	辛苦	γuo˥
燒	pɒ˧	野鸡	ke˩˧ kan˩˧
生薑	ʑin˧	讓	γua˩˧
依樹	γua˥	闹	ʔlaŋ˩
牲畜	te˩ tu˧⁴⁴	提	va˩
稻	ʑɒ˧	滴（露水）	ʒo˩
筷 8	tɯ˩	漆（动）	ȵi˥m̩˩
腰	ʔa˥ γɯ˥	傳染	ku˩˧
酒	lɯ˧	黑	ŋ̊o˩ ŋ̊ei˩˧
樓 8	li˥m̩˩	前	pe˩ ŋ̊a˧
鎖（名）	te˩ lon˥	狗	te˩ ʔe˧
相信	ȵi˧	妻	ʑa˩
遺失	tɯ˩ ɕie˧	聲音	ʑin˧ （借）
多	le˧	穴	ʒo˥
猴 8	te˩ lin˩	糊（泥 8）	tɕi˩˧
章	ȵa˧	弓	kon˥ （借）
炎	ʑian˥	冷（天气）	ŋ̊eʔ˧
長	ʑe˥	街 8	ŋ̊e˧ xɯ˧

筋	nian˨˩	痒	hu˥m˩
麻	n̥e˩ ~~tann~~˩ (tan˩)	鸡	te˩ kai˩
溶化(自动)	ʂu˩	亮	kuanᵐ˥
铜	~~lonn~~˩ (loŋ˩)	秤	te˩ ~~ʂann~~˥ (ʂaŋ˥)
皮子	~~nang~~˥ (naŋ˥)	烧	~~z~~en˥ (ɣen˥)
凸	pu˥ ~~ann~~˩ (aŋ˩)	花(动词)	~~ʂiao~~˩ ~~ʂio~~˩ (θio˩)
指缝	n̥o˥	九	kim˥
二	n̥ei˩	会(会做)	ku˩
踩	men˨˩	放	~~ʂu~~˥ (θu˥)
短	lu˥m˩	搞	~~lonn~~˨˩ ~~lonn~~ (lon˨˩)
熏	~~n̥ann~~˥ (naŋ˥)	苦	ha˥m˩
船	ba˨˩	垫(垫在下面)	ɕa˩
黄牛	te˩ ʂu˥	咬	haᵐ˩
肩	~~miann~~˩ (mian˩)	辣	la˥ me˥
七	ɕie˥	伞	~~za~~˩ (ɣa˩)
铁	va˩	痰(动)	vei˥
双	te˩	年	pei˥
礼	mu˩	来	he˥
风子	te˩ n̥an˩	所	te˩ ʑian˥ (汉借)
水	~~z~~a˥m˩ (ɣa˥m˩)	玫	ku˩ ɕian˥m˩
腰	n̥en˨˩	根(完根)	~~z~~a˩ (ɣa˩)

渴	ken˧	睫毛	pen˧ ta˧
吹(动)	pu˦	眉毛	pen˧ ta˧
玉米	ʔa˥ ~~zɯ˧~~ ðɯ˧	瞳孔	lo˩ le˥
哑巴	pu˧ ɣua˧	眼屎	ʔe˧ ta˩
快	~~sie˧~~ θie˧	耳	pu˧ ~~zɯ˩~~ ðɯ˩
慢	pɯᵐ˩	耳孔	~~soŋ~~ son˩ ~~zɯ~~ ðɯ˩
走	pe˥	耳屎	ʔe˥ ~~zɯ~~ ðɯ˩
跑	puʔ˥	嘴	~~soŋ~~ son˩ pu˦
来	kei˧	嘴唇	~~ŋaŋ~~ ŋan˧ pa˦
过	ka˥	下巴	~~haŋ~~ han˩ ɕi˩
布	~~paŋ~~ pan˩	鼻子	~~soŋ~~ son˩ ~~ŋaŋ~~ ʔŋan˧
妇女		鼻梁	
头发	pen˩ ko˥	鼻涕	~~laŋ~~ lan˧ moʔ˥
胡子	mɯᵐ˥	舌头	pe˧ lɪ˥
辫子	pɯ˩	喉咙	ɣo˩ ~~se˧~~ θe˧
旋纹	lan˧ pan˦	胸膛	le˧ ʔaʔ˥
额	ŋa˥ pa˦	乳头	pa˦ ŋe˧(后借)
脸	pu˧ ha˥	乳房	ŋe˧(借)
颈(脖子)	ko˥ ɣo˩	肚子	la˩ ~~toŋ~~ ton˩
眼睛	te˩ ta˧	手背	~~laŋ~~ lan˧ ~~veŋ~~ ven˩
眼泪	laᵐ˥ ta˧	手心	ŋa˥ ~~veŋ~~ ven˩

手指	lɯ˩ veŋ˧˩ (en)	麻布	~~poŋ~~ poŋ˧˩ me˧
脚	pɯʔ˧ ten˧	被子	ʔa˧ mo˩
脚底	ti˥ ten˧ (两借)	布壳	pu˨˩ ko˩ (借)
脚背	ken˧˩ ten˧	瓦	ɣua˧ (汉借)
膝盖	mo˧˩ vu˨˩	瓦房	~~z~~ ɣen˩ ɣua˧ (汉借)
心		草房	~~z~~ ɣen˩ ha˩
肥肉	ŋo˩ pei˧˩	柴	vuen˧˩
瘦肉	ŋo˩ ʂa˧˩	三脚	ŋe˩ tɕin˧˩
角（牛角）	ko˧ ve˧˩	猪圈	ku˩ mu˧
鸡冠	ɣuen˧ kai˨˦	柱子	~~ʂ~~ θan˥ ~~ʂ~~ θo˧
唾沫	ŋe˧˩	梁	~~liaŋ~~ liaŋ˩ (汉借)
口水	ŋe˧˩	楼	ken˧˩ ~~ʂaŋ˥~~ θaŋ˧
纽扣	ka˥ zɯ˧	楼梯	tɕin˧˩ lɯ˧
领	ɣo˧˩ mo˥	墙	hn˧˩ ɕin˧˩
袖子	tɕian˥ pu˩	窗	
裤子	~~kaŋ~~ koŋ˧ va˥	砍	~~z~~ ɣn˧˩ heⁿ˧ (~~z~~ ɣn˧˩ hüe)
裤腰	ka˥ va˥	铁	va˩
裤脚	va˩ va˥	铁钉	ɕian˩ va˩
帽子	la˥ ma˩	粮食	heⁿ˧ (hüe˥)
裙子	~~kaŋ~~ koŋ˨˦ tɕin˥	白米	ʂn˥ ho˥
鞋子	xe˧˩ (汉借)	糯米	ʔa˥⁵⁵ ʂn˥

身体	~~tɕe˩ ʔnaŋ˩~~ tɕe˩ʔnam˩	井ㄅ	tɕe˩ ŋo˧˩˧
涨(水)	kua˩ z(ɣ)a˧ m̥˩	针	~~ŋ̊a~~ ŋ̊aᵐ˥ tsimᵐ˧
瘦	z(ɣ)uo˩	菜	paʔ˥
路	z(ɣ)an˧	骨头	ko˥ ʔlu˦
拴	ɕim˧	刻	
脸	~~laŋ~~ lan˧ pe˧˩˧	谷秋	va˩ ven˧
蒜ㄅ	ʔa˧ ka˧˩˧	房ㄅ	tɕe˩ zen˧˩˧
送行	lai˧	鼠	tu˩
五	ha˧	绵羊	tɕe˩ be˩
找	kim˧	百	pa˦
鸟	tɕe˩ zo˩	胃	~~toŋ~~ ton˧˩˧
哭	tai˧	八	pie˧
桌	tɕe˩ pa˧	粱	n̥ie˥ m˩
肉	ŋ̊o˩	狐狸	
摘	ʔmen˧	水牛	tɕe˩ ve˧
拖	zeiʔ˩	叫(人)	z(ɣ)e˧
鞋	pe˦ me˩	叹气	haᵐ˩ ŋ̊e˧
走(路)	~~soŋ~~ son˦ (借)	肺	penʔ˥
大	lo˥	~~ɕim~~ 住	ɕim˥
笑	ɕiu˧	头	la˩ ko˥
雪	ŋ̊ai˧	晚上	~~kaŋ~~ kan˥ ~~ɬ~~ haᵐ˧

火圈（火圈火）	tɒ˥ ɣuan˧	脑髓	ʔao˥ ʔɒ˥
棒（双手）	kuaʔᵐ˥	裁缝（人）	tse˩ tson˩（[illegible]）
禁	ma˩ bʊ˩	雷	ʔɒ˧
泡（泡水）	ɕie˩	情瓶	ʔen˧
布料	saᵐ˧	远	ɭuan˥
硬	ɭuan˧	腰	ŋe˧
结（果子）	zuen˥	鸡蛋	ʑa˥ taᵐ˥
瘰疬（大脖子）	ɣo˩ ʔe˧	发霉	ŋuen˩
喷	ɭo˥	鸽子	zo˩ tin˥ te˥
砍头	po˩ zen˥	挤	ɕian˩
气（合）	sɪ˧	瘫痪	pan˩ ɕian˧
写辞（代打）		弯曲	kɒ˩
倒	pʊ˩	缘	mai˧
浮	vu˧	猫	te˩ miɒ˧
摸	peᵐ˧	芽（尖）	ʑeʔ˩
套	ma˩ saᵐ˥	跛	tan˩
巫婆	mɪ ʔɒ˧	翻	vuen˧
蛋	ʔŋan˧	要（动）	ɣuen˥
遇见	pon˩	说	tan˩
他	mon˧	那（那边）	pe˩
怕	ɭo˧	喀（语气词）	

炒糰	mɪ˨ ʑaŋ˧ [ʒan˧]	书	po˥ ʂɯ˧ [θ]
糠	ʑam˨ [ʒ]	纸	ʂa˧ [θ]
粑粑	te˨ ʂɪ˧˩˧	字	ʑe˧˩˧ [ʒ] ʂɯ˧ [θ]
油（植物）	ʑim˨（借）	鼓	la˨ kuaŋ˧ [uan]
油（动物）	ʑim˨（借）	唢呐	laʔ˨ lie˧˩˧
汤	ʂɯ˨ [θ]	锣	te˨ la˧˩˧
豆渣	naŋ˧ [an] vɯ˨	箫	
酸菜	pe˥ ʂam˥ [θ]	枪	te˨ ʂoŋ˧ [on]
胡椒	xu˧˩˧ tɕiɒ˧（借）	火药	mɪʔ˧˩˧ ʑim˧
豆芽	tu˨ ŋe˨	刀	vaʔ˨ ʔʑi˧
粘	tin˧˩˧ ta˧˩˧	箭	
早饭	ʔa˥ ŋie˧˩˧	鞭炮	ʂoŋ˧ [son˧] pə˧
午饭	ʔa˥ zen˧˩˧	祖先	
晚饭	ken˧ tɒ˧˩˧	曾祖父	lɒ˧ tsu˧（借）
酒	lɒ˥	曾祖母	lɒ˧ tsu˧（借）
烟	ʑian˧（借）	祖父	la˨ pɒ˩
茶	tɕœ˧˩˧（借）	祖母	te˨ ʑia˨
路	ʑan˨	父（对称）	pao˨
木桥	tɕim˧˩˧ ve˧	母（〃）	mie˨
石桥	tɕim˧˩˧ ʑn˧ [ʒ]	伯父	po˨ lɒ˥
船	la˨ ʑɯ˧ [ʒ]	伯母	mie˨ la˥

外祖父		孤女	ɬa˩ ka˥
外祖母		孩子	ɬa˩ to˧
岳父	ta˧	男（通称）	po˧
岳母	te˧	女 〃	ʑia˩
寄父	ŋa˧˥	木匠	po˧ ʂaŋ˩ [an]
寄母	ŋa˧ pu˥˥	石匠	ʂaŋ˩ [an] ʑen˧ [ʒ]
兄	pɪ˧˥	篾匠	ʂaŋ˩ [an] ɬue˧
姐	pɪ˧ ˀmu˥	铁匠	ʂaŋ˩ [an] va˧˥
弟	ŋoŋ˥ [non˥] θe˧	屠户	ka˥ mu˧
妹	ŋoŋ˥ [non˥] ˀmu˥	炊事员	po˥ ʑoŋ [ʒon˧] he^h˧（chüe）
堂兄	pɪ˧˥	农民	pɯ˥ ku˧ ʑuaŋ˧ [ʒuan˧]
堂姐	pɪ˧ ˀmu˥	客人	ku˩ puen˥
堂弟	ŋoŋ˥ [non˥] θe˧	军人	ku˧ ke˧
堂妹	ŋoŋ˥ [non˥] ˀmu˥	话	ha˥ θɪ˧
表兄	pio˧ ko˧（借）	彝族	pu˩ ɬe˧
表姐	pio˧ tɕie˧ 〃	汉族	pu˩ ha˧
表弟	pio˧ ti˦ 〃	苗族	pu˩ mio˩（借）
表妹	pio˧ mɪ˦ 〃	镰刀	ɬie^m˩
侄子	ɬɯ˩ ɬn˧	锄头	va˩ ʑia˧
侄女	ɬn˩ po˧	耙（名）	va˩ kɯ^m˩
孤儿	ɬa˩ ka˥	簸箕（名）	ʑa˥ [ʒ] pen˩

504

附：例句

1. 数：1. 2. 3. 4. 5. 6. 7. 8. 9. 10.

tio˩ soŋ˦ sam˦ sɪ˦ ha˦ zo˦ ɕie˦ pie˦ kim˥ ʂɯm˩

2. 我家有三个人吃饭。

zen˩ kim˦ sam˦ pu˦ ken˩ ho˩

（我家）三 个 吃 饭

3. 今天挑谷子，明天犁地。

ŋuan˩ ŋɪ˦ zam˦ hüe˦ ŋuan˩ to˩ te˥ zɪ˦

（今天）挑 谷子（明天）犁 地

4. 今年的庄稼很好。

pɪ˦ ŋɪ˩ mim˩ ʔɪ˦

（今年）庄稼 好

5. 你去不去。

moŋ˩ pai˦ mɪ˩ pai˩

你 去 不 去

6. 我们大家犁田去。

zo˩ taŋ˩ to˩ pai˦ te˦ ŋa˩

（我们）大 家 去 犁 田

7. 我家有一头黄牛，一头水牛。

zen˩ kim˦ zeim˦ tu˩ te˩ ʂɯ˩ tu˩ te˩ ve˩

我 家 有（一头）（黄牛）（一头）（水牛）

8. 他家有五支鸡

ʒe˥ ~~ma~~ kiu˧ tɕiu˧ ha˥ tu˩ kai˧

他　家　有　五　支　鸡

9. 你能背一斗谷子吗？

moŋ˩ la˧ ka˧ ʔə˧ le˥ poŋ˧ liɯ˧ me˩ le˥ poŋ˧ liɯ˧.

你　（谷子）背（一　斗）吗（一　斗）

10. 他（锋）做活计很好.

pʋ˥ tsen˥ ku˧ lɪ˧

他（干　活计）好.

1958.11.30

纳西语简况

1958年

纳西语简况

纳西语是纳西族社会中作为互相交际的主要工具，属于汉藏语系藏缅语族彝语支的一种独立语言，与傈僳、哈尼、拉祜、白、彝等民族的语言同属一支。一般说来，现代纳西语有以下5个特征：

1. 辅音分清浊，无辅音韵尾；

2. 以单元音为主，近来增加了一些复合元音，但主要出现在汉语借词里；

3. 量词丰富；

4. 解放后的新词术语主要借用汉语，很少用本民族语言创造；

5. 词序和虚词在语法手段中占重要的地位。

纳西语的基本词序是“主语—宾语—谓语”，如汉语“我做工”，纳西语一般按照“我—工—做”的顺序。修饰结构的词组根据修饰语的词类及位置可分为以下3种类型。

1. 名词或代词做名词的修饰语时在名词的前面，如汉语“瓦房”“我的书”，在纳西语里也用“瓦—房”“我的—书”的顺序。

2. 形容词和数量词做名词的修饰语时在名词的后面，如汉语“白布”，纳西语说“布—白”；汉语“一件事”，纳西语说“事—一—件”。

3. 动词的修饰语一律在动词的前面，如汉语“不懂”，纳西语说“不—懂”；汉语“去一趟”，纳西语说“一—趟—去”。

纳西语可分为东、西部两个方言。在四川省木里县境内的无量河、云南省丽江县境内的金沙江以东以及永胜县五郎河以北的纳西族地区通行东部方言，据不完全统计，说这种方言的纳西族有3万多人；无量河、金沙江以西、五郎河以南的纳西族地区通行西部方言，说这个方言的人口占绝大多数，约有13万人。划分方言主要以纳西语内部的差异和纳西语的社会历史条件及地理条件作为依据，东、西部方言的差别主要表现在语音和词汇上，语法基本一致。例如：在语音上，东部方言音节数目比西部的少，东部方言纯浊声母和西部方言的鼻浊声母相对应，东部方言有舌尖擦音和鼻化韵母，西部方言里没有。在词汇上差异也较显著，我们拿1527个词进行比较，其中：同源词946个（包括完全相同的词64个、有对应规律的882个），占比较总词数的68.5%；异源词有581个，占比较总词数的31.5%。语法上虽然基本一致，但也有各自的特点，如“一百余个”西部方言说成“一百个余”，东部方言则说成“一百余个”；“爱喝酒”西部方言说成“酒爱喝”，东部方言则说成“爱喝酒”。

从历史上看，解放以前，东、西部方言区长期以来由于封建领主割据而各自形成了独立的政治势力范围，加之自然条件的限制、河川的阻隔，从而引起语言内部的分化。另外，纳西文字的分布和方言也有联系，纳西族原有两种文字（象形文和哥巴文），但长期以来，这两种文字只通行在说西部方言的纳西族地区，刚好同东、西部方言划分情况紧密吻合。两个方言区的纳西族妇女在服饰上也有显著的差别，说西部方言的纳西族妇女一般都系围腰、披羊皮披肩；而说东部方言的纳西族妇女一般只穿裙子，不系围腰，也不披羊皮披肩。

由于各族人民长期以来的互相交往，解放前，纳西语里虽然吸收过一些其他语言的词汇，如藏语的借词，特别是汉语借词，但这些汉语借词大部分是反映日常生活和一般生产用语为主；解放后，随着纳西族社会的巨大变革，现代纳西语里出现了大批反映新事物和新概念的词，这些词不是用本族语言材料创造的，而是直接从汉语里吸收过来的。借词是丰富和发展纳西语的主要手段之一，而汉语借词又是丰富和发展纳西语的取之不尽、用之不竭的源泉，有一部分汉语借词已经成为纳西语词汇中的主要组成部分，如“毛主席”“共产党”“解放军”“人民”“干部”“同志”“翻身”“合作化”“土改”“先进”“生产”“模范”“整风”“现场会”“试验田”“卫星”“公社”等等，都已经成为纳西族社会里人人皆知的常用词了。

纳西语不仅是纳西族人民互相交际的工具，同时也是和纳西族地区相邻的、交往密切的其他民族互相交际的工具。和纳西族聚居或杂居的有彝、白、汉、傈僳、藏等兄弟民族，由于千百年来民族间的互相交往接触，这些地区的其他民族也学会了纳西语，纳西族也学会了汉、白、彝、傈僳、藏等民族的语言。如：宁蒗地区的纳西族，由于他们和藏族交往频繁，一般会说藏语；丽江、剑川、鹤庆等县的纳西族，因与白族杂居，一般会说白语，白族也一般会说纳西语。

纳西族过去有3种文字：一种是象形文字，是表意的；一种是哥巴文；另一种是玛里玛莎文，末两种文字都是标音的，一个符号表示一个音节，没有字母。象形文和哥巴文都有悠久的历史，在纳西族的历史上起过一定作用，但是这种文字它们都不能正确地代表语言，字数又少，不敷应用，很难为纳西族地区的社会主义建设服务。玛里玛莎文是维西县自称玛里玛莎人的纳西族在象形文中选择了有代表性的99个文字符号组成的，虽然用法上和象形文字不尽相同，但同样严重地存在着象形文字本身所带有的一切缺点，使用范围也极其狭窄，肯定是没有什么发展前途的。

1958年，工农业生产的大跃进掀起了人民公社化运动的高潮。随着生产的飞跃发展，纳西族人民学习文化和科学技术的要求更为迫切，因此纳西族地区在生产大跃进的同时，根据本民族人民自己的意愿直接选用汉语文进行扫盲，这样，纳西族人民除了使用本民族语言进行交际活动以外，还掌握了汉语文，这就更有利于学习汉族的先进经验，也有利于和其他民族互相学习，有利于纳西族社会的迅速发展和繁荣。

虚心学习，战胜困难
——记纳西语调查组调查经过
周俊寄自昆明
民族语言调查通讯创刊号
1956年11月26日

虚心学习，战胜困难
——记纳西语调查组调查经过

为了帮助我国少数民族创立和改革文字，今年5月中旬，在中国科学院和中央民族事务委员会的领导下，由中国科学院少数民族语言研究所筹备处、中央民族学院共同组织了7个民族语言调查队，先后赴各个地区调查、研究少数民族语言。我们纳西语组属于少数民族语言调查第三工作队（云南队），它的成员来自纳西、汉、回等民族，共8个人。我们于今年5月20日从北京起程来云南。到云南后，承各级党委和政府的领导和热情帮助，我们已紧张地进行了3个月的调查工作，也初步获得了一些成绩。

语言调查是一种科学工作，也是一种群众性的工作。为了求得语言的真实性，我们深入农村及山区，和群众紧密地打成一片，学习、记录和分析、研究纳西族的语言。我们曾到了滇西北的丽江、中甸、维西、永胜等县。在交通困难、道路崎岖的地方，我们便徒步行军，有时一天走100多里，还要爬山越岭，走过渺无人烟的草原，翻过4000公尺以上的原始森林地带。有时坐在数根木材扎成的筏子上，渡过水势汹涌的金沙江，一不小心，就有被江水冲走的危险。天黑了，我们在伸手不见五指的山坡上摸索前进，终于走完了近20里的夜路。有时我们在农村和山区，自己挑水、自己做饭，使我们学到了一些烹调的方法，获得了这方面的知识。有时我们三五成群在田野间和山坡上进行锻炼，经过几个月来的持久锻炼，我们都增强了体质，有的体重增加8公斤，有的体重增加6公斤，这样就给今后在任何艰苦的环境下进行工作奠定了物质基础。

我们这些人都是刚从学校毕业的语言科学工作者，由于过去学习的理论结合实际不够，又是第一次参加调查工作，因此我们在科学技术上开始便碰到很多困难，比如在听音、辨音、记音和审音的过程中，有些同志感到非常吃力。开始阶段，一天只能记录几十个语词；同时在实践中碰到了好些难题，例如：鼻音元音化时，是否能有卷舌现象？如何找出各个方言间语音、语法的对应规律？如何辨别音位及其变体？等等，诸如此类的理论问题是不少的。但我们是党培养下的青年一代，党曾经教导我们如何战胜困难，因此，当我们想到党的时候，全身就充满了力量，可以战胜任何困难。由于党给了我们这样的力量，当我们对个别语言问题不能及时解决的时候，我们并不以大学生自居，还是虚心从头学起，反复地朗读，并熟记国际音标，仔细地分析发音部位和发音方法，反复对音、集思广益，以集体的智慧解决。在整理材料写总结的过程中，也碰到一些有关科学理论的问题，我们曾参考了国内外的语言学专著，以理论指导实践、触类旁通的方法，解决了这些问题。我们还写信给一些经验丰富的专家，向他们请教。

我们在工作中开动了脑筋，发挥了集体的智慧，所以各方面的困难都迎刃而解了。现在我们记音的水平提高了，每天一般能记四五百个语词，有时甚至达到七八百个语词，同时在分析语音、语法和词汇方面，在找出语言对应规律，在整理材料、写总结报告等方面，都有了初步经验。

我们纳西语组在这段时间的语言调查工作中已记录了属于纳西语的16种土语（有的是方言），还记录了说这种土语的人民的历史及社会情况，并对每种土语进行了初步的分析和研究，写出了每种土语的总结报告。我们于9月底结束云南境内的纳西语调查工作以后返回昆明，在苏联语言学顾问和我国专家的指导及帮助下，准备于今年年底再提出纳西语的基础方言和标准音，为纳西族人民初步设计出一套文字方案。我们还准备编写一本《纳汉词典》和《纳西语语法纲要》，为将来在纳西族地区推行文字和扫除文盲创造条件。

纳西文字方案（草案）

云南省少数民族语文科学讨论会

1957年3月　昆明

纳西文字方案（草案）

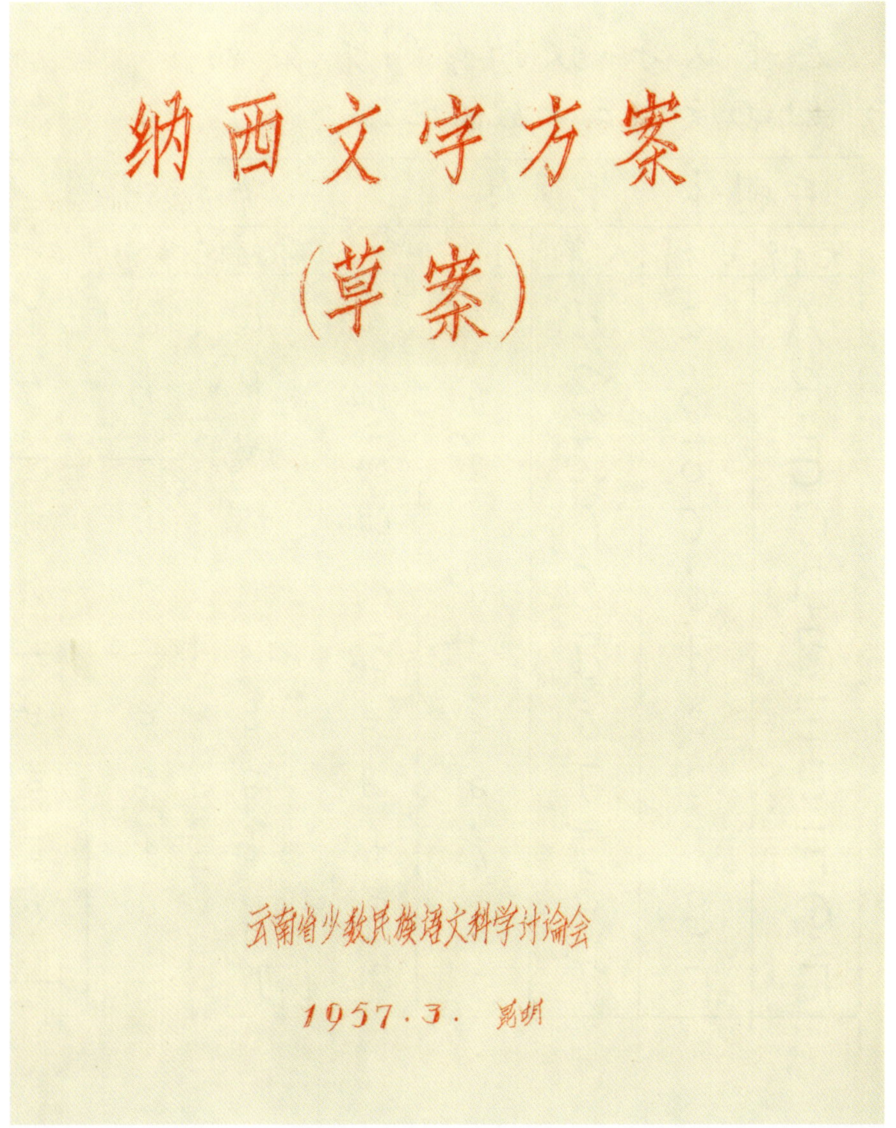

納西族拼音文字方案(草案)

一、納西族標準語以納西語西部方言為基礎方言，以丽江县城大研鎮的語音為標準音。本方案的字母形式是以拉丁字母為基礎，並本着同漢語和彝語支諸語言的字母尽量取得一致的原則拟定的。

二、納西文有二十九個字母。

印刷体		手寫体		名称	音標对照		
大楷	小楷	大草	小草		国际音標	汉語拼音方案	注音字母
A	a	𝒜	a	a	a	a	ㄚ
B	b	ℬ	b	ba	p	b	ㄅ
Б	б	𝒯	δ	бa	mb	—	—
C	c	C	c	cɯ	ts'	c	ㄘ
D	d	𝒟	d	da	t	d	ㄉ
∂	∂	𝒥	∂	∂a	nd	—	—
E	e	ℰ	e	e	ɛ	e	ㄝ
Ǝ	ɘ	Ǝ	ɘ	ɘ	ɘ	e	ㄜ
F	f	ℱ	f	fa	f	f	ㄈ
G	g	𝒢	g	ga	k	g	ㄍ
Γ	Γ	𝒯	ɤ	Γa	ŋg	—	—

印刷体		手写体		名称	音標对照		
大楷	小楷	大草	小草		国际音标	汉语拼音方案	注音字母
H	h	H	h	ha	x	h	ㄏ
I	i	I	i	i	i	i	ㄧ
J	j	J	j	jɯ	ndz	—	—
K	k	K	k	ka	k'	k	ㄎ
L	l	L	l	la	l	l	ㄌ
M	m	M	m	ma	m	m	ㄇ
N	n	N	n	na	n	n	ㄋ
O	o	O	o	o	o	o	ㄛ
P	p	P	p	pa	p'	p	ㄆ
R	r	R	r	rɯ	ʐ	r	ㄖ
S	s	S	s	sɯ	s	s	ㄙ
T	t	T	t	ta	t'	t	ㄊ
U	u	U	u	u	u	u	ㄨ
V	v	V	v	v	v	—	—
Ш	ɯ	Ш	ɯ	ɯ	ɯ	—	—
Y	y	Y	y	y	y	y	ㄙ
Z	z	Z	z	zɯ	ts	z	ㄗ
Ʒ	ʒ	Ʒ	ʒ	ʒɯ	z	—	—

三、納西文有三十 个声母，二十个韻母和四个声調。

1. 声母

b[p]	p[pʻ]	б[mb]	m(m)	f[f]	
d[t]	t[tʻ]	∂[nd]	n[n]	l[l]	
g[k]	k[kʻ]	Γ[ŋg]	ng[ŋ]	h[x]	
gi[tɕ]	ki[tɕʻ]	Γi[ndʑ]	ngi[ȵ]	hi[ɕ]	
z[ts]	c[tsʻ]	j[ndz]		s[s]	ʒ[z]
zh[tʂ]	ch[tʂʻ]	jh[ndʐ]		sh[ʂ]	ŗ[ʐ]

2. 韻母

单韻母	i[i]、y[y]、e[ɛ]、ae[æ]、a[ɑ]、o[o]、u[u]、ɯ[ɯ]、v[v]、ə[ə]、ər[ər]
复韻母	iae[iæ] ia[iɑ]、iə[iə] ye[yɛ] yue[yæ]、 ue[uɛ] uae[uæ]、ua[uɑ] uə[uə]。

3. 声調

調值	˧(33)	˨˩(21)	˥(55)	˩˧(13)
字母		d	ı	f
納西例詞	dv	dvd	dvı	dvf
漢義	觸動	忠	縮	毒

註. 1. 韻母ɯ在齿头音 z c j s ʒ 後讀作[ɿ]，在翹舌音 zh ch jh sh ŗ 後讀作[ʅ]。

2. 字母 d ı f 出現在音节起首時讀作[ɖ ı f]出現在音

节末尾時只表示声調。

3. ɭ放在韻母ə ɿ ʅ，只表示該韻母有卷舌作用。

4. 納西族標準語里有四个声調，除中平調不标外，其餘分別用d、l、ɭ三个字母放在音节末尾来書寫。

5. 声母ʝ K Г Nʝ h与韻母i y或是以i y作韻头的韻母拼時讀作舌面音。如

ʝi（捌）讀作[tɕi˧]。

Ki（賣）讀作[tɕʻi˧]。

Гi（曾經）讀作[ȵdʑi˧]。

Nʝi（魚）讀作[ȵi˧]。

hi（人）讀作[ɕi˧]。

ʝyd（吞）讀作[tɕy˩]。

Ky（鋳）讀作[tɕʻy˧]

Гy（有）讀作[ȵdʑy˧]

hyd（香）讀作[ɕy˩]。

ʝəl（表）讀作[tɕə˥]

四、吸收其他方言~~的~~土語的語詞或借用漢語語詞一律按照标準語的讀法来書寫。

五、吸收国际用語（如人名、地名以及科学用語）時，尽量保留原文的書寫形式，但在字母上和納西語里的讀音差別太大時仍按納西語的讀法来書寫。

六.納西文的音節形式有下列四种類型：

一.声母十韻母。例如：

ɣɯ 好　kɯ 狗　ma 油

二.声母十韻母十声調。例如：

ɣɯd 星　ki1 冷　shɯ1 新

三.韻母独用。例如：

ɯe 杏　ɿ 山驴　ɯ 牛

四.韻母十声調。例如：

iə1 给　i1 睡　iæd 香油

七.正字条例：

(1) 大寫条例：

一.每句的第一個字母大寫。如：

IΓvƎyd Nadhi ced mɯ ha1 Γyc

丽江有十多万納西人。

二.專有名詞的第一個字母大寫。如：

NgiNad 你西　Codje1ɯ1ɯ 崇仁利恩

三.詩歌的每行第一个字母大寫。如：

Ngime haeɓad shɯd 太陽散金光。

Mə ɓu dyd mə Γiəd 無處不明亮。

四.文章的題目、標語和書名的第一个字母大寫。如：

Codjepər1ɯd Chər Sɯd 崇仁祂鼎尋不死藥。

五.詞兒縮寫時大寫。如：

Z. R. G. 中華人民共和国.

S. L. 苏联

(2) 連寫規則：

一、帶有詞头的詞連寫。如：

əбvd 哥哥　　əlyd 猴子.

二、复音詞連寫。如：

Sikɯd 絲线　Ngimɛ 太陽.

三、复合詞連寫。如：

1. 由大类名加小类名構成的复合詞連寫。

如：Tojərd 松树

hyljərd 柏树.

2. 兩個或兩个以上的詞結合以產生新意義的詞連寫。如：

3omil 鬼女　lulkɯjɯd 牲畜

四、凡兩個音节相連可能發生混淆時，中间加短横〔-〕分开。如：

Cɯlɯd 板栗

Cɯ-lɯd 鷹的一种.

(3) 移行規則：

一、当寫到行末而詞兒还未寫完時，可按音节為单位加短横〔-〕以移行再寫。如：

бe dər rə shər sel, ngəlrɯd id-

dil бe бe Nɯed. 应該做的事咱们一定要做。

二. 移行時单音詞不能拆开。

八、標点符号.

(1) 句号[。],每個完整句以用句号。如：

Ngəd Nadhi uad。我是納西。

(2) 逗号[，],表示一个句子当中較短的停頓用逗号。如：

Tɯ mə bɯ, Ngəd 1u mə bɯ。

他不去,我也不去。

(3) 分号[；],表示一句話当中並列的分句之间的較長的停頓用分号.如：

Ngə1rɯd sə1. dər rə gɯzhɯd se1, iddi1 be sə1 naed; sə1 mə dər rə gɯzhɯd se1, dɯ zud 1a sə1 mə ngid。

咱们該说的话,一定要说；不該说的话,一句也不要说。

(4) 冒号[：],直述及引語用冒号。

Smɯdjɯ nɯ sə1 me:"nv1meze d be sod naed" zɯ1. 老師说:"要努力学習"。

(5) 问号[?] 疑问句之以用问号.如：

Ngv1 ze bɯ 1e? 您去哪裡?

(6) 感嘆号[!],~~驚~~感嘆或命令句之以用感嘆号。

Γvna бe бe 1ad. 认真的做吧。

(7) 頓号[、]，表示一句話当中並列的詞(包括並列的詞組和分句)之间以及次序語之後的較短的停頓用頓号。如：

Cua、je nəf kadje бe xuly da1 uad。米、麦和玉蜀黍都是糧食。

(8) 破折号[——]，表示文中需要唸出来的注釋性的詞語和句子用破折号。如：

Ngə1Γuɯd Γə 1isiə1 —— Madcefdo chɯ Hudnaed hi uad。咱们的領袖——毛泽東是湖南人。

(9) 引号[“ ”]或[‘ ’]文中的引述部分用引号。

Tɯ nɯ sə1 me：“mə maed” zɯ1。他说：“没有空”

(10) 括号[( )]，文中的注釋部分用括号，如：

Kadyd (Bəfgi) Γə hi chɯ sɯd hi mɯ dad Γyd。

首都(北京)的人口約有三百万。

(11) 省略号[------]，文中省略的部分用省略号。如：

Nadhi、Habad、Leбv ------бe dɯ Γid hi da1 uad 納西族、汉族、白族------都是一家人。

十. 納西族文字样品。

印刷体：

Бrdʒɯdkycad chɯ ɯad me ɯtɯɯd rə gɯzhɯd, tcɯ zezed nəf ɟafzɯe Бɯ chɯ ɯjɯ ɯad。

手寫体：

Бrdʒɯdkycad chɯ ɯad me ɯtɯɯd rə gɯzhɯd, tcɯ zezed nəf ɟafzɯe Бɯ chɯ ɯjɯ ɯad.

漢譯：各民族都有使用和發展自己語言文字的自由

关于纳西语言文字问题的汇报
云南省少数民族语文科学讨论会
1957年3月　昆明

关于纳西语言文字问题的汇报

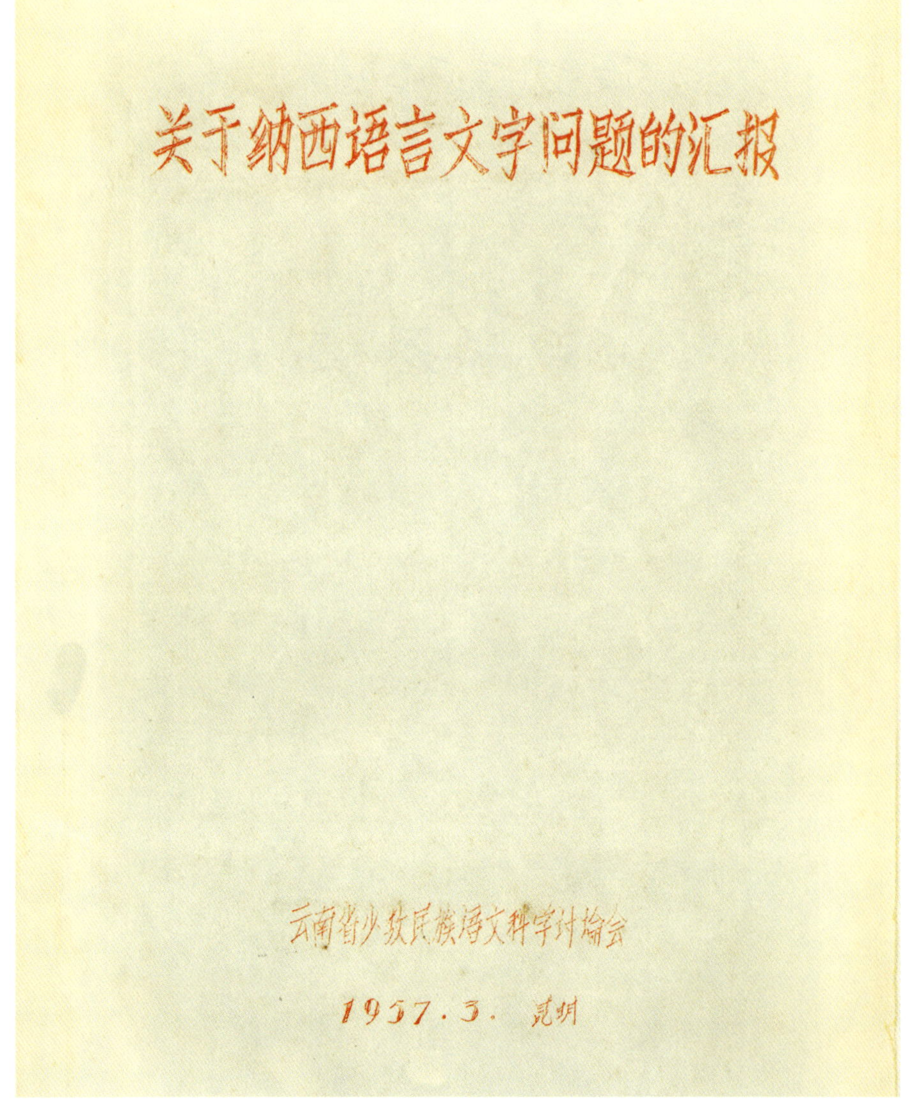
关于纳西语言文字问题的汇报

云南省少数民族语文科学讨论会

1957.3. 昆明

目錄

一、前言

我国是一个多民族的国家，纳西族是我国西南少数民族之一，也是一个勤劳纯朴的民族。他们在旧中国是被统治被压迫的民族，长期遭受着反动统治和镇压的奴役。解放后，纳西族人民才第一次获得了真正的当家作主的权利。

几年来在中国共产党和中央人民政府的正确领导下，纳西族地区也跟其他少数民族地区一样，进行了一系列的社会民主改革运动。现在各民族地区已轰轰烈烈地掀起了农业合作化运动的高潮。但是纳西族人民至今还没有适合于民族广大人民所通用的文字；在他们的农业生产合作社里很不容易找到会计人员，这就严重地影响着农业生产合作事业的开展。在开展文化教育事业方面，也因为纳西族没有一种通用的本民族文字，只得使用汉文教学。本来一个民族学习另外一个民族的語言本身就不是一件容易的事，再加上汉字的难写、难认、难记，更增加了学习上的困难。纳西族的小学生常常是只会念課文（汉文課文），而不懂得課文的意思。由此可见用汉文在纳西族地区进行扫盲工作，比起汉人来还要多着一些困难。如果有一套科学的本民族文字，那么它会大大加快纳西族的社会主义建設速度，也就是加快祖国社会主义建設速度。

中国共产党坚决执行了马克思、列宁主义的民族政策。中国共产党中央委员会和中央人民政府曾不止一次地指示：必须帮助没有文字的少数民族创立文字，帮助文字不完备的民族充实其文字。对各个少数民族创立文字和改革文字的工作是过渡时期民族问题方面的一项不可缺少的重要内容。1955年12月在中国共产党和中央人民政府的具体领导下，在北京召开了一次少数民族語言文字科学討論会，经过各地代表和語文科学工作者的仔细研究和反复討論，在会上提出了一个全面的民族語文工作规划，规定在1956年至1957年内，普遍調查全国各少数民族語言，帮助那些需要創立和改革文字的民族进行文字方案的設計工作。根据这个规划的精神，我国各少数民族除了极个别的特殊情况外，都有可能在最近几年内逐步地完成本民族的文字创立和改革工作。

为了贯彻执行这项光荣而艰巨的任务，中国科学院于去年五月组织了七个少数民族語言調查工作队，先后赴全国各少数民族地区进行語言調查工作。第三工作队纳西語言調查组的任务是調查和研究纳西語，并在苏联先进理論的指导下，为纳西族人民解决文字问题。根据中央指示及少数民族語言文字工作规划，纳西語調查组准备于今年在确定纳西语标准方言和标准音的基础上提出纳西族拼音文字方案。为了胜利完成任务，本组根据纳西语的分布情况将全组八人分成两个小组分头进行调查。本组于去年六月十一日离开昆明，先后到云南丽江专区和四川西昌专区开展语言调查工作，到去年十二月底止，经过六个多月的田野调查工作，调查了云南省的丽江、维西、中甸、宁蒗、永胜以及四川省的盐源、盐边、金矿、木里等县的纳西语，同时还调查了同纳西语有联系的么西古宗语、鲁鲁语和傈僳语等，一共记录了四十二个点的语言材料（其中包括六个重点，三十二个副点）。兹将纳西语调查点列表如下：

方言	组	调查地点	重副点	时间	备考
西部方言	2	丽江大研镇	重点	56年8月	了解标准音（男音）
	2	丽江六区宝山州	重点	7月	六区乡政府记音
	1.2混	丽江县（共23小点）	副点	57年1月	了解浊音和具浊音分不分
	1	丽江大研镇	〃 〃	56年8月	了解标准音（女音）
	1	维西四区叶枝	〃 〃	7月	维西县府记音
	1	维西一区由帕	〃 〃	7月	仝上
	2	中甸三坝区白地	〃 〃	7月	金江区政府记音
	2	中甸三坝区东坝	〃 〃	7月	仝上
	2	丽江六区奉科	〃 〃	7.8月	六区乡政府记音
东部方言其究	1	宁蒗一区永宁八耳村	重点	56年8月	丽江专署民委会记音
	2	宁蒗北渠坝	〃 〃	8.9月	仝上
	1.2混	金矿瓜别区	〃 〃	11.[illegible]月	西昌专署民干校记音
	1.2混	盐边五区	副点	11.12月	仝上
	1.2混	盐源左所区	〃 〃	11.12月	仝上
	1	维西五区	重点	56年7月	了解玛丽玛萨话
	1	永胜五区大安乡	副点	7月	仝上
	1	永胜五区大安乡	〃 〃	7月	了解么西古宗语
	1.2混	丽江四区傈僳埧	〃 〃	8月	了解傈僳语
	2	丽江六区海龙乡	〃 〃	7月	了解鲁鲁语
	1.2混	丽江六区海龙乡	〃 〃	57年1月	了解巴西语

纳西语调查组在调查期间充分注意到：语言是随着社会的产生而产生，随社会的发展而发展，语言的分化与统一同社会的发展特别是同社会的分化与统一有着紧密的联系，为了依据历史观点，正确地划分纳西语的土语和方言起见，调查时不仅记录了纳西族的语言材料；同时还记录了有关纳西族的人文材料。

这个报告是根据调查期间收集到的材料写成的，报告的内容包括人文和语言两部分。我们从现有的语言和人文材料来分析，将纳西语初步划分为西部和东部两个方言。但是我们的人力有限，又缺乏经验，因此上述方言划分以及下述的有关纳西族人文和语言方面的分析未必恰当，可能有若干缺点，甚至错误。希望大家多提意见，以便修正。

二、纳西族人文概况

一、纳西族有十六万多人（人口分布详见附表），分布在云南省的丽江、维西、中甸、宁蒗、永胜、德钦、贡山、鹤庆、剑川、兰坪和四川省的盐源、盐边、金矿、木里、盐井等县[illegible]纳西族人约有[illegible]多人。（其中丽江县）

纳西族的名称较复杂，根据这次实地调查中所收集到的材料证实："纳西，纳汝，纳，"是纳西族各个不同地区的自称族名。居住在宁蒗县第一区和盐源县左所区（拉塔）的纳西族自称"na^4"；居住在金矿、木里、盐边等县的纳西族自称"$na^1zɿ^2$"；居住在宁蒗县第四区北渠坝和永胜县第五区大安乡辈子四村的纳西族自称"na^1zi^1"；纳西族聚居区——丽江县以及其它各地的纳西族则统称为"$na^1ɕi^1$"。以上四种自称族名，从语音上分析，虽有较微差异，但只是大同中的小异。其本质则一。"na^2"似乎是纳西人的自称族名，而"$ɕi^1$"即是"人"的意思，"na^2"与"$ɕi^1$"联起来说就是"纳人"的意思，正如常说的"汉人""彝人"的意思相仿佛。根据纳西语语音演变规律，我们认为今日的"ɕi""zi"和"zɿ"都是从古代的"dzi"（人）演变而来的。因为"dzi"是[illegible]纳西族[illegible]歌谣中保留[illegible]的[illegible]词，而"dzi"变"ɕi"可能经[illegible]这样[illegible]些过程：

[illegible]演变过程：dz——z dz（s）——[illegible]演变过程：i

[illegible] [illegible]

[illegible]：

dz——→z（或s）

丽江坝：玉山村　dzi³dzi¹ —— zi¹zi¹（愁闷）

丽江坝：瓜别（[illegible]）　mɯ¹dzɛ¹ ——→ m̩¹zɛ¹（火[illegible]）

丽江坝：北渠坝　ŋ³dzɿ⁴ ——→ u¹zɿ¹（我们）

永宁：瓜别：丽江坝　dza² k'ua⁴ —— lza¹ gua³

——→ za¹（鞋子）

北渠坝：丽江坝：永宁　go³dzo² —— k'o¹sɿ³

—— k'uən¹sɿ（嗓子哑）

z —— s

丽江坝:北渠坝: zɿ [illegible] —— [illegible] （力气）

永宁:丽江坝: $zɛ^{1}$ —— $sɛ^{2}$ （了）

瓜别:永宁: $zɿ^{3}$ —— $sɿ^{3}$ （还、再）

ʑ —— ɕ（

丽江坝:大研镇: $ʑy^{3}$ —— $ɕy^{3}$ （话）

丽江坝:瓜别: $ʑɯ^{3}$ —— $ɕi^{1}$ （海）

如果我们的这个假定是符合事实的话，那么居住在各个地区有着不同名称的纳西族，他们是一个完正的不可分割的人们共同体的这一事实，那是谁也不能否认的了。

此外，我们必须提到：居住在维西第五区的一小部份纳西族（144户計1022人）自称玛丽玛萨人，根据他们口传的历史，是从木里拉塔迁来的。查証历史材料並经实地調查，他们的确是从今日的四川盐源县左所区拉塔[illegible]迁来的，因为左所是盐源县纳西族聚居区，同时他们迁来维西第五区至今才有八代，以三十年为一代計算，至今还不超过250年的历史。从他们所使用的語言来研究分析，不論从語音、詞汇和語法上去观察，同宁蒗县的永宁話和四川省盐源县的左所話很相近，基本上可以互相通話，"玛丽玛萨"一詞分明是"木里公萨"的变読，我们认为玛丽玛萨人是纳西族的一个组成部分，应該是毫无问题的。

至于过去一些学者所写的有关纳西族的文章里，他们談到纳西族的自称族名时经常这样写着："纳西"是自称族名，居住在丽江、中甸、维西等县的自称"纳西"；居住在宁蒗县的自称"吕西"；居住在永胜县的自称"巴西"；在木里县的自称"速西"。我们[illegible]同意纳西是自称族名，然而"吕西"、"巴西"、"速西"也称作自称族名的提法，是不符合事实的。根据我们的实地调查材料証明：宁蒗的纳西人自称为"na"或"$na^{1}zɿ^{1}$"，"吕西"是丽江纳西族对宁蒗纳西人的称呼，丽江纳西族叫永宁为"$ly^{1}dy^{2}$"，而"吕西"可能是"$ly^{1}dy^{2}ɕi^{1}$"的简称，不是他们的自称族名；"巴西"也是丽江纳西族对东部方言区的一小部分纳西人的称呼，其含义如何，目前还没有找到适当的解释材料，但不是他们的自称族名那是完全可以肯定的。同时我们也訪问过一些木里的纳西人，他们都自称"$na^{1}zɿ^{1}$"，却没有一个知道"速西"是他们的自称族名。既然如此，过去有人认为"吕西、巴西、速西"为不同地区的纳西族的自称族名，这显然是不正确的。

纳西族人口分布表：

地区		人口数	地区	人口数
	昆明市	423人	下关市	61人

[illegible]	个旧市	26	东川矿区	19
	小计 523			
丽江专区	丽江	105,818	维西	12,707
	宁蒗	8,406	永胜	3,028
	中甸	9,993	德钦	903
	剑川	561	[illegible]	400
	华坪	243	兰坪	90
	鹤庆	448		
	小计 142,597			
大理专区	洱源	73	大理	41
	漾濞	21	邓川	8
	永平	8	宾川	10
	小计 161			
楚雄专区	姚安	4	广通	3
	富民	3	大姚	4
	小计 14			
怒江自治区	贡山	53	福贡	8
	碧江	8		
	小计 64			
保山专区	保山	8	腾冲	1
	昌宁	3		
	小计 12			
玉溪专区	易门	3	玉溪	1
	[illegible]	1		
	小计 5			
曲靖专区	曲靖	2	其它	3
	小计 5			
临沧专区	临沧	3	沧源	1
	小计 4			
	思茅	2		
	[illegible]	2		
	蒙自	8	建水	1
	总计 143,398			

〔注〕：四川省西昌专区的纳西族人口，至今尚无精确的统计数字，故暂缺。

二、纳西族人民是有着悠久历史的民族，在晋朝常璩的"华阳国志"上说，定笮县（今四川盐源县）有"摩沙夷"，唐朝以后的文献上多称

"么些"，从一些汉文史籍来看，在唐以前，纳西族已经分布在金沙江和雅砻江流域一带，在唐朝初年就有一个纳西部落在越析州（今宾川县的宾居北西），称为越析诏，又称么些诏，以蒙姓为主，后来被南诏阁罗凤攻破，退居到金沙江上游铁桥城（今丽江塔城）一带，可见今日的宾川县当时也有纳西族居住，同时纳西族的象形文字经典"人类迁徙记"（$tso^{2}mb\alpha\lambda^{1}tv^{1}$）一书里也较详细的记载，现在丽江一带的纳西族东巴（巫师）在给死者超度送魂时，还要由丽江送魂经宝山州，永宁而达无量河流域一带。看来纳西族祖先居住在现在的无量河流域，后来由于经常与其他部落发生械斗的结果，逐渐向南迁移，才定居在现在丽江、中甸、维西、永胜一带地区。因此在历史上他们与藏族的关系是很密切的。

到宋朝末年，丽江纳西族首长"麦宗"合併了附近的一些小部落，不受大理国的管辖。元世祖忽必烈南征大理国时，"麦宗"的儿子"麦良"迎到金沙江边的石鼓迎接忽必烈，忽必烈授他为茶罕章管民官的职位，元明两代的封建王朝将今日的宁蒗、丽江、维西、永胜、木里等县的纳西分布地区设立州县和土司制度。明朝洪武年间，"麦良"的第四代孙木得亲自到南京贡马，被委为丽江土知府，並赐姓木，被称为"木天王"，这时木家势力已经不断扩张，发展成为强大的领主，合併了丽江境内各部落。明朝嘉靖万历年间，土司木高打败了居住在塔城的吐蕃（藏）军，纳西军到维西驻守，于是维西县又增加了纳西族的住户。清朝雍正元年（1723年）以后，丽江维西先后改土归流。

明朝以来，丽江纳西族的经济、文化和汉族发生了更进一步的联系，明朝初年就汉族军户到丽江屯田，永乐十六年在通安、宝山、巨津三州建立学校，並请汉族知识份子担任家庭教师，于是以木土司为首的统治阶级的子弟首先接受了汉族的文化。明朝末年，丽江农村生产也有显著发展，当时田溉灌渠纵横，人民住草房，头目住瓦房，领主拥有大量财富，开採银矿，到了清朝初年，又派大批军户到丽江屯田，丽江县境的封建领主经济逐渐分化为地主经济，一般平民，从此也有了受教育的机会，例如清朝科举中，也产生了一些出身于纳西族平民的举人、进士、翰林，代表地主阶级参加了封建王朝的统治集团。光绪三十一年（1905年）开办了丽江府中学堂、小学堂等。从此，经济比较发展的丽江中心区大研镇以及丽江坝也出现了一批本民族的知识分子。但是从整个纳西族分布地区说，由于长期封建割据，交通不便，缺乏经济文化上的联系，致使纳西族的社会发展极不平衡。如丽江、维西、中甸等县的纳西族早已摆脱了土司制度的羁绊，过去的土司及其余族头人早已变成了当地的大小地主。生产工具有了改进，生产技术也有了提高，但是宁蒗、外源、外丸、盐矿、木里等地的土司制度一直沿用到解放前国民党统治时期。纳西族人民的生产技术还很落后，普遍还採用着刀耕火种的原始耕作方法，人民生活极端贫困；社会制度也还保留着母系社会的残余。在文化教育方面平民还没有受教育的机会。因此在这些经济比较落后的地区，几乎一个县还找不到一个中学生，小学生也很少。

纳西族人民有着光荣的革命斗争历史。根据传说和历史记载，他们曾不断地反抗过历代反动统治者的压迫。1936年4月，红军从丽江渡过金沙江北上的时候，曾深深的激发了当地农民的革命意识，以后几年间，居住在金沙江一带的纳西族农民（特别是佃农），团结当地各族农民，先后发生过群众性的暴动，反抗封建地主的压迫和剥削。后来虽遭经地主武装的残酷镇压，被平服下去了，但没有吓倒纳西族人民，相反地更加速了他们自己的灭亡。1949年初全国解放前夕，大形式的鼓舞下，更加激发了纳西人民的斗志，在中国共产党组织的领导下，纳西族人民和滇西北各族人民一道组织了革，给国民党反动派予以致命的打击，终于在1949年七月纳西人民获得了彻底解放。

1952年丽江、永胜、维西等县的纳西族地区，在中国共产党和人民政府的领导下，依据本族人民的意愿，实行了土地改革，消灭了剥削制度，解放了农民的生产力，改进了生产技术，目前有些县还办了示范性的国营农场，成立了农业生产合作社，以丽江县为例，据16年7月统计：该县境内已有四个国营农场（即专区示范国营农场新农场，土司农场，文海农场），并组织了高级农业生产合作社54初级农业生产合作社326个，全县已有90.87%的农户参加了农生产合作社。解放后，政府还在这里首先修通了公路，南通昆明，达中甸，维西。地下矿藏也很丰富，已开採的有铁矿煤矿等。现在丽江县城郊正在兴建铁工厂。至于宁蒗、中甸、外源、外边、木里、矿等县的纳西族分布地区，现正採取和平协商的方式，进行民主改。这些地区，我们完全可以指望最近就会掀起农业生产合作化的高。由于生产关系的改变，人民生活的普遍提高，他们对学习文化的求，毫无疑问也会日益感到迫切起来。

三、解放以来，纳西族地区在文化教育及卫生事业方面也有了很的发展。仍以丽江为例，现在丽江县城有一所中学和一所师范学校在校学生共有2.038人，其中纳西族学生就有1.130人，占学生总数的55.4%，跟1950年的纳西族学生543人相比，增加了一倍以上。再从解放后升入大学专校的学生来看：丽江中学毕业后升入大专学校的纳西族学生就有95人。小学教育的发展也很迅速，现在全县共有283所小学，在校学生共有一万多人。此外，1955年冬天以来，丽江县的农村中广泛的宣传了毛主席的关于"七年内扫除文盲"的指示，以及团中央的关于扫除文盲的决定和扫盲工作的方针政策；因而大大鼓舞了当地纳西族人民学习文化的积极性，在农村中开始掀起学习文化的高潮，成立了几百个扫盲班。在丽江县城还成立了文化馆，电影院。解放以前，这里也没有什么医疗卫生机构，现在从县到区都設有卫生院、卫生所、保健站和接生站。我們应該肯定的說，解放几年来丽江县的文教工作已取得了很大的成绩，但是，另一方面，丽江县的文教工作由于原来的基础薄弱，发展过多过快，使得数量同质量之间形成了尖锐的矛盾，例如：丽江县现有的小学教师608人中，就有41%以上的小学教师仅具有高小文化程度；并且纳西族人民至今还没有一套科学的本民族文字，只得使用汉文教学，学习上受到了一定的限制，影响了教学质量，一般小学毕业的学生由于文化水平低，十之八九都不能按时升入中等学校，就是一个明显的例子。扫盲工作中也严重地存在着"报名的多，实际参加学习的少，坚持学习的则更少"等缺点。其所以如此，没有很好的保証他們的学习时间，以及师资质量差是原因之一。但更重要的是没有使用本民族的語言文字进行教学，这是最根本的原因。因为他們学习时，不仅要学习汉語，而且还要去学习既难認，又难写的方块汉字。其次，我們必須在这里更进一步的指出：解放几年来，中甸、宁蒗、维西、永胜、德钦、贡山和鹽源四川省的木里、盐边、盐源、木里、盐井等县的纳西族居民中，党和政府虽然做了許多工作，培养了一些本民族的干部，各方面的工作取得了很大成绩，但是由于解放前历代反动统治者一贯执行民族压迫和阶级压迫，因而这些地区的纳西族的文化受着种种窒息和摧残，长期停滞在落后阶段上，这种情况严重地影响了当地纳西族人民各方面的发展和进步。我們应該承認旧社会带给他們的包袱太重了，即使是这些地区的本民族干部，绝大部分至今还没有脫离文盲状态，在提高他們的阶级觉悟和业务水平上受到了很大的限制，因此在当地干部的成长和提高方面，还远远地不能适应当前革命形式发展的需要。总的說来，我們为了在纳西地区更有効地进行扫盲工作，最大限度的、迅速地满足纳西族人民文化生活上的迫切要求，我們必須努力为纳西族人民解决文字问题。

四、纳西族有自己的語言和文字。纳西語是本族社会中作为互相交际，交流思想，达到互相了解的主要工具，属于汉藏語系彝緬語族的彝語支。纳西族原来有两种文字，一种象形文，是表意的；另一种哥巴文，是标 的，一个符号表示一个音节，没有字母，像彝文。这两种文字的产生和使用，都有悠久历史，我们应该承认它在历史上起过重要作用，如纳西族的許多民间文学创作以及历史传說都用这种文字記錄下来了。但与此同时我们也不应該隐瞞这两种文字本身存在着严重缺点。从这两种文字的本质看来，他们都不能正确地代表語言，字数又少，不敷应用，再加上字形原始，尚未脱离图画文字的范围，因而它们已经很难充分有効地适应现代生活各方面的需要，特别是在吸收先进民族劳动生产建設經驗方面都存在着許多困难。这样就使得进一步发展纳西民族地区的政治、经济、文化事业，不能不受到很大的限制和困难。在交通闭塞文化落后的山区，（如中甸县的三坝乡和丽江县的果洛乡）居民中，他们写信，記账时虽然还使用着这种文字，但是在生产比较发达，文化教育比较先进的地区（如丽江坝）早已放弃使用这种文字。此外我们在这里还必须提到玛丽玛萨文的使用情况，据了解：维西县自称玛丽玛萨人的纳西族，他们刚从四川的盐源县迁来时，根本没有自己的文字，后来他们的先辈开始觉察到没有文字的痛苦，于是向当地的东巴巫师学会了象形文字。之后，又在象形文字选择了有代表性的99个文字符号组成了今日的玛丽玛萨文（文字符号請看附表）；因此我们認为玛丽玛萨文是从象形文字演变而成的。但玛丽玛萨文的用法跟象形文字不太相同，玛丽玛萨文的特点是一个符号表示一个音节，像哥巴文，而象形文字则一个符号不仅可以表示一个音节，有时还可以表示几个音节，甚至一个句子。这种文字不仅使用在书信、文契和記账上，甚至开会听报告也用这种記笔記；然而这种文字只通行在自称玛丽玛萨人的一百多户纳西族居民中。同时这种文字既然是借用99个象形文字符号组成的，这种文字同样严重地存在着象形文字本身带来的一切缺点，使用范围也极其狭窄，将来没有什么使用价值和发展的前途了。在这里我们还必须附带提到帝国主义传教士所创制的拉丁化拼音文字问题。大约在1932帝国主义传教士苏淑添（女，荷兰人），为了通过文字工具麻醉纳西族人民，曾创制了一种拉丁化拼音文字，但勤劳勇敢的纳西族人民，从来就不信仰基督教，因而这种文字也就没能在纳西族居民中得到推行。

其次，值得注意的是：研究各地纳西語的結果証明：纳西語可以分划为东西两个方言，每个方言又可分为三个土語，这些方言土語之间的差异，与河流分布有密切的关系，分布在四川省木里县境的无量河，云南省丽江县境的金沙江以东以及永胜县五郎河以北的纳西族地区，通行东部方言；无量河，金沙江以西，五郎河以南的纳西族地区，通行西部方言。同文字有联系，前面已提到纳西族原来有两种文字（象形文和哥巴文），长期以来，这两种文字只通行在说西部方言的纳西族地区，刚好同东西方言划分情况紧相吻合。说这两种方言的纳西族妇女的服饰上也有显著的差别：说西部方言纳西族妇女一般都系围腰，披羊皮披肩；而说东部方言的纳西族妇女一般只穿裙子，不系围腰，也不披羊皮披肩。（至于有关纳西族各个方言土语的具体分析请看下文。）

納西族过去有四种文字：

一、象形文字[sə˞^{1} tɕə^{3} lv^{1} tɕə^{3}]。

漢譯：　住在白云回繞的山村里，
　　　　来唱山间的清泉吧！

二、哥巴文字[ŋgə^{2}mba^{2}]：

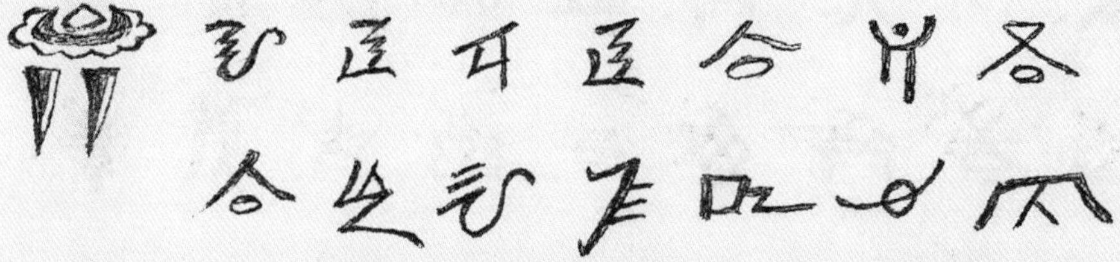

漢譯：　住在白云回绕的山村里，
　　　　来唱山间的清泉吧！

三、瑪丽瑪莎文字有九十九個音節符号：

四. 教会文字有三十八个字母：

声母二十七个：B P d D T ⊥ G K ꓘ J C Ɔ Z F ꟻ M N L
S R ʌ V H W X Y ⅄.

韻母十一个：A ꓯ E ꓱ I O ꓴ ꓵ ꓶ ꓷ B.

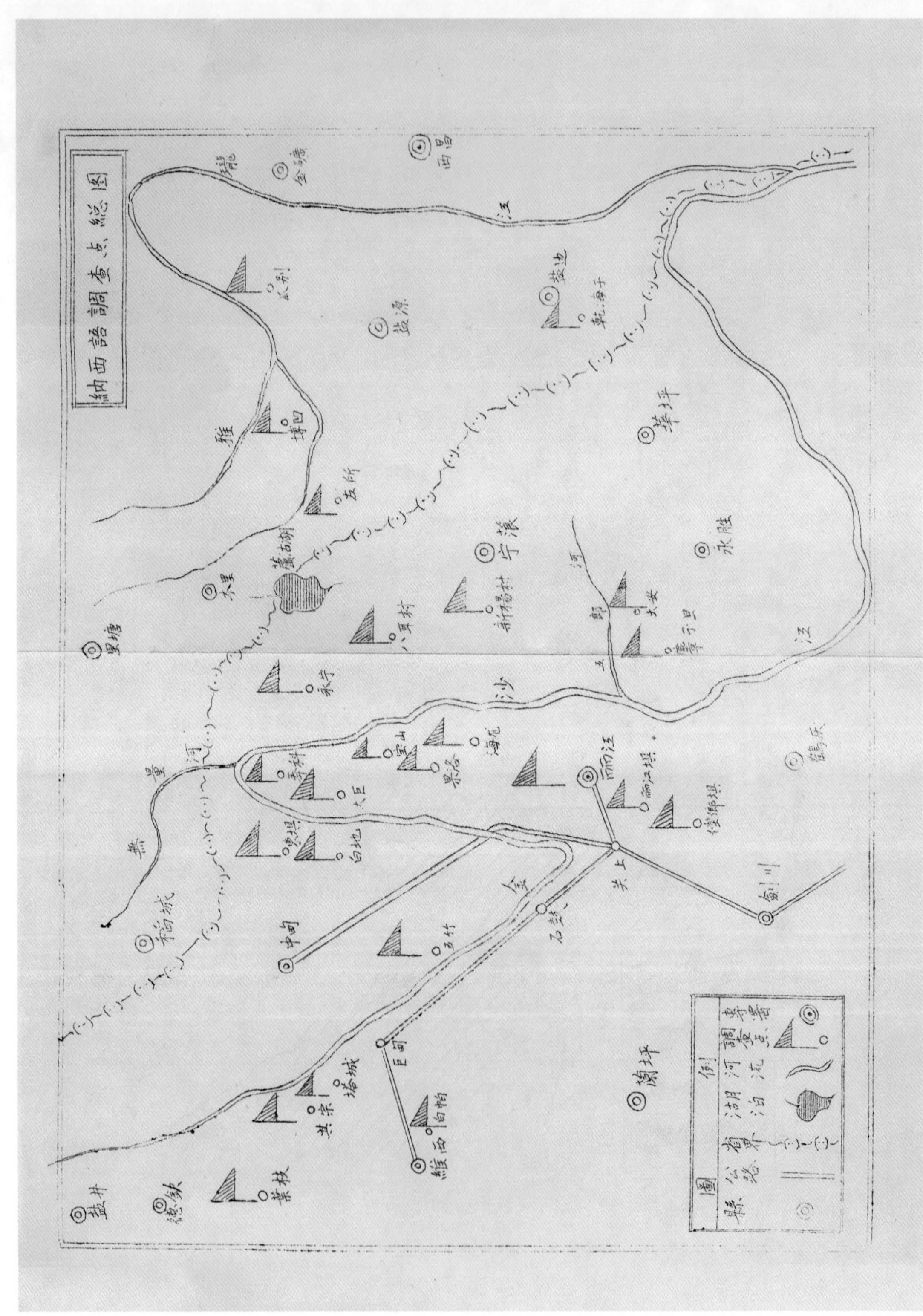
纳西語調查点總图

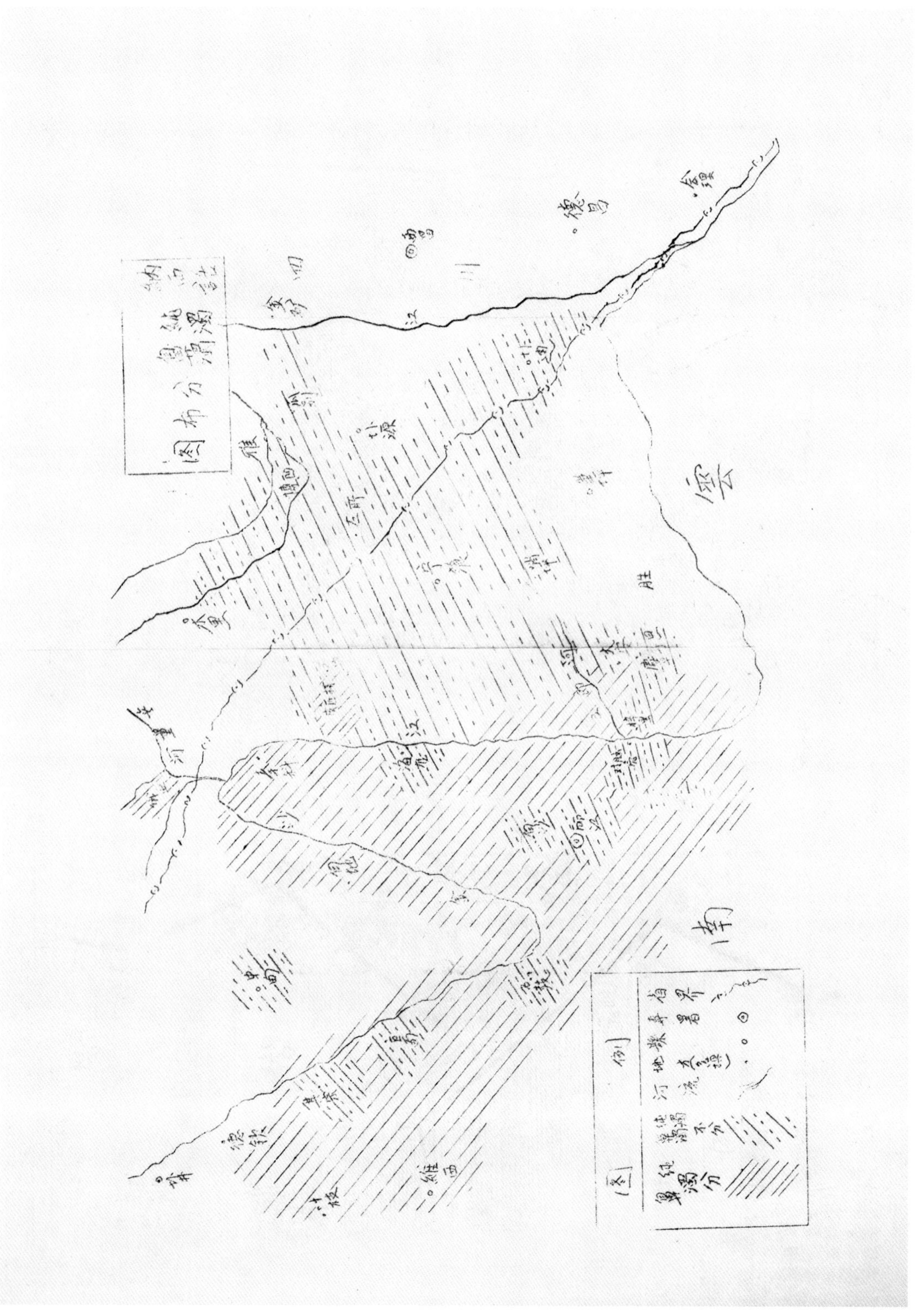

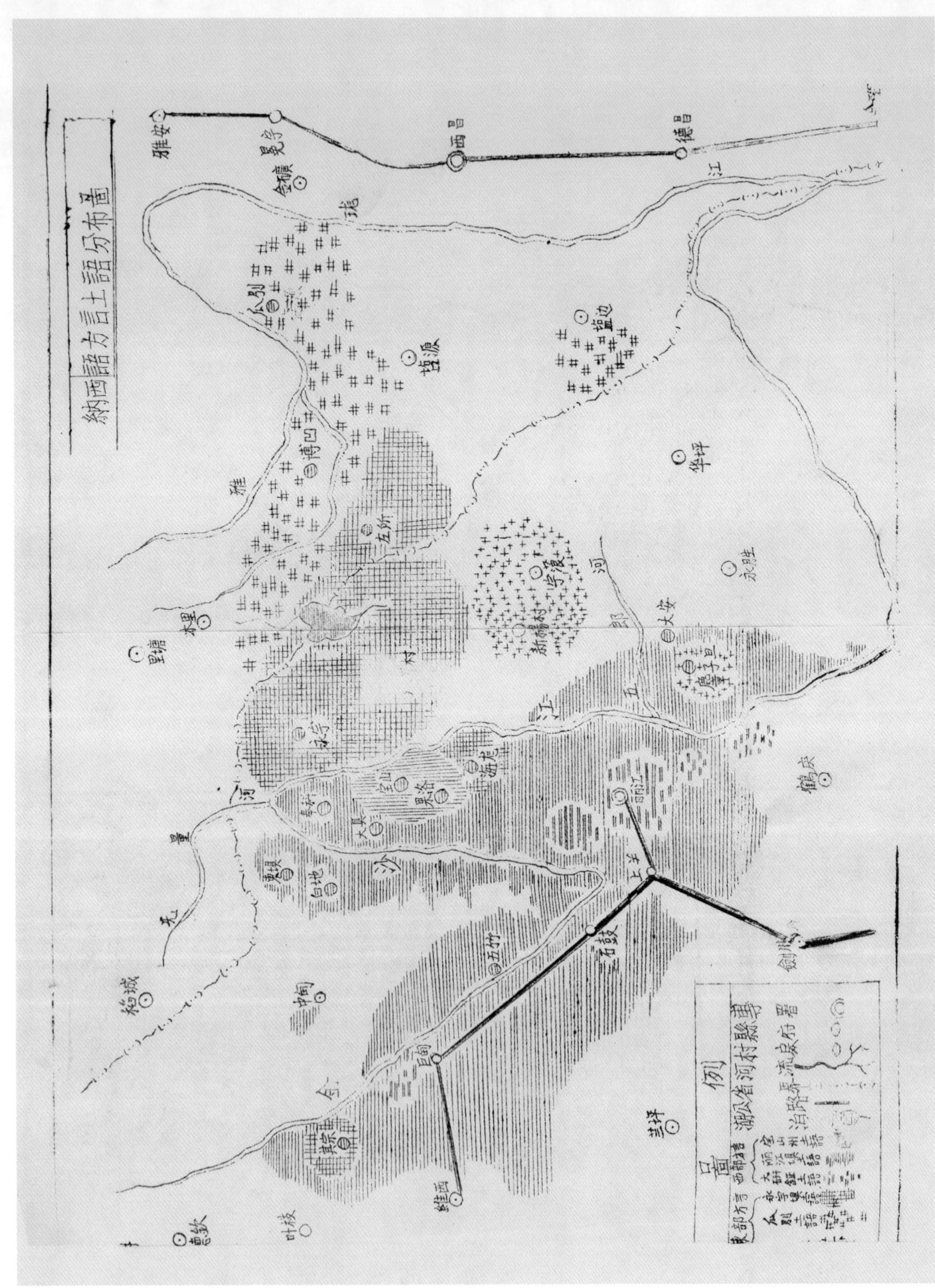
納西語方言土語分布圖
雅安
西昌
德昌
盐源
华坪
永胜
鹤庆
剑川
石鼓
维西
中甸
稻城
兰坪
例

三、納西語方言概況

(一)西部方言

西部方言區的纳西族自称"na² ɕi¹"，主要居住在云南省的丽江、中甸、维西、永胜等县，另外鹤庆、剑川、兰坪、德钦、贡山以及宁蒗县的永宁皮匠村和現屬四川省木里县的俄亚、大嘴、冷九、盐井县的白盐井等地也有分布。説这个方言的納西族人口估绝对多数，約十三万人左右。

这个方言内部的差異除了語音、詞彙上的差異比較显著外，語法方面基本一致。因此我們將西部方言划分為三个土語(大研鎮土語、丽江壩土語和宝山州土语)時，主要依据語音、詞彙上的差異。

(1)大研鎮土語：主要通行在丽江县中心區大研鎮。此外該县第一區的白沙、束河、黄峰等鄉，第六區的道新、道古、宅光、宅某村以及沿交通线一带的集镇里也有分布。說这个土語的纳西族据不完全的統計約有三万人。

(2)丽江壩土語：主要通行在丽江县境大部分地區以及中甸、维西、永胜、德欽、貢山等县。說这個土語的纳西族約有九万五千人。這个土語以丽江第一區青龙鄉話為代表。

(3)宝山州土語：主要通行在丽江县第六區的宝山、果洛兩鄉。說这个土語的人數最少，只有四五千人。这个土語以丽江宝山州(果洛鄉)的拉汝村话為代表。

一、西部方言内部語音情况

1.各个土語的語音情况

(1)大研鎮土語：

A.声母三十一个。

声母 部位＼方法	塞音 純清	塞音 清吐氣	塞音 鼻濁	鼻音	擦音 清	擦音 濁	边音
双唇音	p	pʻ	mb	m			
唇齿音					f		
舌尖音	t	tʻ	nd	n			l
舌根音	k	kʻ	ŋg	ŋ	x	ɣ	
齿头音	ts	tsʻ	ndz		s	z	
翹舌音	tʂ	tʂʻ	ndʐ		ʂ	ʐ	
舌面音	tɕ	tɕʻ	ndʑ		ɕ		
	塞擦音						

說明：1.舌尖音t tʻ nd n l与韻母ɯ 現拼時讀作翹舌音ʈ ʈʻ ɳɖ ɳ ɭ。如：

tɯ^{1}tɯ^{1}稳定[ʈɯ˧ ʈɯ˧]。 nɯ^{1}你[ɳɯ˧]。
təɹ^{3}关[ʈəɹ˥]。 nəɹ^{3}压[ɳəɹ˥]。
t'ɯ^{1}他[ʈ'ɯ˧]。 lɯ^{1}田[ɭɯ˧]。
t'əɹ^{2}裙子[ʈ'əɹ˩]。 ləɹ^{3}量（動）[ɭəɹ˥]。
ndɯ^{2}一[ɳɖɯ˧]。
ndəɹ^{1}短[ɳɖəɹ˧]。

註：在方括號內的表示實際音值，下同。

2. 用鼻冠濁音mb nd ndz ȵdʑ ȵdʑ ŋg作声母的音节单独出现時濁音前所帶鼻音成分比較明显，但出現在多音节詞時，鼻音成分通常趋向于减弱，有時甚至变成純濁音了。如：

lo^{1}mbɛ^{1}做工[lo^{1}bɛ^{1}]。
mba^{2}ndɯ^{1}mba^{2}一朵花[mba^{2}ɳɖɯ^{1}ba^{2}]。
ȵi^{1}mɛ^{1}ŋgv^{2}西方[ȵi^{1}mɛ^{1}gv^{2}]。
za^{1}ndɯ^{1}ndzɿ^{1}一双鞋[za^{1}ɳɖɯ^{1}dzɿ^{1}]。
tɛ^{1}ɣɯ^{1}mə^{1}ȵdʑy^{1}沒有書[tɛ^{1}ɣɯ^{1}mə^{1}dʑy^{1}]。

3. 舌面音tɕ tɕ' ȵdʑ ȵ ɕ比國際音標中的舌面前音要靠後些。如：

tɕi^{1}放置[tɕ˖i˧] tɕ'i^{1}賣[tɕ'˖i˧]。
ȵdʑi^{1}走[ȵdʑ˖i˧] ȵi^{1}日子[ȵ˖i˧]。
ɕi^{1}人[ɕ˖i˧]。

声母例詞：

声母	音位标音	实际音值	汉义
p	pi^{2}	pi˩	辣
p'	p'a^{1}	p'a˧	脸
mb	mbəɹ^{1}	mbəɹ˧	客人
m	mɯ^{1}	mɯ˧	天
f	fv̩^{2}	fv̩˩	填
t	təɹ^{3}	ʈəɹ˥	关
t'	t'ɯ^{1}	ʈ'ɯ˧	他
nd	ndɯ^{2}	ɳɖɯ˩	一
n	nəɹ^{3}	ɳəɹ˥	压
l	lɯ^{1}	ɭɯ˧	田
k	kɯ^{1}	kɯ˧	聪明
k'	k'ɯ^{1}	k'ɯ˧	狗
ŋg	ŋgɯ^{1}	ŋgɯ˧	相信
ŋ	ŋə^{2}	ŋə˩	我

x	xəɹ^1	xəɹ˧	风
ɣ	ɣə^2	ɣə˩	捞
ts	tsa^2	tsa˩	幸福
ts'	ts'ɿ^2	ts'ɿ˩	細
ndz	ndzɿ^1	ndzɿ˧	吃
s	su^2	su˩	鉄
z	za^1	za˧	嫩
tʂ	tʂəɹ^1	tʂəɹ˧	咳嗽
tʂ'	tʂ'əɹ^3	tʂ'əɹ˥	肺
ɳdʐ	ɳdʐɿ^2	ɳdʐɿ˩	時间
ʂ	ʂəɹ^1	ʂəɹ˧	事情
ʐ	ʐɿ^2	ʐʅ˩	蛇
tɕ	tɕəɹ^1	tɕ$^+$əɹ˧	杯子
tɕ'	tɕ'ə^3	tɕ'$^+$ə˥	贴
ȵdʑ	ȵdʑi^1	ȵdʑ$^+$i˧	走
ȵ	ȵi^1	ȵ$^+$i˧	要
ɕ	ɕi^1	ɕ$^+$i˧	人

B. 韻母二十一個

(1) 单韻母十二个：

ɿ i y ɛ æ a o u ɯ ɤ ə əɹ

(2) 複韻母九個

iæ ia iə yɛ yæ uɛ uæ ua uə

説明：1. 韻母ɿ在翹舌音後边讀作舌尖韻母[ʅ]。如：

tsɿ^1 拴
ts'ɿ^1 踢
ndzɿ^2 坐
sɿ^1 知道
zɿ^2 抓
} ɿ = [ɿ]，

tʂɿ^1 土
tʂ'ɿ^1 吊
ɳdʐɿ^1 市
ʂɿ^1 肉
ʐɿ^1 漏
} ɿ = [ʅ]

2. 韻母ɛ在齿头音的後边時讀作[e]。如：

pɛ^3 釣
p'ɛ^2 麻布
mbɛ^1 雪
mɛ^3 教
t'ɛ^{1}ɣɯ^1 書
} ɛ = [ɛ]，

tsɛ^2 用
ts'ɛ^2 十
ndzɛ^2 合样
sɛ^1 完
zɛ^1 削
} ɛ = [e]，

3. 複韻母iə iæ ua uə单独成音节時，韻头i(u)摩擦性较强。

近似半元音[j. w]。如：

iə^{1}烟[jə˧]. uɑ^{2}是[wɑ˩].

iæ^{2}香油[jæ˩]. uə^{2}鹰[wə˩].

4. 韻母o比[o]部位要靠前一点，实际音值是[o˖]。如：

ndo^{2}見[ndo˖˩]. no^{1}乳汁[no˖˧].

to^{1}木板[to˖˧]. iɑ^{1}ko^{2}家[jɑ˧ ko˖˩].

5. 韻母æ ə əɹ ɑ o单独成音节時，前面都带有喉塞音[ʔ]。

æ^{2}鸡[ʔæ˩]. o^{2}飛鳥[ʔo˩].

ɑ^{3}鴨[ʔɑ˥]. ə^{3}k'ɑ^{1}苦荞[ʔə˥ k'ɑ˧].

əɹ^{2}繩子[ʔəɹ˩].

韻母例詞

韻母	音位标音	实际音值	汉义
ɿ	ts'ɿ^{2}	ts'ɿ˩	来
i	ȵi^{1}	ȵ˖i˧	魚
y	ɕy^{2}	ɕ˖y˩	紅
ε	ts'ε^{1}	ts'e˧	蓝
æ	sæ^{1}	sæ˧	血
ɑ	ts'ɑ^{3}	ts'ɑ˥	咬(狗)
o	ts'o^{1}	ts'o˖˧	跳
u	mbu^{2}	mbu˩	豬
ɯ	ɣɯ^{1}	ɣɯ˧	牛
ʋ̩	k'ʋ̩^{3}	k'ʋ̩˥	年
ə	ŋgə^{2}	ŋgə˩	茄子
əɹ	p'əɹ^{2}	p'əɹ˩	白
yε	yε^{2} næ^{1}	yε˩ næ˧	云南
yæ	yæ^{2} tsɿ^{1}	yæ˩ tsɿ˧	丸子
iə	p'iə^{3}	p'iə˥	叶子
iæ	iæ^{2}	jæ˩	香油
iɑ	iɑ^{1}ko^{2}	jɑ˧ ko˖˩	家
uε	suε^{1}	sue˧	官
uæ	uæ^{1}	wæ˧	左
uɑ	suɑ^{2}	suɑ˩	高
uə	k'uə^{3}	k'uə˥	范圍

C. 声調 有四個：

代号	調值	例詞		
		音位标音	实际音值	汉文
1	˧33	tv^{1}	tv˧	接觸
2	˨˩21	tv^{2}	tv˨˩	种
3	˥55	tv^{3}	tv˥	抵
4	˩˧13	tv^{4}	tv˩˧	毒(汉)

說明：低升調主要出現在汉语借词裡，出現在本语的很少。如：
ŋa^{4} 我家．　na^{4} 你家．　t'a^{4} 他家．

变調条例：大研鎮土語里词与詞结合或词的音节重疊時，有下列几种变調条例：

(一) 名词加形容詞：

① ˧ + ˨˩ ⟶ ˥ + ˨˩．

tʂʅ^{1} 土，p'ər^{2} 白 ⟶ tʂʅ^{3} p'ər^{2} 白土．

tʂʅ^{1} 土，ɕy^{2} 紅 ⟶ tʂʅ^{3} ɕy^{2} 紅土．

tʂʅ^{1} 土，na^{2} 黑 ⟶ tʂʅ^{3} na^{2} 黑土．

② ˨˩ + ˨˩ ⟶ ˧ + ˨˩．

k'ɯ^{2} 线，p'ər^{2} 白 ⟶ k'ɯ^{1} p'ər^{2} 白线．

ma^{2} 油，p'ər^{2} 白 ⟶ ma^{1} p'ər^{2} 酥油．

(二) 名詞加數量词：

③ ˧ + ˧ + ˥ ⟶ ˧ + ˥ + ˧．

ɕi^{1} 人，ua^{1} 五，kv^{3} 个 ⟶ ɕi^{1} ua^{3} kv^{1} 五个人。

mbər^{1} 客人，lu^{1} 四，kv^{3} 个 ⟶ mbər^{1} lu^{3} kv^{1} 四位客人．

(三) 數詞加数词．

④ ˨˩ + ˨˩ ⟶ ˧ + ˨˩．

ts'ɛ^{2} 十，ndɯ^{2} 一 ⟶ ts'ɛ^{1} ndɯ^{2} 十一．

ts'ɛ^{2} 十，ȵi^{2} 二 ⟶ ts'ɛ^{1} ȵi^{2} 十二．

ts'ɛ^{2} 十，sɿ^{2} 三 ⟶ ts'ɛ^{1} sɿ^{2} 十三．

(四) 单音节形容词的重疊．

⑤ 单音节形容词重疊時第一個音节一律变低升调，表示程度的加深。

ɕy^{2} 红 ⟶ ɕy^{4} ɕy^{2} ŋgə^{1} 紅紅的．

na^{2} 黑 ⟶ na^{4} na^{2} ŋgə^{1} 黑黑的．

p'ər^{2} 白 ⟶ p'ər^{4} p'ər^{2} ŋgə^{1} 白白的．

(五) 動詞的重疊．

⑥ 高平调的動詞重疊時第二个音节一律变中平调,表示相互動作或連続动作。

la³ 打 ——→ la³la¹ 打架.
sɿ³ 拾 ——→ sɿ³sɿ¹ 收拾.
tsʻa³ 咬 ——→ tsʻa³tsʻa¹ 互咬(狗).
tʻər³ 咬 ——→ tʻər³tʻər¹ 乱咬(蚊子).

⑦ 低降调的动词重疊時,第一个音节变中平调表示相互动作或連续动作。

tæ² 拉 ——→ tæ¹tæ² 互拉.
sɿ² 选 ——→ sɿ¹sɿ² 挑选.
zæ² 笑 ——→ zæ¹zæ² 欢笑

(六)省去句子裡的連詞時,也有变调情况.如:

˧ + ˥ ——→ ˦.

ndʐɿ¹lo² mə¹ mbɯ¹ sɛ³, ŋa⁴ko² ɕə² mbɯ¹ ka¹mv¹
——→ ndʐɿ¹lo² mə¹ mbɯ⁴, ŋa⁴ko² ɕə² mbɯ¹ ka¹mv¹.
如果不上街的话,請到我家去玩。

(2)丽江坝土語

A.声母三十七个:

声母 方法 部位	塞音				鼻音	擦音		边音
	純清	清吐气	純濁	鼻濁		清	濁	
双唇音	p	pʻ	b	mb	m			
唇齿音						f		
舌尖音	t	tʻ	d	nd	n			l
舌根音	k	kʻ	g	ŋg	ŋ	x	ɣ	
齿头音	ts	tsʻ	dz	ndz		s	z	
翹舌音	tʂ	tʂʻ	dʐ	ɳdʐ		ʂ	ʐ	
舌面音	tɕ	tɕʻ	dʑ	ȵdʑ	ȵ	ɕ		
	塞	擦	音					

说明:1.舌尖音 t tʻ d nd n l 六個声母与韻母 ə ər u ɯ 拼合時讀作翹舌音 ʈ ʈʻ ɖ ɳɖ ɳ ɭ。(但与其他韻母拼合時不变)。如: ndu² 泥团[ɳɖu˩].
tə¹ 受罚[ʈə˧]. nər³ 压:[ɳər˥].
tʻər³ 咬[ʈʻər˥]. lər³ 种子[ɭər˥].

dɯ² —〔ɖɯ˩〕.

韻母 æ a o əɹ 自成音节並带低降调時前面带有一个喉音〔ɦ〕。

æ² 鸡〔ɦæ˩〕. o² 我鸟〔ɦo˩〕.

a² 億〔ɦa˩〕. əɹ² 绳子〔ɦəɹ˩〕.

声 母 例 詞

声母	音位标音	实际音值	汉文
p	pi²	pi˩	辣
p'	p'a¹.	p'a˧	臉
b	ba²	ba˩	花
mb	mbɛ¹	mbɛ˧	雪
m	ma²	ma˩	油
f	fv̩¹	fv̩˧	毛
t	tv̩²	tv̩˩	种
	tə³	ʈə˥	摺
t'	t'v̩²	t'v̩˩	桶
	t'ɯ¹	ʈ'ɯ˧	他
d	dv̩²	dv̩˩	肚子
	dɯ²	ɖɯ˩	大
nd	ndy³	ndy˥	追
	ndəɹ¹.	ɳɖəɹ˧	錯誤
n	na²	na˩	黑
	nəɹ³	ɳəɹ˥	压
l	lɛ¹	lɛ˧	褲子
	lɯ¹	ɭɯ˧	田
k	kə¹	kə˧	鏡子.
k'	k'ə¹	k'ə˧	滴
g	gɯ¹	gɯ˧	飽
ŋg	ŋgɯ¹	ŋgɯ˧	裂开
ŋ	ŋə²	ŋə˩	我
x	xɯ³	xɯ˥	海
ɣ	ɣə²	ɣə˩	捞
tʂ	tʂua¹	tʂua˧	床
tʂ'	tʂ'ua¹	tʂ'ua˧	米
dʐ	dʐɿ²	dʐɿ˩	時
ndʐ	ndʐɿ¹	ndʐɿ˧	美丽

ʂ	ʂʅ^{1}	ʂʅ˧	肉
ʐ	ʐʅ^{1}	ʐʅ˧	酒
ts	tsɛ^{2}	tse˩	用
ts'	ts'ɛ^{1}	ts'e˧	盐
dz	dzæ^{2}	dzæ˩	城
ndz	ndzɿ^{1}	ndzɿ˧	吃
s	sa^{1}	sa˧	麻
z	za^{1}	za˧	鞋
tɕ	tɕi^{3}	tɕi˥	小
tɕ'	tɕ'i^{3}	tɕ'i˥	冷
dʑ	dʑy^{1}	dʑy˧	有
ndʑ	ndʑi^{1}	ndʑi˧	麦
ȵ	ȵi^{1}	ȵi˧	魚
ɕ	ɕi^{1}	ɕi˧	人

B. 韻母 二十一个.

1. 单韻母十二个：

ɿ i y ɛ æ a o u ɯ v ə ɚ.

2. 复韻母九个：

iæ ia iə yɛ yæ uɛ uæ ua uə.

说明：1. 韻母ɛ出现在齿头音後面時讀作[e]。如：

pɛ^{1} 酒糟, p'ɛ^{2} 麻布, mbɛ^{1} 雪, tɛ^{1} ɣɯ^{1} 鸟 } ɛ=[ɛ]。

tsɛ^{2} 用, ts'ɛ^{1} 盐, dzɛ^{1} 麦子 } ɛ=[e].

2. 韻母y出現在x的後边時讀作[ɸ].

xy^{3} 站 [xɸ˥]、 xy^{2} 紅 [xɸ˩]

xy^{1} 炒 [xɸ˧]

3. 舌尖韻母ɿ出现在翘舌音tʂ tʂ' dʐ ndʐ ʂ ʐ 後边時韻母ɿ就讀作[ʅ]了。如：

tsɿ^{3} 塞, ts'ɿ^{2} 来, dzɿ^{1} 双, ndzɿ^{1} 吃, sɿ^{1} 知道, zɿ^{1} 草 } ɿ=[ɿ]

tʂɿ^{1} 土, tʂ'ɿ^{3} 破, dʐɿ^{1} 街, ndʐɿ^{1} 美丽, ʂɿ^{1} 肉, ʐɿ^{1} 酒 } ɿ=[ʅ].

韻母例詞

韻母	音位标音	实际音值	汉文
ɿ	sɿ²	sɿ˩	三
	ʂɿ³	ʂɿ˥	新
i	pi²	pi˩	辣
	i²	ji˩	够味
y	mby¹	mby˧	分
	xy²	xɸ˩	紅
ɛ	p'ɛ²	p'ɛ˩	麻布
	ts'ɛ¹	ts'e˧	盐
æ	k'æ¹	k'æ˧	咬
	æ²	ɦæ˩	鸡
a	ta³	ta˥	僅
	a²	ɦa˩	億
o	zo¹	zo˧	男
	o²	ɦo˩	鵝
u	bu²	bu˩	猪
ɯ	ɣɯ¹	ɣɯ˧	皮
v̩	kv̩¹	kv̩˧	蒜
ə	mə¹	mə˧	不
əɹ	ʂəɹ³	ʂəɹ˥	满
	əɹ²	ɦəɹ˩	绳子
iə	p'iə³	p'iə˥	叶子
	iə²	jə˩	舐
ia	pia¹	pia˧	錶
	ia²tsɿ¹	ja˩ tsɿ˧	侄儿
iæ	liæ²tsɿ¹	liæ˩ tsɿ˧	兵
	iæ¹æ²	jæ˧ ɦæ˩	香油
yɛ	tɕyɛ²ti³	tɕyɛ˩ ti˥	决定
yæ	ɕyæ²	ɕyæ˩	危險
uɛ	suɛ¹	sue˧	官
uæ	uæ¹	wæ˧	友
uə	ŋguə¹	ŋguə˧	遊
	uə²	wə˩	鷹

ua　　tʂ'ua¹　　tʂ'ua˧　　米
　　ua²　　wa˩　　是

c. 声调：有四个，调值及其变调条例同大研镇土语基本相同，这里不另列表。

(3) 宝山州土语：

A 声母　三十四个

声母＼方法＼部位	塞音 纯清	清吐气	纯浊	鼻浊	鼻音	擦音 清	浊	边音
双唇音	p	p'	b	mb	m			
舌尖音	t	t'	d	nd	n			l
舌根音	k	k'	g	ŋg	ŋ	x	ɣ	
齿头音	ts	ts'		ndz		s	z	
翘舌音	tʂ	tʂ'		ɳdʐ		ʂ	ʐ	
舌面音	tɕ	tɕ'	dʑ	ȵdʑ	ȵ	ɕ		
	塞擦音							

说明：1. 舌尖音与韵母 æ u ɯ ə əɹ 等拼合時，讀作翹舌音 ʈ ʈ' ɖ ɳɖ ɳ ɭ。如：

tæ¹ 黏〔ʈæ˧〕　　tə¹ 受罪〔ʈə˧〕
tu¹ 陷〔ʈu˧〕　　təɹ¹ 关〔ʈəɹ˧〕
tɯ¹ 锅〔ʈɯ˧〕

2. 韻母 æ a əɹ 单独出现並带低降调時，前边带有喉音〔ɦ〕。

æ² 鸡〔ɦæ˩〕
a² 德〔ɦa˩〕
kə¹ əɹ² 镜子〔kə˧ ɦəɹ˩〕

3. 韻母 i u 或以 i u 作韻头的复韻母 iə iæ ua uə 单独成音节時，i u 的摩擦性较强，近似半元音〔j w〕。如：

i⁴ 有（水）〔ji˧〕　　u² 堆〔wu˩〕
iæ³ 濃〔jæ˥〕　　uɛ³ uɛ¹ 圆〔wɛ˥ wɛ˧〕
iə¹ 烟〔jə˧〕　　ua¹ 五〔wa˧〕

声母例詞

声母	音位标音	实际音值	汉义
p	pa¹	pa˧	蛙

p'	p'u^{4}	p'u˩˧	脱
b	bi^{2}	bi˩	多
mb	mbu^{2}	mbu˩	滴
m	mu^{1}	mu˧	天
t	ta^{2}	ta˩	搁住
	tæ^{1}	ʈæ˧	黏
t'	t'i^{2}	t'i˩	鉋
	t'ə^{1}	ʈ'ə˧	晴
d	da^{2}	da˩	织
	dɯ^{2}	ɖɯ˩	一
nd	ndy^{3}	ndy˥	追
	ndæ^{1}	ɳdæ˧	狐狸
n	nɛ^{1}	nɛ˧	天雪米
	nɯ^{1}mɛ^{1}	ɳɯ˧ mɛ˧	心臓
l	ly^{2}	ly˩	看
	ləɹ^{2} k'əɹ^{1}	ləɹ˩ k'əɹ˧	温泉
k	ka^{1}	ka˧	好
k'	k'a^{1}	k'a˧	苦
g	gɯ^{1}	gɯ˧	饱
ŋg	ŋgu^{2}	ŋgu˩	病
ŋ	ŋæ^{2}	ŋæ˩	忍受
x	xɛ^{1}	xɛ˧	停止
ɣ	ɣə^{1}	ɣə˧	捞
ts	tsɛ^{2}	tse˩	用
ts'	ts'əɹ^{4}	ts'əɹ˩˧	山羊
ndz	ndzi^{1}	ndzi˧	吮
s	si^{1}	si˧	穷
z	zy^{2}	zy˩	花椒
tʂ	tʂæ^{2}	tʂæ˩	净(油)
tʂ'	tʂ'əɹ^{4}	tʂ'əɹ˩˧	肺
ɳdʐ	ɳdʐæ^{1}	ɳdʐæ˧	骑
ʂ	ʂæ^{4}	ʂæ˩˧	泻
ʐ	ʐə^{2}	ʐə˩	捉
tɕ	tɕi^{2}	tɕi˩	酸
tɕ'	tɕ'i^{4}	tɕ'i˩˧	冷

dʑ	dʑi²	dʑi˩	水
ȵdʑ	ȵdʑi⁴	ȵdʑi˦	烧
ȵ	ȵi⁴	ȵi˦	鼻涕
ɕ	ɕi¹	ɕi˧	人

B、韻母 有十四个：

1. 单韻母十一个：

ɿ i y ɛ æ a o u ɯ ə ɚ

2. 复韻母三个：

iə uɛ ua

说明：1. 韻母ɿ同翘舌音拼合时，实际音值是[ʅ]。如：

tsɿ¹ tsɿ¹ 跷起
ts'ɿ¹ ts'ɿ¹ 豌豆
ndzɿ¹ 坐
sɿ² 三
zɿ¹ 青稞
} ɿ＝[ɿ].

tʂɿ³ ʂə¹ 沙子
tʂ'ɿ² 讥笑
ndʐɿ¹ 耽搁
ʂɿ⁴ 新
} ɿ＝[ʅ].

2. 韻母[ə]出现在舌尖音 t t' d nd n l 以边时，读作没次高元音[ɤ]。如：

tə² 直
t'ə¹ 晴
də² 啥
ndə² 毒
} ə＝[ɤ]

韻 母 例 词

韻母	音位標音	实际音值	汉文
ɿ	sɿ²	sɿ˩	三
	ʂɿ⁴	ʂʅ˦	新
i	bi²	bi˩	搓
y	ndy¹	ndy˧	迟缓
ɛ	lɛ¹	lɛ˧	茶
æ	mæ¹	mæ˧	尾巴
a	ta²	ta˩	挡住
o	k'o⁴	k'o˦	牵
u	tu²	tu˩	钟
ɯ	gɯ¹	gɯ˧	饱
ə	k'ə¹	k'ə˧	痛
	tə²	tɤ˩	直

əɹ	tʂəɹ^{3}	tʂəɹ˥	瘾
	ŋgəɹ^{1}	ŋgəɹ˧	麦来莱
iə	pʻiə^{4}	pʻiə˩˧	叶子
uɛ	suɛ^{1}	sue˧	官
ua	tʂua^{1}	tʂua˧	床

C.声调 有四个

代号	調值	例詞		
		音位標音	实际音值	汉义
1	˧33	ka^{1}	ka˧	好
2	˨˩21	pi^{2}	pi˨˩	辣
3	˥55	tʂʻua^{3}	tʂʻua˥	六
4	˩˧13	na^{4}	na˩˧	和

变調条例

根据現有材料，宝山州土语里，词与词结合或音节重叠時有下列四种变调条例：

(一)名词加形容词：

1. ˥ + ˧ ⟶ ˥ + ˨˩

tʂɿ^{3}土，pʻəɹ^{1}白 ⟶ tʂɿ^{3} pʻəɹ^{2} 白土

tʂɿ^{3}土，na^{1}黑 ⟶ tʂɿ^{3} na^{2} 黑土

tʂɿ^{3}土，ʂɿ^{1}黄 ⟶ tʂɿ^{3} ʂɿ^{2} 黄土

tʂɿ^{3}土，xy^{1}紅 ⟶ tʂɿ^{3} xy^{2} 紅土

2. ˨˩ + ˧ ⟶ ˧ + ˨˩.

kʻɯ^{2}线，pʻəɹ^{1}白 ⟶ kʻɯ^{1} pʻəɹ^{2} 白线

ma^{2}油，pʻəɹ^{1}白 ⟶ ma^{1} pʻəɹ^{2} 酥油

(二)名词加数量词：

3. ˧ + ˧ + ˧ ⟶ ˥ + ˧ + ˧.

ɕi^{1}人，ua^{1}五，ku^{1}个 ⟶ ɕi^{3} ua^{1} ku^{1} 五个人.

但也有不变声调的：

ʐua^{1}lu^{1} ndʐæ^{1} 四匹馬.

bu^{1}ʐɯ^{1} ua^{1} ly^{1} 五个瓠子.

(三)動词重叠表示相互動作或連續動作。

4. 低升调動詞重疊時两个音节都变中平调。如：

la^{4}打 ⟶ la^{1}la^{1} 打架

sy^{1}殺 ⟶ sy^{1}sy^{1} 打仗.

tsa^{1} 咬 ——→ tsʻa^{1} tsʻa 互咬（[illegible]）

5. 低降调的動詞重叠時第一个音节变作中平调。

tæ^{2} 拉 ——→ tæ^{1} tæ^{2} 互拉

ʐæ^{2} 笑 ——→ ʐæ^{1} ʐæ^{2} 欢笑

ʐə^{2} 摸 ——→ ʐə^{1} ʐə^{2} 互摸

2. 各土语间的语音比较

A. 声母比较

声母			例词			
大研镇	丽江坝	宝山州	大研镇	丽江坝	宝山州	汉义
p	p	p	pi^{2}	pi^{2}	pi^{2}	辣
pʻ	pʻ	pʻ	pʻv^{3}	pʻv^{3}	pʻu^{4}	脱
mb	b	b	mbɯ^{2}	bɯ^{2}	bi^{2}	多
	mb	mb	mbv^{2}	mbv^{2}	mbu^{2}	滴(漏)
m	m	m	mɯ^{3}	mɯ^{3}	mi^{1}	竹子
		ȵ	miə^{2}	miə^{2}	ȵə^{1}	眼睛
f	f	x	fv^{2}	fv^{2}	xu^{2}	封(量)
t	t	t	tæ^{3}	tæ^{3}	tæ^{1}	黏
tʻ	tʻ	tʻ	tʻi^{2}	tʻi^{2}	tʻi^{2}	铇
nd	d	nda^{2}	nda^{2}	da^{2}	da^{2}	织
	nd	ndɯ^{3}	ndy^{3}	ndy^{3}	ndy^{4}	追
n	n	n	na^{2}	na^{2}	na^{2}	黑
l	l	l	ly^{2}	ly^{2}	ly^{2}	看
k	k	k	ka^{1}	ka^{1}	ka^{1}	好
		ŋg	kæ^{3}	kæ^{3}	ŋgæ^{3}	滑
ŋ	ŋ	ŋ	ŋæ^{2}	ŋæ^{2}	ŋæ^{2}	忍受
ŋg	g	g	ŋgə^{2}	gə^{2}	gə^{1}	茄子
	ŋg	ŋg	ŋgu^{2}	ŋgu^{2}	ŋgu^{1}	病
kʻ	kʻ	kʻ	kʻa^{1}	kʻa^{1}	kʻa^{1}	苦
x	x	x	xæ^{2}	xæ^{2}	xæ^{2}	买
ɣ	ɣ	ɣ	ɣə^{2}	ɣə^{2}	ɣə^{1}	捞
ts	ts	ts	tsɛ^{2}	tsɛ^{2}	tsɛ^{2}	用
	tʂ	tʂ	tsua^{1}	tʂua^{1}	tʂua^{1}	床
tsʻ	tsʻ	tsʻ	tsʻi^{3}	tsʻi^{3}	tsʻər^{4}	山羊
	tʂʻ	tʂʻ	tsʻua^{1}	tʂʻua^{1}	tʂʻua^{1}	米

ndz	dz	z	ndzər²	dzər²	zər²	搶
	ndz	ndz	ndzɿ¹	ndzɿ¹	ndzɛ¹	吃
s	s	s	sɿ¹	sɿ¹	sɿ¹	穷
	ʂ	ʂ	sə³	ʂə³	ʂə⁴	说
z	z	z	zɿ¹	zɿ¹	zɿ¹	青稞
tʂ	tʂ	tʂ	tʂɿ¹	tʂɿ¹	tʂɿ¹	土
		tɕ	tʂu³	tʂu³	tɕy⁴	錐子
tʂʻ	tʂʻ	tʂʻ	tʂʻər³	tʂʻər³	tʂʻər⁴	肺
		tɕʻ	tʂʻu³	tʂʻu³	tɕʻy⁴	插
ndʐ	dʐ	ʐ	ndʐɿ¹	dʐɿ¹	ʐɿ¹	街
	ndʐ	ndʐ	ndʐər¹	ndʐər¹	ndʐər¹	煎
ʂ	ʂ	ʂ	ʂɿ²	ʂɿ²	ʂɿ²	獅
ʐ	ʐ	ʐ	ʐɿ¹	ʐɿ¹	ʐɿ¹	酒
tɕ	tɕ	tɕ	tɕi²	tɕi²	tɕi²	酸
tɕʻ	tɕʻ	tɕʻ	tɕʻi³	tɕʻi³	tɕʻi⁴	冷
ndʑ	dʑ	dʑ	ndʑi²	dʑi²	dʑi²	水
	ndʑ	ndʑ	ndʑə²	ndʑə²	ndʑə²	辛苦
ȵ	ȵ	ȵ	ȵi³	ȵi³	ȵi⁴	鼻涕
ɕ	ɕ	ɕ	ɕi¹	ɕi¹	ɕi¹	人
	x	x	ɕy²	xy²	xy¹	紅

B.韻母比較：

韻母			例詞			
大研鎮	麗江壩	宝山州	大研鎮	麗江壩	宝山州	汉义
ɿ	ɿ	ɿ	sɿ²	sɿ²	sɿ²	三
		u	zɿ²	zɿ²	ʐu¹	仇
		ər	zɿ¹	zɿ¹	zər¹	草
		i	zɿ¹	zɿ¹	zi¹	昏
i	i	i	mbi²	bi²	bi²	搓
y	y	y	ty¹	ty¹	ty³	舂
ɛ	ɛ	ɛ	lɛ³	lɛ³	lɛ¹	茶
æ	æ	æ	tæ²	tæ²	tæ²	拉
a	a	a	mba²	mba²	mba²	陣（量）
o	o	o	kʻo³	kʻo³	kʻo⁴	宰
		ər	kʻo¹	kʻo¹	kʻər	角

u	u	u	ku^2	ku^2	ku^2	遞
		y	tʂu^3	tʂu^3	tɕy^4	錐子
ɯ	ɯ	ɯ	ŋgɯ^1	gɯ^1	gɯ^1	餓
		u	mɯ^1	mɯ^1	mɯ^1	天
		i	mbɯ^1	bɯ^1	bi^1	去
v̩	v̩	u	pv̩^{3}	pv̩^{3}	pu^4	燙
		ə	tv̩^{2}	tv̩^{2}	tə^2	直
ə	ə	ə	k'ə^1	k'ə^1	k'ə^1	滴
əɪ	əɪ	əɪ	pəɪ^1	xəɪ^1	xæ^1	风
		æ	ɕuæ^2	ɕuæ^2		危險
iæ	iæ		iæ^2	iæ^{1}æ^2		香油
ia	ia		pia^1	pia^1		裱
iə	iə	iə	piə^3	piə^3	piə^4	叶子
		u	mbiə^2	mbiə^2	mbu^2	倒塌
yɛ						
	yɛ		yɛ^{2}næ^1	yɛ^{2}næ^1		云南
yæ	yæ		ɕyæ^2	ɕyæ^2		危險
uɛ	uɛ		uɛ^2	uɛ^2		围绕
uæ	uæ	ua	uæ^1	uæ^1	ua^1	左
ua	ua	ua	tsua^1	tʂua^1	tʂua^1	床
		o	ua^2	ua^2	o^2	呈
uə	uə	uɛ	ŋguə^1	ŋguə^1	ŋguɛ^1	遊玩

C. 声調比較:

代号	調值			例詞			
	大研鎮	丽江坝	宝山州	大研鎮	丽江坝	宝山州	汉文
1	˧	˧	˧	i¹	i¹	i¹	有(水)
				mbɯ¹	bɯ¹	bi¹	去
			˥	ty¹	ty¹	ty³	舂
				mæ¹	mæ¹	mæ³	尾巴
			˩˧	kv¹	kv¹	ku⁴	上(桌)
2	˨˩	˨˩	˧	p'ɯ²	p'ɯ²	p'i¹	飡
				mbəɻ²	bəɻ²	bəɻ¹	稗子
			˨˩	t'v²	t'v²	t'ə²	桶
				mbɯ²	mbɯ²	mbu²	裂
			˩˧	o²	o²	o⁴	鵝
				ɣɯ²	ɣɯ²	ɣu⁴	累(動)
3	˥	˥	˧	kɯ³	kɯ³	kɯ¹	扔
				mɯ³	mɯ³	mi¹	竹子
			˨˩	tɕi³	tɕi³	tɕæ²	口水
				tʂəɻ³	tʂəɻ³	ʐəɻ²	捕(人)
			˥	k'æ³	k'æ³	k'æ³	咬
				kæ³	kæ³	ŋgæ³	滑
			˩˧	p'v³	p'v³	p'u⁴	撒
				my³	my³	my⁴	推
4	˩˧	˩˧	˩˧	nɛ⁴	nɛ⁴	na⁴	和

(二)西部方言内部土语词汇异同情况

1. 大研鎮土语与丽江坝土语词汇比較:

类别		词数	百分比
同源詞	完全相同的詞	2,113	72.08%
	有对应规律的詞	891	26.28%
异源詞		5	0.17%
總計		3,009	

说明: 1. 同源词包括完全相同的和有对应规律的詞.

2. 完全相同的係指声韻调完全相同的词.

3. 有对应规律的係指相似的詞或有对应规律的詞.

·4.異源詞係指既不相似又沒有对应可找的詞。

举例如下：（以下同）。

(一)同源詞.

a.完全相同的詞.

大研鎮土語	丽江坝土语	汉文
tsy³	tsy³	苗
tsɛ¹	tsɛ¹	盐
pa¹	pa¹	蛙
mə¹	mə¹	不
tʻɯ¹	tʻɯ¹	他
na²	na²	黑
ndzæ²	ndzæ²	泥
za¹	za¹	嫩
ŋi¹	ŋi¹	鱼
ɕi¹	ɕi¹	人

b.有对应規律的詞

大研鎮土語	丽江坝土语	汉文
tsua¹	tʂua¹	床
tsʻua¹	tʂʻua¹	米
ndzɿ²	dzɿ²	水相
mbu²	bu²	饱
ŋgɯ¹	gɯ¹	
ndo²	do²	見
ɲdʑi²	dʑi²	水
ɳdʐɿ²	dʐɿ²	時
ndzy²	dzy²	花椒

(二)異源词

大研鎮土語	丽江坝土语	汉文
tʻæ² mɯər² xər¹	mbæ¹ i¹ tʂɿ³	麻花
kʻə³ kʻə¹	tər³ tər¹	扣(鞋)
ə³ la⁴	tʂʻua³ mba¹ la¹ mba¹	蜘蛛
ɕo² lo¹	lɛ¹ nɯ²	公山羊
nda¹	to³ mu¹	个(額头)

2.大研鎮土語与宝山州土語词汇比較：

类别		詞数	百分比
同源词	完全相同的詞	282	19.1%
	有对应规律的詞	1165	78.5%
異源詞		32	2.1%
総計		1,479	

举例如下：

（一） 同源詞

a. 完全相同的詞.

大研鎮土語	宝山州土语	汉文
py^{2}	py^{2}	豪猪
lɯ^{1}	lɯ^{1}	田
lo^{1}	lo^{1}	工作
nɯ^{1}	nɯ^{1}	少
nɛ^{1}	nɛ^{1}	天雪米
na^{2}	na^{2}	黑
t'ɯ^{1}	t'ɯ^{1}	他
t'o^{1}	t'o^{1}	松
za^{1}	za^{1}	嫩
kɯ^{2}	kɯ^{2}	秤(動)

b. 有对应规律的詞.

大研鎮土語	宝山州土语	汉文
nəʐ^{3}	nəʐ^{4}	压
za^{3}	za^{4}	染
fv^{2}	xu^{1}	昏
fæ^{1}	xu^{1}	去
ndʐɿ^{1}	ʐɿ^{1}	街
ndʐə^{2}	ʐə^{2}	抓
tʂu^{3}	tɕy^{4}	錐子
tʂ'u^{3}	tɕ'y^{4}	插
tsɿ^{3}	tʂu^{1}	汗
tsɿ^{1}	tʂu^{1}	迎接

（二） 異源詞

大研鎮土語	宝山州土语	汉文
t'ɯ^{1}ŋgɯ^{1}	dɯ^{1}dʑy^{4}	那边

ɳdʐy^1	tʂ'u^1	鑽
mɯ^1	æ^{1}piə^1	疤
y^{2}p'ɛ^1	ɛ^{2}gu^1	岳父
y^{2}mɛ^1	ɛ^{2}ɳi^1	岳母
ə^{3}la^4	to^{1}k'ɯ^1	蜘蛛

3. 丽江坝土语和宝山州土语词汇比较：

类别		词数	百分比
同源詞	完全相同的	320	22.08%
	有对应规律的	1,099	75.84%
異源詞		30	2.07%
總計		1,449	

举例如下：

(一) 同源词

a. 完全相同的词

丽江坝土语	宝山州土语	汉文
ka^1	ka^1	好
ɕy^1	ɕy^1	勇敢
ko^2	ko^2	針
t'i^2	t'i^2	鉋子
la^1	la^1	虎
lɯ^1	lɯ^1	田
na^2	na^2	黑
t'ɯ^1	t'ɯ^1	他
za^1	za^1	鞋

b. 有对应规律的詞

丽江坝土语	宝山州土语	汉文
ŋgu^2	ŋgu^1	病
xɛ^2	xɛ^1	佛
dʐɿ^1	ʐɿ^1	街
dʐə^2	ʐə^2	抓
tʂu^3	tɕy^4	錐子
tʂ'u^3	tɕ'y^4	插
ko^1	ŋgəɹ^2	嚥
kæ^3	ŋgæ^4	滑

$bɯ^1$	bi^1	去
$bɯ^2$	bi^2	多

(二)異源词

丽江坝土语	宝山州土语	汉文
$mɯ^1$	$ɚ^1 piə$	疮
$i^1 v^1$	$nə^1 by^1 na^2$	鹦鹉
$to^3 mu^1$	$ŋ̊ə^1 ku^1$	额
$mu^2 tsʅ^4$	$gə^2 lo^3$	家族
$y^2 p'ɛ^1$	$ɛ^2 gu^1$	岳父
$y^2 mɛ^1$	$ɛ^2 ŋ̊i^1$	岳母

西部方言内部变调条例对照表：

一、名詞加形容詞有两种变調形式：

第一式：

土語代表点	本調	变調
大研鎮	˧ + ˩	˥ + ˩
丽江坝	˧ + ˩	
宝山州	˥ + ˧	

例如：① 白土.

大研鎮　$tʂʅ^1$ 土，$p'ər^2$ 白
丽江坝　$tʂʅ^1$ 土，$p'ər^2$ 白　}　$tʂʅ^3 p'ər^2$ 白土
宝山州　$tʂʅ^3$ 土，$p'ər^1$ 白

② 黑土

大研鎮　$tʂʅ^1$ 土，na^2 黑
丽江坝　$tʂʅ^1$ 土，na^2 黑　}　$tʂʅ^3 na^2$ 黑白
宝山州　$tʂʅ^3$ 土，na^1 黑

第二式：

土語代表点	本調	变調
大研鎮	˩ + ˩	˧ + ˩
丽江坝	˩ + ˩	
宝山州	˩ + ˩	

例如：① 白线

大研鎮　$k'ɯ^2$ 线，$p'ər^2$ 白
丽江坝　$k'ɯ^2$ 线，$p'ər^2$ 白　}　$k'ɯ^1 p'ər^2$ 白线。
宝山州　$k'ɯ^2$ 线，$p'ər^2$ 白

③酥油

大研镇　ma^{2}油，pʻəɻ^{2}白
丽江坝　ma^{2}油，pʻəɻ^{2}白　}ma^{1}pəɻ^{2}酥油.
宝山卅　ma^{2}油，pʻəɻ^{2}白

二.名詞加数量词：

土語代表点	本調	变調
大研鎮	˧+˧+˥	˧+˥+˧
丽江坝	˧+˧+˥	
宝山卅	˧+˧+˧	˥+˧+˧
		˧+˧+˧

例如：①五个人

大研鎮　ɕi^{1}人，ua^{1}五，kv^{3}个 }ɕi^1 ua^3 kv^1 }
丽江坝　ɕi^{1}人，ua^{1}五，kv^{3}个 }　　　　　　　}五个人
宝山卅　ɕi^{1}人，ua^{1}五，ku^{1}个→ɕi^3 ua^1 ku }

②四匹马

大研鎮　zua^{1}馬，lu^{1}四，mɛ^{1}匹→zua^1 lu^3 mɛ^1 }
丽江坝　ʑua^{1}馬，lu^{1}四，mɛ^{1}匹→ʑua^1 lu^3 mɛ^1 }四匹馬.
宝山卅.　ʑua^{1}馬，lu^{1}四，ȵdʑæ^{1}騎→ʑua^1 lu^{1}ȵdʑæ^1 }

三.数詞加數词：

土語代表点	本調	变調
大研鎮	˩+˩	˧+˩
丽江坝	˩+˩	
宝山卅	˧+˩	

例如：①十一

大研鎮　tsʻɛ^{2}十，ndɯ^{2}一→tsʻɛ^1 ndɯ^2 }
丽江坝　tsʻɛ^{2}十，dɯ^{2}一 }tsʻɛ^{1}dɯ^2　}十一
宝山卅　tsʻɛ^{1}十，dɯ^{2}一 }

②十三

大研鎮　tsʻɛ^{2}十，sɿ^{2}三 }
丽江坝　tsʻɛ^{2}十，sɿ^{2}三 }tsʻɛ^{1}sɿ^{2}十三.
宝山卅　tsʻɛ^{1}十，sɿ^{2}三 }

四.動詞重叠有两种变調形式：

第一式

土語代表点	本調	变調
大研鎮	˥	˥+˧
丽江垻	˥	
宝山州	˩˥	˧+˧

例如：① 打架

大研鎮 la^{3} 打 } la^{3}la^{1} } 打架

丽江垻 la^{3} 打 }

宝山州 la^{4}打 ⟶ la^{1}la^{1} }

② 打仗

大研鎮 sy^{3} 殺 } sy^{3}sy^{1} } 打仗

丽江垻 sy^{3} 殺 }

宝山州 sy^{4} 殺 ⟶ sy^{1}sy^{1} }

第二式

土語代表点	本調	变調
大研鎮	˩	˧+˩
丽江垻	˩	
宝山州	˩	

例如：① 互拉

大研鎮 tæ^{2} 拉 }

丽江垻 tæ^{2} 拉 } tæ^{1}tæ^{2} 互拉

宝山州 tæ^{2} 拉 }

② 互捉

大研鎮 ndzə^{2} 捉 ⟶ ndzə^{1} ndzə^{2} }

丽江垻 dʑə^{2} 捉 ⟶ dʑə^{1} dʑə^{2} } 互捉

宝山州 ʑə^{2} 捉 ⟶ ʑə^{1} ʑə^{2} }

（三）西部方言内部語法情况

本方言的三个土语在语法上基本一致，现在我们以大研鎮土語為代表用来说明这个方言的语法情况。

1. 大研鎮土語的構詞形式有下列几种.

① 並列結構組成的詞

zo^{1}mi^{3} 兒女
男 女

mi^{3}zo^{1} 情侣
女 男

ndzɿ^{1} tʻɯ^{2} 补品.
吃 喝

mu^{2}kɯ^{3} 衣服
穿(衣) 穿(褲)

sua^{1} ɕy^{2} 高低
高 低

ʂəɹ^{2}ndəɹ^{1} 長短
長 短

② 修飾結構組成的詞.

kv̩^{1}fv̩^{1} 头发
头 毛

ɕi^{1}za^{1} 皮鞋
皮 鞋

ɕy^{1}mby^{2} 炒面
炒 面

ndy^{3}kʻɯ^{1} 獵犬
追 狗

ɲi^{3} pʻɛ^{3} 鼻屎
鼻涕 屎

ndzəɹ^{2} ly^{1} 果实
树 粒

ma^{1} pʻəɹ^{2} 酥油
油 白

tɕəɹ^{1} ndɯ^{2} 驕傲
脖子 大

＊ 也有相反的情况，但只出现在下列四个词里:

ʂɿ^{2} tʂʻəɹ^{1} 黄顏料
黄 顏料

pʻəɹ^{2}tʂʻəɹ^{1} 白顏料(鉛粉)
白 顏料

ɕy^{2} tʂʻəɹ^{1} 紅顏料
红 顏料

xəɹ^{2}tʂʻəɹ^{1} 兰顏料
兰 顏料

③ 主謂結構組成的詞

la^{2} tʂʻəɹ^{3} 槍
手 握

mi^{1} mbv̩^{2} 火鎗
火 炸

miə^{2}ŋgəɹ^{1} 瞎子
眼 瞎

miə^{2} ndo^{2} 天亮
眼 見

④ 支配結構組成的詞.

xa^{1} kʻɯ^{1} 焖鍋飯
飯 焖

ɕi^{1} kʻv̩^{1} 贼
人 偷

ɕi^{1} ndzəɹ^{2} 土匪
人 搶

kv̩^{1} tʂɿ^{1} 头帕
头 纏

⑤ 支配结構修飾名词组成的詞

ŋdʑɿ¹ tsɛ² pa³ 洗臉盆
水 用 盆

ɣɯ¹ lv³ zo¹ 牧童（男）
牛 牧 男

ŋi¹ y² tv² 魚簍
魚 捕 簍

ŋi¹ pɛ³ ko² 魚鉤
魚 鉤 針

⑥ 動补结構组成的詞

tsʻəɹ² tʻv¹ 沸騰

ly² ndo² 看見

⑦ 单音节動詞重叠组成的詞

a. 表示相互動作的

la³（打）——→ la³ la¹ 打架

sy³（殺）——→ sy³ sy¹ 打仗

nəɹ³（压）——→ nəɹ³ nəɹ¹ 擁擠

b. 表示連续動作的

ka³（蓋）——→ ka³ ka¹ 掩蓋

pʻɿ³（失）——→ pʻɿ³ pʻɿ¹ 遺失

pʻəɹ²（解）——→ pʻəɹ¹ pʻəɹ² 解开

⑧ 基本詞素加輔助詞素组成的詞

tʻɯ² tso¹ 飲料
喝

ndzɿ¹ tso¹ 食物
吃

zua¹ mɛ¹ 母馬
馬

ɣɯ¹ mɛ¹ 母牛
牛

kə³ zo¹ 小揹篮
揹篮

kʻua³ zo¹ 小碗
碗

⑨ 词根加词头组成的詞

ə¹ næ¹ 祖母

ə¹ ndɿ¹ 父親

ə¹ ko¹ 哥哥

ə¹ mo¹ 母親

⑩ 借汉的詞有下列那些形式：

a. 全借

iæ² y³ 洋芋

pɿ⁴ 筆

mə⁴ 墨

ɕɿ³ 戏

b 半借

前一音节是借汉，後一音节是本語的：

si¹ kuə² pɯ² 西瓜籽

y³ la² ŋdʑy² 玉鐲头

前一音节是本語，後一音节是借汉的：

əɹ¹ lo¹ 銅鑼

ɣɯ¹ pʻɿ² 皮子

⑪ 人称代词复数第一人称有包括式和排除式之分
ŋɔ¹ ŋɤ ɯ² 我们　　ŋɔ³ ŋɤ ɯ² 咱们
⑫ "来"和"去"本身有"时"的表示

来
- 直陳
  - 过去完成 ——→ tsʻɿ²
  - 现在 ——→ tsʻɿ²
  - 将来 ——→ lɯ¹, lɔ²
- 命令 ——→ lu¹

去
- 直陳
  - 过去完成 ——→ kʻɯ³
  - 过去未完成 ——→ xɯ¹, xɔ²
  - 现在将来 ——→ mbɯ¹, mbɔ²
- 命令 ——→ tæ¹

＊其他動詞則加動詞助詞来表示"時"。
加 mbɯ¹表示将来，ndzɿ¹ mbɯ 要吃
加 sɛ² 表示完成，ndzɿ¹ sɛ² 吃了
加 nɯ² 表示進行　ndzɿ¹ nɯ² 正在吃
加 ŋdʑɿ¹表示过去　ndzɿ¹ ŋdʑɿ 吃过
⑬ 動詞"有"有四种表示法：
ŋdʑy² 表示動物的存在
tʻa⁴ ʐua¹ ŋdʑy² 他家有馬
他家 馬 有

ŋa⁴ ʑɯ¹ ŋdʑy² 我家有牛½家
我家 牛 有

ŋdʑy¹ 表示事物的存在
tʻu¹ tɛ¹ʑɯ¹ ŋdʑy¹ 他有書
他 书 有

ŋɔ² ʂɔɤ¹ ŋdʑy¹ 我有事
我 事 有

ndzɿ² 表示植物的存在
ŋa⁴ mɯ³ ndɯ¹ tɔɤ³ ndzɿ² 我家有一叢竹子。
我家 竹 一 叢 有
tʻu⁴ ɕy³ ndɯ¹ ndzɔɤ² ndzɿ² 他家有一棵柏树。
他家 柏 一 棵 有
ʑi¹ 表示涵体或内含物体的存在

k'ə¹ lo² ŋdʑɿ² i¹ 涌裡有水.
涌 里 水 有

nv³ta¹ lo² ɕi³ i¹ 嘴里有舌头.
tsɛ² 嘴巴 里 舌 有

⑭ 基数(十)与其他基数结合時有三种变化法.

10——19 的"十"用ts'ɛ²,如:ts'ɛ² ua¹ 十五.

20——29 的"十"用tsər²,如:ŋi¹ tsər² 二十.

30——99 的"十"用ts'ər²,如:sɿ¹ ts'ər² 三十.

⑮ 語序有下列六种:

1. 主语在谓语的前面.

ŋə² ɳbɯ¹ sɛ² 我要去了
我 去 了

t'ɯ¹ le¹ χə² 他去了.
他 去

2. 主语在宾语的前面,宾语又在動词的前面.

nɯ² mba¹la² ʂɿ³ ŋdʑy¹:你有新衣服.
你 衣服 新 有

t'ɯ¹ t'ɛ¹ɣɯ¹ ly² 他看書
他 书 看

3. 表语(补足语)在動词的前面

t'ɯ¹ ə¹nɛ² ua²?他是谁?
他 谁 是

t'ɯ¹ na²ɕi¹ ua².他是纳西.
他 纳西 是

4. 所有者在所有物的前面.

ŋə¹ ŋgə¹ ku¹mu² 我的帽子.
我 的 帽子

ta⁴ ŋgə¹ ɣɯ¹ 他家的牛.
他家 的 牛

5. 形容词和数量词修飾名词時在名词的後面。

kɯ² mbu¹ 明星
星 明亮

zua¹ ndɯ¹ mɛ¹ 一匹馬
馬 一 匹

6、動词修飾语都在動詞的前面,以其所修飾的性質可分为下列五种：

a.動詞修飾语表示数量的。

t'ɯ¹ ndɯ¹ zɿ² k'ɯ³ ɲdʑi¹ 他去过一次
他 一 次 去 过

ŋə² ndɯ¹ zɿ² mbɯ¹ 我要去一次。
我 一 次 去

b.動詞修飾语表示時间的。

tʂ'ɿ¹ k'a² nɯ¹ mbɯ¹ 現在就去。
此 刻 （就） 去

ndɯ¹ ɲi¹ mbɛ¹ pəɪ³ 整天的写
一 天 的 写

c.動詞修飾语表示性质的。

ts'u² mbɛ¹ ɲdʑə² 赶快跑。
快 地 跑

ə¹zɛ²zɛ² mbɛ¹ ɲdʑi¹ 慢々地走
慢 々 地 走

d.動詞修飾语表示否定的。

ŋə² mə¹ mbɯ¹ 我不去。
我 不 去

t'ɯ¹ mə¹ tsɿ² 他没有来。
他 不 来

二　东部方言

说这个方言的纳西族主要分布在云南省的宁蒗县和四川省的盐源、盐边和木里等县；其次，云南省的永胜县西和四川省的盐边等县也有说这个方言的纳西族。据不完全统计，说这个方言的纳西族约有三万多人。这个方言内部根据语音、词汇上的差别，并结合历史情况可划分为三个土语：

（一）、永宁土语：这个土语以宁蒗县永宁坝的八耳村话为代表，主要通行在云南省宁蒗县的永宁坝和四川省的盐源县左所区。此外，居住在云南省维西县自称纳日玛若的一百多户纳西族也说这个土语。说这个土语的纳西族（维西除外）一般都自称"na⁴"。

（二）、瓜别土语：这个土语以盐源县瓜别区话为代表。主要通行在盐源、木里两县，此外盐边等县也有说这个土语的纳西族。说这个土语的纳西族自称"na¹zɿ¹"。

（三）、北渠坝土语：这个土语以宁蒗县北渠坝新营村话为代表。主要通行在云南省宁蒗县北渠坝；其次永胜县的獐子旦等地的纳西族也说这个土语。说这个土语的纳西族自称"na¹zɿ¹"。

一　东部方言内部语音的情况：

1　各个土语的语音情况：

（一）永宁土语：

A、声母三十三个：

部位＼方法	塞音 纯清	塞音 清吐气	塞音 纯浊	鼻音	擦音 清	擦音 浊	边音
双唇音	p	p'	b	m			
唇齿音					f		
舌尖音	t	t'	d	n	ɬ		l
舌根音	k	k'	g	ŋ	x	ɣ	
齿头音	ts	ts'	dz		s	z	
翘舌音	tʂ	tʂ'	dʐ		ʂ	ʐ	
舌面音	tɕ	tɕ'	dʑ	ȵ	ɕ	ʑ	
	塞	擦	音				

说明：

1. 双唇音 p p' b 与韵母 v̩ əɹ 拼时有颤唇现象，例如：

　　pv̩¹ 乾〔pʙv̩˧〕

　　pəɹ⁴ 水泡〔pʙəɹ˦〕

　　p'v̩²lo⁴ 竹萝〔p'ʙv̩˨lo˦〕

　　p'əɹ¹ 白〔p'ʙəɹ˧〕

　　bv̩¹dzɿ¹ 大腿〔bʙv̩˧dzɿ˧〕

　　bəɹ² 毛牛〔bʙəɹ˨〕.

2. 双唇音 m 与韵母 v̩ 拼时，可以读作〔mv̩〕，也可以读作〔m̩〕。如：

　　mv̩¹（天）亦可读作〔m̩˧〕。

　　mv̩²do⁴（问）亦可读作〔m̩˨do˦〕

　　mv̩¹tsɿ⁴（嗓子）亦可读作〔m̩˧tsɿ˦〕

3. 舌尖音 t t' d n l 与韵母 ɿ ɤ ə əɹ uɤ əɹ 拼时，实际音值变为翘

舌音ʈ ʈʻ ɖ ɳ ɭ了。例如：

tuæ^{2} 锴(冰)〔ʈuæ˩〕

tʻæ^{4} 咬〔ʈʻæ˨〕

də^{1} 绳子〔ɖə˧〕

nuæ^{1} 奶〔ɳuæ˧〕

li^{4} 蛆〔ɭi˨〕。

4、舌根音k kʻ g ɣ与韵母i ɛ结合时，发音部位稍向前移，读作舌面中音c cʻ ɟ ç。如：

ki^{2} 给〔ci˩〕

kɛ^{2} ta^{1} 庭口袋〔cɛ˩ ta˧〕

kɛ^{4} 去〔cɛ˨〕

kɛ^{1} 月〔cɛ˧〕

gɛ^{1}zi^{1} 剪刀〔ɟɛ˧ zi˧〕

ɣi^{1} 青稞〔çi˧〕。

5、舌根音k kʻ与韵母ɚ æ结合时，发音部位稍向后移。其实际音值读作小舌音。

kæ^{1} 远〔qæ˧〕

kuæ^{4} 吠〔quæ˨〕

kʻæ^{1} 新〔qʻæ˧〕

kʻuæ^{4} 大〔qʻuæ˨〕

6、舌根音ɣ与韵母ɚ a o æ u v ua结合时，其实际音值读作小舌音〔ʁ〕。如：

ɣæ^{1} gv^{3} 衣领〔ʁæ˧ gv˩〕

ɣa^{1} 绕〔ʁa˧〕

ɣo^{1}do^{1} 纸〔ʁo˧do˧〕

ɣu^{1}ta^{1} 猪窝〔ʁu˧ta˧〕

ɣua^{1} 山〔ʁua˧〕

声母例词：

声母	音位标音	实际音值	汉义
p	pə^{4}	pə˨	细嫩
pʻ	pʻi^{1}	pʻi˧	麻布
b	bu^{4}	bu˨	猪
m	mv^{1}	mv˧	火
f	fə^{4}	fə˨	盼望
t	ti^{2}	ti˩	燕

t	t'v̩'	t'v̩˧	他
d	do'	do˧	爬
n	no'	no˧	你
ɬ	ɬɛ'gv̩'	ɬɛ˧gv̩˧	中央
l	la'	la˧	老虎
k	kɯ'	kɯ˧	星
k'	k'ɯ'	k'ɯ˧	錢
g	gu'	gu˧	病
ŋ	ŋv̩'	ŋv̩˧	銀
x	xa'	xa˧	飯
ɣ	ɣo'	ɣo˧	凹
ts	tsəɹ'	tsəɹ˧	拾
ts'	ts'ɛ'	ts'e˧	扑
dz	dzo'	dzo˧	桥
s	sa'	sa˧	蔴
z	zo'	zo˧	男子
tʂ	tʂɛ'	tʂe˧	土
tʂ'	tʂ'v̩'	tʂ'v̩˧	早飯
dʐ	dʐɿ'	dʐɿ˧	钉子
ʂ	ʂɛ'	ʂe˧	鉄
ʐ	ʐæ^{2}	ʐæ˩	豹子
tɕ	tɕi'	tɕi˧	云
tɕ'	tɕ'i^{2}	tɕ'i˩	解
dʑ	dʑu'	dʑu˧	有
ȵ	ȵa'	ȵa˧	我
ɕ	ɕi^{2}	ɕi˩	香
ʑ	ʑu'	ʑu˧	绵羊

丙、韵母：有十六个，可分为两组：

1、单韵母：

普通韵母：ɿ i ɛ æ a o u ɯ v̩ ə əɹ

鼻化韵母：ĩ ə̃ɹ

2、复韵母： uæ ua uə

说明：1. 舌尖韵母ɿ跟舌尖音拼时读作舌尖韵母[ɿ]。

（2）韵母ɿ与舌尖音t tʻ d n l 拼时，读作舌尖韵母
〔ɿ〕 如： tɿ^{2} 穿〔tɿ˨〕 dɿ^{4} 一〔dɿ˦〕
nɿ^{1} 从〔nɿ˧〕 lɿ 田〔lɿ˧〕

（3）韵母ɛ与舌尖音ts tsʻ dz s z和翘舌音tʂ tʂʻ dʐ ʂ ʐ拼时，韵母ɛ读作开口度较小的〔e〕。
如： tsɛ^{1} 打 tsʻɛ^{1} 挤
dzɛ^{4} 花椒 sɛ^{1} 岩羊
tʂɛ^{4} 数 dʐɛ^{1} 行

ɛ＝〔e〕

（4）韵母æ自成音节时略带轻微的喉塞现象。如：
æ^{4} 鸡〔ʔæ˦〕 æ^{2}bo^{4} 蜜蜂〔ʔæ˨bo˦〕

（5）韵母u或以u作韵头的复韵母uæ自成音节并带中平调时，有鼻化现象。如：
u^{1} tʂuə^{1} 蚊子〔ũ˧ tʂuə˧〕
bæ^{1}u^{1} 野鸭〔bæ˧ ũ˧〕
uæ^{1} 猪〔ũæ˧〕 uæ^{2}gv^{4} 猪架〔ũæ˨gv˦〕

（6）韵母v，uə与舌根音ɣ拼时有鼻化现象。如：
ɣuə^{1} 直到〔ɣũə˧〕 ɣv^{1} 低〔ɣṽ˧〕
ɣuə^{1} 白鹇〔ɣũə˧〕。

（7）韵母əɹ与翘舌音tʂ tʂʻ dʐ ʂ ʐ拼时，əɹ读作〔uəɹ〕
如：
tʂʻəɹ^{1} 犁头〔tʂʻuəɹ˧〕 dʐəɹ^{1} 缘〔dʐuəɹ˧〕
ʂəɹ^{4} 缩 〔ʂuəɹ˦〕

韵母例词：

韵母	音位标音	实际音值	汉义
ɿ	tsʻɿ^{4}	tsʻɿ˦	盐
i	dʑi^{4}	dʑi˦	多
ĩ	ʑĩ^{1}	ʑĩ˧	人
ɛ	ʂɛ^{1}	ʂe˧	肝
æ	pʻæ^{1}	pʻæ˧	脸
a	ta^{1}	ta˧	只
o	tsʻo^{1}	tsʻo˧	鸽子
əɹ	əɹ^{1}	əɹ˧	骨
u	ɕu^{1}	ɕu˧	衣服
ɯ	ʑɯ^{4}	ʑɯ˦	[illegible]

v	pv^{1}	pɤv˧	豪猪
ə	p'ə^{1}	p'ə˧	喻
əɻ	bəɻ^{1}	bɤəɻ˧	蛀虫
uæ	k'uæ^{2}	k'uæ˩	脐
ua	ɣua^{2}	ɣua˩	锈
uə	uə^{1}	uə˧	碗

c. 声调：有四个：

代号	调值	例词		
		音位标音	实际音值	汉义
1	˧(33)	dzɿ^{1}	dzɿ˧	吃
2	˩(21)	dzɿ^{2}	dzɿ˩	犏牛
3	˥(55)	sɿ^{3}	sɿ ˥	还(副词)
4	˩˧(13)	sɿ^{4}	sɿ ˩˧	剃(头)

从记录到的材料来看，我们认为(一)永宁土语的声调（包括调类、调值）与西部方言的各个土语的声调基本一致。(二)低升调在单音节词中出现的频率最多；其次双音节词第二个音节有时也带低声调。至于详细情况由于时间有限，未能把全部材料作进一步的分析研究，这一缺陷有待再次调查整理时加以弥补。

（二） [illegible]

A、声母三十三个，排列表如下：

声母 部位 \ 方法	塞音			鼻音	擦音	
	纯清	清吐气	纯浊		清	浊
双唇音	p'	p	b	m		
唇齿音					f	
舌尖音	t	t'	d	n	ɬ	ɮ
舌面音	c	c'	ɟ	ɲ	ç	j
小舌音	q	q'	G	N	χ	ʁ
齿头音	ts	ts'	dz		s	z
舌叶音	tʃ	tʃ'	dʒ		ʃ	ʒ

说明：

（1）双唇音和舌尖音同韵母v拼时，有颤舌现象。如：

pv² 毯〔pʏv̩˩〕　　pv' 取（蜜蜂）〔p'ʏv̩˧〕

bv' 粥〔bʏv̩˧〕　　tv' 千〔tʏv̩˧〕

t'v' 借〔t'ʏv̩˧〕　　dv' 毒〔dʏv̩˧〕

（2）舌尖音t t' d n 同韵母y ɛ v uæ vɤ 拼时，变读为舌面前音ȶ ȶ' ȡ ȵ。如：

ty' 香（木）〔ȶy˧〕　　tæ' 完（了）〔ȶæ˧〕

t'ɛ² 渗（水）〔ȶ'ɛ˩〕　　duæ' mi' 狐狸〔ȡuæ˧ mi˧〕

nv² 黄豆〔ȵv˩〕　　nvɤ 妈〔ȵvɤ˧〕

（3）舌尖音t 同韵母əɤ 拼时，变读作tɪ（用t的部位发闪音"ɪ"，就成"tɪ"音）。如：

n̩' təɤ' 嘴巴〔n̩˧ tɪəɤ˧〕　　bɛ' təɤ' 桥子〔bɛ˧ tɪəɤ˧〕

q'vɤ² tʃ'æ² pa³ təɤ' 喉结〔q'vɤ˩ tʃ'æ˩ pa˥ tɪəɤ˧〕。

（4）韵母是a o ɔ̃ ua 单独成音节时，前边带有一个喉塞音"ʔ"：

但这不引起词义上的对立，故不另列音位。如：

æ 铜 [ʔæ˧]　　a¹mi¹ [ʔa˧mi˧]

o²ʙo² 我们 [ʔo˩ʙo˥]　　o² tsɯ³o² 自己 [ʔo˩ tsɯ˥ o˩]

ua 鸭 [ʔua]

声母例词：

声母	音位标音	实际音值	汉义
p	pv¹	pv˧	送
p'	p'ə³	p'ə˥	狼
b	bæ¹	bæ˧	鹏
m	mi¹	mi˧	女
f	fv¹	fv˧	干
t	ti¹	ti˧	种
t'	t'v¹	t'v˧	稻
d	di³	di˥	大
n	nu¹	nu˧	你
ɗ	ɗæ¹	ɗæ˧	风
ɓ	ɓuæ¹	ɓuæ˧	喊
c	ci	ci˧	星
c'	c'i³	c'i˥	钱
ɟ	ɟi¹	ɟi˧	下(面)
ɲ	ɲi¹	ɲi˧	饱
ç	çi¹	çi˧	青鸡
j	ja¹	ja˧	狐
q	qo¹	qo˧	爱
q'	q'v¹	q'v˧	牛
G	Gu³	Gu˥	病
N	Na¹	Na˧	我
χ	χi²	χi˩	鹰
ʁ	ʁæ¹	ʁæ˧	捞
ts	tsy¹	tsy˧	竖
ts'	ts'i²	ts'i˩	山羊
dz	dzy¹	dzy˧	水
s	sa¹	sa˧	麻
z	zu¹	zu˧	儿子
tʃ	tʃi¹	tʃi˧	小

tʃʻ	tʃʻɿ^{3}	tʃʻɿ˥	鹿子
dʒ	dʒə^{1}	dʒə˧	好
ʃ	ʃɛ^{1}	ʃe˧	百
ʒ	ʒʅ^{2}	ʒʅ˩	四

B、韵母：二十四个，可分为两组

(1) 单韵母十八个

a.普通韵母： ɿ i y ɛ æ ɑ o u v ə əɹ vɹ

b.辅音元音化韵母： n̥ N

c.鼻化韵母： ɛ̃ õ ũ ṽɹ。

(2) 复韵母六个：

a.普通韵母： uæ uɑ yo uə

b.鼻化韵母： ũæ ũɑ。

说明：

(1)舌尖韵母ɿ在舌尖音t tʻ d和齿尖音ts tsʻ dz s z拼时，其音值不变，但它与舌叶音tʃ tʃʻ ʃ ʒ和双唇音p b拼时，其音值变读为[ʅ]。如：

pɿ^{1} 藤(pʅ˧)　　bɿ^{2} 多(bʅ˩)

tʃɿ^{1} 等(tʃʅ˧)　　tʃʻɿ^{1} 甜(tʃʻʅ˥)

dʒɿ^{3} 小孩(dʒʅ˥)　　ʃɿ^{2} 怕(ʃʅ˥)

ʒɿ^{1} 有(水)(ʒʅ˧)。

(2)韵母y与齿尖音ts、tsʻ dz s z拼时，读作[ɥ]；它与舌叶音tʃ tʃʻ dʒ ʃ ʒ拼时读作[ʮ]。如：

tsy^{1} 塞(tsɥ˧)　　tsʻy^{3} 鬼(tsʻɥ˥)

dzy^{1} 菌(dzɥ˧)　　sy^{1} 磨(刀)(sɥ˧)

zy^{1} 柳(鱼)(zɥ˧)　　tʃy^{1} 汗(tʃʮ)

tʃʻy 蟋蟀(tʃʻʮ˧)　　dʒy^{1}dʒy^{1} 出(水)(dʒʮ˧dʒʮ˧)

(3)韵母i与小舌音ʁ拼时，有鼻化现象。如：

ʁi^{3} 听(ʁĩ˥)　　ʁi^{1}uæ^{1} 客人(ʁĩ˧ uæ˧)

(4)舌尖鼻音n和小舌鼻音N(N单独成音节时，前边都带同部位的清化音N̥)都可以单独成音节。因此N n都列入元音介段。例如：

n^{1} 少(n̥˧)　　n^{1}mi^{1} 心(n̥˧ mi˧)

N^{1} 火(命令式)(N̥N˧)　　bo^{1}N^{1} 头发(bo˧ N̥N˧)

韵母例词：

韵母	音位标音	实际音位	汉义
i	bi^{2}	bi˨˩	雪
ɿ	sɿ^{1}	sɿ˧	肝子
y	dy^{1}	dy˧	田
ɛ	gɛ^{1}	gɛ˧	油
æ	tʃæ^{1}	tʃæ˧	洗
æ̃	ʐæ̃^{3}	ʐæ̃˥	金
a	ma^{3}da^{1}	ma˥da˧	可怜
o	tsʻo^{1}	tsʻo˧	生(小牛)
õ	õtsu^{3}õ^{2}	õ˨˩tsu˥õ˨˩	自己
u	tu^{3}tu^{1}	tu˥tu˧	抱
ũ	ʐũ^{2}	ʐũ˨˩	八
v̩	bv̩^{1}	bv̩˧	蛆
v̩ɹ	gv̩ɹ^{1}	gv̩ɹ˧	狼
v̩ɹ̃	ʐv̩ɹ̃^{1}ʐv̩ɹ̃^{1}	ʐv̩ɹ̃˧ʐv̩ɹ˧	混乱
ə	pʻə^{3}	pʻə˥	狼
əɹ	pʻv̩^{1}ʃəɹ^{1}	pʻv̩˧ʃəɹ˧	骂
ɹ̩	ɹ̩^{1}	ɹ̩˧	少
N̩	N̩^{1}	N̥N̩˧	去(命令式)
uæ	ʒuæ^{2}ɕi^{3}	ʒuæ˨˩ɕi˥	小西
ũæ̃	ʐũæ̃^{3}	ʐũæ̃˥	青
ua	Nua^{1}	Nua˧	五
ũã	ʐũã^{3}	ʐũã˥	慢
uə	Guə^{1}	Guə˧	唱
v̩o	ʐv̩o^{2}	ʐv̩o˧	野鸭

4) 声调：有三个：

代号	调值	例词		
		音位标音	实际音位	汉义
1	˧(33)	sy^{1}	sy˧	磨(刀)
2	˨˩(21)	sy^{2}	sy˨˩	消
3	˥(55)	sy^{3}	sy˥	杀

说明：高平调在单音节词中出现频率很少，而在多音节词中（包括复合词）出现频率就较多。

（三） 北渠镇土語

A. 声母：声母三十四个，列表如下：

声母 方法 部位	塞音			鼻音	擦音		边音
	纯清	清吐气	纯浊		清	浊	
双唇音	p	pʻ	b	m			
唇齿音					f		
舌尖音	t	tʻ	d	n	ɬ		l
小舌音	q	qʻ	G	N	χ	ʁ	
齿龈音	ts	tsʻ	dz		s	z	
翘舌音	tʂ	tʂʻ	dʐ		ʂ	ʐ	
舌面音	tɕ	tɕʻ	dʑ		ɕ	ʑ	
半元音						j	
	塞擦音						

说明：

(1) 双唇音 p pʻ b 与韵母 v̩ 拼时有颤唇现象。如：

pv̩^{2} 送 (pʀv̩˨˩)　　　pʻv̩^{4} 脱 (pʻʀv̩˥)

bv̩^{1} 牦牛 (bʀv̩˧)。

(2) 舌尖音 t tʻ d n l 与韵母 æ u ɯ v̩ əɪ uæ vo 拼时要读作舌尖后音 ʈ ʈʻ ɖ ɳ ɭ。如：

tʻu^{4} 关 (ʈʻu˥)　　　dɯ^{1} 一 (ɖɯ˧)

næ^{1}pv̩^{2} 乳房 (ɳæ˧pʀv̩˨˩)　　　læ^{1}qʻo^{1} 远 (ɭæ˧qʻo˧)。

声母例词：

声母	音位标音	实际音值	汉义
p	pi^{2}	pi˨˩	馊
pʻ	pʻæ^{4}	pʻæ˥	扇(门)
b	bo^{2}	bo˨˩	吻
m	mv̩^{1}	mv̩˧	火
f	fv̩^{4}	fv̩˥	野鸡
t	to^{2}	to˨˩	山坡
tʻ	tʻa^{4}	tʻa˥	能干
d	dy^{1}	dy˧	地
n	nu^{1}	nu˧	你
ɬ	ɬɛ^{1}	ɬɛ˧	停
l	ly^{2}	ly˧	晒
q	qæ^{1}	qæ˧	胶
qʻ	qʻa^{1}	qʻa˧	苦
G	Gv̩^{1}	Gv̩˧	颤
N	Na^{1}	Na˧	我
χ	χuæ^{4}	χuæ˥	掛
ts	tsɛ^{1}	tse˧	用
tsʻ	tsʻɪ^{1}	tsʻɪ˧	十
dz	dzo^{1}	dzo˧	恨
s	su^{2}	su˨˩	学、教、[illegible]
z	zɛ^{1}	ze˧	儿子
tɕ	tɕæ^{4}	tɕæ˥	压
tɕʻ	tɕʻu^{4}	tɕʻu˥	梳
dʑ	dʑɪ^{1}	dʑɪ˧	下(雨)
ɕ	ɕa^{4}da^{1}	ɕa˥da˧	瘸子

2 各个土語的語音比較

A. 声母对照表：

声母			例詞			汉义
永宁	瓜别	北渠坝	永宁土語	瓜别土語	北渠坝土語	
p	p	p	pv̩^{1}	pv̩^{1}	pv̩^{1}	豬
pʻ	pʻ	pʻ	pʻu^{4}	pʻu^{2}	pʻo^{4}	頭（髮）
b	b	b	bə^{1}	bə^{1}	bo^{1}	面
m	m	m	mv̩^{1}	mv̩^{1}	mu^{1}	天
f	f	f	fə^{4}	fv̩^{4}	fv̩^{1}	吩咐不填
t	t	t	tv̩^{4}	tv̩^{4}	tv̩^{1}	撑
t	tʻ	tʻ	tʻi^{2}	tʻi^{3}	tʻɯ^{1}	累
d	d	d	da^{4}	da^{1}	da^{4}	砍
n	n	n	na^{4}	na^{1}zɿ^{1}	na^{2}zĩ^{1}	[illegible]
ɬ	ɬ	ɬ	ɬɛ^{1}	ɬi^{1}	ɬɛ^{1}	月
l	ʒ	l	lɿ^{4}	ʒv̩^{2}	ly^{2}	放牧
k	c	q	kɯ^{1}	ci^{1}	qɯ^{2}	骂
		tɕ	kɯ^{1}	ci^{1}	tɕi^{1}	黑
	q	q	kuæ^{2}	quæ^{1}	quæ^{1}	赤
kʻ	cʻ	qʻ	kʻə^{4}	cʻɛ^{2}	qʻɛ^{4}	灰
		tɕʻ	kʻɯ^{1}tsʻɛ^{4}	cʻi^{1}sɛ^{3}	tɕʻi^{2}pʻɛ^{2}	脚
	qʻ	qʻ	kʻua^{4}	qʻua^{2}	qʻo^{4}	碗
g	ɟ	G	ga^{1}la^{1}	ɟa^{3}za^{1}	Ga^{3}la^{1}	葫蘆
		dʑ	gi^{1}	ɟi^{1}	dʑɛ^{4}	落
	G	G	gv̩^{1}	Gv̩^{1}	Gv̩o	九
ŋ	N	N	ŋua^{1}	Nua^{1}	No	五
x	x	x	xi^{1}	xi^{1}	xi^{1}	人
	ɕ		xɯ^{2}	ɕi^{3}	xɯ^{1}	两
ɣ	ɦ	ɦ	æ^{2}ɣo^{4}	ɦæ^{1}ɦv̩o^{1}	læ^{2}ɦo^{1}	鸡蛋
ts	ts	ts	mv̩^{1}tsɿ^{4}	m^{2}tsəɹ^{1}	m^{2}tsəɹ^{1}	[illegible]子
tsʻ	tsʻ	tsʻ	tsʻɿ^{1}	tsʻɿ^{1}	tsʻɿ^{1}	盐
dz	dz	dz	dzɛ^{4}	dzu^{1}	dzu^{2}	花椒
s	s	s	sa^{1}	sa^{1}	sa^{1}	麻
z	z	z	zo^{1}	zu^{1}	zɵ^{1}	儿子

ʈʂ	tʃ	ʈʂ	ʈʂv4	tʃi2	ʈʂvo2	汗
ʈʂʻ	tʃʻ	ʈʂʻ	ʈʂʻuæ4	tʃʻuæ1	ʈʂʻuæ4	秤
dʐ	dʒ	dʐ	dʐv1	dʒv1	dʐv1	脉搏
ʂ	ʃ	ʂ	ʂe2	ʃu1	ʂəɹ1	我
ʐ	ʒ	ʐ	ʐu2	ʒu1	ʐu2	饿
tɕ	tʃ	tɕ	tɕi4	tʃi1	tɕi2	小
tɕʻ	tʃʻ	tɕʻ	tɕʻi1	tʃʻi1	tɕʻi1	卖
dʑ	dʒ	dʑ	dʑi1	dʒi2	dʑi1	小便
ȵ	ɲ	ȵ	ȵi1ŋə1	ɲɛ2ɟɛ2	ȵɛ2ɢo1	鼻子
ɕ	ʃ	ɕ	ɕi2	ʃv1	ɕy2	香
	ɕ		ɕi3	ɕi3	ɕi2	百
ʑ	ʒ	ʑ	ʑi1	ʒi1	ʑi1	有
	j	j	ʑa4	ja2	jɛ4	舐

B. 韵母对照表：

韵母			例词			
永宁	瓜别	北渠坝	永宁土语	瓜别土语	北渠坝土语	汉义
ɿ	ɿ	ɿ	tsʻɿ1	tsʻɿ1	tsʻɿ1	热
	i		tɕʻi2	tʃʻi3	tɕʻi1	麂子
i	n̩	i	ȵi4	ȵi1	n̩1	二
	N̩		lɛ1u1bi1	ɓe3 n̩3	lɛ3bi1	回去
ĩ	i		xĩ1	xi1	xi1	人
ɛ	ɛ	ɛ	sɛ1	sɛ1	sɛ1	走
æ	æ	æ	æ4	bæ1	æ4	鸡
a	ɑ	a	la3	ɓa1	la4	打
o	vo	o	æ2bo4	ɓæ1bvo1	læ2bo1	鸡蛋
	u		do1	du1	do1	爬
	u	v	no1	nu1	nv1	你
	o	a	lo2ȵi3	ɓo1ȵi1	la2ȵi2	手指
		u	ʂə1do3	ʃɛ2do3	xæ2du3	害羞
	ə	a	pə2ti4	pə1ti1	ba2tsʻ1	板凳

ə	ə	o	mə1	mə1	mo1	不
	ɛ	ɛ	kʻə4	qʻɛ2	qɛ2	篮子
əɹ	əɹ	u	tʃʻəɹ4	tʃʻəɹ3	tsʻu2	肺
		æ	tʻæ1əɹ1	tʻa1əɹ1	tʻæ1æ	畫
	v̩ɹ	o	ɣəɹ1	bv̩ɹ1	bo1	嘘
		v̩	pʻəɹ1	pʻv̩ɹ3	pʻv̩1i2	白
ə̃ɹ	v̩ɹ	u	ʂæ2ə̃ɹ1	ʃæ2bv̩ɹ1	ʂæ2bv̩o4	骨頭
u	y	y	ʑu1	y3	y2	綿羊
	v̩o	v̩	ʐu1	ʐv̩o2	fv̩2	野鷄
	u	u	bu1	bu1	bu1	亮
		o	bu4	bu1	bo2	猪
		v̩	ʒu4	ʒu1	ʑv̩1	牛繩
ɯ	i̩	i	kɯ1	ci1	tɕi1	星
		ɯ	gɯ1	ɲi1	Nɯ4	是
	n̩	v̩	nm1	n̩1	nv̩4	少
v	v̩	v̩	tv̩1	tv̩1	tv̩1	千
uæ	uæ	uæ	ɣuæ1	uæ1	uæ1	左
ua	o	ua	χua2	χo2	χua1	餓
uə	o	uə	quə4	Guə1	Go4	唱
		ṻ	χuə1	χṻ3	χo1	慢

C. 声調对照表：

代号	調值			例詞			
	永宁	瓜别	北渠坝	永宁土語	瓜别土語	北渠坝土語	汉义
1	˧	˩	˧	dʑi1	dʒi1	dʑi1	小便
		˧	˧˩	gi1	ɟi1	dʑæ4	唐
		˥	˥	ʑi1	y3	y3	衣
2	˩	˩	˧˩	ʂuæ2	ʃuæ2	ʂuæ4	鸿
		˧	˩	ʐæ2	ʒæ2	ʐæ2	豹子
		˥	˧	tɕʻi2	tʃʻi3	tɕʻi1	麂子
3	˥	˧	˩	ɕi3	ʃɛ1	ɕi2	百
				pv̩3	pv̩1	pv̩2	送
4	˧˩	˧	˧˩	tv̩4	tv̩1	tv̩4	搏
		˩		kʻɯ4	qʻua2	qʻo4	碗

二 东部方言内部詞彙異同情况：

东部方言的各个土語，实际記錄到的語詞是：永宁土語有1,540个語詞；北渠壩土語有1,550个語詞；瓜别土語有1,350个語詞。其中双方都有可以参加比较的总詞数只有800—900个左右。

（1）永宁土語和瓜别土語詞彙的比较：

類別		詞數	占参加比较总詞数的百分比
同源詞	完全相同的詞	42	5%
	有对应規律的詞	634	74.9%
異源詞		170	20.1%
總計		846	

舉例如下：

1.同源詞

a、完全相同的詞：

永宁土語	瓜别土語	汉义
pv^1	pv^1	豪猪
bi^1	bi^1	线
bv^1	bv^1	粗
tsɿ^1	tsɿ^1	热
dzɿ^1	dzɿ^1	吃
sɿ^1	sɿ^1	知道
za^1	za^1	低
pu^1	pu^1	逃
sε^1	sε^1	走
sa^1	sa^1	麻
pi^1	pi^1	肃节
mv^1	mv^1	天、火

b.有对应規律的詞： [illegible] [illegible]

永宁土語	瓜别土語	汉义
lε^4	[illegible]	茶
tsɿ^4	tsɿ^1	塞
tsa^4	tso^2	腸
tʂε^1	tʂi^1	土
tʂv^4	tʂi^1	衬

b. 有对应规律的词：

	ɓa^{2}	打
ʑi^{1}	ʒi^{2}	蛋
ʑv^{4}	ʒv^{2}	缝
tɕʰi^{1}	tʃi^{3}	甜
tɕʰi^{1}	tʃʰi^{1}	卖
km^{1}	ci^{1}	星
kʰɯ^{1}	cʰi	钱

2. 异源詞：

永宁土語	瓜别土語	汉义
dʑi^{1}	ci^{1}	街
tɕʰuɑ^{4}	Gɯ^{2}	船
ma^{1}	qɛ^{1}	油
tsi^{1}	pi^{1}	辣
gɯ^{1}	ʑi^{1}	是
ʂa^{4}	dʒa^{2}	撕
di^{4}	pi^{1}	追
tsʰo^{1}	pæ^{2}	跑
ua^{1}	bi^{1}	利
ʑi^{1}	zi^{1}	狐
lɛ^{4}	ʃa^{2}	腼
di^{1}	ʃæ^{1}	捞

[illegible]

（2）永宁土語和北渠坝土語詞彙的比較：

類別		詞數	占参加总詞数的百分比
同源詞	完全相同的詞	55	6.36%
	有对应规律的詞	567	56.54%
異源詞		243	28.10%
总計		865	

举例如下：

①同源詞：

a. 完全相同的詞：

永宁土語	北渠坝土語	汉义
mʏ1	mʏ1	火
tɕi4	tɕi4	口水
la1	la1	老虎
ʂɛ1	ʂɛ1	走
ȵi1	ȵi1	借
dʑʏ1	dʑʏ1	脉搏
tʏ1	tʏ1	千
ʑuæ1	ʑuæ1	西
tɕʻi1	tɕʻi1	荞
ʒi1	ʒi1	饿
ȵæ1	ȵæ1	船

b. 有对应规律的詞：

永宁土語	北渠坝土語	汉义
æ4	læ4	猫
æ4	læ2	岩
ɬɛ1	lɛ1	章子
ɣo3	bo2	颈
ɣa1	ba1	跨
tʂʻo1	tʂʻu1	跳
ʂo4	ʂu2	学
tsʻɿ2	tsʻɿ4	砍
ʑæ2	ʑæ4	豹子
ɕi2	ɕy2	香

② 异源詞：

永宁土語	北渠坝土語	汉义
di4	qʻæ4	远
piə1	tɕi1	变
kɯ1	tɕi1	星
ʐa1	dzɛ1	敵
ʒi1	bɯ1	牛
ʂɿ4	ʐæ2	殺
kʻæ2	la4	篥(口弦)
ȵu2	ʂo1	穗

Kɯ¹	tʂæ	钱
gu¹	dʐv¹	病
Kæ²	tsæ¹	搬

（3） 瓜别土語和北渠坝土語詞彙的比較

類別		詞数	占参加比較总詞数的百分比
	完全相同的詞	43	4.79%
	有对应規律的詞	595	66.26%
	異源詞	260	28.95%
总計		898	

举例如下：

（1） 同源詞

a. 完全相同的詞：

瓜别土語	北渠坝土語	汉义
qʰuæ¹	qʰuæ¹	乘
qʰa¹	qʰa¹	苦
qæ¹	qæ¹	膠
mv¹	mv¹	火
mæ¹	mæ¹	万
sa¹	sa¹	麻
dæ¹	dæ¹	短
ɓa¹	ɓa¹	跨
tʰv²	tʰv²	踩
tsʰɿ¹	tsʰɿ¹	热
pʰv¹	pʰv¹	价值
ŋa¹	ŋa¹	我

b. 有对应规律的词：

瓜别土语	北渠坝土语	汉义
mv̩^{1}	mu^{4}	菌子
mv̩^{1}	mɯ^{1}	天
ʁua^{1}	ʁo^{2}	转
ʐua^{1}	ʐo^{1}	鬼
bv̩ɚ^{1}	bo^{1}	嘴
bv̩o^{2}	bo^{2}	针
tʃɿ^{2}	tʂəɹ^{4}	笑
ʃæ^{1}	ʂæ^{1}	伞
ʒɿ^{2}	ʐɿ^{1}	盖
ʒuæ^{2}	ʐuæ^{1}	马
ɮa^{1}	la^{1}	老虎
ɮi^{1}	lɛ^{1}	聋子

② 异源词：

瓜别土语	北渠坝土语	汉义
ʒa^{2}	ly^{2}	晒
ʁuæ^{1}	ʐəɹ^{1}	买
ɮv̩^{1}	tv̩^{1}	够
tɕi^{3}	ʂɿɹ^{2}	唱
sɿ^{2}	ʁæ^{2}	杀
ɕi^{1}	dʐəɹ^{3}	虾子
pɿ^{1}	tsəɹ^{1}	辣
pv̩^{2}	tsu^{2}	拔
ta^{2}	tv̩^{1}	到
ʃv̩^{1}	dzəɹ^{1}	高
dʒa^{2}	ʂu^{4}	树
ʐa^{1}	dze^{1}	饭

三、东部方言内部的語法情况

东部方言各个土語的語法规律，根据我们初步比较的结果，大至有下列几点差异：

（1）、单音节动詞重叠所组成的多成分詞的右边，永宁土語不能加附加成分，其他两个土語则可加附加成分。

例如：永宁：la^{4}（打）—→ $la^{2}\,la^{4}$ 打架

$ʂʅ^{4}$（杀）—→ $ʂʅ^{2}\,ʂʅ^{4}$ 打战

瓜别：$ŋa^{2}$（打）—→ $ŋa^{1}ŋa^{2}di^{3}$ 打架

$ʂʅ^{2}$（杀）—→ $ʂʅ^{1}ʂʅ^{2}di^{3}$ 打战

北渠坝：la^{2}（打）—→ $la^{2}\,la^{2}dɯ^{1}$ 打架

$ʂʅ^{2}$（杀）—→ $ʂʅ^{3}\,ʂʅ^{2}dɯ^{1}$ 打战

（2）、东部方言各个土語的量詞差别較大。

例如：a，"一个纳西族"

永宁：$na^{4}ʑi$ $di^{1}\,v^{1}$

纳 西 一 个

瓜别：$na^{2}\,zi^{1}$ $di^{3}\,qv^{2}$

纳 西 一 个

北渠坝：$na^{2}\,ʑi^{3}$ $dɯ^{1}\,ji^{1}$

纳 西 一 个

b，"一条路"

永宁：$ʑə^{2}mi^{4}$ $di^{1}\,k'ɯ^{2}$

路 一 条

瓜别：$ʒɛ^{1}mi^{1}$ $di^{1}\,ɕi^{3}$

路 一 条

北渠坝：$læ^{1}gv^{1}$ $dɯ^{3}\,tɕ'æ^{1}$

路 一 条

c，"一个碗"

永宁：$k'ua^{4}$ $di^{1}\,li^{1}$

碗 一 个

瓜别：$q'ua^{2}$ $di^{1}\,ŋi^{1}$

碗 一 个

北渠坝：$q'o^{2}$ $dɯ^{1}\,qæ^{4}$

碗 一 个

d，"一口猪"

永宁：bu^{4}（猪）di^{1}（一）v^{1}（口）

瓜别：bu^{2} di^{3} p'u^{2}
　　　猪　一　口
北渠坝：bo^{2} dɯ^{3} Gv^{1}
　　　猪　一　口。

（3）东部方言里的动词"来"，有"时"的表示，但在各个土语里的表现形式不尽相同。在永宁土语里表示"过去、现在，或将来"时，都用不同的词来表示；在瓜别土语里"过去、现在"只用一个词表示；在北渠坝土语里"现在、过去"和"将来"统用一个词来表示。列表如下：

纹义	时	永宁	瓜别	北渠坝
来	过去	tsɿ^{2}	tʃɿ^{3}	ji^{1}
	现在	ʒi^{1}		
	将来	ʒu^{1}	ji^{1}	

（4）人称代词中的复数第一人称，在北渠坝土语和永宁土语里，排除式和包括式共同用一个词来表示；在瓜别土语里则用不同的词来表示。例如：

a. 永宁：ŋa^{1}sɿ^{2}kv^{2} 我们（或咱们）
b. 瓜别：Na^{1}βo^{3} 我们
　　　　o^{2}βo^{3} 咱们
c. 北渠坝：Na^{1}mu^{1} 我们（或咱们）

（5）数量词重叠时，永宁土语里一般可以省去第一个数词后的量词；在其他两个土语里则不能省。例如：

①"一两个"

永宁：dɿ^{1} ŋi^{1} lɿ^{1} 一两个
　　　一　二　个
瓜别：di^{1} βɿ^{1} ɲ^{1} βɿ^{1} 一两个
　　　一　个　两　个
北渠坝：dɯ^{1} ji^{1} ɲi ji 一两个
　　　一　个　两　个

②"七八个"

永宁：ʂɿ^{2} ʐu^{3} lɿ^{1} 七八个
　　　七　八　个
瓜别：ʃɿ^{1} βɿ^{3} ʐa^{2} βɿ^{2} 七八个
　　　七　个　八　个

北渠坝： ʂai1 ji1 ɕi2 ji1 七八个
七 个 八 个

（6）指量词修饰名词时，永宁土语里指量词在被修饰名词的后面；其他两个土语里则在被修饰名词的前面。例如：

①"这个人"

永宁： zi1 tʂi1 v1 这个人
人 这 个

瓜别： o1 tʂi3 zi1 这个人
这 个 人

北渠坝： o1 tʂi1 zi1 这个人
这 个 人

②"这只手"

永宁： la2kua1 tʂi1 pu4 这只手
手 这 只

瓜别： o1 tʂi1 lo1 这只手
这 只 手

北渠坝： o1 tʃi3 lo1 这只手
这 只 手

（7）否定副词"不"修饰动词时，永宁、北渠坝两个土语里否定副词在被修饰动词的前面；瓜别语则在被修饰动词的后面。例如：

永宁： ŋa1 mə1 bi1 我不去
瓜别： Na3 tʃi1 n1 bi1 mə1ji1 我今天不去
北渠坝： Na3 mə3 bi3 du1 我还不去

〔结〕：

东部方言各个土语语法比较结果，除有以上几点差异外，其他语法现象跟西部方言的语法完全一致，不另举例。

(三).東部方言和西部方言的比較

西部方言以大研鎮土语為代表；東部方言以永宁土语為代表。現在把这两个方言的語音.词汇和語法逐一比較如下：

一.東.西兩個方言在語音上的差别主要表現在声母.韻母和音節结構方面。例如西部方言的鼻冠濁声母 mb nd ŋg ndz ɳdʐ ȵdʑ 和東部方言的纯濁声母 b d g dz dʐ dʑ 相对应，所以大研鎮土語的 ndzo^{2}（桥），在東部方言里讀作 dzo^{1}；西部方言的 ndzɿ^{2}（犏牛），在東部方言里讀作 dzɿ^{2}；西部方言里表示動物存在的 ȵdʑy^{2}，在東部方言裡读作 dʑy^{2}。東部方言的声母裡（永宁土語）有舌尖擦音ɬ，在西部方言裡（大研鎮土語）則没有。如永宁土語的ɬɛ^{1}（月），在大研鎮土語裡就读作 xɛ^{1}；ɬɛ^{1}（麞子）在大研鎮土語裡讀作lɛ^{1}。此外東部方言的韻母裡有鼻化韻母ĩ和æ̃，在西部方言里没有这种鼻化韻母。如大研鎮土語的 ɕi^{1}（人），在永宁土語里讀作 xĩ^{1}；大研鎮土語的 so^{1}lo^{1}（骨骼），在永宁土語里讀作ʂæ^{2}æ̃^{4}；同時西部方言里的舌根音 k k' ŋg ŋ x ɣ，在東部方言里發音部位稍微靠後，近似小舌音。現在將声.韻.调及音節结構數目对照情况列表如下：

A.声母对照表

声母		例詞		
西部方言	東部方言	西部(大研鎮)	東部(永宁)	汉义
p	p	py^{2}	pv^{1}	家猪
p'	p'	p'əɹ^{2}	p'əɹ^{1}	白
mb	b	mbɛ^{1}	bi^{1}	雪
	dʑ	mbɛ^{1}	dʑɛ^{1}	做
m	m	my^{3}	mi^{4}	摧
	ȵ	miə^{2}	ȵə^{2}	眼睛
f	x	fv^{1}	xu^{1}	野鸡
	f		fv^{1}	喜欢
t	t	tæ^{2}	tə^{1}	拉
t'	t'	t'o^{1}	t'o^{1}	松
nd	d	ndəɹ^{1}	dæ^{1}	短
n	n	nɯ^{1}	nɯ^{1}	步
	ȵ	nv^{3}ta^{1}	ȵi^{2}to^{1}	嘴

l	l	la^{1}	la^{1}	老虎
	ɬ	lɛ^{1}	ɬɛ^{1}	麞子
k	k	kv̩^{1}	kv̩^{1}	蒜头
	ɣ	ko^{1}	ɣəɹ^{1}	嚥
k'	k'	k'a^{1}	k'a^{1}	苦
ŋg	g	ŋgv̩^{1}	gv̩^{1}	九
	ɣ	ŋgæ^{2}	ɣæ^{2}	散
ŋ	ŋ	ŋv̩^{2}	ŋv̩^{1}	哭
	ȵ	ŋə^{2}	ȵa^{1}	我
x	x	xa^{1}	xa^{1}	飲
	ɬ	xəɹ^{1}	ɬæ^{1}	風
ɣ	ɣ	ɣɯ^{1}	ɣɯ^{4}	皮
	ʑ	ɣɯ^{1}	ʑi^{1}	牛
ts	ts	tsɿ^{1}	tsəɹ^{1}	捨
	tʂ	tsɿ^{2}	tʂə^{2}	计祘
ts'	ts'	ts'ɛ^{1}	ts'ɛ^{1}	十
	tʂ'	ts'ua^{3}	tʂ'æ^{4}	鹿
ndz	dz	ndzɿ^{2}	dzɿ^{2}	冰
s	s	sæ^{1}	sɛ^{1}	血
	ʂ	su^{2}	ʂɛ^{1}	鉄
	ʐ	sə^{3}	ʐuə^{1}	说
z	z	zo^{1}	zo^{1}	男子
	ʐ	zæ^{2}	ʐæ^{1}	笑
tʂ	tʂ	tʂɿ^{1}	tʂɛ^{1}	土
tʂ'	tʂ'	tʂ'əɹ^{1}	tʂ'æ^{1}	洗
ndʐ	dʐ	ndʐɿ^{1}	dʐɿ^{1}	街子
ʂ	ʂ	ʂəɹ^{3}	ʂəɹ^{4}	满
ʐ	ʐ	ʐɿ^{1}	ʐɿ^{1}	泫
tɕ	tɕ	tɕi^{2}	tɕi^{1}	云
tɕ'	tɕ'	tɕ'i^{2}	tɕ'i^{2}	麂子
	k'	tɕ'əɹ^{1}	k'æ^{1}	析
ȵdʑ	dʑ	ȵdʑy^{1}	dʑɯ^{1}	有
ȵ	ȵ	ȵi^{1}	ȵi^{1}	借
ɕ	ɕ	ɕy^{2}	ɕi^{2}	香
	x	ɕi^{1}	xi^{1}	人

B.韻母对照表

韻母		例詞		
西部方言	東部方言	西部（大研鎮）	東部（永宁）	汉义
ɿ	ɿ	tsɿ³	tsɿ⁴	塞
	ɛ	tʂɿ¹	tʂɛ¹	土
	ə	tsɿ²	tʂə²	計称
	əɹ	ts'ɿ³	ts'əɹ²	山羊
i	i	tɕi²	tɕi²	云
	ĩ	ɕi¹	xĩ²	人
	v	mi¹	mv¹	火
y	ɿ	sy³	sɿ⁴	殺
	i	ndy³	di⁴	追
	v	py²	pv¹	豪猪
	u	y²	zu¹	绵羊
ɛ	ɛ	ts'ɛ¹	ts'ɛ¹	盐
	i	p'ɛ²	p'i¹	麻布
æ	æ	zæ²	zæ¹	笑
	uæ	xæ³	xuæ⁴	掛
	ə	tæ²	tə¹	拉
a	u	xa¹	xu¹	飯
	æ	p'a¹	p'æ¹	臉
	ə	p'a¹	p'ə¹	啥
o	o	t'o¹	t'o¹	松
	u	xo³	xu⁴	八
	ə̃ɹ	o¹	ə̃ɹ¹	骨头
	uə	xo²	xuə¹	晚
ə	ə	ʂə²	ʂə⁴	棋子
əɹ	i	mbəɹ²	bi¹	牦牛
	əɹ	p'əɹ²	p'əɹ¹	白
	ɿ	səɹ³	sɿ⁴	肝
	æ	əɹ¹	æ	銅
	ua	xəɹ²	xua¹	青
u	u	mbu²	bu¹	吻
	ɛ	k'u¹	k'ɛ¹	门
	uə	u²	uə¹	奴隸
	uæ	u¹	uæ¹	腫

ɯ	ɯ	ɣɯ^{1}	ɣɯ^{4}	皮
	ɿ	dɯ^{2}	dɿ^{2}	大
	i	xɯ^{1}	xi^{1}	牙
	o	nɯ^{2}	no^{1}	你
	v̩	t'ɯ^{1}	t'v̩^{1}	他
v	v	mbv̩^{1}	bv̩^{1}	粗
	əɪ	mbv̩^{1}	bəɪ^{1}	腸子
iæ		iæ^{2}		香油
ia		ia^{1}k'o^{2}		家
iə		iə^{2}		瓶
yɛ		yɛ^{2}næ^{3}		云南
yæ		yæ^{2}		圓
uɛ		suɛ^{1}		官
uæ		uæ^{1}		左
	uæ		dʑuæ^{1}	条锄
ua	ua	xua^{3}	xua^{2}	銹
	uə	xua^{1}	xuə^{1}	白鹇鳥
uə		kuə^{3}		支（烟）
	uə		uə^{1}	破

C.声调对照表.

声	調	例	詞	
西部方言	東部方言	西部（大研鎮）	東部（永宁）	汉文
˧	˧	xa^{1}	xa^{1}	饭
	˩	mɯ^{1}	mæ^{2}	万
	˥	ɕi^{1}	ɕi^{3}	百
	˨˦	ʑu^{1}	ʑu^{4}	午饭
˩	˧	mu^{2}	mv^{1}	穿
	˩	tɕ'i^{2}	tɕ'i^{2}	麂子
	˨˦	k'v̩^{2}	k'v̩^{4}	請
˥	˧	məɪ^{3}	mæ^{1}	闭眼
	˩	mi^{3}	mv^{2}	熟
	˥	ʂɿ^{3}	ʂɿ^{3}	新
	˨˦	mi^{3}	mv̩^{4}	女

˧˩	˧	na^4	no^1	你
		nɛ^4	la^1	和

D.音节数目对照表：

西部方言		東部方言	
土語代表点	音节總数	土语代表点	音节總数
大研鎮	259	永宁	244
丽江壩	354	瓜别	251
宝山州	251	北渠壩	226

说明：東、西方言的音节结構有下列几点差異：

1.西部方言各個土語的翹舌音 ʈʂ ʈʂʻ ɖʐ ʂ ʐ 不能同韻母 ɛ 拼，東部方言各个土語的翹舌音（或混合舌叶音）可以同韻母 ɛ 拼。

西部方言（大研鎮）　　東部方言（永宁）

ʈʂʅ^1（土）　　ʈʂɛ^1

ʂʅ^1（肉）　　ʂɛ^1

2.西部方言各個土語的舌根塞音也不能同韻 ɛ 拼，而東部方言各個土語的舌根音（或小舌音）可以同韻母 ɛ 拼。如：

西部方言（大研鎮）　　東部方言（永宁）

kɯ^1 kɯ^2（倚靠）　　kɛ^1 kɛ^2

kʻɯ^1　（门）　　kʻɛ^1

3.西部方言各个土語的舌根音 k kʻ ŋg ŋ x ɣ 不能同韻母 i 拼，而東部方言各個土語的舌根音（或舌面中音）都能和 i 拼。如：

西部方言（大研鎮）　　東部方言（永宁）

kɯ^2（咬）　　ki^2

ŋgɯ^2（落叶的落）　　gi^1

4.西部方言各個土語的舌尖音 t tʻ nd n l 不能同舌尖韻母 ɿ 拼，東部方言各個土語（北渠壩土語除外）的舌尖音一般都能跟 ɿ 拼。如：

西部方言（大研鎮）　　東部方言（永宁）

ŋgə^2 tɯ^1（起床）　　gə^1 tɿ^1

ndɯ^2　（大）　　dɿ^1

5.西部方言各个土語的双唇音 p pʻ mb m 一般都能同韻母 y 拼，東部方言各个土語的双唇音（永宁土語无韻母 y）則不和韻母拼。如：

西部方言(大研镇)	東部方言(永宁)
py^{2}(豪猪)	pv^{1}
my^{3}(推)	mɿ^{4}

6. 西部方言各個土語(宝山州除外)的双唇音 p p' mb m 一般都能跟韻母 ɯ 拼，東部方言各个土語(个别土語无韻母 ɯ)的双唇音則不能跟韻母 ɯ 拼。如：

西部方言(大研鎮)	東部方言(永宁)
mbɯ^{1}(去)	bɿ^{1}
mɯ^{1}(天)	mv^{1}

7. 西部方言各个土语的舌尖音 t t' nd n l 都能同韻母 ɯ 拼，東部方言各个土语的舌尖音則不能跟韻母 ɯ 拼。如：

西部方言(大研鎮)	東部方言(永宁)
ndɯ^{2} (大)	dɿ^{1}
lɯ^{1} (田)	lɿ^{1}

8. 西部方言各个土语的舌面音 tɕ tɕ' ndʑ ɲ ɕ 都能同韻母 ɚ 拼，東部方言各個土語的舌面音則不能同韻母 ɚ 拼。如：

西部方言(大研鎮)	東部方言(永宁)
tɕ'ɚ^{1}(折)	k'æ^{1}
ndʑɚ^{3}(晒)	lɛ^{4}

二、東西兩個方言在词汇上的差異也較显著。我们对1527个词进行比较，同源词有946个(包括完全相同的詞64个，有对应规律的詞882个)占参加比较總词数的68.5%，異源詞有581个，占参加比較總词数的31.5%。

举例如下：

(1).同源詞

A.完全相同的詞：

西部方言(大研鎮)	東部方言(永宁)	汉义
so^{2}	so^{2}	学
tɕ'ɿ^{1}	tɕ'ɿ^{1}	賣
sɿ^{1}	sɿ^{1}	知道
ʂɿ^{3}	ʂɿ^{3}	新
pv^{3}	pv^{3}	送
xa^{1}	xa^{1}	飯

la^{1}	la^{1}	老虎
ɬi^{1}	ɬi^{1}	借
ts'o^{1}	ts'o^{1}	跳
ts'ɛ^{1}	ts'ɛ^{1}	盐
næ^{1}	næ^{1}	躲

B. 有对应规律的词。

西部方言(大研鎮)	東部方言(永宁)	汉文
ŋv̩^{2}	ŋv̩^{1}	哭
ta^{2}na^{1}	ta^{1}na^{2}	努
æ^{2}	æ^{4}	鸡
tv̩^{3}	tv̩^{4}	撑
t'a^{3}	t'a^{4}	可以
p'əɹ^{2}	p'əɹ^{1}	白
la^{2}pv̩^{3}	lo^{2}pv̩^{4}	戒指
lɛ^{1}kæ^{2}	læ^{1}ɣæ^{1}	烏鴉
mi^{1}	mv̩^{1}	火
mbu^{1}	bu^{1}	亮
p'a^{1}	p'æ^{1}	嗆
ndo^{1}	do^{1}	爬

(2). 異源词

西部方言(大研鎮)	東部方言(永宁)	汉文
t'ɯ^{3}	dʑə^{1}mi^{1}	腰
mbəɹ^{1}	kæ^{2}	迁
ɳdʐɿ^{2}	da^{1}	躭搁
t'ɯ^{2}	χo^{4}	唱
mbi^{2}	dzɛ^{1}	迁
əɹ^{2}	bæ^{1}	绳子
la^{1}k'a^{1}	ɣa^{1}dzɿ^{1}	白楊
pi^{4}	tɕi^{2}di^{4}	笔
ts'ɛ^{1}k'a^{1}	kv̩^{2}tʂɿ^{4}	瘡
tɕ'əɹ^{1}	dʐə^{4}	摘
ɲdʑə^{2}	bæ^{4}	跑
lɯ^{2}	tʂ'uə^{4}	船

三. 東西两个方言在语法上有許多相同的地方，但也有各自的特点，現在将東西两个方言的異同分别比較如下：

（一）納西語東西方言语法共同点

A.東西方言構詞形式

1.並列结構組成的詞。

西部方言 zo¹ mi³ 男 女 ｝兒女　　西部方言 ndzɿ¹ tʻɯ² 吃 喝 ｝補品
東部方言 zo¹ mv³ 男 女　　東部方言 dzɿ¹ tɿ⁴ 吃 喝

西部方言 ʂər² ndər¹ 長 短 ｝長短
東部方言 ʂæ¹ dæ¹ 長 短

2.修飾结構組成的詞。

西部方言 kv¹ fv¹ 头 髮 ｝头髮　　西部方言 lɯ² ɣɯ¹ ｝耕牛
東部方言 ɣo¹ xæ¹pa³ 头 髮　　東部方言 lɿ² ʐɿ⁴

西部方言 ȵi³ pʻɛ³ 鼻涕 屁 ｝鼻屎　　西部方言 tɕər¹ ndɯ² 頸子 大 ｝驕傲
東部方言 ȵi¹ kʻæ¹ 鼻涕 屁　　東部方言 ɣæ¹ bv¹ 頸子 粗

3.主謂结構組成的詞。

西部方言 ȵi¹ mɛ¹ tʻv¹ 太 陽 出 ｝東方　　西部方言 ȵi¹ mɛ¹ ŋgv² 太 陽 落 ｝西方
東部方言 ȵi¹ mi¹ tʻv¹ 太 陽 出　　東部方言 ȵi¹ mi¹ gv² 太 陽 落

4.支配结構組成的詞。

西部方言 ȵdʑi¹ tsɛ² pa³ 水 田 盆 ｝臉盆
東部方言 pʻæ¹ tɕʻæ¹ lo² 臉 洗 盆

5.單音節動詞重疊組成的詞。

西部方言 la³ 打 la³ la¹ ｝打架
東部方言 la⁴ 打 la² la¹

˩	˧	na^{4}	no^{1}	你
		nɛ^{4}	la^{1}	和

D.音节数目对照表：

西部方言		東部方言	
土語代表点	音节総数	土語代表点	音节総数
大研鎮	259	永宁	244
而江壩	354	瓜别	251
宝山州	251	北渠壩	226

説明：東、西方言的音节结構有下列几点差異：

1.西部方言各個土語的翹舌音tʂ tʂʻ dʐ ʂ ʐ不能同韻母ɛ拼，東部方言各个土語的翹舌音(或混合舌叶音)可以同韻母ɛ拼。

西部方言(大研鎮)　　東部方言(永宁)

tʂɿ^{1}(土)　　tʂɛ^{1}

ʂɿ^{1}(肉)　　ʂɛ^{1}

2.西部方言各個土語的舌根塞音也不能同韻ɛ拼，而東部方言各個土語的舌根音(或小舌音)可以同韻母ɛ拼。如：

西部方言(大研鎮)　　東部方言(永宁)

ku^{1} ku^{2}(傳遞)　　kɛ^{1} kɛ^{2}

kʻu^{1}(门)　　kʻɛ^{1}

3.西部方言各个土語的舌根音k kʻ ŋg ŋ x ɣ不能同韻母ɿ拼，而東部方言各個土語的舌根音(或舌面中音)都能和ɿ拼。如：

西部方言(大研鎮)　　東部方言(永宁)

ku^{2}(咬)　　kɿ^{2}

ŋgɯ^{2}(落叶的落)　　gɿ^{1}

4.西部方言各個土語的舌尖音t tʻ nd n l不能同舌尖韻母ɿ拼，東部方言各個土語(北渠壩土語除外)的舌尖音一般都能跟ɿ拼。如：

西部方言(大研鎮)　　東部方言(永宁)

ŋgə^{2} tɯ^{1}(起床)　　gə^{1} tɿ^{1}

ndɯ^{2}(大)　　dɿ^{1}

5.西部方言各个土語的双唇音p pʻ mb m一般都能同韻母y拼，東部方言各个土語的双唇音(永宁土語无韻母y)則不和韻母拼。如：

西部方言(大研镇)　　东部方言(永宁)
py²(豪猪)　　pv¹
my³(推)　　mɪ⁴

6.西部方言各個土语(宝山州除外)的双唇音p pʻ mb m一般都能跟韻母ɯ拼,東部方言各个土语(个别土语无韻母ɯ)的双唇音则不能跟韻母ɯ拼。如:

西部方言(大研鎮)　　東部方言(永宁)
mbɯ¹(去)　　bɪ¹
mɯ¹(天)　　mv¹

7.西部方言各个土语的舌尖音t tʻ nd n l都能同韻母ɯ拼,東部方言各个土语的舌尖音则不能跟韻母ɯ拼。如:

西部方言(大研鎮)　　東部方言(永宁)
ndɯ²(大)　　dɪ¹
lɯ¹(田)　　lɪ¹

8.西部方言各个土语的舌面音tɕ tɕʻ ndʑ ɲ ɕ都能同韻母ɜɯ拼,東部方言各個土语的舌面音则不能同韻母ɜɯ拼。如:

西部方言(大研鎮)　　東部方言(永宁)
tɕʻɜɯ¹(折)　　kʻæ¹
ndʑɜɯ³(晒)　　lɛ⁴

二、東西兩個方言在詞彙上的差異也較显著。我们舒1527个词進行比較,同源词有946个(包括完全相同的詞64个,有对应規律的詞882个)占参加比較總詞數的68.5%,異源詞有581个,占参加比較總詞數的31.5%。

举例如下:

(1).同源詞

A.完全相同的詞:

西部方言(大研鎮)	東部方言(永宁)	汉义
so²	so²	学
tɕʻɪ¹	tɕʻɪ¹	賣
sɪ¹	sɪ¹	知道
ʂɪ³	ʂɪ³	新
pv³	pv³	送
χa¹	χa¹	飯

c.動詞修飾語表示性质的。

西部方言	tsʻɯ2	mbɛ1	ndʑi1		快点走。
	快	(助)	走		
東部方言	tsʻɯɚ2	tɕi4	lɛ1	sɛ3	
	快	点	(助)	走	

d.動詞修飾語表示否定的。

西部方言	ŋə2	mə1	mbɯ1	我不去。
	我	不	去	
東部方言	ŋa1	mə1	bi1	
	我	不	去	

(二).納西語東.西方言語法相異点。

1.西部方言的不定数词 xa3(餘数)经常放在量词的後面,而東部方言与之相应的不定数词 ʐa1 则放在量词前面,如:

1.一百餘个:

西部方言	ndɯ1	ɕi1	ly1	xa3	一百餘个.
	一	百	个	餘	
東部方言	dɪ1	ɕi1	ʐa1	lɪ3	一百餘个.
	一	百	餘	个	

二.一千餘个。

西部方言	ndɯ1	tv2	ly1	xa3	一千餘个.
	一	千	个	餘	
東部方言	dɪ1	tv1	ʐa1	lɪ3	一千餘个
	一	千	餘	个	

2.西部方言的数词"零"不能有,而在東部方言里则可以有。

如:一百零一个.

西部方言	ndɯ1	ɕi1	nɛ4	ndɯ1	kv3	一百零一个.
	一	百	零	一	个	
東部方言	dɪ1	ɕi1	(la1)	dɪ1	v1	一百零一个.
	一	百	零	一	个	

3.西部方言的人称代词修飾名词時,中间可以加一个表示領属关係的助词 gə1(的),東部方言则不能加。

如:我的眼睛.

西部方言	ŋə2	gə1	miə2	ly1	我的眼睛.
	我	的	眼		
東部方言	ŋa1	ȵə2	lɪ2		我的眼睛
	我	眼			

4. 西部方言的动词kɯ1 tʂʅ2（说话）被副词mə1（不）修饰时修饰语在动词kɯ1 tʂʅ2的前面，而在东部方言里则放在这个动词的中间。

如：西部方言　kɯ1 tʂʅ2（说话）——→mə1 kɯ1 tʂʅ2 不说话。

东部方言　kə1 tʂʅ1（说话）——→kə1 mə1 tʂʅ1 不说话。

5. 西部方言人称代词的表示方法比东部方言丰富得得，如第一人称复数的排除式（不包括说话者的对方）和包括式（包括说话者的对方）用声调的变化来表示：包括式是ŋə3 ŋgɯ2，排除式是ŋə1 ŋgɯ2。但在东部方言里人称代词复数第一人称的排除式和包括式均用ŋa1 tsʅ1 hv2来表示。此外西部方言的三身代词都有两种以上的表示方法，在东部方言里则只有一种表示方法。如下表：

西部方言人称代词

人称代词				举例
第一人称	单数		ŋə2 我	ŋə2 na2ɕi1 ua2 我是纳西.
			ŋa4 我	ŋa4 ɲi1kv3 mə1 mbɯ1 我俩不去.
	复数	排除式	ŋə1 ŋgɯ2 我们	ŋə1 ŋgɯ2 ly2 mə1 mæ2 我们没有时间着
			ə1 ŋgɯ2 我们	ə1 ŋgɯ2 ly3 mə1 mæ2 我们没有时间着.
		包括式	ŋə3 ŋgɯ2 咱们	ŋə3 ŋgɯ2 mbɯ1 la2！咱们去吧！
			ə3 ŋgɯ2 咱们	ə3 ŋgɯ2 mbɯ1 la2！咱们去吧！
第二人称	单数	对下辈	nɯ2 你	nɯ2 zɛ2 mbɯ1 你去哪里？
			na4 你	na4 zɛ2 mbɯ1 你去哪里？
		对平辈	ɯ1 你	ɯ1 zɛ2 ɕi1 ua2 你是哪里人？
			ɕæ1 你	ɕæ1 zɛ2 ɕi1 ua2 你是那里人？
		尊称	ŋv3 您	ŋv3 ndʑə2 mbɛ1 sɛ2 谢谢您了。
	复数	对下辈	nɯ1 ŋgɯ2 你们	nɯ1 ŋgɯ2 tsa2 sɛ2 你们幸福了.
			na4 xə1 你们	na4 xə1 tsa2 sɛ2 你们幸福了.
		对平辈	ɯ1 xə1 你们	ɯ1 xə1 ɕi1 nɯ1 你们人少.
			ɕæ1 xə1 你们	ɕæ1 xə1 ɕi1 nɯ1 你们人少
		尊称	ŋv3 xə1 您们	ŋv3 xə1 mbə1 la3 您们要去了吗·
第三人称	单数		tʻɯ1 他	tʻɯ1 mə1 tsʻʅ2 他没有来
			tʻa4 他	tʻa4 mə1 tsʻʅ2 他没有来.
	复数		tʻɯ1 ŋgɯ2 他们	tʻɯ1 ŋgɯ2 xɯ1 sɛ1 他们去了.
			tʻa4 xə 他们	tʻa4 xə1 xɯ1 sɛ2 他们去了.

东部方言人称代词.

单　数	复　数
ŋa^{1} 我	ŋa^{1} tsɿ^{1} kv^{2} 我们
no 你	no^{1} tsɿ^{1} kv^{2} 你们
tʻv^{1} 他	tʻv^{1} tsɿ^{1} kv^{2} 他们

6. 東部方言的否定副詞tʻa^{1}（或tʻa^{3}）修飾動詞時在動詞的前面。但在西部方言里与之相应的mə^{1}tʻa^{2}則只能在動詞的後面。如：

1. 不要説了。

西部方言　sə^{3}　mə^{1}　tʻa^{2}　不要説了。
　　　　　説　　不　　要

東部方言　tʻa^{3}　ʐuə^{1}　dzɛ^{2}　不要説了。
　　　　　不要　　説　　了

2. 不要去了。

西部方言　nɯ^{2}　mbɯ^{1}　mə^{1}　tʻa^{2}：你不要去。
　　　　　你　　去　　不　　要

東部方言　no^{1}　tʻa^{1}　xv^{1}　你不要去。
　　　　　你　　不要　　去

7. 東部方言的動詞ʂv^{1}zo^{1}（爱）和ʂv^{1}或ʂv^{1}ʑɿ^{1}（喜欢）可以在支配結構前面来修飾它。在西部方言里与之相应的ʂər^{1}（爱）和pʻɿə^{2}則只能在支配結構後面来修飾它。如：

1. 爱唱歌。

西部方言　ʐɿ^{1}　tʻɯ^{2}　ʂər^{1}　爱唱歌。
　　　　　歌　　唱　　爱

東部方言　ʂv^{1}zo^{1}　ʐɿ^{1}　tʻɯ^{2}　爱唱歌。
　　　　　爱　　歌　　唱

2. 喜欢唱歌。

西部方言　ʐɿ^{1}　tʻɯ^{2}　pʻɿə^{2}　喜欢唱歌。
　　　　　歌　　唱　　喜欢

東部方言　ʂv^{1}（ʑɿ^{1}）　ʐɿ^{1}　tʻɯ^{2}　喜欢唱歌。
　　　　　喜欢　　歌　　唱

四、关于納西語基礎方言和標準音問題

前面已經提到納西語應分為西部方言和東部方言。而這兩个方言之间在语音、詞彙、甚至在语法方法都有一些差異。我们要創立納西族文字就不能不有所选擇，那末什么样的方言才能做為設計文字音符的基礎呢？我们的意見是：一、这个方言所在的地區是該民族的政治、經濟、文化的中心（或在政治、文化上占重要地位）；二、這个方言的共同性大，通行範圍廣；三、最能代表整个语言的發展趋势。既然如此，我们究竟选擇那个方言作為創制文字的基礎方言，又以哪个土語的語音作為標準音呢？

按照上述原则，我们认為应該以丽江縣為中心的西部方言作為創制文字音符的基礎方言。因為首先从政治上看，丽江是丽江專署的所在地，目前当地党政干部十之八、九是本民族自己的干部；从文化方面说，西部方言區的纳西族，特别是丽江縣的納西族接受汉族文化較早，据历史記載遠在明朝永乐年间於丽江境内的通安、宝山、巨津三州相继建立了学校；現在丽江縣城有两所中等学校（丽江中学和專區師範），並且正在籌建一所農业技术学校；在農村裡也基本上鄉鄉有了小学。从經濟方面说，僅在丽江一縣就有四个鉄礦，四个銅礦，三个煤礦，蕴藏量都很豐富；農村土地改革已於一九五二年完成，目前已經土改的纳西族地區基本上已全部實現了農业合作化；同時丽江縣城大研鎮是纳西族地區的最大城鎮，是藏區山貨的集散地，手工业也較發达；現在丽江縣郊區还兴建了一座新型的鉄工廠。从交通方面说：解放以公路已修到丽江縣城，目前南通昆明，北达中甸、維西等縣；以人口的分布论，说西部方言的人口約有十三万多人，佔纳西族總人口9/10左右，具有了廣泛的代表性。

我们知道民族語言是民族文化的表現形式，文化越高，語言也就越豐富，丽江縣恰当纳西族的政治、經濟和文化的中心，交通也發达，它的詞彙也較東部方言豐富得多，又由於西部方言的共同性大，通行范圍廣，西部方言在滇西北各縣的纳西族居民中享有極高的威信，尤以丽江縣中心區大研鎮土语為最，且大研鎮土語的音位比較簡单，音节结構也比較齐整，这对設計文字是有好處的。因此我们建议創制纳西族拼音文字最好以西部方言為基礎方言，而以丽江縣大研鎮土語的語音為標準音。

但是当我们以西部方言為基礎方言，以大研鎮土语為標準音創立一种供纳西族全民使用的拼音文字時，我们不能不考慮到創立文字以后，東部方言區的納西人如何学習標準語的問題。我们一致认為納西族是一个统一的民族共同体，為了促進本民族的發展和進步，共同創立一种文字是既符合于語言事实，也符合于本民族的全面的利益的。我们承认这两个方言之間虽然在語音、词彙上、甚至在語法上都有一些各自的特点，如西部方言有鼻冠濁声母，而在東部方言里只有与之相对应的純濁声母。東部方言里有鼻化韻母，而西部方言里则没有。僅此一例也就正好說明東西两个方言語音上虽有一些差異，但它们之間的差異都有对应規律可尋，同時語言的最本質的東西是基本词彙和語法構造。我们曾拿1,527个詞進行比較，同源詞有946个，占参加比較总词数的68.5%，異源詞有581个，只占参加比較总词数的31.5%；两个方言的語法構造基本一致。当然我们也必須估計到東部方言區的納西人初学标準語時也会碰到一些困难。文字方案通过以后，我们編寫字典和教学用的課本時，必須适当的照顾他们，在字典和課本里面，我们要加上一些註釋，要註明標準語里是什么，又在非標準語裡又是什么，讓他们对照的来学習。這样他们一方面可以学習帶註釋性的東西；同時还可以学習标準語的規范，学習上不会有什么不方便。到了小学三年級以后补充註釋部分可以逐渐減少，甚至不用补充註釋，完全用标準語来進行教学也会没有什么問題了。這样一来就可以解决非标準語區的納西人学習標準語的困难。

附：标準音点音節結構表。

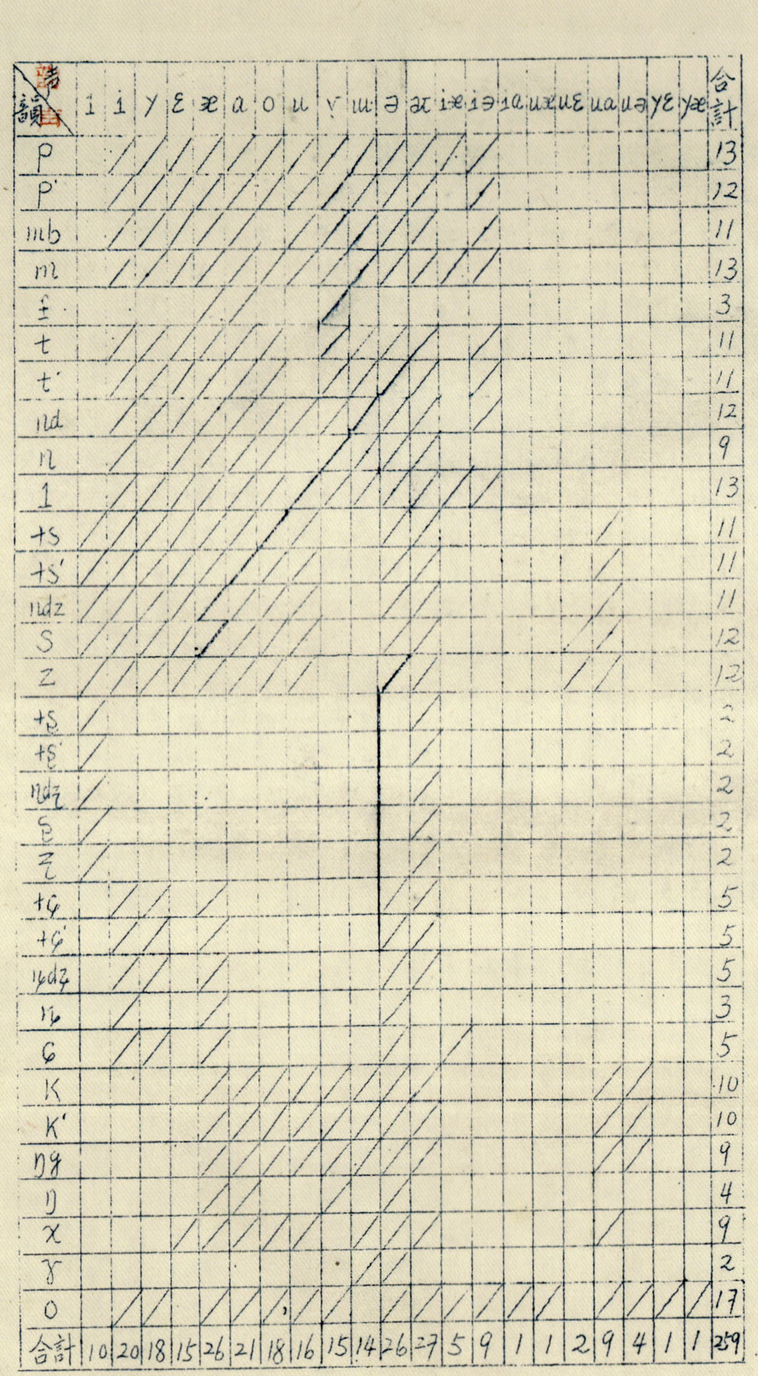

聲＼韻	ɿ	i	y	ɛ	æ	a	o	u	ɤ	ɯ	ə	ɚ	iæ	iə	ia	uæ	uɛ	ua	uə	yɛ	yæ	合計
p		/	/	/	/	/	/	/	/	/	/	/	/	/								13
pʻ		/	/	/	/	/	/	/	/	/	/	/		/								12
mb		/	/	/	/	/		/	/	/	/	/		/								11
m		/	/	/	/	/	/	/	/	/	/	/	/	/								13
f					/	/			/													3
t		/	/	/	/	/	/		/	/	/	/		/								11
tʻ		/	/	/	/	/	/		/	/	/	/		/								11
nd		/	/	/	/	/	/	/	/	/	/	/		/								12
n		/		/	/	/	/		/	/	/	/										9
l		/	/	/	/	/	/	/	/	/	/	/	/	/								13
ts	/	/	/	/	/	/	/	/			/	/						/				11
tsʻ	/	/	/	/	/	/	/	/			/	/						/				11
ndz	/	/	/	/	/	/	/	/			/	/						/				11
s	/	/	/	/	/	/	/	/			/	/					/	/				12
z	/	/	/	/	/	/	/	/			/	/					/	/				12
tʂ	/											/										2
tʂʻ	/											/										2
ndʐ	/											/										2
ʂ	/											/										2
ʐ	/											/										2
tɕ		/	/		/						/	/										5
tɕʻ		/	/		/						/	/										5
ndʑ		/	/		/						/	/										5
ȵ		/			/						/											3
ɕ		/	/		/						/		/									5
k					/	/	/	/	/	/	/	/						/	/			10
kʻ					/	/	/	/	/	/	/	/						/	/			10
ŋg					/	/	/	/	/	/	/	/							/			9
ŋ					/	/			/		/											4
x				/	/	/	/	/		/	/	/						/				9
ɣ										/	/											2
0		/	/		/	/	/	/	/		/	/	/	/	/	/		/	/	/	/	17
合計	10	20	18	15	26	21	18	16	15	14	26	27	5	9	1	1	2	9	4	1	1	259

景颂文字改进方案（草案）

云南省少数民族语文科学讨论会

1957年3月　昆明

景颇文字改进方案（草案）

景颇文字改进方案

（草案）

云南省少数民族语文科学讨论会

1957.3.　昆明

景頗文改進方案（草案）

一、基礎方言和標準音

第一条 景頗文以拉丁字母為字母形式。以雲南省德宏自治州的景頗語為基礎方言，以蓮山縣第三区的語音為標準音。

二、字母

第二条 景頗文共有二十三個字母。其字体、順序、名称如下表：

印刷体		手寫体		字母名称	發音对照		印刷体		手寫体		字母名称	發音对照	
大楷	小楷	大草	小草		國际音标	漢語拼音方案	大楷	小楷	大草	小草		國际音标	漢語拼音方案
A	a	A	a	a	a	a	M	m	M	m	ma	m	m
B	b	B	b	ba	p	b	N	n	N	n	na	n	n
C	c	C	c	ca	tsʻ	c	O	o	O	o	o	o	o
D	d	D	d	da	t	d	P	p	P	p	pa	pʻ	p
E	e	E	e	e	e		R	r	R	r	ra	ʒ	
F	f	F	f	fa	f	f	S	s	S	s	sa	s	s
G	g	G	g	ga	k	g	T	t	T	t	ta	tʻ	t
H	h	H	h	ha	x	h	U	u	U	u	u	u	u
I	i	I	i	i	i	i	W	w	W	w	wa	w	w
J	j	J	j	ja	tʃ		Y	y	Y	y	ya	j	j
K	k	K	k	ka	kʻ	k	Z	z	Z	z	za	ts	z
L	l	L	l	la	l	l							

第三条 景頗語有三十一个聲母，其中單辅音二十一个，顎化辅音六个，複辅音四个。表示方法如下：

單輔音

b[p]　p[p‘]　m[m]　w[w]　f[f]

d[t]　t[t‘]　n[n]　l[l]

z[ts]　c[ts‘]　s[s]

j[tʃ]　ch[tʃ‘]　sh[ʃ]　r[ʒ]　y[j]

g[k]　k[k‘]　ng[ŋ]　h[x]

顎化輔音

by[pj]　py[p‘j]　my[mj]

gy[kj]　ky[k‘j]　ny[ŋj]

複輔音

br[pʒ]　pr[p‘ʒ]　gr[kʒ]　kr[k‘ʒ]

（註）括弧内是国际音标註音。

第四条　景頗語有八十八個韵母，其中單元音十个，複元音八个，带辅音韵尾的韵母七十个。表示方法如下：

韵类 \ 韵尾 \ 單元音 \ 鬆緊			鬆	緊	鬆	緊	鬆	緊	鬆	緊	鬆	緊
			i	ii	e	ee	a	aa	o	oo	u	uu
			[i,iʔ]	[î,îʔ]	[e,eʔ]	[ê,êʔ]	[a,aʔ]	[â,âʔ]	[o,oʔ]	[ô,ôʔ]	[u,uʔ]	[û,ûʔ]
通	複元音	-i					ai	aai	oi	ooi	ui	uui
							[ai]	[âi]	[oi]	[ôi]	[ui]	[ûi]
		-u					au	aau				
							[au]	[âu]				
聲	带	-m	im	iim	em	eem	am	aam	om	oom	um	uum

			[im]	[îm]	[em]	[êm]	[am]	[âm]	[om]	[ôm]	[um]	[ûm]
	辅	-n	in	iin	en	een	an	aan	on	oon	un	uun
	音		[in]	[în]	[en]	[ên]	[an]	[ân]	[on]	[ôn]	[un]	[ûn]
		-ng	ing	iing	eng	eeng	ang	aang	ong	oong	ung	uung
韵	韵		[iŋ]	[îŋ]	[eŋ]	[êŋ]	[aŋ]	[âŋ]	[oŋ]	[ôŋ]	[uŋ]	[ûŋ]
塞	尾	-p	ip	iip	ep	eep	ap	aap	op	oop	up	uup
			[ip]	[îp]	[ep]	[êp]	[ap]	[âp]	[op]	[ôp]	[up]	[ûp]
	的	-t	it	iit	et	eet	at	aat	ot	oot	ut	uut
聲	韵		[it]	[ît]	[et]	[êt]	[at]	[ât]	[ot]	[ôt]	[ut]	[ût]
		-k	ik	iik	ek	eek	ak	aak	ok	ook	uk	uuk
韵	母		[ik]	[îk]	[ek]	[êk]	[ak]	[âk]	[ok]	[ôk]	[uk]	[ûk]

三、讀音規則

第五条 景頗文多音詞中，音節划分辦法如下：

1. 音節連寫時，如果一个辅音字母前后都有元音，則辅音字母属后。如：

atu 撞；碰 读作 a-tu

keedan 鉛筆 〃 ke-dan

2. 兩个辅音字母相連，前后都有元音時，前者属前，后者属后。如：

dumsu 黄牛 读作 dum-su

beenli 飛機 〃 been-li

但，如其结合形式是声母表中有的，則兩者都属后。如：

langai 一 读作 la-ngai

shangun 遣役 ,, ,, sha-ngun

3. 三个辅音字母相连，前後都有元音时，则：

a. 如前两个辅音字母和其前面的元音结合後，是韵母表中有的，则前两个属前，後一个属後。如：

dingda 南 读作 ding-da

tingnut 退 ,, ,, ting-nut

b. 如後两个辅音字母是声母表中有的，则前一个属前，後两个属後。如：

ginshi 箍 读作 gin-shi

c. 如前面两个辅音字母和其前面的元音结合後，是韵母表中有的；而同时，後两个辅音字母又是声母表中有的的時候，前两个属前，後一个属後。如：

shingrai 这样 读作 shing-rai

pungyot 游泳 ,, ,, pung-yot

4. 四个辅音字母相連時，前两个属前，後两个属後。如：

shinggraa 鳏夫 读作 shing-graa

5. 辅音n前面没有元音，後面跟另一辅音時，前面n算一个音節，後一辅音属後。如：

ndeen 唇 读作 n-deen

6. 两个元音相连，它的结合形式是韵母表中所没有的，就不能算作一个音節。如：

maut 嘸 读作 ma-ut

laing 水塘 〃 〃 la-ing

7. 凡利用以上辨法，还不能划清音節界线的，就用分音符號《'》来划分音節。如：

a，与1衝突的：Jen'anmun 天安门

Yen'an 延安

b. 与2衝突的：ning'it 露雨

man'yu 鏡子

c. 与3衝突的：jan'gu 旱災

Wa'nduyan 蜈蚣

d 与6衝突的：ma'u 瞭

ma'a 口吃

e. 第一音節元音a為非弱化a時：

na'king 農具

f. 其他：n'ga 刀鞘，n'gu 米

第六条 双唇的顎化辅音 by. py. my 与前元音 i. e 拼合時，y一律省去。如：

bii 連……都 bet 蛆

pi 皮 pen 兵；敌人

mi 眼睛 menmung 细的

又，前元音 e 除与非顎化的 g. k 拼合時读[e]以外，与其他辅音结合時都读[ie]，所以拼寫時 i 省去。如：

ante 我们 shinglet 舌头

四.拼写规则

第七条　景頗文音節拼寫的次序，一般地是"声母＋韵母"。但有的音節只有韵母，有的音節只有声母。声调一律不標，只在词典中註音時，標出声调。如：

1、声母＋韵母　ngai 我，sa 去

2.韵母　u 雞；鳥　an 我俩

3.声母　n 不

声母自成音節的只有鼻音 m n ng。在文字上都用 n 表示。它的读音，隨其后一音節声母的發音部位而定。如

nba 被子　读成　m-ba

ndaa 房子　〃　n-daa

n'ga 刀鞘　〃　ng-ga

第八条　景頗文以詞為单位決定音節的分寫或連寫。分寫或連寫的情况大体有以下幾种：

1.纯粹的複音词連寫。如：

ginjang 地形　biilanla 燕子

2.带附加成份的複音词連寫。如：

ndup 鉄匠　azoomsha 好好地

3.借词以词為单位連寫。如：

modo 汽車　koize 筷子

Junghua Rinmin Gunghogo 中華人民共和国

4、结合得紧的複合词連寫。如：

a.结合式　jinubo 竿心　gupcop 帽子

b. 主从式：má'ba 奶妈　shatmai 菜

wa'kom 爬

5. 一般词组如：名词+量词+数词，名词+形容词，副词+形容词，副词+动词，以及词组或句子裹的连词、语助词等，原则上都不连写。

第九条　景颇文用单元音重叠，複元音的主要元音重叠表示元音紧喉。元音鬆紧对立的词，鬆的标鬆，紧的标紧；紧的成词、鬆的不成词，而且紧的不能鬆读时，标紧；可鬆可紧時一律標鬆。

第十条　第一音節輕读時，弱化元音一律写成 a（如這 a 是紧元音時则写成 ă，不写成 aa），并和後面的音節连写。如：

masha 人　　găwa 竹子

第十一条　由多音词後一音節重叠，或單音词整个音節重叠，而耕成另一新詞，或起一定语法作用的，重叠部份照样写出的為正体，用 s 表示的為副体。如：

langai'ngai 各一　　langai's
（正体）　　（副体）

第十二条　為了更好地拼写从漢语、载瓦语以及其他语言中，吸收進来的外来语，景頗文增加 f c ch h 四个声母。如：

Gyefanggyin 解放軍　　Cangon 参观

Gungchandang 共产党　　hozoshe 合作社

第十三条　新吸收進来的外来语，人名、地名、科学術语，可按"名从主人"的原则處理。如原文是拉丁字母的，尽可能保持原形；原文不是拉丁字母的，則採用國際通用的拉丁化譯名：拼音汉语借词则尽量和汉语拼音方案一致。如：

Asia 亚细亚　　Lenin 列宁

Kunming 昆明

但，如原来拼法中，有的字母景颇文不用，或和景颇文拼读习惯相差太远的，可以酌予改动。如：

hozoshe　不拼成　hezoshe（合作社）

Junggo　〃〃〃　Zhunggo（中国）

Gyifanggyin　〃〃〃　Giefanggyn（解放军）

第十四条　景颇文可以利用缩写形式。景颇文缩写有音节缩写和字母缩写两种：

1. 音节缩写如：gumpro　缩写成　Gum.

2. 字母缩写如：Jingpo　〃〃〃　J. P.

Junggo　〃〃〃　J. G.

Junghua Rinmin Gunghogo

缩写成　J. R. G.

此外，国际通用的度量衡单位和科学术语的缩写，可按国际习惯书写。如：

Km（公里）　C.C.（立方公分）　H（氢）

W（瓦——电力实用单位）　NO（第）

第十五条　景颇文一般都用小写字母书写。大写字母适用于以下场合：

1. 一句话或一行诗的第一个词的第一个字母大写。

2. 专有名词，人名、地名、机关、团体、书籍文件、运动、会议等，每一个词的第一个字母都大写。如：Begying 北京。人名则姓和名的第一个字母都大写。如：Nkum La Doong.

3. 人格化了的名词第一个字母大写。

4. 标题、标语、招贴等主要语词的头一个字母或全部字母都可以大写。

第十六条 景颇文书写或排印时，行末的多音词如果写不完，必须按音節来轉行（把一个音節写完，下一个音節再轉到第二行），不能随便把一个音節拆成两半，同时必須在行末未写完的词后面，加一个長度相當于一个字母的短横，表示下一音節轉入下一行。如：

Junghua Rinmin Gunghogo go mit mang mo yon shabon ai te amyu lo ai mungdan.

中華人民共和国是统一的多民族的国家。

五、標点符號

第十七条 標点符號使用法如下：

1. 陈述句末了用句號〔.〕。如：

Daini ngai hozoshe de sa na nngai.

今天我要到合作社去。

2. 一个句子當中，較短的停頓用逗號〔,〕。如：

Up kang tung sharin na maduu go, ~~laigda shong~~ sharin ra ai.

要学习政治，就要先学习文化。

3. 一个句子當中，并列的分句之间的停頓，用分號〔;〕。如：

Nang ra yang go ya na; Nang n ra yang go n

ya na nngai.

你要的话我就就给；你不要的话我就不给。

4. 疑问句末了用问号［？］。如：

Shat sha ngut sani？（你）饭吃完了没有？

5. 带感情的或语气强烈的句子後面用感嘆号［！］。如：

Zoom la ai wa！ 真漂亮呀！

Junggo Gungchandang go lamun lazaa ning grin nga u ga！ 中国共产党万岁！

6. 提示下文或总结上文的地方用冒号［：］。如：

Lawu na ni pe lajuum gaa u：

写出下面的内容：

kop mitsu ni，manang ni：

先生们，朋友们：

7. 直接引叙的语句外面用引号［“ ”］如：

1949.10.1 ya shani e Mau Jushi go，Begyin Ten'annuun goo nna munggaan diing pe，“Dai-ni go Junghua Rinmin Gunghogo Jungyang Rinmin Jinfu daido sai”ngu nna zuun shabra u ai.

一九四九年十月一日毛主席在天安門向全世界宣佈：“今天中華人民共和国中央人民政府成立了。”。

8. 注解的部份用括号［（ ）］如：

goopa（kainu） 包谷（玉米）

9. 文中省略的部份用省略號［……］ 如：

Ma Gam, Ma No …… ni yong sa wa marai.

老大、老二……都去］。

六、拼寫样品

中華人民共和國是统一的多民族的國家。各民族一律平等。禁止对任何民族的歧視和压迫，禁止破坏各民族团结的行為。

各民族都有使用和發展自己的语言文字的自由，都有保持或改革自己的風俗習慣的自由。

各少数民族聚居的地方实行區域自治，各民族自治地方都是中華人民共和國不可分離的部份。

1. 原有文字：

Jung Hwa Rin Myin Gung Haw Goi gaw myit mang ma-yawn shabawn ai hte amyu law ai mungdan.

Masha amyu baw shagu gaw maren rap ra ai. gadai amyu hpe rai timung, n Kaw ai, dip ai hte amyu shagu a myit hKrum ai hpe jahten sharun ai lam n galaw lu na.

Masha amyu baw shagu gaw ga laiKa lang na hte sha-rawt na lam hte tinang amyu a myit sha re. yawng gaw tinang amyu a htung hKing (htung lai) hpe galai Kau na hte tawn da na tinang amyu a myit sha re.

N law amyu shagu gaw tinang amyu san rai nga ai shara hpe Kaja wa tinang up hKang ai bu ga galaw lu ai. Dai amyu baw shagu gatinang up hKang ai bu ga yawng gaw Jung Hua Rin Myin Gung Haw Goi lite hKa n mai ai daw chyen rai nga ai.

2. 改進後的文字

Junghua Rinmin Gunghogo go mit mang mayon shabon ai te amyu lo ai mungdan.

Masha amyu bo shagu go, maren rapra ai. Gadai amyu pe raidiimung, n goo ai, dip ai te amyu shagu a mit Krum ai pe jaten sharun ai lam n galo lu na.

Masha amyu bo shagu go, ga laigaa lang na te sharot na lam te diinang amyu a mit sha re, yong go diinang amyu a tung King (tung lai) pe galai gaau na te doon da na diinang amyu a mit sha re

N lo amyu shagu go, diinang amyu san rai nga ai shara pe gaja wa diinang up Kang ai buga galo lu ai. Dai amyu bo shagu a diinang up Kang ai buga yong go, Junghua Rinmin Gunghogo te Ka n mai ai do jeen rai nga ai.

附 記

景頗文改進方案（草案）在党的領导下，在民族領袖人物、智識份子的支持和協助下，經过顧问专家的具体指导和中國科學院少數民族语言调查第三工作隊景頗語小組全体同志的反覆讨論研究，初步擬製出来了。在讨論过程中，对某些问题还有不同的意見。我们認為這些意見是很可寶貴的，以為了更慎重、更仔细地研究出最好的辦法来起見，我们把不同的意見敍述在下面，請大會讨論决定。

1. 关于喉塞韵尾是否需要在文字中表示出来的问题：有兩种不同的意見：一种認為，它雖然是和-p-t-k性质相同的一个塞声韵尾，但是区别词義的作用不大，写文中為了節省字母，可以不加表示，原有景頗文没有標誌出這一喉塞韵尾，也没有發生什么混亂現象，就是很好的一个实例；和此相反，另一种意見認為，喉塞既是和-p-t-k性质相同的一个塞声韵尾，就应該同等对待它们。同時，我们也不能过于武断地說，它区别词義的作用不大，因為根據初步不完全的统计，在5,000多词中，带喉塞韵尾的就有666个，约佔1/8，這样一个數字說明，它还是起着相当大的区别词義的作用的，文字上不表示出来，必然會造成很多混亂現象，原有文字的不夠科學也就表現在這些地方，因此，主張要標出喉塞韵尾。

2. 关于弱化元音a的问题：方案中規定，第一音節輕读时，弱化元音一律寫作a，但有一种不同的意見認為：第一音節輕读是景頗語中極為普遍的現象之一。由于輕读，元音弱化了，當說快了的时候，就很難听出中间还带有元音的色彩，因此，產生了複辅音的趋向。既然如此，那末，這个弱化元音在文字上是否可以省去呢？应該說，省去了是有很大好處的：经济、字形简短，同时，也没有什么太不美观的地方。如果不省去，不经济就不用说了；把弱化音（音值主要是"ə"，变体有ɨ、ɯ）归纳成a的变体，也是没有十分充足的理由的，因为：从语言的现状来看，并非所有第一音节韵母为a时，都轻读，对立的情况仍存在，这样，文字上就会产生混乱现象，要多用分音符号；而从语言历史来看，目前也没有足够的材料能证明弱化元音是来自"a"。所以，科学而且经济的办法，是省去弱化元音。

3. 用多音词后一音节重叠或单音词整个音节重叠来构成新词或起一定语法作用的情况，在景颇语中是很多的。方案中规定，重叠部份照样写出为正体，用S表示的为副体。除这个意见以外，还有两个意见：一种认为，用S表重叠部份，在文字中不很严肃，同时，在名词后一音节重叠变成动词的情况中，重叠部份还可以被其他副词隔开，因此，主张照语言实际情况拼写，不用代號S。另一种认为，既然语言表存在这样的实际情况，用代号S也是一种简便的办法，也就没有什么不严肃的。名词后一音节重叠后，重叠部份可以被分开的情况是存在的，但重叠部份如脱離原来的词，独立運用起来，除极个别的词以外，就不可能了。因此，不能以此作为理由，来反对重叠部份在不被分开的情况下，用代号仍是科学的、简便的，也就是说，重叠部份被分开時照语言实际拼写，也并不妨碍在重叠部份不被分开时，用"S"作代号。

4. b p m 和 by py my 在元音 i e 前时，除个别词以外，一般都不对立（参見音位系统声母注），所以方案規定，拼合时 y 一律省去。但有一种不同的意見认为，和i拼时y可以省去，但和e拼时，有对立現象，雖然是个别一两个词，也应加以考虑，因为"pe"（用以表示它前面的词是賓语的虚词）在文章中出现的頻率是很大的。

5. 在鬆紧元音表示的方法上，有同志认为：用元音重叠表示的办法不好，i、u一重叠，字形不清，写也困难，如再和 m n 拼合，就更不方便了，因此用另一符号（如X）加在主要元音后或音節后表示是比较好的。

蒲满语语音概况[①]

调查人：罗品艰　张廷献

合作人：滕仕魁

地点：云县新合乡

日期：1958年11月

蒲满语语音概况

蒲满语音概况

调查人 罗品艰
　　　 張廷献
合作人 滕仕魁
地点 云縣新合鄉
日期 1958.11.

① 疑原标题有误，编者做了修订。——编者

第四工作隊語言調查發音合作人和記音人表

發音合作人	姓名	籍貫：省	自治州(專區)	自治县(县市)	區	鄉(鎮)	村
民族语							
汉语	滕仕(自坤)	云南省	临沧专区	云县		新合乡	平掌村

年龄	性别	学校教育(几年)	现有文化程度	职业
43(岁)	男	三年	初小二年级	务农

住在山上或平原?距离县城、區鄉政府所在地多远	住坝子离乡人委会一华里左右
会説那些方言或語言	会汉语及普满语
父母是否和本人说样语言	只有母亲大部说普满语,汉语也不会多说

民族和民族語			
本人的语言是否受过其他方言或语言的影响	主要受汉语影响		
	民族支系名称	語言和方言名称	這种语言(或方言)分佈地
民族语	va˩		
汉语	普满		

記音人	姓名	民族	已参加了几年语言调查研究	过去调查研究过何种语言（或方言）
	[illegible]	[illegible]族	两年半	调查过[illegible]语
	張廷献	〃	〃	〃

記音类别：（重点　　代表点　　副点　）

记音地点：[illegible]

记音及研究时间（自1958年10月31日至1958年11月12日；实际记音及研究时间共　　小時）

備註

云縣新合鄉平掌村普滿族語音概況

一、輔音共35个，

1. 單輔音26个，

p. p'. m. f. v.

t. t'. n. l.

ts. ts'. s.

tʂ. tʂ'. ʂ.

tɕ. tɕ'. ȵ. ɕ. ʑ.

k. k'. ŋ. x. ɣ.

ʔ.

2. 復輔音9个，

pl. p'l. ʔm. ʔv.

ʔn. ʔl

kl. k'l. ʔŋ.

二、元音共133个，

1. 单元音18个

ɿ. ʅ. i. i̠. e. ɛ. ɛ̠. a. a̠. ɔ. ɔ̠. o. o̠. u. u̠. ɤ. ɤ̠. ɯ.

2. 復元音19个

ie. ia. ia̠. iɔ. iɔu. ei. ɛi. ɛ̠i. ɤi. ɔi. ɔu. ɔu̠

oi. uei. ue. ɤu. ua. ɯi. ui.

3. 鼻音韵尾m 9个

ɪm、em、ɛm、am、a̱m、ɔm、om、ɤm、ɤ̱m.

4、鼻音韵尾n 19个，

ɪn、ɪ̱n、en、e̱n、ɛn、ɛ̱n、an、a̱n、ɔn、on、un、

ɔ̱n、ɤn、ɯ̱n、ien、ian、iun、uen、uan.

5、鼻音韵尾ŋ 18个，

ɪŋ、eŋ、e̱ŋ、ɛŋ、ɛ̱ŋ、aŋ、a̱ŋ、ɔŋ、ɔ̱ŋ、oŋ、ɤŋ、ɤ̱ŋ、

ieŋ、iaŋ、ia̱ŋ、ɪɔŋ、iuŋ、ueŋ、uaŋ、

6、塞音韵尾p 15个

ɪp、ɪ̱p、ɛp、ɛ̱p、ap、a̱p、ɔp、op、o̱p、ɤp、ɤ̱p、iap、iup、up、u̱p.

7、塞音韵尾t ~~18~~17个，

ɪt、ɪ̱t、~~et~~、e̱t、ɛt、ɛ̱t、at、a̱t、ɔt、ɔ̱t、ot、o̱t、ut、ɪ̱t.

ɤ̱t、ɯt、~~iet~~、ia̱t、iɤ̱t.

8、塞音韵尾k 18个，

ɪk、ɪ̱k、ek、e̱k、ɛk、ɛ̱k、ak、a̱k、ɔk、ɔ̱k、ok、o̱k、uk、

ɤ̱k、ɪa̱k、ɪɔ̱k、iok、iuk、

三、音系例证；

1、辅音，

音位	例		证	
p	pin˩	忘	pap˧	亮（天亮）
pɪ	pɪɛ˩	左	pɪɔŋ˩	通（通洞）
pʻ	pʻop˧	肺	pʻia˧	岩
pʻɪ	pʻɪik˩	天	pʻɪɛn˧	雪

m	mi˧	你	ma̱k˥	搅
ʔm	ʔma˩	風	ʔmɛt˩	星
f	fe˩	買	fa˧	鍋盖
v	vi̱n˧	炮	va̱˥	宽(马纹)
ʔv	ʔvit˧	掷(甩)	ʔva̱ŋ˧	向
t	ta̱˥	开(开门)	tɔu˧	剩食
t'	t'ɛp˧	扁	t'ɛŋ˧	伙唱
n	no˧	稠(稀饭)	nɛ˧	说
ʔn	ʔnam˧	血	ʔnɣp˩	压(手脚被压)
l	lɛm˧	尖	liŋ˧	青
ʔl	ʔlim˩	金	ʔla̱k˥	裂(木板裂)
ts	tsɿ˦	字	tsi̱˥	插
ts'	ts'i̱˦	石砌(石磚)	ts'uen˦	寸
s	sɔ̱t˧	选择	sɔn˩	莫
tʂ	tʂa̱p˩	燃(火)	tʂa˧	教(动词)
tʂ'	tʂ'uan˧	穿(針)	tʂ'a̱˥	茶(喝的茶)
ʂ	ʂaŋ˧	会(会做)	ʂok˧	耳環
tɕ	tɕɔŋ˧	路	tɕɣ̱k˩	角(牛角)
tɕ'	tɕ'ak˧	水牛	tɕ'ɣŋ˧	篩(动)(米)
ɕ	ɕoŋ˧	聪明	ɕin˦	相信
ʑ	ʑaŋ˧	影子	ʑa̱p˩	灰
ȵ	ȵa̱m˧	哭	ȵia̱˧	笑

七

k	kɯ˧ 皮子	kɛn˩ 硬
kl	klɛi˧ 嚼	klɔŋ˧˥ tɕi˧ 臂（从肩到肘）
k‘	k‘ɛi˧ 飯	k‘ɤ̱t˩ 21 胖
k‘l	k‘lɛi˧ 还（物）	k‘lat˧˥ 快
ŋ	ŋe̱n˧ 穷苦	ŋa̱k˩ 鉄
ʔŋ	ʔŋɛ̱ŋ˧ 甜	ʔŋɛ̱n˧˥ 绿
x	xɔŋ˧ 跳	xom˥˧ 盖
ɣ	mu˩ ɣui˩ 一围（一抱）	tɕa̱˩ ɣo˧ 堂屋
ʔ	ʔia̱ŋ˧ 花（岩絲）	ʔiap˧ 沙子（河里）

2. 元音，

音位	例	证
ɿ	tsɿ˥˧ 字	tsɿ˥˧ 自己
ʅ	tʂʅ˧ 锤子	tʂʅ˧ 線
i	mi˧ 你	si˩ 树
i̱	ti̱˧˥ 砧板	
e	te˩ 买	ʔe˩ 飽
ɛ	pɛ˩ 衣服	nɛ˧ 说
ɛ̱	lɛ̱˧˥ 哄	pɛ̱˧ ʔlɛ̱˧ 山羊
a	ʔma˩ 風	ta˧ 鍋盖
a̱	tɕa̱˩ 尾巴	va̱˧˥ 宽（子粒）
ɔ	tɕɔ˥˧ 砍（剁）	tɔ˧˥ 完结（事情）
ɔ̱	tʂɔ̱˥˧ 下（下坡）	

o	vo˧˥ 黄牛	no˧ 稠（稀饭）
o̱	ʐo̱˧ 涌（水桶）	kʰo̱˧˥ 咳嗽
u	tʰu˧ 洗	ʔu˧ 人
u̱	ku̱˧ 皮子	tu̱˧˥ 春
ɣ	lɣ˧ 锯子	tɕɣ˩ 知道
ɣ̱	sɣ̱˧˥ 土匪	
ɯ	tɕɯ˧ 名子	mɯ˩ 火草
je	lie˩ kɛi˧ 棟樑	ʔa˧tsie˧˥ 姐
ia	pia˩ 偷	pʰia˧ 岩
ia̱	pia̱˧˥ 酒	pʰia̱˧˥ 白
iɔu	miɔu˨˩ 庙	pʰiɔu˩ 翅膀
ei	mei˧˥ ʑɣn˧ 媒人	xua˦ mei˧ 画眉鸟
ɛi	kʰɛi˧ 饭	vɛi˧ 豹子
ɛi̱	pɛi̱˧ 狼	pɛi̱˦ lɔŋ˦ 莫（莫动）
ɣi	ʐɣi˧˥ 愁	mɣi̱˩ 斧子
ɔi̱	xɔi̱˩ 休掛	pʰɔi̱˩ 放（释放）
ɔu	ʐɔu˩ 去	tɔu˧ 粮食
ɔu̱	ʔmɔu̱˧ 种籽	
oi	ʔoi˧ 三	
uei	tuei˧˥ 摸（鸽子）	luei˩ 敲（门）
ue	liaŋ˩ kʰue˦ 凉快	
ɣu	tɣu˦ me̱˧˥ 豆米	kɣu˧˥ pu˧ 布谷鸟

ua	xua˨˩mei˧ 画眉鸟	kua˧˥ fu˨˩ 寡妇
ui	ta˨˩ tʻui˩ 大腿	tɕui˧˥ ni˧˥ 这些
ɯi	kɯi˨˩ 他	
im	ʑim˧ 搶(土匪)	ʔlim˩ 金
em	tem˩ 穹	tʻem˧ 底(声音)
ɛm	lɛm˧ 尖	
am	ʔma˩ 风	lam˧ 晒
a̱m	ȵa̱m˧ 笑	
ɔm	ʔɔm˧ 叫(牛叫)	ȵɔm˧˥ 慢
om	xom˨˩ 盖	ʔom˧ 水
ɤm	kɤm˧˥ 多	
ɤ̱m	pɤ̱m˧˥ 变	
in	pin˨˩ 忘	vin˨˩ 蒸笼
i̱n	vi̱n˧ 跑	
en	ʂen˧˥ 提(水)	sen˩ 系(鞋)
e̱n	se̱n˧ 砍(树)	ʒe̱n˧ 穷苦
ɛn	mɛn˨˩ 麦	kɛn˩ 硬
ɛ̱n	ʔmɛ̱n˧˥ 线	ʔɛ̱n˧ 鸡
an	tʻan˧ 织(布)	nan˧˥ 响(飞机)
a̱n	sa̱n˧˥ 播	
ɔn	ʂɔn˩ 韭菜	mɔn˨˩ 蓝
on	pon˩ 拳头	tʻon˧ 明子

ən	vən˦ 嘴	
un	mun˩ 银子	fun˩ 吹(火)
ɤn	pɤn˩ 飞	tɤn˩ 山
ɯn	kɯn˧ 旺(火)	
ɛen	ʔien˦ 筋	sien˩ 旋纹(头发)
ian	pian˦ 饿	tɕian˧ 懒惰
iun	iun˦ 鬍(鬍子)	
uen	~~san˧ kuen˧ 气管~~	tsuen˦ 寸
uan	san˧ kuan˧ 气管	
iŋ	ʔiŋ˦ 青	ɕiŋ˧ 身体
əŋ	ʔəŋ˦ 麻	ʔəŋ˦ 高(声音)
eŋ	ʔeŋ˧ 放(牛)	
ɛŋ	tɛŋ˦ 休息	ʔɛŋ˦ 麻布
ɛ̠ŋ	ʔŋɛŋ˦ 甜	
aŋ	zaŋ˦ 明天	ʔaŋ˦ 菜核
a̠ŋ	ʔvaŋ˦ 间	
ɔŋ	ʔlɔŋ˩ 通(洞)	xɔŋ˦ 跳
ə̠ŋ		
oŋ	ʔoŋ˦ 动	ʔoŋ 到(我家了)
ɤŋ	ʔɤŋ˦ 黄	
ɤ̠ŋ	ʔɤ̠ŋ˧ 穀草	

ieŋ	pʻieŋ˧ 红	ɲɤi˨ pʻieŋ˧ 肥肉
iaŋ	pʻiaŋ˧ 亮	ʔiaŋ˧ 刺(植物的)
ia̠ŋ	ʔia̠ŋ˧ 花(总称)	
iɔŋ	pʻiɔŋ˧ 就	pʻiɔŋ˧ 虹
i̠uŋ	ɕiuŋ˧ tsɿ˧ 胸膛	
ueŋ	kʻueŋ˥ 捆	
uaŋ	xuaŋ˧ ti˩ 皇帝	
ip	sip˨ 十	ʨi̠p˩ 尝(动)
i̠p	tɕʻi̠p˨ 蹄(牛)	
ɛp	tʻɛp˧ 扁	kɛp˨ 鞋子
ɛ̠p	ʔa˥ tɕɛ̠p˥ 花椒	
ap	pap˧ 亮(天)	tʻap˨ 蛋
a̠p	ʑa̠p˥ 抓(东西)	ʨa̠p˨ 熟
ɔp	ʔɔp˨ 孵	pʻɔp˥ 管
op	pʻop˧ 肺	
o̠p	tʻo̠p˨˩ 敲(石头)	
ɤp	ʔnɤp˨ 戴(戴在手脚上)	sɤp˨ 屁
ɤ̠p	ʔɤ̠p˩ 烟盒	lɤ̠p˥ 利、快(刀子)
iap	ʔiap˧ 沟子	
i̠up	tɕʻi̠up˨ 剪(动)	
up	tsup˩ 连接	nup˨ 底

ɯp	pɯp˧ 做穿	
it	ʔvit˦ 揶(甩)	tɕit˦ 小
ịt	tịt˧ 踢	pịt˧ 扫(地)
et	tɕet˨ 七	let˨ 瞎(眼)
ẹt	tẹt˧ 拆(房子)	tẹt˧ 熄(灯)
ɛt	ʔmɛt˨ 星	plɛt˦ 嚇
ɛ̣t	pɛ̣t˥ 八	kɛ̣t˨ 牙齿
at	plat˦ 缯(路)	sat˨ 五
ạt	ʔạt˧ 肿	vạt˧ 打
ɔt	kɔt˨ 结(疙瘩)	pɔt˧ 断
ɔ̣t	tɔ̣t˧ 短	sɔ̣t˦ 选择
ọt	pọt˦ 捉	
ot	mot˧ 麻(味)	not˦ 和(面)(动)
ut	lut˧ 藓	tut˨ 送(塞入)
ɤ̣t	pɤ̣t˨ 热	
ɤt	kɤt˨ 肺	kɤt˧ 砍(竹)
ɯt	kɯt˦ 拉	
iet		
iạt	ɲiạt˦ 笑	
iɤ̣t	piɤ̣t˧ 怕	
ik	plik˨ 天	klik˨ 瓶

ẹt <

ɪ̱k	lɪ̱k˥˧ 猪	sɪ̱k˥˧ 窜（牲畜）
ek	ʔek˥˧ 涩（味）	
e̱k	se̱k˧ 撕	
ɛk	tɛk˨˩ 中间	
ɛ̱k	lɛ̱k˥˧ 锄（名）	
ak	pjak˧ 睁	ʔak˧ 弯
a̱k	ma̱k˥˧ 挖	la̱k˨˩ 黑（人的脸黑）
ɔk	tɔk˨˩ 浇（花）	kɔk˧ 叫（公鸡叫）
ɔ̱k	mɔ̱k˨˩ 云	kɔ̱k˥˧ 软
ok	mok˨˩ 帽子	tok˨˩ 点（灯）
o̱k	ko̱k˥˧ 咳嗽	ʔjo̱k˩˧ 牛羊
uk	suk˥˧ 毛	
ɤ̱k	tɤ̱k˥˧ 拖	tɕɤ̱k˨˩ 角（牛）
ia̱k	tɕia̱k˧ 虾（量）	pia̱k˨˩ 墙
iɔ̱k	piɔ̱k˥˧ 遗失	
iok	ʔu˧ ʔiok˧ 蟾蜍	
iuk	ʔiuk˥˧ 伸	piuk˥˧ 裸（动）

四、声调共4个。

˥˧53调 ˧33调 ˩˧13调 ˨˩21调

五、声调例证

˥˧53调 si˥˧ 剩 ma̱k˥˧ 挖 la˥˧ 豹

˧33调　sen˧ 纪(树)　ʔmaŋ˧ 薄

˩˧13调　sen˩˧ 旋纹(涡)　mɛn˩˧ 麵

˨˩21调　si˨˩ 树　sen˨˩ 条(量)　ʔmɛt˨˩ 墨　la˨˩ 迟

六，语音特点：

甲，辅音：

1. 蒲满语里只有清音而没有浊音，在辅音中tɕ. tʂ. tɕʰ. ɕ. ɣ 等五个音都用于借词，在该语言里没有出现。

2. 辅音~~p~~. k 这个音与ɪ结合成复辅音时，其ɪ带有舌的色彩。

乙，元音：

1. 元音较为复杂，有带鼻韵尾m. n. ŋ 三个，塞音韵尾p. t. k 三个，~~而且元音有长短之对立~~，

2. 元音ɪ. ue. ua. uen. iuŋ. ueŋ. uaŋ 等七个，大都用于借词，在该语言里很少出现。

3. 发ɯ元音时带有唇齿的色彩。

丙，声调：

1. 蒲满语里声调大都不对立，只有少数个别的一两个对立，如si˧ 剩　si˨˩ 树，sen˩˧ 旋纹(涡) sen˨˩ 条(量)，"la˧ 部" "la˧˨ 来" "la˨˩ 迟"等几个对立的，其他未发现。这样把声调对比都处理成为核心元音。可是在此之外处理不了，所以还是用声调处理较为合适。

2. 该语言里有˧˨32短调，但已把它用鼻喉归併到˨˩21调里面来处理，如：la˧˨ 来现处理成la˨˩。

3. 该语言里声调虽然~~[illegible]~~对立的不大，但也有少数的对立，不能归併，我们认为可能还是有声调的语言，但这还要待进一步研究确定才是。

蒲满语语法概况

地点：云县

合作人：滕仕魁

记言人：罗品艰　张廷献

日期：1958年11月

蒲满语语法概况

蒲满语语法概况

地点：雲縣.

合作人 滕仕魁.

記言人 罗品艰 張廷献

日期 1958.11.

普满语语法概况

这次记録普满话时是用汉语调查大纲（附表）来记所以有许多普满话的特点多没记録下来。另加我们对这种语言没有接触过，而且记録时间只十天（只是早晚）这样更会有许多错误之处，请同志多提出批评指正的意见。

4，复合詞的构成：

pɛ˧ʔlɛ˧ 羊（总称

pɛ˧ʔlɛ˧ sɔm˥ 綿羊
羊 毡

pɛ˧ʔlɛ˧ lak˩ 羊山
羊 黑

kʼɐ˥ tʼe˧ʔva˥ 荞粑
飯 粑 荞

8. 性的范畴是用词彙表述：

mik˩ lik˥ 公猪 nɛi˥ lik˥ 母猪（生过兒） ʔiaŋ˧ lak˥ 母猪（未生过兒）
公 猪 母 猪 母 猪

kut˩ ʔɛn˧ 公鸡 nɛi˥ ʔɛn˧ 母鸡（〃 〃） ʔiaŋ˧ ʔɛn˧ 母鸡（〃 〃）
公 鸡 母 鸡 母 鸡

mik˩ piak˩ 公馬 nɛi˥ piak˩ 母馬（〃 〃） ʔiaŋ˧ piak˩ 母馬（〃 〃）
公 馬 母 馬 母 馬

ʔu˧ kɔŋ˥ ku˧ 男人
人 男

ʔu˧ kɔŋ˥ pɤt 女人，ʔu˧ kɔŋ˥ pia˩ 女人（未结婚）
人 女

11. 数的范畴是用数词人称代词等表示：

muɿ ɤeŋɣ 一个　ʔanɿ ɤeŋɣ 二个　ɤokɿ koŋɣ 六个
一 个　　二 个　　六 个

voɣ muɿ toɿ 一条黄牛
黄牛 一 条

keŋɿ muɿ ʔŋɤŋɣ 一条板凳
板凳 一 条

ʔuɿ muɿ ɤeŋɣ 一个人
人 一 个

kaŋɿ muɿ taɿ 一间房子
房子 一 个

ʂɤpɿ siɿ muɿ ʂɤpɿ 一棵树
（棵）树 一 棵

ʔɛnɿ muɿ supɿ 一窝鸡
鸡 一 窝

13. 名词与形容词连用时的位置：

tɤnɿ ʔɛŋɣ 高山　kaŋɿ tɯɿ 大房子
山 高　房子 大

ʔuɿ ɤɔŋɿ 好人　ʔiaŋɿ ʔieŋɿ 红花
人 好　花 红

15. 名词与介词连用时的位置：

tsʻoŋɿ taɿ ʔipɿ ʔokɿ ʔaɣ 从手掌来
从 （从） 手 掌 来

ʔotɿ kaŋɿ kɤtɣ kʻɛiɿ 在家煮饭
在 家 做 饭

ʔɤn˩ kɛit˧ te˧ a˥˧ po˧ na˩　飼飯给阿爹吃.
飼　飯　给　爹　吃

ʔak˥˧ ʔak˥˧ pɤn˩ lɔŋ˧ ʔmɔu˧ kaŋ˧ sa˧ la˥˧ ɬa˥˧
乌鸦　飞　到　头　房　上　来(完)
乌鸦飞到房头上来了.

19. 名词作宾语:

ʔɔu˧ pak˥˧ piak˥˧　我骑马.
我　骑　马

ʔɔu˩ ɔu˩ ɬɛ˩ pia˥˧　我去买酒.
我　去　买　酒

ʔɔu˩ mɤn˩ kɔŋ˥˧ pɤt˩　我是妇女
我　是　妇女

ʔɔu˩ mɤn˩ va˩　我是蒲满族.
我　是　蒲满族.

23. 名词作状语.

ʔɔu˩ ɔiaŋ˧ la˥˧　我明天来.
我　明天　来

25. 无名词所有格:

tɤk˩ vo˥˧　黄牛角　　kaŋ˧ nɔu˩　草房
角　黄牛　　房子　草

26. 动宾关系.

ɬɔ˩ kak˥˧ lik˥˧　狗咬猪.
狗　咬　猪

27. 副名词可兼量词：

kɔ˩lɔ˧mɔ˧ mu˩ zəŋ˥ 一个小孩。
小孩 一 个

28. 副名词可和名词连用：

vo˥ to˧ ni˥ 这条黄牛。 vo˥ to˧ nɛ˨˩ 那条黄牛。
黄牛 条 这 黄牛 条 那

29. 副名词有表示动量和时间的：

va˥ mu˩ vɛ˥ 打一下。 na˩ ʔo˧ mɔn˧ 吃三口。
打 一 下 吃 三 口

30. 副名词因事物不同而不同：

ʔu˧ mu˩ zəŋ˥ 一个人。 kaŋ˧ mu˩ ta˧ 一间房子。
人 一 个 房子 一 间
si˩ m˧ ɣəp˩ 一棵树 ʔa˥ sət˩ m˧ to˧ 一条蛇。
树 一 棵 蛇 一 条

31. 名词可兼量词。

tɔk˥ 碗（名） mu˩ tɔk˥ 一碗。
一 碗。

32. 有非一类的事物用一个副名词。

vo˥ mu˩ to˧ 一条黄牛。 ʔa˥ sət˩ mu˩ to˧ 一条蛇
黄牛 一 条 蛇 一 条

35. 无意附之类词。 taŋ˧ kɔn˧ ʔan˧ zəŋ˥ 父子两。
父 子 两 个

37. 副名词的指示代词连用时的位置：

sɿ˨ ʐəp˦ ni˦ 这棵树. sɿ˨ ʐəp nɛ˨ 那棵树.
树 棵 这 树 棵 那

38. 副名词的形容词连用时的位置：

ʒu˧ ʒəŋ˧ mu˨ ʐəŋ˦ 一个好人.
人 好 一 个

ɬaŋ˧ ʐieŋ˧ mu˨ kəp˦ 一朵红花.
花 红 一 朵

40. 副名词只和指示代词连用时的名词相连用。表示数时一定要加数词在中间决不连用.

sɿ˨ ʐəp˦ ni˦ 这棵树. sɿ˨ mu˨ ʐəp˦ 一棵树.
树 棵 这 树 一 棵

41. 副词和动词连用时的位置.

na˨ mu˨ tsak˧ 吃一顿.
吃 一 顿

51. 形容词重叠表示程度加深。中间加否定才表示是疑问.

pan˧ pan˧ ni˧. 白白的.
白 白 的

ɬu˦ mi˨ ɬu˦? 咸不咸?
咸 不 咸?

54. 形容词的词尾.

ɬʒɛn˨ ni˧ 绿的.
绿 的

56. 形容词的指示代词连用时的位置.

ʔɯ˧ zen˥ ni˩ zɔŋ˧ 这个人好.
人 个 这 好

57. 形容词的副词连用位置.

vo˥ tso˧ ni˧ zɔŋ˧. 这条黄牛好.
黄牛 条 这 好

58. 没有发现叠音节形容词。形容词的否定副词连用位置.

man˩: 牢. ʔi˩ man˩ 不牢.
牢 不 牢

61. 形容词的副词连用位置:

xɤn˥ kʰɤt˩ 很胖. xɤn˥ kɔm˧ 很瘦
很 胖. 很 瘦

62. 形容词替副词加 ni˧:

zɔŋ˥ zɔŋ˥ ni˧ ʔɛt˥. 好好地睡.
好 好 地 睡
tɯ˥ tɯ˥ ni˧ na˩ mu˩ tɕak˧ 大大地吃一顿.
大 大 地 吃 一 顿

63. 人称代词表数情况。此类代词不很丰富。

ʔɔu˩ 我 mi˥ 你. ʔɯ˥ 他.

ʔɤi˩ 我们 pɤi˩ 你们 kui˥ 他们（zen˥ nɛ˩ 那个）

（你们他们也常用以 这个 这些 那个那些来表示）

65.（人称）代词所有格构成：

tɕi˧ paɯ˥ ʔɔu˩ 我的． tɕi˧ mi˧ 你的． tɕi˧ pei˩ ne˩ 他的．
的 我　　的 你　　的 个 那．

66. 无引述形式的代词：

ʔɯ˥ ne˧：ʔɔu˩ pu˧ pɔu˩ 他说：我不去．
他 说　我 不 去

67. 代词主宾格的区别．

ʔɯ˥ ʔi˩ vei˧ te˩ ʔɔu˩ 他不借给我．
他 不 借 给 我

ʔɔu˧ tɕʰək˥ te˩ mi˥ pak˥ piak˩ 我牵马给你骑．
我 牵 给 你 骑 马

68. 指处所的指示代词和其它词连用位置：

mi˥ ʔo˥ ni˩ ta˧ tɕak˧ mɯ˧？ 你在这里做什么？
你 在 这 里 做 什么？

pɪat˧ ʔom˧ tɕɔi˧ kɔi˧ tɤn˩ m˧ tɤn˩． 河那边有一座山．
河 水 那边 有 山 一 山(座)

ʔot˧ tɕi˩ ni˥ 在这方
在 方 这

69. 各种性质方式的指示代词不丰富。和其它词连用如下．

ɕi˥ ɕi˥ ni˥ ne˧ pak˧ 别说这样话．
别 样 这 说 话

pu˩ nɤn˩ ʔxɔu˩ ne˩ 不能那样说．
不 能 样 那 说

ʔɛi˧ nɛ˧ pak˧ tɕɤ˩ ni˧ 别说这种话.
别 说 话 种 这

70. 指示代词和副词之间不能插入"一"数词。

to˧ kɔŋ˧ to˧ nɛ˩ 那一条牛.
牛 条 那

pɛ˩ pɤŋ˧ ni˧ pi 这一件衣服.
衣服 件 这

71. 指示代词和名词连用位置：

ʔɛn˧ to˧ ni˧ tap˩ kan˧˧ nɛi˧ 这个鸡天天生蛋.
鸡 个 这 下(蛋) 天 天

72. 疑问代词和其它词类连用位置：

mi˧ ŋɤ˩ a˩ mɛ˧ ? 你是谁?
你 是 哪个

mi˧ tɕa˧ a mm˧ ? 你做什么?
你 做 什么

mi˧ a˥ tɕɛm˧ tɕu˧ mɛ˧ ? 你要多少?
你 要 要 多 少 ?

73. 物主代词第一式的构成：

to˧ kɔŋ˧ tɕa˧ ɔu˩ 我的牛.
牛 的 我

to˧ kɔŋ˧ tɕɛ˧ mi˧ 你的牛.
牛 的 你

74. 物主代词第二式的构成：

piak˩ to˧ ni˥ mən˩ tʂɿ˧ ʔi˩ ʔoi˧ zeŋ˦ ni˧.
马 条 这 是 的 我们 三 个 好.

这匹马是我们三个人的.

75. 反身代词是借汉：

ʔɔu˩ tsɿ˥ tɕi˩ tʂɿ˧ 我自己做.
我 自 己 做

76. 反身强调代词是借汉：

mi˥ tsʰen˧ tsɿ˧ ʔɔu˩ 你亲自去.
你 亲 自 去

77. 无连接代词：

78. 代词重叠无意义，

79. 表示指示代词远近是用拉长语气来表示.

to˧ nɛ˩ 那条(近) to:˧ nɛ˩ 那条远.
条 那 条 那

80. "我们"是否有包括式和排除式？排除式是用ʔi˩，但包括式主要有 taŋ˧ ʔɕi˧ 或 tɔ˦ xɔ˦ 构成。
大 家 大 伙

81. 代词能作主语：

ʔmi˥ ʔoi˧ zeŋ˦ ʔi˩ ʔai˥ 他们三个不来了.
他们 三 个 不 来

zeŋ˧ ni˥ ʔi˩ ʔɔŋ˧ 这个不好
个 这 不 好

82. 代词在动词后作宾语.

ŋɔ˩ kak˧ ʔɔu˩　　狗咬我.
狗　咬　我

ʔmy˦ vat˦ ʔɔu˩
他　打　我　　他打我.

83. 代词在介词前作主语在介词后作宾语.

mi˧ pien˩ zeŋ˩ me˩ ne˧?　你对他说
你　讲　个　那　说

84. 代词能作谓语.

ʔɛi˦ pɤn˦ ni˦ mɤn˩ tɕɿ˦ ʔɔu˩　这本书是我的.
书　本　这　是　的　我

85. 代词作修饰时的位置,

mɔk˧ ʔɔu˩　　我的地.
地　我的

pɛ˧ ʔɛ˧ mɤn˩ tɕɿ˦ ʔɤi˩　是我们的羊.
羊　是　的　我们

89. 动词无变化及音节的.

92. 动词不能重叠。要表示疑问在中间加否定副词。

zɔu˩ ʔi˩ zɔu˩?　去不去?
去　不　去

93. 连动式的构成：

mi˧ ta˧ zɔu˩ zɤ˩?　你去玩吗?
你　给　去　玩?

ʔɔu˩ ʔa˦ mɔŋ˧ mi˦ 我来看你.
我 来 看 你.

95. 动词无使动态。只是词汇不同：

ʔɔi˩ ʔik˦ 喂猪. ʔik˦ na˩ 猪吃.
喂 猪 猪 吃

96. 及物动词带宾语，非及物动词不带宾语.

kʰut˩ ʔɛn˧ kɔk˧ 公鸡叫.
公 鸡 叫.

ʔɔu˩ na˩ kɛi˧ 我吃饭.
我 吃 饭

98. 单音节词被否定副词修饰时的位置.

ʔi˩ na˩ 不吃.
不 吃

99. 无双音动词。只有借汉语ʔi˩ ku˦ kʰa˩ 不估抗倒.

101. 连动式位置.

ʔu˦ ʔi˩ ɓɔu˩ tɕɛk˦ si˩ 他不去砍柴.
他 不 去 砍 柴

ʔɔu˩ ɓɔu˩ mɔŋ˦ ʔu˦ 我去打他.
我 去 打 他.

ʔɤn˩ tɛ˩ ʔɔu˩ na˩ 饼给我吃.
饼 给 我 吃

na˩ ʔi˩ piɛn˧ 吃不得.
吃 不 得

102. 动词被副词修饰时的位置：

ʔn̥ɔ˧my˥ ʔn̥ɔ˧my˥ ʑɔ˧ɯ˩ 慢慢去.
慢 々 去

ʔi˩ la̠˥ 不来.
不 来

105. 直接宾语和间接宾语的位置.

ʔɯɣ˥ tɕe˩ʔɔɯ˩ ŋa˩ kʻɛi˧ tɕʻe̠˩ʔva̠˩ mɯ˩ tɕʻe̠˩
他 给 我 吃 饭 粑 荞 一 粑.

他给我一个荞粑々

109. 表态方式：

1) 分析式：

ŋa˩ tɕɔ˥ 吃完
吃 完

2) 经验式.

ŋa˩ kɔ˧ lɔ˩ 吃过了.
吃 过 了

3) 进行式

tɕɣn˧ ŋa˩ ʔo te˧ 正在吃.
正 吃 在

4) 未完成式：

ʔɯ˩ noŋ˧ ʔi˩ ŋa˩ ne˧ 我还没有吃的.
我 还 没 吃 的.

110，动词作谓语时的位置：

ʔɯ˦ vat˦ ʔu˧ 他打人。
他 打 人

111，动词作补语：在谓语动词之后。

ʔɣn˩ ɬa˥
拿 来

xɔ˩ to˧ kon˥ ta˧ tɕi˧ 把牛赶到那边去。
赶 牛 去边 那

113，助动词不能重叠来表疑问。

114，多数助动词来源说，有也是借汉词。

117，助动词和动词的位置。

ʔu˩ ɓe˦ ʔaŋ˩ tɕi˧ 我也会做。
我 也 会 做

ʔu˩ a˧ na˩ kɛi˧ ɬɔ˩ 我要吃饭了。
我 要 吃 饭 了

120 副词只词头词尾。

ʔu˩ non˧ ʔi˩ na˩ 我还没有吃。
我 还 不 吃

ɗon˧ ɗon˧ ɬon˧ ki˦ 好好地坐。
好 好 地 坐

121，天后音后合副词。

122. 副词在形容词动词之前.

tɕai˩ ʂi˩ ʑɔŋ˦ 很好.
扎 实 好

ʔi˩ laŋ˥ 不来.
不 来

125, 否定副词"ʔi˩"(不)只起否定作用没有"泛指"之意.

ʔi˩ ʂi˩ 不热. ʔi˩ voŋ˥ ʔi˩ piak 不牛不马.

126. 介词的位置.

ʔɔu˩ tɕo˩ ʔɯŋ˥ vat˥ 我着他打.
我 着(介) 他 打

ʔɯŋ˥ plen˦ ʔɔu˩ pak˦ 他对我说话.
他 拼(介) 我 说话

ʔɔu˩ laŋ˥ ta˦ zip˥ mɯk˩ 我从手掌来.
我 来 (从介) 手掌

134. 連接词的位置:

nɔŋ˥ miɔu˩ pe˦ a˩ sen˩
家猫 和 野猫.

sui˦ zai˩ ʔi˩ ɣi˩ ta˦ ʂi˩ zeŋ˥ ʔi˩ kat˦
虽 然 下雨 但 是 也 不 冷
虽然下雨但是也不冷.

143 语气词在句末。未发现复杂语气词。

ʔɯŋ˥ laŋ˥ lɔŋ˦ 他来了.
他 来 了

ʔɯ˧ pa˨ pu˩ ʒɔu˩ pa˦！他怕不去吧！
他 怕 不 去 吧！

ʔɯ˧ tɕʰɔ˨˦ʔɯ˦ pu˩ ʔa˧ ni˦？他怎么不来呢？
他 怎 么 不 来 呢？

154. 象声词的位置。

kɔn˧ nɔŋ˧ miɔu˩ mi˦ mi˦ mi˦ ni˧ tɕʰa˦ki˧.
小 猫 咪 咪 咪 的 叫.
小猫咪咪咪的叫.

ta˧ tɕʰa˦ pɔ˧ pɔ˧ pɔ˧ ni˧ nan˧ 楼上乒乒乒的响.
楼上 乒 乒 乒 的 响.

159. 主语的位置。

vɔ˧ na˩ fɛŋ˧ 黄牛吃草.
黄牛 吃 草

tɕʰɔ˨˦ʔɯ˦ kɛi˧ ʔi˩ ʃɛ˩？饭怎么还不熟呢？
怎 么 饭 不 熟

160. 谓语的位置。

ʔɡi˩ mɔŋ˩ va˩ 我们是蒲满族.
我们 是 蒲满族

ʔɲi˧ ni˧ mɤŋ˩ ʔɲi˧ vɛi˧ 今天是虎日.
今天 是 日 虎

ʔɔu˩ si˦ki˧ ʔi˦ki˧ 我杀猪.
我 杀 猪

vɔ˧ tɔ˩ ni˧ ʔɔt˩ 这条黄牛肥.
黄牛 条 这 肥

162. 宾语的位置：

ʔɔu˩ na˩ pia˧ 我喝酒.
我 吃 酒

163. 双宾语的词序：

ʔɔu˩ te˩ mi˥ na˩ lɛi˥ m˧ pɔm˥ 我给你一本书.
我 给 你 . 书 一 本

164. 补语的位置：

结果：lɛi˥ ʔu˥ zɛ˥ ʔmon˧ tɔ˥ 书他也看完了.
书 他 也 看 完

程度：pʰu˧ lu˩ ʔi˩ pe˧ na˩ ʔi˩ tɔn˥
盐 咸 不 得 吃 不 成

趋向：xɔ˩ tɕi˥ zɔu˩ 赶起走.
赶 起 去

时间：ʔɔu˩ lon˧ ta˧ ni˩ ʔoi˩ ʔnɔp˩ 我到这儿三年了.
我 到 儿 这 三 年

165. 定语的位置：

ʔu˧ zɔŋ˧ mu˩ zeŋ˥ 一个好人.
人 好 一 个

ʔiaŋ˧ ʔieŋ˧ 红茶
茶 红

ʔu˧ tui˩ ŋak˩ 铁匠.
人 打 铁

ta˩ piak˥ 马尾巴.
尾巴 马

tɔ˧ kɔŋ˧ ʔɔu˩ 我的牛.
牛 我

166. 状语的位置：

ʔi˩ la˦　不来　ʔɔi˩ la˦　莫来.
不　来　　　莫　来

ŋɔk˩ ta˧ ni˦　坐这里.
坐　里　这

ʔmɯ˦ tɕi˧ ne˧ la˦　他刚才来.
他　将(不)(那)　才　来

sɔk˧ lɔt˧ na˩ kɛi˧　躲着吃饭.
躲　在　吃　饭

na˩ mɯ˩ tɕiak˧　吃一顿.
吃　一　顿

tɕi˧ ne˧ mɯ˩ mɔn˧　只说一句.
只　说　一　句

tɕa˩ ʑi˩ kɯm˦　很多.
扎　实　多

ʔɔu˩ tak˩ ʑa˩ ʑi˩ na˩　我烧洋芋吃.
我　烧　芋　芋　吃

173. 主语宾语换位时位置.

ʔɔu˩ vat˦ ʔmɯ˦　我打他
我　打　他

ʔɔu˩ tɕɔ˩ ʔmɯ˦ vat˦　我被他打.
我　着　他　打

云南阿昌族的语言情况和文字问题

云南阿昌族的语言情况和
文字问题

1958年3月27日

这是中国科学院少数民族語言研究所阿昌語調查組寫的初步材料，还没經研究所領导审核。因此，这只是調查組的初步意見，提供代表们参攷。

第二次少数民族語文
科学討論会秘书处

一、社会概况①

1.族称、人口分布

阿昌族自称xatshaŋ或ŋhatshaŋ，汉族统称其为"阿昌"；但尚有"大阿昌"。"小阿昌"的不同称謂：居住在梁河县的被称为"大阿昌"，居住在盈江县的被称为"小阿昌"；盈江傣族則称之为tàisaŋ（傣昌），因居住在盈江的阿昌族，一切风俗习惯，宗教信仰以及政治制度（解放前）都与傣族相同，而且可以互相通婚，故以"傣"冠称之。解放后仍称"阿昌"。

阿昌族人口約有14000人，佔云南全省总人口0.1%弱。分布于云南德宏傣族景颇自治州的盈江、梁河、陇川、龙陵、腾冲等县，主要分布在盈江县第三区的户撒、腊撒（平壩区）及梁河县遮島的东北方壩子边沿的半山坪地，据説緬甸也有阿昌族。

2.經济，政治制度

阿昌族绝大多数以农业为主，种植水稻，兼植苞谷、菸草。解放前他们已进入封建社会，田园，宅地完全私有，而且可以自由買卖，租佃关係極为普遍，阶級分化明显，已出現地主。但因盈江和梁河两县的阿昌族所处的地理环境不同，因而他们的经济情况也有很大不同：

盈江县阿昌族聚居户撒，腊撒平壩，耕作环境较好，一般生活也比梁河的好一些；又因壩尾与緬甸毗连，和国外有经济上的連系，小工商业和手工业相当发达，所以有許多高利貸者及工商业兼地主、手工业中以制造鉄器最出名，所制成的刀劍、鐮刀、犂头、鋤头等暢銷国内外边地，解放前这些手工业户，大多有季節性地到緬甸打鉄或挖鉄矿，一般男人也多到緬甸謀生，经商或卖工。

梁河阿昌族大多居住在半山坪地，耕作环境较坏，而且接近内地，长期与汉族杂居，经济生产与汉族关系十分密切，大多受汉族地主的剥削，成为汉族地主或部分傣族地主的佃户，生活十分困苦，他们手工业很不发达，大多以砍柴为付业或作地主的帮工。

阿昌族过去长期受傣族土司的统治，大小头人都由土司委派（不是世袭）。例如盈江县户撒，腊撒，每一个寨子都委派一个"佐治"（小头人），几个寨子合委派一个"元头"（大头人），以通过他们收税、派款、纳粮，平常百姓有纠分，多請"寨子老人"到"佐治"家里共同商試解决。"佐治"处理寨内外纠纷也要征求"寨子老人"的意見。

3.风俗习惯，宗教信仰

阿昌族家庭組织是小家庭制，一般都是一夫一妻。兒子婚后一两年即分居，但最小的兒子则留在家中供养父母，继承家业。婚姻主要是父母包办，但婚前多自由恋愛，如果父母不同意，便进行搶婚。服装方面：盈江阿昌婦女衣着，无論大小老幼，几与傣族完全一样；梁河的则稍有差别：如穿戴銀色大耳环，裙子还綉上花紋（没有像景頗族裙子那么花），婚后所打的包头其形式及打法也与傣族不同，年青姑娘在节日时还有极少数人戴上一个包头圈的，住宅形式則因受当地汉族影响，大多是土墙瓦頂木石结构，较穷的也住草房。人死后，一般都是土葬；但盈江阿昌族如因怀孕而死，患腫病及恶悪性传染病死者則用火葬。宗教信仰方面：盈江阿昌因受傣族影响，也信仰小乘佛教，有自己的缅房及佛像，经书也用傣文；一年的大節日如过新年，泼水节，进窪，出窪，火把节等都与傣族相同。梁河阿昌則因長期与汉族杂居，大都进汉族寺庙燒香敬神，但一般也信"窩生鬼"（一种悪鬼）及祭龙树；每年节期如过新年，七月送亡，清明节，端午节，等，也都与当地汉族相同。

解放后，在党的领导下，已于195多年先后进行土地改革。现已走上农业合作化的道路。

二，語言概况

阿昌語可以分为两个方言②：一个方言分布于盈江县，主要聚居于第三区的户撒，腊撒，总人口（本方言）约有一万人，这里暂且叫它为"阿昌語盈江方言"，简称"盈江方言"；一个方言分布于梁河、陇川、腾冲、龙陵，主要分布于梁河县，总人口（本方言）只约有四千人。这里暂且叫它为"阿昌語梁河方言"。这两个方言因語言环境，社会情况不同，过去彼此又很少往来，語言成份已有很大的差别，已发展为两个不同的方言。盈江县阿昌因与傣族共处，风俗习惯，宗教信仰，政治制度大多与傣族相同，所以盈江方言吸收了许多傣語詞；語音也受一定的影响，特别是韵母，尤其接近；韵尾仍保留完整的-m-n-ŋ-p-t-k。梁河阿昌族因与汉族杂居，长期受汉語的影响，吸收了大量的汉語詞；語音也起了很大的变化，韵尾只保留-n-ŋ-ʔ（-ŋ与-m自由变读），所以韵母较少。

阿昌語分布不广，人口较少，国内这两个方言的人口，又各比较集中（或是分散的集中），方言内部差异很小。所以这里只比较这两个方言的异同。

甲.語法比较.

一.共同点：

(一)主語+宾語+谓語. 例如：

盈江方言	ŋɔ˧	ɕɔ˩	ɕɔ˥˧	
	我	飯	吃	我吃飯
梁河方言	ŋa˧	tɕa˧	tɕa˥	
	我	飯	吃	

盈江　ŋɔ˧ ɲhaŋ tɛ˥ ti˧ tɤ˧˩
　　我　他（表宾語）打（句尾助詞）
　　　　　　　　　　　　　　我打他。
梁河　ŋa˧ ȿaŋ˨˩ tɛ˧ pat˧˩
　　我　他（表宾語）打

（二）主語＋謂語＋补語。　例如：

盈江　tsɛ˧ phop˥ kɤʂɛŋ˧ pɔ˧
　　衣服　洗　干净　了
　　　　　　　　　　　　　　衣服洗干净了。
梁河　tse˨˩ me˨˩ tɕhi˨˩ kan˧tiȿin˥ xeu˧˩
　　衣服　洗　干净　了

（三）領有者＋被領有者。

盈江　ɲhaŋ˩ a˧ mhɤɛŋ˩
　　他　的　马
　　　　　　　　　　　　　　他的马。
梁河　ȿaŋ˥ mhiaŋ˨˩
　　他　马

（四）副詞＋动詞。　例如：

盈江　ɲɛn˧ɲɛn˧ su˧ a˧˩
　　慢慢　走　吧
　　　　　　　　　　　　　　慢慢走吧。
梁河　tsa˥ tsa˥ so˨˩ a˨˩
　　慢慢　走　吧

（五）被形容的名詞＋形容詞。　例如：

盈江　kam˨˩ tam˧˩ na˧
　　花　红
　　　　　　　　　　　　　　红花
梁河　phin˨˩taŋ˨˩ a˥ne˧
　　花　红

（六）名詞＋数詞＋量詞。　例如：

盈江　tȿo˧ tɤ˩ jɛ˧
　　人　一　个
　　　　　　　　　　　　　　一个人
梁河　tsu˧ tɤ˨˩ ju˨˩
　　人　一　个

(七)自动詞变使动詞都可以用原声母加吐气的办法。如：

	自动		使动	
盈江	lɤŋ˧	摔倒	lhɤŋ˧	使摔倒
	pxɛt˧	断	phxɛt˧	使断
	tse˧	破	tshe˧	使破
梁河	leŋ˧	摔倒	lheŋ˧	使摔倒
	pet˧	断	phet˧	使断
	pi˥	破	phi˥	使破

二、差别点：

(一)梁河方言的人称代詞用声調的交替来表示领有，而盈江方言则在人称代詞后加"a˦"（的）来表示：

盈江	ŋɔ˧	我	ŋɔ˧ a˦	我的
	nɔŋ˧	你	nɔŋ˧ a˦	你的
	ɲhaŋ˩	他	ɲhaŋ˩ a˦	他的
梁河	ŋa˧	我	ŋai˥	我的（同时加了一个[-i]）
	naŋ˧	你	nai˥	你的
	ʂaŋ˩	他	ʂaŋ˥	他的

三、文字问题

阿昌族是云南一个人口较少的民族，而且由于长期与外族杂居，阿昌人绝大多数都会說别族語言。例如居住在梁河的阿昌人，小孩到六七岁以后，便都能說汉話；阿昌話除了在家里，村里操用外，在别的场合里就很少用到，如在鄉群众大会上（虽然绝大多数是阿昌人），在小组討論会上，在鄉人民委員会里，都不說阿昌話而說汉語，因此已有許多阿昌青年，說起阿昌話已感到很不熟口。在盈江方面，因与傣族交往密切，一般青年人除会說汉話外，还会説傣話，有的人还懂傣文。解放前，由于反动统治阶級的压迫，阿昌人生活十分困苦，在阿昌族鄉里又很少开办学校，所以阿昌族文化十分落后。解放后，阿昌族人民生活有极大的提高，人民政府在阿昌族鄉里已开办了学校（讀汉文），阿昌族适令儿童，其父母都尽可能地送他們入学。例如梁河县丙界鄉小学，在110个学生中就有99个是阿昌族（傣族10人，汉族1人）。由于他們在六七岁以后便能説汉話，所以学汉文时，已免去了先学汉語后学汉文或边学汉語边学汉文的困难。这对阿昌族学习汉文来説是一个十分有利的条件。

根据以上情况（社会情况，語言环境，方言差别情况），我們認为阿昌族无需要創制拼写自己語言的文字，而可以共同采用汉文。因为：

(一)阿昌族只有14,000人左右，人口太少，自己創制了文字没有发展前途。

(二)方言差别太大，如以潞江方言户撒話为标准音，梁河方言要学户撒話也有很大困难。

(三)大都会説汉話，也很願意学汉文。

註：(1)本文社会情况主要是根据中共云南省委边疆工作委員会编印的“云南省民族識别研究第一阶段工作初步总结”（1954年）及云南省民族事务委員会研究室編印的“云南省少数民族概况”（1956年）。

(2)最近这一次阿昌語調查，因限于时间（記音时间只有九天，記録单詞只有1200个左右）不能很好地核对材料，所以阿昌語两个方言的音位系統，特别是梁河方言的声調问题可能还有问題。因这两个方言变調十分厉害，最近还没有时间整理出其規律，所以暂以調值記音。

盈江第三区广撒阿昌話声韵調系统 （附表一）

声 母

p	ph	m	mh	f	v	
pɹ	phɹ	mɹ	mhɹ			
t	th	n	nh		l	lh
ts	tsh			s		
tʂ	tʂh			ʂ	ʐ	
c	ch	ɲ	ɲh	ç	j	
k	kh	ŋ	ŋh	x		
kɹ	khɹ			xɹ		

韵 母

i	e	ɛ	a	o	ɔ	u	ɤ	ɯ	ua
			ai	oi	ɔi	ui			
iu	eu	ɛu	au						
im	em	ɛm	am	om	ɔm	um	ɤm	ɯm	
in	en	ɛn	an	on	ɔn	un	ɤn	ɯn	
iŋ	eŋ	ɛŋ	aŋ	oŋ	ɔŋ	uŋ	ɤŋ	ɯŋ	
ip	ep	ɛp	ap	op	ɔp	up	ɤp	ɯp	
it	et	ɛt	at	ot	ɔt	ut	ɤt	ɯt	
ik	ek	ɛk	ak	ok	ɔk	uk	ɤk	ɯk	

声 調

˩11　˧33　˧˥35　˦˧43　˧˨32

（註：˦˧43 ˧˨32 是同時帶〔ʔ〕、元音略帶紧的声調）

梁河丙界乡射香村阿昌話音系 （附表二）

声母

p	ph	m	mh	f	w	
t	th	n	nh		l	lh
ts	tsh			s		
tɕ	tɕh	ȵ	ȵh		j	
tʂ	tʂh			ʂ	ʐ	
k	kh	ŋ	ŋh	x	ɣ	

韵母

i	e	a	o	u	ɯ	y	ye	ie	ia	ua	ue
	eɯ	aɯ									
	ei	ai		ui						uai	
iu	eu	au	ou						iau		
in	en	an		un		yn	yen		ian		
iŋ	eŋ	aŋ	oŋ						iaŋ	uaŋ	
it	et	at		ut					iat	uat	

声调

˧33　˦˨42　˧˨32　˨˦24

（註：因記音时间只有九天，詞彙記录得太少，又没有填音綴表，所以这份音系可能很不全面，很不正确。）

语法材料（一） 云南省宁蒗永宁区（一区）西番语

发音人：熊三亮

记录人：陆绍等

语法材料（一）
云南省宁蒗永宁区（一区）西番语

语法材料

云南省宁蒗永宁区（一区）

西番语（一）

发音人 熊三亮 35岁 贫农

(sɔ˥ nɑ˧˥ tsʻɿ˥ riɑ˦)

记录人：陆绍等

词法——名词——

§1. 名词的分类：

1. 人物：

bu˧ ts'ei˧˩ 男人 mu˧˩ tsu˧˩ 女人 tʂi ˧˩童子

ȵe˧ pu˥˩ 丈夫 mi˥˩ 人， tsu˥˩ 儿子．

ȵe˧ tɕ'oŋ˧˩ 男孩 mu˧ dʐɛ˧ li˥˩ 女孩

tɕen˧ 小孩． ȵe˧ tɕ'oŋ˧ dʐu˧ 男朋友

mu˧ tʂA˧ dʐu˧ 女朋友． ŋA˥pu˥ bu˧ 主人

bu˧ ts'ei˧ dA˧ pu˥˩ 男主人，

mu˧ tsu˧ dA˥ pu˥ 女主人

p'rin˥ mə˥˩ 西番族， p'rin˥ mə˥˩ bu˧ts'ei˧西番人， p'rin˥ mə˥˩ bu˧ ts'ei˧ 男西番人

p'rin˥ mə˥ mu˥ tsu˧ 女西番人．

ʂɛ˧ 汉人，ʂɛ˧ bu˧ ts'ei˥ 男汉人

ʂɛ˧ mu˥ tsu˥˩ 女汉人

2. 牲畜：

kuə˥˩ 公马，vuə˥ mi˧ 母马 vuə˧ gə˥˩ 骟马

bə˧ nAn˧ 骟猪，tɕ'uɛ˧ mi˥˩ 母猪

tɕ'uɛ˥ suAn˧ 公猪

vɛ˧ pɯ˨ 公鸡 vɛ may 母鸡 vo˧ ʐo˧ 携鸡

to˥ ka˧ 公羊 ~~tsí~~ tsï˥ mi˧ 母羊，tsï˧ ʐo˧

携羊。

3. 3物

dʐen˧ 山，tʂɿ˨ 水 bɯ˥ 太阳 ʑi˨ 月亮

sen˧ bog˨ 树。sen˧ pa˨ 树叶，gog˧ 草

pə˧ tsi˨ 花，pa˥ ɬi˨ 衣服，tɕin˨ 房子

rue˨ 路，tɕɛ˨ 土 tu˩ tu˨ 巾渴子

§2 名词的数：

单	双	复
mə˨ 人	mə˥ zan˧ 两人	mə˥ rə˨ 人们
dze˧ k'ɛ˨ 老姑娘	dze˧ k'ɛ˥ zan˧	dze˧ k'ɛ˥ rə˨
dʐen˧ 山	dʐen˧ zan˧ 两座山	dʐen rə˨ 山些
~~tɕ~~ tɕin˨ 房子	tɕin˥ zan˧ 两间房	tɕin˥ rə˨ 房些
guen˧ 马	guen˧ zan˨ 两只马	guen˧ rə˨ 马些
ʐoŋ˧ 绵羊	ʐoŋ˧ zan˧ 两只绵羊	ʐoŋ˧ rə˨ 羊些

jɑ˧ mɑ˥ 喇嘛 jɑ˧ mɑ˥ zɑn˧ 两个喇嘛 jɑ˧ mɑ˥ rə˥˧.

ge˧ gen˥ 老师，ge˧ gen˥ zɑn˧ 两位老师，ge˧ gen˥ rə˥˧

suɑn˥ mɑ˧ 父母，suɑn˥ mɑ˧ zɑn˥˧，suɑn˥ mɑ˧ (rə˥˧)

§3 名词的格

第一格（主格）

(1)

a) bu̯˧ tsʻei˧˥ tə˥ tsi˧ dʑe˥˧ wu˧ ʂɑ˥ si˥˧

一个男人进城去了。

b) gen˥ gon˧ tpʻoŋ˥ si˥˧ 老人来了。

c) ʂuɑn˥ tɕin˥ me˥ ~~●~~ ʑi˥˧，mɑ˥ mɑ˧˥ ʑi˥˧.

父亲在家，母亲不在家

d) tɕen˧˥ kə˧˥ ʐu˧˥ si˥˧ 小孩子睡觉了。

(2)

a) ti˥ bu̯˧ tsʻei˧˥ guen˥ ti˥˧. 这男人很高。

b) ti˥ tsoŋ˧ kuei˥˧ tó˧ ʂɑn˥ si˥˧ 这衣服太长了

c) tʂi˥ tə˥ koŋ˥˧ bu˧˥ boŋ˧ ren˧˥ 水冰凉

d) ~~ti˧˥~~ ti˧˥ tɕen˧˥ ziu˥˧ n̥i˥ tsɑn˥ tsɑn˥ tʂɑ˥˧.

这小孩脸红红的很可爱

(3)

a) ti˥ bu˧ ts'ei˩ p'rin˥ mə˥ də˧
这男人是西番人.

b) tə˥ mu˧ tsu˩ ʂe˥ də˥ rə˧.
那女人是汉人.

c) tə˥ gen˥ goŋ˧ mo˧ ɕi˩ mə˥ də˧.
那老人是农民.

d) tʂA˥ ʂɛ˥ KA˥ mə˥ də˧.
扎西是羌族.

(6)

a) ge˧ gen˥ zA˧ rə˥ be˧ dʑi˩ dʑi˩ sueɲ˦.
老师教我们读书.

b) ma ɳe˧ tsu˥ be˧ tsoŋ˧ kuei˩ nə˧ guei˦ kie˦. 父亲给儿子穿衣服.

c) dʐA˧ dʐu˩ ɳe˧ zA˧ be˩ dʑi˩ dʑi˩ pu˥ tə˥ də˧ k'uen˧. 朋友给我一本书.

d) den˧ poŋ˥ dze˧ k'ɛ˥ dzi˧
地主压迫老百姓.

e) koŋ˧ tʂAŋ˥ tAŋ˥ ɳe˧ zen˧ rə˥ pu˦ (be˧) hə˧ kɛ˥ ku˦.
共产党帮助了我们.

第二格，属格。

(1)

a) guen˧ ge˥ kuɑ˩ 马的蹄

ts'i˥ ge˧ tɕ'u˩ 羊的角。

guɛ˥ ge˥ mɐ˧ ʑi˩ 狐狸的尾巴。

mo˥ ge˧ ɲuɛ˩ 人的眼睛。

b) ta˥ (mɑ˥) ge˧ pɑ˥ li˥ 那人的衣服。

ta˩ tɕen˧ ge˥ ma˩ 那孩子的母亲。

dzɑ˧ dzu˧ ge˥ tsu˩ 朋友的儿子。

gen˥ gon˧ ge tɕin˩ 老人的家。

p'rin˥ mɑ˥ ge˧ den˧ 西番族的土地。

c) sen˧ ge˥ tɕin˩ 木头的房子。

gu˥ ge˥ dzoŋ˧ 石头的桥。

rɑ˥ ge˧ tu˧ tu˥ 皮的帽子。

ɕin˥ ge˥ vei˩ 铁的锅。

jen˧ jen˥ ge˧ kuɑ˩ 耕田的牛。

ts'i˥ se˧ mɑ˥ lɛ˩ 吃羊的狼

(2) 功能
a) 作主语
1. ti˥ guen˦ hi˥ ge˦ də˦，ʒA˥ pei˦ ge˥ də˦． 这匹马是谁的，是我哥哥的

2. sen˦ ge˥ dzoŋ˦ zen˦ be˥ dioŋ˨，ʂin˥ ge˥ dzoŋ˦ kə˦ be˥ dioŋ˨.
木头的桥在那边．石头的桥在这边

3. tɕA˥ ʂi˥ ge˦ guen˦ ʐi˨ 扎西的马很多

b) 作表语的
1. ti˥ guen˦ poŋ˥ ge˥ də˦ 这匹马是官家的

2. rə˦ be˥ ti˥ jen˦ ji˦ hA˦ den˦ poŋ˥ ge˥ də˦，te˦ ʂe˥ dze˦ kʻe˥ də˦
以前这些土地是地主的，现在是农民的．

c) 修饰语
goŋ˦ ge˥ tʂin˨ 草的房子．这匹马是官家的
joŋ˦ ba˦ ge˥ dʐe˦，石头的地板．
~~2. rə˦ be˥ ti˥ jen˦ ji˦ hA˦~~
sen˦ ge˥ dʐAn˨ 木头的床
rə˥ ge˦ tu˦ tu˥ 皮的帽子
te˦ ge˥ pA˥ li˨ 缎子的衣服．

ti˥ gen˥ goŋ˦ ba˦ (ge˦) ji˥ tsi˨
这老人家的孙子．
tɕA˥ ʂi˥ ge˦ go˦ ʐi˨ 扎西的房子很多

⑶ 省略

və˥ ge˧ guə˧ tɑ˥ → ɣə˥ guə˧ tɑ˥ 皮的短裤 → 皮短裤.

sin˥ ge˥ vei˧˥ → ʂin˥ vei˧˥ 石头的石磨 → 石头石磨.

kuɑ˥ ge˥ tʂʻu˧˥ → kuɑ˥ tʂʻu˧˥ 牛的角 → 牛角

guen˧ ge˥ mə˧ q̄iu˧˥ → guen˧ mə˧ q̄iu˧˥. 马的尾巴 → 马尾巴

dʐin˧ ge˥ kʻə˧ → dʐin˧ kʻə˧˥ 山的之峰 → 山峰.

tʂin˥ ge˥ hoŋ˧˥ → tʂin˥ hoŋ˧˥. 房子的里边 → 房里

tʂi˥ ge˥ to˧ → tʂi˥ to˧. 水的上面 → 水面.

第三格（主动格）

a) 1. ti˥ hu˧ tsʻei˦ tɕʻue˧ ʂtʂʻə˧˥. 这男人抬石头.

2. ti˥ m̥u˧ dʐu˦ dʐi˧˥ vei˧˥. 这女人提水.

3. lo˥ pu˥ mə˥ (ɲe˧) jen˧ jen˥ dʐə˧. 农民耕田.

4. bu˧ tsʻei˥ ɲe˧ tsʻoŋ˧ pu˥ dʐə˦. 男人做生意.

5. m̥u˧ tsu˦ ɲe˥ tse˦ dʐə˧˥. 女人织布.

b) 双宾语句子：

1. ge˧ gen˥ ȵe˧ ʒA˧ rə˥ dʑu˧ dʑuei˧ suen˥ dʑə˧˥. 老师教我们学字.

2. suAn˥ ȵe˧ tsu˥ be˧ ŋən˥ p'A˥ ti˥ tə˧ k'uen˧ si˧˥. 父亲给儿子一块钱.

3. koŋ˧ ts'An˥ tAŋ˥ ȵe˧ dze˧ k'ɛ˥ be˧ də˧ ʑu˥ kue˥ si˧. 共产党给人民带来了幸福.

4. tʂən˥ fu˥ ȵe˧ dze˧ k'ɛ˥ be˧ go˧˥ də˧ k'uen˧ si˧˥. 政府发给老百姓粮食.

c) 表示工具.

1. ku˥ mi˧ ȵe˧ ts'uen˥ tɕ'ɛ˥ ȵe˧ kAn˧ pu˥ sɛ˧˥. 土匪用枪杀死了.

2. ʒA˧ ȵe˥ joŋ˧ ba˥ ȵe˧ guen˧ bo˧˥ ʑu˧˥.
我用石头来打狗.

3. tə˥ ȵe˧ rə˥ tsi˥ ȵe˧ tɕ'ue˧ tʂə˧˥
他用刀杀猪.

d) 表示原因（不用主动格）

1. ti˥ mA˧˥ te˥ hA˥ to˥ dʑi nə˧ dʑAn˧ nə˧ kA˥ si˧˥.
由于这几个人走路不注意而跌倒了.

2. kɔŋ˧ ʂʻʌn˥ tʌŋ˥ ɲe˧ dze˧ kʻɛ˥
be˧ hə˧ kʌ˥ guɣ hə˧ mə˥ tə˥ də˧
dze˧ kʻɛ˥ dzi˧ hə˩ liɑŋ˥ siɣ.
因为共产党帮助了人民，所以人民生活好起来。

e，省略：
1. dze˩ kʻɛ˥ ɕuen˥ dzi˧ dʐə˦.
家伙吃晌午了。

2. ma˥ tsu˥ be˥ ɕi˥ dʐə˧.
母亲爱儿子。

3. tʂʌ˥ ʂi˥ giɛ˥ pɯ˥ rə˧ tɕi˧ ki˧
扎西喜欢唱歌。

4. kʌi˥ ~~fʌn~~ fʌŋ˥ tɕyn˧ ku˥
mi˥ sɛ˧. 解放军打土匪

第四格（间接宾语）

1. boŋ˧ hoŋ˧ ŋe˧ joŋ˧ ba˥ ŋe˧ guen˧ ba˥ dʐə˧. 小孩用石头打马.

2. ʒA˥ ŋe˥ dʐu˧ be˧ dʑi˧ tə˧ pu˥ təy də˧ tʂy sAny. 我给朋友寄了一封信.

3. ʒA˥ ŋe˥ geŋ˥ goŋ˧ be˧ bo˩ boŋ˥ tʻə˧ kʻen˧ sAny. 我送给老人白碗

4. tʂA˥ ʂi˥ ŋe˧ dʐu˧ be˥ guen˧ ti˥ tʻə˧ kuen˧ siy. 扎西送给朋友一匹马.

5. ma˧ ŋe˧ tɕen˧ və˥ be˧ pA˥ li˥ guei˥ ke˧. 母亲给孩子的[illegible]衣服

6. suA˥ ŋe˧ tsu˥ be˧ dʑi˧ dʑi˧ suen˥ kue˥ siy. 父亲送儿子去读书.

7. suA˥ ŋe˧ tsu˥ be˧ pA˥ li˥ ti˥ tʻə˧ kʻuen˧ siy. 父亲给儿子一件衣服

第五格（於格）

(1) a) sen˧ be˥ pa˦ dioŋ˧˥．树上有叶子．

sen˧ boŋ˥ kʻo˧˥ gue˧ si˧˥ ʐei˧˥．树上有鸟．

tʂi˥ wu˧ dʐi˧˥ ʐei˧˥ 水里有鱼．

tʻA˧ dzi˧ wu˧ rə˧ tʂi˧ kuei˧˥．瓶里有酒．

tɕA˥ pu˧ ŋei˥ kuei˧˥．地下有金子．

ʐen˥ wu˧ go˥ kuei˧˥ 仓库里有粮食．

tʂin˥ wu˧ sɛ˧ rɛ˧ kʻə˧ ti˧．桌子放在房子里头．

dʐi˧ dʐi˧ sɛ˧ rɛ˧ to˧˥ kʻə˧ ti˧．书放在桌子上．

dʐi˧ dʐi˧ be˥ pə˧ tsi˥ dioŋ˥ 书上有花．

tɕe˧ bo˧ be˥ si˧ su˧ hə˧ te˧ ji˥ də˧ 墙上挂有一付[illegible]．

lo˧ tsʻy˧ bA˥ ʐe˥ zi˥ be˧ tə˥ hə˧．手巾挂在木板上．

sɛ˧ rɛ˧ po˧˥ pʌn˥ tə˥ tei˧˥．桌子下放板凳．

dʑan˥ po˧˩ pu˧ kA˥ tɕi˧˩ 床下有一双鞋.

dʑAn˥ to˧ pA˥ li˥ tɕi˧˩ 床上有一件衣服.

(2) [illegible]

a) [illegible]:

tsin˥ me˥ mA˥ bu˧ lA˥ ʑei˧˩.
房子里有许多人.

tɕi˥ to˥ goŋ˧ dioŋ˧˩ 水里头有草.

dzɛ˧ bo˥ wu˧ pA˥ li˥ nA˧ kuei˧˥.
木柜子里面有两件衣服.

ʒA˥ suAn˥ jen˧ wu˧ lo˥ pu dzA˧.
我父亲在田里头做工作.

ʒA˥ pei˧ ko˧ tAŋ˥ wu˧ dʑi˧ dʑi˧ suen˥ dzA˧.
我哥哥在学堂里读书.

b) 表示有者:

tɕA˥ ɕi˥ (be˧) tu˧ tu˥ nA˧ boŋ˧
扎西有两个小帽子.

ʒA˧ dʑu˧ (be˥) tsu˥ ʑɛ˧˩ tsi˧˩ ʑei˧. 我朋友有四个儿子.

tA˧ ɕɛ˥ dʑe˧ kɛ˥ ji˧ hA˧ dzi˥ ji˥ tʰen˧ ji˥ boŋ˧˩ 现在老百姓都有些有钱

ti˥ tsin˥ wu˧ ho˥ ʑei˥˧ 这房子里头有老鼠。

c, ʒA˥ zen˧ be˥˧ ɕi˥ji˧ də˧. 我往那边走。

bu˥ nɕoŋ˥ tɕ'o˧ nə˩ ɭa˥˧. 太阳往西方落下去了。

tə˥ dzaŋ˧˥ kə˧ be˥ k'ə˧ tɕ'oŋ˥˧ 他从那边走过来。

d, ɕe˥ pu˧pu˧ ʒA˧ rɛ˧˥ den˧ wu˧ tɕi˥ t'en˥ kə˧ tɕ'oŋ˥˧. 去年在我们的地方，发生了一次大水灾。

tɕen˧˥ rə˥ tɕi˥ k'i˥ be˧ ʂA˧ pu˧ dʑə˧. 小孩子们在河边上玩耍。

e, ʒA˥ tə˥ sen˥ ŋe˧ ʂA˥ + ʂ'o˥˧ tə˥ mo˧ lo˥ pu˥ sA˥˧. 我每朝早上都起来工作了。

ʒA˥ to˥ ko˧ ~~ʒ~~ ʑa˧ dzen˥˧ tə˧ ku˥ di˧ sA˥˧. 我每年去朝拜一次。

ti˥ lo˥ soŋ˧ ~~ŋə~~ ŋə˥ ɕei˥ ji˧ pu˧ ts'A˥ kei˥˧. 这件工作三天之内搞好做完。

f, p'riu˥ mə˥ po˥ hə˧ ku˥ nə˧ po˧ p'rin˥ mə˥ ʂe˥ suA˥˧. 为了帮助西族而学好番语。

ʒA˥ tsʻoŋ˧ pɯ˥ na˧ po˧ zu˧ go˩
na˧ jen˥ sAn˧.
为了做生意而来丽江。

rə˧ tsi˩ kʻə˧ sui˧ na˧ po˧ tɕʻwe˧
kʻo˧ tɕʻə˩.
为了杀猪而磨刀。

第三格（从格）

(1) kua˧ nɛi˥ kua˥ be˥ (ȵe˧)
tɕʻoŋ˧. 牛奶是从牛身上来的。

mo˥ nɛi˥ be˥ (ȵe˧) tɕʻoŋ˧.
酥油从牛奶来的。

gui˥ mɯ˥ kʻə˥ na˧ tɕʻoŋ˩
雨从天上落下来。

tɕi˥ kA˧ po˥ (ȵe˧) tə˥ pɛ˩.
水从地下冒出来。

2，功能
a) 从格的从由
ʒA˧ le˧ hoŋ˥ ȵe˧ zu˧ go˥
na˧ jen˥ sAn˩.
我从永宁来到丽江。

ti˥ pA˥ li˥ dʑi˥ hə˧ wu˧
(ȵe˧) tə˧ su˥ sAn˩.
玉珠之眼从子上冒来的

ʑei˩ tɕe˥ po˧ nɒe˧ ɭe˥ ʑə˧ ɭə˥ ʑi˩ nə˧ tɕə˧

金从坝子挖出来。

b. 事物的起源的时间

ʑɑ˥ ʑe˥ po˥ nɒe˧ pəpə˧ nɒe˧ po˥ mɑ˧ pʻrə˧

我从去年到今年没有遇着你。

ʑɑ˥ tɕu˧ ku˥ dʑoŋ˧ tnɒe˧ mə˥ gu˥ peŋ˥
ʂɑŋ˧ 我从先提起就给好转了。

koŋ˧ tɕʻɑn˥ tɑŋ˥ kʻuɑ˥ kʻuɑ˥ də˧ tʂʻoŋ˥
dʑe˧ kə˥ tə˧ rə˥ ʂi˥.

自从来了共产党、老百姓好过了

c.

ʑe˥ tʂʻɔ˧ nɒe˧ nʊŋ˥ tʂʻo˧

从东方到西方

dʑen˧ kʻə˧ nɒe˧ dʑen˧ brɑu˧

从山顶到山脚。

le˥ hoŋ˥ nɒe˧ ʑu˧ go˥ ŋə˥ ʑɿ˧ soŋ˧ ŋə˥ dʑɑn˥
ʂɑŋ˧ 从永宁到丽江要去三天

ʑe˥ ŋə˧ nɒe˧ pə˥ ŋə˧

从昨天到今天

noŋ˧ re˧ nɒe˥ mə˧ nɑn˧

从早到晚上

ŋuɑ˥ tsɿ˥ nɒe˧ kɑ˥ fen˥ tsɿ˧

从五个到十个

kɑ˥ fen˥ nɒe˧ tə˧ ʑi˥

从十到一百

tə˧ ʂi˥ nɐe˥ tə˧ ten˥
从百到一千

so˥ le˥ me˧ nɐe˧ gə˧ le˥ me˧
从三月到九月

tʂʻoŋ˥ nɐe˧ ʂAn˧
从短到长

kA˧ tʂɿ˧ nɐe˧ ʂə˧
从小到大

第七格（比较格）.

1. mɑ˧ tʂʅ˧ ɦo˥ to˧ ʑe˧˥ 猫比鼠大.

ho˧ tui˥ (sui˥) to˧ ʑe˧˥ (ʑ tɕe˧˥) 老虎比豹子大.

ŋe˧ to˥ ʒA˥ guen˧˥ 我比你高.

tɕʰue˧ ʑʅ˥ kuɑ˥ ʑʅ˥ to˥ ɸAn˧˥ 猪肉比牛肉好吃。

dʑʅ˧ dɑ˥ ren˥ to˧ guen˧˥ 鹰比云彩高

sen˧ ge˥ tɕi u˥ to˧ go˧ ge˧ tɕin˥ ʁen˧˥

石头的房子比木头的房子坚固。

jAn˧ ju˧ ɦɑ˧ ʑɑŋ˥ mɑ˥ to˧ ɦɑ˧ ku˥ mɑ˥

ʑAn˧˥ 洋芋蒸的比炒的好吃。

kuɑ˥ to˧ ɣuɛ˧˥ ʑe˧˥ 牦牛比黄牛大.

pʰɣʅ˥ to˧ ɣe˧ tɕʅ˧ tsoŋ˧˥ 白皮比黄皮好。

kʰA˥ dzei˧˥ dʑi˧ to˧ su˥ dʑi˥ ʑAn˧˥

麦饭比玉米饭好吃。

第八格（共同格）

suAu˥ tsɿ˥ po˧ tɕʰi˥ ɣue˥ nɑ˧ po˧ dʑe˧˥ wu˧

ʑɑ˧˥。父亲跟儿子两人一起进城去了。

ʒA˥ dʑu˧ po˥ lo˥ pɣ˥ hɑ˧ ku˥ ʑɑ˧˥

我跟朋友做活路。

ɣuɛ˥ kuɑ˥ po˥ tɕʰɛ˥ tɕʰo˧˥。牦牛跟黄牛打架。

ʒA˥ kuen˧ po˥ tɑ˥ ɣue˥ nɑ˥ po˧ dʑi˧ dʑi˧

suen˥ tɕɛzy tɕɛoy 我同弟弟一起去读书。

ʒA˥ pei˧ po˥ A˧ dan˨ guu˧ tɕoy

我同~~弟弟~~哥哥一起唱歌。

suan˥ dʒu˧ po˥ de˧ re˧ toŋ˥

父亲同朋友聊天。

ʒA˥ dzA˧ dzu˥ po˥ ro˥ rue˥ wu˧ ha˧ pro˨

我在路上遇着了一个朋友。

KAi˥ tAŋ˥ tɕyn˥ ku˥ mi˥ po˥ se˨ se˧ pɤ˨

解放军同土匪打仗。

—指 代 詞—

§4. 指代詞的数。

单		双		复数	
ʒA˧˩	我	ʒA˧ ʐAu˧˩	我俩	ʒA˧ rə˧˩	我们
ɳe˨	你	ɳe˧ ʐAu˧˩	你俩	ɳe˧ rə˧˩	你们
tə˧˩	他(那)	tə˧ ʐAu˧	他俩	tə˧ rə˧˩	他们
ti˧˩	这	ti˧ ʐAu˨	这俩个	ti˥ rə˧˩	这些

复数（定数）		复数（不定数）	
ʒA˥ rə˥ soŋ˧ tsɿ˧˩	我们仨	ʒA˧ rə˧˩	我们
ʒA˧ bʉ˧˩ soŋ˨ tsɿ˧˩	我家仨	ʒA˧ bʉ˧˩	我家
ɳe˧ rə˥ soŋ˧ tsɿ˧˩	你们仨	ɳe˧ rə˧˩	你们
ɳe˧ bʉ˧˩ soŋ˧ tsɿ˧˩	你家仨	ɳe˧ bʉ˧˩	你家
tə˥ rə˥ soŋ˧ tsɿ˧˩	他(那)们仨	tə˥ rə˧˩	他(那)们
tə˥ bʉ˧˩ soŋ˧ tsɿ˧˩	他家仨	tə˥ bʉ˧˩	他家
ti˥ rə˥ soŋ˧ tsɿ˧˩	这些仨	ti˥ rə˧˩	这些
ti˥ bʉ˧˩ soŋ˧ tsɿ˧˩	这家仨	ti˥ bʉ˧˩	这家

ʒA˥ rə˥ gə˥ tsɿ˧ 我们九个 ŋe˧ rə˥ gə˥ tsɿ˧.
你们九个

tə˥ rə˥ gə˥ tsɿ˧ 他们九个

§6 指代词的格。

第一格：

ʒA˥ p'rin˥ mə˥ deŋ˨ ʒA˥ rə˥ ʑɛ˧ deŋ˨.
我是西番族 我们是汗族

ŋe˧ p'rin˥ mə˥ diu˧ ŋe˧ rə˥ ʑɛ˧ diu˧.
你是西番族 你们是汗族

tə˥ p'rin˥ mə˥ də˧, tə˥ rə˥ p'rin˥ mə˥ də˧
他是西番族 他们是汉族

第二格：

ʒA˥ jen˧ dzen˧ k'ɔ˧ dioŋ˨ 我的田在山上

ŋe˥ jen˧ dzen˧ k'ɔ˨ dioŋ˨ 你的田在山上

tA˧ jen˧ dzen˧ k'ɔ˧ dioŋ˨ 他的田在山上

ʒA˧ ba˧ jen˧ su˥ jen˥ də˨. 我家的田是水田

ŋe˧ ba˧ jen˧ su˥ jen˥ mA˧ də˧
你家的田不是水田，

ɳɐ˥ tsɯ˨ nA˧ ki˥ tə˧ ʂə˨ 你的儿子到那里去。

ɳe˧ ba˧ suAn˥ nA˧ ki˥ tə˧ ʂə˨ 你家

tA˧ pA˥ li˥ tsʻoŋ˥ dʑə˧. 他的衣服很短.

tə˧ ba˧ sɛi˧ kuei˧ ʒɛ˥ dʑə˧。

他家的牲畜很多。

ʒA˧ rɛ˧ den˧, ɳe˧ rɛ˧ den˧,

我们的土地 你们的土地，

tə˧ rɛ˧ den˧。他们的土地。

第三格，

ʒA˥ dʑi˧ dʑi˧ suen˨ → ʒA˧ rə˥ dʑi˧ dʑi˧ suen˨.

我读书 我们读书.

ɳoŋ˧ ɳe˥ ʒe˥ ʂə˨ ku˥ mi˥ ti˧ hə tsɛ˧ si˥,

你昨天打死了一个土匪。

tə˥ ɳe˧ mə˥ to˧ ʒe˧ tsə˧ 他骂人。

tə˧ roŋ˧ ɳe˥ ʒA˥ rə˥ sɛ˧ dʑə˧ 他们打我们

ʒA˧ roŋ˧ ɳe˥ tə˥ rə˥ sɛ˧ ʂen˨

我们去打他们

nɐ˧ ɣoŋ˧ nɐ˥ tə˥ ɣə˨ sɛ˧ k'a˨ 你们去打他们。

第四格：

ʒA˧ nɐ˥ tə˥ be˧ pA˥ li˥ ti˥ tə˧ k'en˧ sAŋ˨.
我给他一件衣服。

(tə˧)
toŋ˧ nɐ˥ ʒA˥ be˨ guen˧ ti˥ də˧ k'uen˧,
他给我一匹马。

təŋ˧ nɐ˥ guen˧ be˥ tɕə˥ ki˧ dzə˧ 他喂马水

nɐ˧ hi˥ tsoŋ˧ kuei˧ tsɛi˥ ko˥ dzu˧,
你帮我洗衣服，

ʒA˥ nɐ˧ be˥ tə˥ gu˧ tsɛ˧ ɛoʏ 我跟你说一句话，

第五格

tə˥ ʒA˧ boŋ˧ hoŋ˥ soŋ˧ hə˥ dzoŋ˧
他在我家住了三天

tə˥ bu˥ gu˧ boŋ˥ mə˧ də˧ 他家很有钱

ʒA˧ bu˥ tə˧ lA˥ mA˥ boŋ˧ 我家什么都没有

ʒu˥ be˥ mə˥ kA˥ ten˥ kA˧ ʒei˧ 那边住了十户人家

nɐ˧ ɣɛ˥ den˧ be˥ ku˥ mi˥ A˥ ʒei˧ 你家乡有土匪了

第六格

ʒA˥ zen˧ be˥ (ɳʷe˧) jen˥ SAn˧ 我从那边来的.

ɳʷe˧ hɑ˥ kɑ˥ dʑe˥ ɳʷe˧ ju˥ ʂʅ˨ 你从那里来的.

ʒA˥ ʐe˥ ŋɑ˨ tɑ˥ rɑ˥ bɯ˧ (ɳʷe˧) jen˥ SAu˧.
我昨天从他们那里来的.

pɑ˥ ŋɑ˨ KA˧ hoŋ˨ ɳʷe˥ ʂʅ˥ ki˨.
今天从这里去。

第七格：

ʒA˥ to˥ ɳʷe˥ guen˨。你比我高.

ʒA˥ to˥ ɳʷe˥ tʂʅ˧ 你比我胖,

ʒA tʂA˥ tɑ˥ rɑ˥ to˧ ʐʅ˧ dʑɑ˧ 我们比他们人多,

ɳʷe˧ hɑ˥ tɑ˥ rɑ˥ to˧ tʂoŋ˥ dʑoŋ˧, 你们比他们快

kɑ˧ hoŋ˥ tɕiu˥ me˥ to˧ zu˥ dʑɑ˨.

这里比家里好玩

ti˦ mɯ˧ dʑɛ˦ tə˥ mɯ˦ dʑɛ˦ to˦ ɕiɛ˥ dʑə˨˦.

这个姑娘比那个姑娘漂亮。

第 八 格：

ʒA˥ ȵe˧ po˥ tə˥ rue˥ po˧ ʂʅ˨˦. 我同你一路去。

ʒA˧ ɣə˥ tə˥ ɣə˥ po˦ rue˥ wɯ˧ nə˧ pɣə˨˦

我们和他们在路上遇着了。

ȵe˧ ɣə˥ tə˥ ɣə˥ po˦ ʂʅ˨˦. 你们同他们去。

ʒA˧ ɣə˥ tə˥ ɣə˥ po˦ tʂoŋ˧ pɯ˥ ʂo˨˦

我们同他们去做生意。

ti˥ mə˥ ʐu˥ ti˥ mə˥ po˧ pɣiu˥ mi˥ də˧.

这个人和那个人都是西番族。

§7. 第一人称复数包括和排除式：

ʒA˧ ɣə˨˦ 我们， ʒen˧ ɣə˨˦ 咱们

ʒA˧ zAn˧ 我们俩 ʒen˧ zAn˧ 咱俩

ʒA˧ ɣə˥ tʂu˧ tsɿ˨˦， ʒen˧ ɣə˥ tʂu˧ tsɿ˨˦，

我们六个 咱们六个。

§9：指代詞分远、近、非远近指三套。

（近） （远） （更远）

kə˧ dʑe˧˩， kʰe˥ dʑe˧， kʰe˧ be˧˩

这里， 那里 那々里

kə˧ dʑe˧˩ bɯ˧˩， kʰe˥ dʑe˧ bɯ˧˩， kʰe˧ be˥ bɯ˧˩

这家 那家 那々家

kə˧ dʑe˥ ti˧， kʰe˥ dʑe˧ ti˧， kʰe˧ be˥ ti˧，

这个 那个， 那々个，

§10．疑问代詞：

hi˥ (diu˧) 誰 me˥ (den˧) 何处，tɕʰi̠ kʰɯ˧˩ 何時，

me˧˩ 什么 me˥ tɕe˧，为什么 tɕʰi̠˥ ni˥ pɯ˧ 怎么办，

tɕʰi̠˧ tsɿ˧˩ nɯ hə˥ gi˥ diu˧ 那一个

tɕʰi̠˧ tsə˧ 多少，好多，

§11．不定指代詞：用"人"表示人家。

mə˥ ɣə˧˩ ɲe˧ be˥ tɕʰi̠˧ tsə˧ kə˧ tʂɿ˧ la˧ ɲe˧

mɑ˧ ŋə˧ 人家跟你说了許多次你都不听。

mɤ˥ɤɤ˧ tɕ'ɔŋ˧ nɛ˧ tɛ˧ nɤ˧ zɤ˧，

人家都来了 你还没有来，

mɤ˥ɤɤ˥ k'ɤ˧ dʐɿ˧ nɤ˧ ts'ʌɣ nɛ˧ tɛ˧ dʐɿ˧。

人家都吃完了，你还在吃。

tɤ˥ bɑ tɔŋ˥ mɤ˥ɤɛ˥ dɤ˧ ʒʌ˥ mʌ˧ dɤ˧

这是人家的 东西 不是我。

§12，代词重叠表示"亲自"之意

ʒʌ˧ ʒʌ˧ ʂɿɣ 我亲自去 ʒʌ˧ ɤɤ˥ ʒʌ˧ ɤɤ˥ ʂɿɣ，

我们亲自去，

nɛ˧ nɛ˧ ʂɿɣ 你—— nɛ˧ ɤɤ˥ nɛ˧ ɤɤ˥ ʂɿɣ 你们—

tɤ˥ tɤ˥ ʂɿɣ 他—tɤ˥ ɤɤ˥ tɤ˥ ɤɤ˥ ʂɿɣ 他们—

§13，表示"自己"的代词：

ʒʌ˧ nʌ˥ ʒʌ˧ nʌ˧ ʂɿɣ 我自己去

nɛ˥ nʌ˧ nɛ˥ nʌ˧ ʂɿɣ 你—

tɤ˧ gɛ˧ tɤ˧ gɛ˧ ʂɿɣ 他—

數量詞

§ 14. 基数的基本形式：

十位数以下：

ti˧ 一 ni˧ (ŋ) 二 son˧ 三 …… kʌ˥ tɛn˥ 十.

十位数以上

ko˥ ti˩ 十一, ko˥ nə˩ 十二, kʌ˥ son˩ 十三, kʌ˥ ʑɛ˩ 十四

nə˧ ho˥ nə˥ ti˧ 二十一, so˧ ko˩ 三十

so˧ ko˥ nə˥ ti˧ 三十一　tʂʅu˧ ko˩ 六十

tʂʅu˧ ko˥ nə˥ tʂʅu˧ 六十六。

百位数以上

tə˧ ʂi˥ nə˥ ti˧, 一〇一, tə˧ ʂi˥ ʑɛ˧ ko˥ nə tni˧ 一四二

ŋuʌ˧ ʂi˥ tʂu˧ ko˥ nə˥ ʑɛ˩, 五六四

ʂuɛ˧ ʂi˥ gə˧ ko˥ nə˥ ti˧, 八九一

千数以上

tə˧ tiu˥ gə˧ ʂi˥ ŋuʌ˧ ko˥ nə˥ ʂə˧ 一九五七

nə˧ tiu˥ nə˥ ʑɛ˩ 二〇〇四

万数以上

tə˧ mɛi˥ son˥ tiu˧ nə˥ ʑɛ˩ 一三〇〇四

son˥ mɛi˥ gə˧ tiu˥ tʂu˧ ʂi˥ ʑɛ ʑɛ˧ ko˥ nə˧ ʑɛ˩ 39644.

§15 基数及加词尾者：

tə˥ kə˥ soŋ˧ tɕy˥ ʂʅ˥ kei˧˩ 他们三个都走了。

ʑu˥ ti˥ mə˥ tɕʰu˧ tsʅ˥ kɜ˧ tɕʰoŋ˥ ʏsi˥ 那这个人都来了

ʔen˧ kə˥ kA˥ len˥ tsi˧ ʂʅ˥ k˧˩ 咱们十人也去。

tə˥ bu˧˩ soŋ˧ tsi˥ ʑA˧ tɕəŋ˥ mɯ˥ mA˧ ʑei˧.
他家三十人都不在家。

§16、基数重叠表示"每××"之意：

mə˥ tə˥ tsi˥ tə˥ tsi˥ jen˧ soŋ˧ pA˧ nə˧ tɕʐ˧˩
si˧˩：每个人分有三块土地。

mə˥ ŋuA˥ tsi˥ ŋuA˥ tsi˧ tə˥ kɛ˧ nə˧ pu˧˩.
每五个人做一家。

mə˥ ʂuɛ˧ tsi˥ ʂuɛ˧ tsi˥ tə tɕʰo˧
每八个人一桌

mə˥ so˧ kA˧ so˧ kA˧ tsi˥ dzu˧ nə˧ dzo˧
每三十户家做一村。

§17 基数功能：

作主语：soŋ˧ soŋ˧ gə˨ 三三得九。

nə˨ nə˨ ʐɛ˥˧ 二二得四

soŋ˨ tsɿ˥ tɕʰõŋ˥ si˥，ŋuA˥ tsɿ˥ mi˥ tɕʰõŋ˥˧

三个来了，五个还得来。

ȵæ˧ rə˥ ŋuA˥ tsɿ˥ rə˥ ʂen˥˧，rA˨ rə˥ KA˥ ten˥ tsɿ˧

dʑe˥ lge˧ tə˥ mAn˨ pʰu̥˥˧ zɿ˧ ʂen˥˧

你们五个先走，我们十个后头走。

作修饰语：

ge˧ gen˥ nə˥ tsɿ˧ ʐu˨ go˥ ʂɛ˥ si˥

两个老师去丽江了

KA˥ ŋuA˥˧ ŋə˥˧ ge˧ ʐi˥ hə˧ poŋ˧ si˥，十五日的月亮总圆么

ti˥ mu̠˧ dʑɛ˨ son˨ tsɿ˥ pə˧ tsɿ˥ son˥ boŋ˧ də˧

ʐuA˨ si˥。这三位姑娘带着三朵花。

den˧ ŋuɛ˨ tə˧ tiu˥ tɕʰõŋ˥ si˥˧、来了一千个民兵、

tə˥ rə˥ son˧ tsɿ˥ uə˥ tsɿ˥ ʂɛ˥ si˥

他们三个两个地去了。

ɓo˧ sən˥ ɣə˥ ŋuA˥ tsɿ˥ ŋuA˥ tsɿ˥ tə˧ dzoŋ˥ uə˧ pʉ˥

sɿ˥、 学生们五个五个（每五个）坐一堆。

ŋuɛ˧ ʂuɛ˧ tsɿ˥ KA˥ ten˥ tsɿ˧ ʂɛ˧ sɿ˥

只八个十个就去了。

仡佬语：

pə˥ ɲə˦ ti˨ Kə˧ dzɿ˧, sen˧ po˥ lA˥ ti˨ Kə˧ dzɿ˨

K'o˧ sen˨ ɲə˥ dzɿ˨ uə˧ ts'A˦,

今天吃一个明天吃一个后天就食完了。

pə˥ ɲə˥ ŋuA˧ boŋ˥ nə˧ ɓe˦, sen˧ po˥ ŋuA˧ boŋ˥

nə˧ ɓe˦, K'o˧ sen˨ ɲə˥ dio˨ ŋuA˧ boŋ˥ nə˧ ɓe˦,

tʂ'oŋ˥ po˥ ɓe˥ ts'A˥ pʉ˧。

今天砍五棵，明天砍五棵、后天砍五棵、（很快就砍完）。

ʐA˥ ɲe˥ p'riu˥ mə˥ ʐe˥ suen˦, pə˥ ɲə˧ tə˥ guə˧ suen˥

sAn˥, sen˧ po˥ tə˥ guə˥ ɦə˧ suen˥, K'o˧ sen˥ ɲə˥

tə˥ guə˧ ɦə˧ suen˥, tʂ'əŋ˥ po˥ suen˥ no˧ tʃ'A˨.

~~我教你们西番话，今天教一句，明天教一句，后天教一句，很快就教完了。~~

§18 序词的基本形式：（无）　（表月份）

soŋ˧dzi˥jen˨，正月，ti˧dzi˥jen˨，二月，tso˧zi˨，三月

lɤ˧zen˨，四月，KA˥gɤ˥dzi˥jen˧，五月，

KA˥ŋɤ˥dzi˧jen˧，六月，KA˥ŋuA˥dzi˧jen˧七月

KA˥soŋ˥dzi˧jen˧，八月，Ko˥ti˥dzi˧jen˧九月

gɤ˧dzi˥jen˥十月，ŋɤ˧dzi˥jen˥十一月，

ŋuA˧dzi˥jen˨十二月。

表示一般的次序：（用副词来表示）

ʐA˥ɣɤ˧tA˧，ne˧ʐe˧Ki˧tA˧，

我先到，你后到。

ʐu˥ti˥mo˥soŋ˧tsi˥po˧，KAn˧to˥ge˧ʐA˧pei˧

dɤ˥，gu˥zi˥ge˧ʐA˧dʐu˧dɤ˧，mAn˥to˧ge˧

ʐA˥mAn˧mA˧sen˨

那边有三个人，前头是我的哥哥，中间是我的朋友，最后我不认得。

§20 特别数词：

tsʻi˩ tə˧ tsi˧ 一个（寸）　tsi˧ tə˧ pa˩，一杆秤

ɳe˥ tə˧ kʻe˩，一方（布）　tʂʻi˧ tsi˩ ti˥，一把尺子

tə˥ [illegible]ɛ˩　一斗，　po˥ ti˩　一个斗、

tə˧ kʻuA˧，一碗　kʻuA˧ ti˥　一个碗

tə˥ tʂə˩，一筐　tʂə˥ ti˩　一个筐

tə˥ dʐAn˧，一把

tʂʻiu˥ tə˧ tso˧ 一间房子，[illegible]en˥ tə˧ tso˧ 一间仓库

tə˧ tsi˧　一辈　tə˥ ŋə˩　一天、

tə˧ ʂe˧，一夜，　tə˥ ŋə˥ tə˧ ʂe˧ 一昼夜

§21. 表不定数的方法。

ɣuA˥ tʂʻu˧ 五天（个）. kA˥ ŋə˥ kA˥ ʂuɛ˩　十七八，

nə˧ ho˥ sə˧ ko˩　二三十个，ʂuɛ˧ ʂi˥　八九百，

tsʻə˧（nʂ）tə˥ tioŋ˥ tə˧ tiu˩ 一点点

ʐɛ˥ ɳe˩，相当多（很多）mə˧ kʻo˥ kei˧ 差不多。

§22、常用的量词：

(1) 专用量词：

kʰə˥ mɛi˥ tə˧ ti˧，一根头发，brɛn˧ tə˧ koŋ˥ 一条绳子，

kɛ˥ to˥ tə˧ ti˧，一根棍子，tʂɿ˥ tə˧ kɛ˧˩ 一条河，

dʐɿ˧ ʂɛ˧ tə˧ ti˧ 一根带子，rue˥ tə˥ rue˧˩ 一条路

tɕʰɛ˥ tə˧ pʰA˧ 一块土 mA˧ doŋ˥ ti˧˩

ʂɿ˥ tə˧ pʰA˧ 一块肉，pA˥ li˥ ti˥ 一件衣服

ʒdʐɿ˧ ti˧ 一条裤 lo˥ ti˥ ʂɿ˥ 一件事情
(dʐɿ˧)

tu˧ tu˥ ti˥ 一顶帽子 jɛ˧ kʰən˧ tə˧ hie˧˩ 一根烟

dzen˧ ti˧˩ 一座山 tʂin˥ tə˧ toŋ˥ 一座房子

ro˥ kə˥ le˧ 一双鞋，guen˧ kʰo˥ le˧ 一匹马

mə˥ tə˥ tsɿ˧，一个人，ȵe˥ tə˧ ȵe˥ 一足印

m̥en˥ tə˧ po˥ 一剂药，tɕʰe˧ tə˧ tsʰuei˧˩，一嘴饭

tə˧ tɕʰuə˧ 一吃 tə˧ boŋ˧ (kʰuA˧) 一朵

tə˧ den˧ 一坨，tə˧ pəu˧˩，一包。

(2) 集合体量词：

tsʅ˧˩ tə˧ la˧ 一群羊，tɕʰɛ˥ tə˧ pu˧ 一堆土，

tɕʰuɛ˩ tə˥ po˩ 一把米

po˥ kʌ˥ tə˥ pʰro˩ 一双鞋子

ʂe˧ kʰəu˩ tə˥ pʰrə˩，一对耳环

tsoŋ˧ kuei˥ tə˥ dzɿ˧ 一套衣服

(3) 名词作量词用、

tʂʅ˥ tə˥ goŋ˧ 一口水，tɕʰe˧ tə˥ re i˧ 一锅饭，

rə˧ tʂʅ˧ tə˧ kɛ˧ 一瓶酒，ʂʅ˥ tə˧ dʑe˩ 一股肉

(4) 形容词作量词：

ʂʅ˥ tʰo˥ tsʅ˧ 一斤肉 dʑe˧ bu˧ lioŋ˩，一両茶

ŋe˥ tə˧ kʰɛ˩ 一方布

句法：（一）结构

§107：名词结构——

一、修饰语在后面——

1) 名+形，lo˥ pɯ˧ mʌn˧ mʌn˧ 很努力工作

2) 名+数，mə˥ nə˥ tsɿ˧ 二人

3) 名+量+数，kʰɔ˥ mɛi˥ tə˧ ti˧ 一根头发

4) 名+数+量+形，pə˧ tsɿ˥ soŋ˧ boŋ˥ ɲe˥ tsʌn˧ tsʌn˧ 三朵红花。

5) 名+形+数，pə˥ sɿ˥ ɲe˥ tsʌn˧ tsʌn˧ soŋ˧。三朵红花

二、修饰语在前面——

1) mə˥ ge˥ kʰɔ˧ 人的头（名+名）

2) tʌ˧ zɛ˧ 他的年（指代+名）

3) zʌ˧ vʌ˥ den˧ wu˧ pʌ˥ li˥（指代+名+名）我们地方的衣服。

4) ʐu˧ go˥ dʑɿ˥ wu˧ ba˧ boŋ˥（名+名+名）那所房子上的东西。

5) tʌ˧ də˧ ʂu˥ mə˥ dʑi˧ dʑi˧ tə˧ liu˧ wu˥ 他家的那一本书。

三、前续有修饰语：

le˥ ɕoŋ˥ ŋæ˧ nə˧ zɿ˥ mə˥ tə˥ ɣə˥ soŋ˧ tsɿ˥，

从永宁来的那些三个人。

§108 名词并列结构：

dʑe˧ nə˥ mo˧ 茶和酥油

ʂɿ˥ nə˧ tsʻi˩ 肉和盐

ʂA˧ ɣAn˥ nə˥ ɣAn˥ 菜和汤

tsʻi˥ nə˥ guen˧ 菜和鸡。

§109 形容词结构：

1，副+形 kʻe˥ kʻe˥ tɕʻui˥ 最好

2，形+副 tɕʻui˥ + ʂA˧ 很好

3，结构+形 tə˥ noŋ˧ dʑɛ˧ tɕʻui˥、像他那样好

4，句子+形 tʂɿ˥ je˥ mA˧ ʂi˥ tɕʻui˥、

说不出的好。

§110 形容词并列结构。

pʰriu˥ nə˧ ȵe˥ tsan˧ tsan˧ 白和红，

boŋ˧ nə˥ tsɛ˨　　冷和热

ʂan˥ nə˥ tsʰoŋ˨，长和短。

§111 动补结构

1，状＋动　tə˧ ʂe˥ ʂɿ˨，马上去、

2，名（方位格）＋动　dʐɿ˥ wu˧ ʂɿ˥ ji˧ də˧ 到宁上去

3，名（主动格）＋动　pi˧ ȵe˧ dʑi˧ dʑi˧ dʐu˧，
用笔写字。

（二）句子成分：语序：

§112 句子成分一

ʐa˥ tɕʰe˧ dzɿ˨　我食饭

tʂa˥ ʂɿ˥ ȵe˧ ʐa˧ be˥ dʑi˧ dʑi˧ tə˧ le˧ wu˥ də˧
kʰuen˧。　扎西给我一本书。

ʐa˥ ȵe˥ dʐu˧ be˥ pi˧ ti˥ tə˧ kʰen˧ ʂan˨
我给朋友一支笔，

§113 强调宾语时宾语可以提前。

1) ʑA˥ tə˥ be˥ tə˧ ten˧ sAn˨。

tə˥ be˥ ʑA˥ tə˧ ten˧ sAn˨ 　我叫他说了 我——

2) KA˥ mə˥ tə˥ də˧ 　羌族叫他

ʂɛ˧ ʑA˥ den˨ 　汉族叫我，

3) ti˥ ku˥ mi˥ tʂA˥ ʂə˥ ɲe˧ Sɛ˧ Si˥

这土匪叫扎西杀死的。

§114 能充当主语的词类

1) 名词．len˥ ɬoŋ˥ ʑA˥ Vɛ˥ den˧ də˧

政府叫我们的地方。

2) 指代词 ɲe˧ pʻrin˥ mə˥A˧ diu˧ 你是西番族？

ti˥ tɕʻui˨ dʑə˨ ti˨

这个很好的。

3) 形容词 ɲe˥ mə˥ tɕʻui˨ ti˨，pʻrin˥

mA˧ tɕʻui˨．，红的好，白的不好，

4) 数词：ŋuA˥ soŋ˧ KA˥ ŋuA˥ də˧，

5×3 得十五

5、名词结构：
(1) 并列结构：
suan˧ no˧˥ tɕu˥ tə˥ rue˥ po˧ ʂA˧˥ si˧˥
父亲和儿子一起去了。
(2) 修饰结构——
ʒu˥ ti˥ pə˧ tɕi˧ ŋe˥ tɕA˧ tsA˧ gi˩ dʐə
那朵红花很好看。

6. 句子形式：ʒA˥ tɕə˧ mə˥ ŋe˧ A˥ mə˧˥
我说你听见了吗？

ŋe˧ tɕi˧ dʐo˧ dʐə˧˥ 你说得好。

第115、宾语——
一、单宾语：ʒA˥ dʐi˧ dʐi˧ dʐu˧ 我写字。
ʒA˥ lo˥ pA˥ ʂə˥ dʐə˧ 我要工作。

二、双宾语：
ʒA˧ ŋe˥ tə˥ be˧ tu˧ tu˥ ti˥ tã˧ kẽu˧ sAu˧˥.

tə˥ be˧ ʒA˧ ŋe˥ tu˧ tu˥ ti˥ tã˧ kẽu˧ sAu˧˥
tu˧ tu˥ ti˥ ʒA˧ ŋe˥ tə˥ be˧ tã˧ kẽu˧ sAu˧˥
tə˥ be˥ tu˧ tu˥ ti˥ ʒA˧ ŋe˥ tã˧ kẽu˧ sAu˧˥
我给他一顶帽子。

第116 能作宾语的词类——（包括单双宾语在内）

（一）名词：

ʒA˥ tɕʰe˧ kə̃˧ dzen˥ sAŋ˨˩ 我食了饭

ʒA˥ ŋe˥ dʑu˧ be˥ ɣo˥ tsɿ˥ ti˥ tə̃˧ kʰen˧ sAŋ˨˩ 我给朋友一把刀。

（二）指代词

ti˥ dʑi˧ dʑi˧ ʒA˥ mɛ˧ mA˧ ɕen˨˩

这个字我不认得。

ʒA˥ tə˥ be˧ ɣə˥ tsɿ˥ tsɿ˥ ti˥ tə̃˧ kʰẽn˧ sAŋ˨˩

我送给他一把刀。

（三）结构：

tʂA˥ ʂɿ˥ ɕoŋ˥ tɕe˨˩ ba˧ lA˥ ŋəŋ˨˩。扎西懂了许多的话。

tʂA˥ ʂɿ˥ ɯl˧ tɕe˧ dzu˥ mɤ˥ ɣə˥ be˧ ba˧ boŋ˥ ti˥ tə˧ kʰuen˧

扎西送给做的人东西。

（四）len˥ hɑŋ˥˧ ȵe˧ ʑɿ˧ mə˥ ʒA˥ mɛ˧ seŋ˧˥

从东旁来的人我都很好。

ʒA˧ ȵe˥ len˥ ɢoŋ˥ ȵe˧ ʑɿ˧ mə˥ be˧ du˥ due

sAŋ˧˥。我们3从东边来的那些人。

118 自先主谓语的词类——.

一、繫词……"是"

例：ʒi˧ ə˥˧ kA˥ mə˧ də˧ 他是藏族.

ʒA˥ ɛ ɛ˧ deŋ˧˥ 我是汉族

二、"有" tə˥ ɡʑi˧ boŋ˧˥ 他有钱

ʒA˥ ɬA˥ ɡʑi˧ boŋ˧˥ 我也有钱.

三、不及物动词

ʒA˥ ʑu˧ ɡo˧˥ ʑɿ˥ ʑo˧˥ 我要去丽江。

ʒA˥ dʑɿ˥ wu˧ ʑɿ˥ ʑi˥ də˧ 我到了丁去。

四、及物动词：

tə˥ dʑɿ: dʑi˧ dʑu˧ dʑə˧˥ 他要写字。

五、形容词：pA˥ li˥ tɕi˧ ʑAŋ˥ si˥。衣服太长

ʒA˥ ȵe˧ to˥ ɡueŋ˧˥ 我比你高.

tA˧ pA˥ li˥ ɡiɛ˥ tɕA˧˥。他的衣服很漂亮.

ti˥ mə˥ tɕʰi˥ ni˥ ti˧˥. 这个人很好。

§120、两个动词相连作谓语用的——。

一、ku˧ 要，ŋuen˦ 会，tɕ˦ 过，tɕʰe˧ 能。

例：tə˥ ʑu˧ go˥ ʑɛ˥ tɕʰ˦、他曾到过丽江。

tɕA˥ ʑi˥ dʑi˧ dʑu˧ ŋəu˦。他会写字。

ŋA˥ dʑi˧ dʑu˧ ŋuen˦。我——。

二、də˧ ʑu˥ kə˧ ʑe˧ 带起来。

pʰAn˥ ʑɛ˥ si˥ 进去了。

tə˧ gu˧ ʑɛ˧ si˥ 他转回去了：

三、不合起的动词

ŋə˧ su˥ ˧ iu˧ sAn˦ 拔起来了。

ŋə˧ mAn˥ si˥ 丢掉了。

k'ə˧ tɕ'oŋ˩ 云来。 bu˥ hə˧ tsəŋ˩ 太阳云来了.

四. tə˧ k'oŋ˩ 站起来 k'ə˧ ɕuen˥ ʂɛ˩ 送去

dzi˧ tʂ'ʌ˩ 吃完 dʑu˧ tʂ'ʌ˩ 穿完.

ŋʌ˥ tɕ'e˧ dzi˥ tʂ'ʌ˩ 我吃完饭了.

koŋ˧ və˥ ma˥ tə˥ tə˧ k'uen˥ si˥.
门口站着一个人.

§ 121. 两个动词连用:

1. ŋʌ˥ tɕ'e˧ dzi˥ ʂi˥ ʂə˩ 我去吃饭

2. tə˥ ba˧ bɤŋ˥ ʂu˥ ʂʌ˩ 他去买东西

3. tə˥ tɕ'e˧ dzi˥ te˥ be˧ k'e˥ je˥ tʂi˧. 他吃着饭说话.

4. tə˥ tɕ'e˧ dzi˥ kie˥ ji˥ mʌ˧ də˩. 不给他吃饭.

5. tə˥ lo˥ pu˥ kie˥ ji˥ mʌ˧ də˩.
不让他做工作.

6. ŋʌ˥ ȵe˥ tə˧ dʑoŋ˥ si˩.
我的病好转了.

tA˧ ɣu˧ ŋpe˥ ~~tɕɑ˧~~ tɕə˧ dʑoŋ˥ si˥˩.
他骨头痛好/转了。

§122 的做表语：

(一) 名词：1. ʐA˥ ŋA˧ mə˥ dei˥˩:
我是纳西族。

2. pə˥ ŋə˧ nə˧ ho˥ ŋə˥˩。
今天是二十日(号)。

(二) 形容词：1. ʐu˥ ti˥ mə˥ tɕʰui˥ ti˥˩.
那人很好。

2. tA˧ ziu˥ ŋpe˥ tsAn˥ tsAn˧˦.
他的脸红红的。

(三) 数词：
1. ~~ʐɛ˥~~ → ʑɛ˥ ʑɛ˧ KA˥ tʂu˥˩
四四十六。

2. KA˥ ten˥ To˧ ŋuA˧ nə˧ ti˧
KA˥ ŋuA˥ də˧.
十加五是十五个。

三、句子的类型（单句）

§123. 判断句

1. ʒA˧ vɛ˧ ge˧ geɴ˥˧ kA˥˧ mə˥˧ də˧.
我们的老师是藏族.

2. ʒu˥˧ ti˥˧ mə˧˥ kʻuə˥˧ tɕʻui˥˧ ti˧˥.
那个人心好.

3. tə˥˧ ge˧ geɴ˥˧ de˧ pʒA˥˧ pə˥˧ tsu˥˧ deɴ˧.
他是老师，我是学生.

4. ʒu˥˧ ti˥˧ mə˧˥ to˥˧ pu˥˧ mu˥˧ tA˧ də˧
那个人可能是做工的人.

§124. 描写句

一、表示对事物的描写

ti˥˧ ba˧ boŋ˥˧ tɕʻui˥˧ tʂA˧.
这件东西很好.

ti˥˧ pA˥˧ li˥˧ ə˧ ʂAɴ˥˧ si˧˥.
这件衣服太长了.

二、leɴ˥˧ hoŋ˥˧ mu˥˧ ji˥˧ to˧ ʐu˧ go˧˥ mu˥˧ ji˥˧ boŋ˧ tʂA˧˥.
永宁天气比丽江[illegible]

tə˥˧ ʒA˥˧ to˥˧ gueɴ˧˥.
他比我大

ȵɕɛ˧ kɛ˧ kuei˥˧ dʑə˧.
你的力气真大

§125 叙述句：

1. ʒA˥ dʑi˧ dʑi˧ dʑu˧ tsʻA˩ si˩.
我学了校了。

ʒA˥ ȵe˥ dʑi˧ dʑi˧ dʑu˧ tsʻA˥ si˩.
我学了校了。

2. tə˥ sen˧ po˥ tɕin˥ me˥ tə˧ ɕi˧ kei˩. 他明天要回家去。

3. ʑe˥ ŋa˩ MA˥ ȵe˧ ʒA˧ to˥ ʑe˧ tsʻə˧. 昨天母亲骂我了。

4. ʒA˥ ʑe˥ pu˩ ȵu˧ go˩ tə˧ ku˥ di˧ SAN˩. 我去年去了丽江一次。

§126 命令式（祈使句）

1. dʑe˧ tʻoŋ˩ 喝茶。

ʒen˧ ZAN˥ ɕi˥ ki˩. 晌雨走。

2. ʒA˧ po˥ hə˧ ku˥ ti˥ po˩.
请帮我一下。

3. nə˧ dzoŋ˥ ku˩ 请坐。

ʒA˥ ~~saŋ~~ su˥ ɕo˩ 我来买。

4. dʑe˧ tʻen˧ ku˩. 请喝茶

5. lə˥ pu˥ ku˩ 请做

§128. 表示疑问的语气词—

ȵe˩ KA˥ mə˥ A˧ diu˩ 你是藏族吗？

ȵe˩ KA˥ mə˥ A˥ diu˨ mA˩ diu˨。你是不是藏族。

tə˥ me˥ tɕɛi˩ dʑə˧ 他说什么呢？

tə˥ ʂɛ˥ A˥ də˧ 他是汉族吗？

§129. 用疑问代词表示疑问的形式：

1. tə˥ Gə˧ Ki˥ tə̃˧ ʂA˨ 他那儿去了

2. ȵe˩ tɕə˥ Kɛ̃˥ dʑu˩ si˥ 你什么时候写的

3. ȵe˩ me˥ ʐu˧ si˨ 你买了什么

4. ȵe˩ me˥ pũ˩ si˩ 你做了什么.

§130. 警叹句：

1. o˩! ȵe˩ tə˧ ʂe˥ ŋoŋ˥ də˧ mɛi˩ si˥.
啊！你现在才明白了

2. Ai˥ jo˩! ȵe˩ tə˧ ʂe˥ mɛi˩ si˥ mA˩ dʑu˨.
哎呀！你现在还不知道.

Ai˥ jAi˧ boŋ˩ dʑə˨
呀！真冷呀！

§131. 其他的警叹方式：

1. ti˥ tu˧ tu˥ tɕũi˥ dʑə˥ də˥ ɣə˩
这帽子多好啊！

2. ti˦ ŋ̊ɯ˦ dzɛ˦ gi:ɛ˧ dzə˧ də˦ ɤə˦
这个姑娘多漂亮。

3. ti˧ Sɐn˦ boŋ˧ guen˧ dzə˧ də˦ və˦,
这棵树多高啊！

4. pə˧ ŋ̊ə˦ boŋ˦ dzə˧
今天多冷啊。

§132. 还有其他的表示疑问的方式：

1. ŋe˦ KA˧ mə˧ A˧ di:n˧ noŋ˧ ʂɛ˦ di:ɯ˧
你是苗族呢还是汉族呢？

2. ŋe˦ ʂɛ˧ ji˧ də˦ noŋ˦ mA˦ də˧.
你去呢还是不去呢？

3. tsʻi˧ ʂɛ˧ tɕʻu:˧ noŋ˦ tɕʻu:˦ ʂɛ˦ tɕʻu:˧.
羊肉好呢还是猪肉好呢？

四. 复合句

一 并列复合句的类型

§ 133. 选择式复句：

1. ne˦ ʂɿ˥ ʂo˥ ni˥ ʂoŋ˥ mA˧ ʂo˥ ni˥ dzoŋ˩.
你去就去，不去就坐。

2. ne˩ ʂɿ˥ ʂo˥ ni˥ ʂoŋ˥ mA˩ ʂo˥ ni˥ hə˩ tɕʻoŋ˩ loŋ˨. 你吃就吃，不食就坐一下。

3. dʐɿ˨ ʂɿ˥ ʐAn˥ noŋ˨ kuA˥ ʂɿ˥ ʐAn˨.
鱼肉好呢？还是牛肉好呢？

§ 134. 进层式复句

1. tə˥ ne˥ ʐA˧ to˥ ʂe˩ tsʻɿ˩ mA˧ ɕe˨ sɛ˧ tɕʻoŋ˨.
他不但骂我还要打我。

2. tə˥ te˩ ʂɿ˥ nə˩ pʻu˥ mA˧ tɕe˨ tə˩ ŋuA˥ tɕʻoŋ˨.
他不去还不算，还要躲起来。

3. ʐA˥ vɛ˨ den˩ ʂə˥ mA˩ tɕe˨ me˩ lA˩ ʐɿ˥ dʐə˨.
我们地方大而且人口也很多。

4. boŋ˧ ni˥ boŋ˩ vue˥ ni˥ ʐɛ˩.
冷又冷，路又远.

§135. 审决式复句

1. ʑu˥ ti˥ ɣue˥ wu˧ dʑan˧ ʑA˧ mə˧ də˩ kə˩ tɕe˥ ti˥ tə˥ ɣue˥ wu˧ ʂɿ˩ ŋə˩。
走那一条路远 还是走这条路远些。

2. lo˥ mA˩ ʂi˥ dʑɿ˥ wu˧ te˧ ʂɿ˥ nə˧ po˧ tɕin˥ me˥ dzoŋ˥ ɣə˩。
没有事情别到街上去 在家里呆多好。

§136. 两个先后有联系的动作所构成的复句

1. tə˥ tɕ'e˩ k'ə˧ dzɿ˥ je˥ ke˧ ʂA˩ si˩.
他吃饭以后出去了。

2. tA˥ noŋ˧ ʑA˧ ɲe˥ tə˥ tɕin˥ me˥ kə̂˧ ʂi˧ sAn˩.
刚才我领着他到房子里头来。

3. tə˥ ʂuen˥ ɣue˥ ɲɥɛ˩ mA˧ ʂɿ˩ ɣue˩ hə˧ hoŋ˥ si˥.
他晚上看不见路而走错了路。

4. ʑA˥ dʑu˩ nə˧ ts'A˥ k'ɛ˩ tɕiu˥ me˥ tə̂˧ gi˩ ji˥ də˧。
我等先以后就转回去。

（二）主从复合句

§ 138. 假设条件式复句：

1. ȵe˨˩ ʂɿ˥ ʂo˥ tʂɿ˧ dʐu˧ ʐA˥ lA˥ ʂɿ˥ ʂo˥˩.
你去的话我也去。

2. ȵe˧ dzi˥ ʂo˥ tʂɿ˧ dʐu˩ ʐA˧ lA˥ dzi˥ ʂo˥˩
若你吃我也吃。

3. ȵe˨˩ ʐɿ˨˩ mA˧ ʂo˥ tʂɿ˧ dʐu˧ ʐA˧ lA˥ ʐɿ˨˩ mA˧ ʂo˥˩。
你若不来我也不来。

§ 139.

*.

1. tə˥ be˧ te˥ gue˥˩ tə˥ be˥ hə˧ gue˥ dʑe˥ ke˧ nə˧ be˥ kei˥˩.
不要动他，若动他就打破了。

2. ʐA˨˩ guen˨˩ te˧ hə˧ tsʻAu˨˩ dʑe˥ ke˧ ȵe˨˩ tɕʻə˨˩ dʐə˥˩.
要不是我把马挡住，就踩着你了。

3. PA˥ li˥ mi˥ go˥˩ koŋ˧ vo˥ kʻə˨˩ tɕʻen˧ SAn˥ mi˥ ho˥ pe˧ gui˥ nə˧ tɕʻoŋ˥˩.
没有晒干的衣服拿出去晒，不然快下雨了。

§ 140 兼有上面两种意义的复句：

1. ȵe˦ ʂɿ˥ lA˥ mA˧ tɕe˧˥ do˦ ʑe˧ tsʻi˦
除非你去，不然会骂你的。

2. ȵoŋ˧ ȵe˥ pʻɯ˥ lA˧ mA˧ tɕe˥ lo˧ dʑoŋ˧
mA˩ kei˧˥.
除非你来做，不然的话我就不成功。

§141. 前后相反的复合句：

1. ʑA˥ tə˥ be˥ kə̃˧ tɕɿ˧ po˥ seu˨ ȵe˥ mA˨
dʑə˧˥.
~~我刚才吃了饭，现在又饿了~~。我曾经对他说了，但他不听。

3. ȵe˦ gɿ˦ tɕʻĩ˧ tsʻə˦ boŋ˥ lA˧ ʑA˥
ȵe˥ mA˧ toŋ˧˥。
不论你有多少钱，我不向你借。

2. ʑA˥ tə˥ noŋ˥ kə̃˦ dzen˥ sAn˧˥ tə˧ ʂe˥ tɕe˥
vəŋ˥ dʑə˧˥.

4. ʑA˥ tə˥ tɕo˥ ʂen˥ sAn˥ po˦ tə˥ mA˥
ʑei˦.
我去看他可是他不在。

§142、原因复句。

1. gui˥ nə˧ tɕʰoŋ˥ kʰɛ˥ po˧ tɔ˥ ʐɿ˧ kei˥˧
因为不在这所以他回来了。

2. ʐA˥ ɳe˥ tɔ˥ tʰə˧ sɛ˧ sAn˥ kʰɛ˥ po˧ tə˥
pʰAn˥ si˥˧ 因为我打了他所以他跑了

3. ʑA˥ gə˧ mA˧ boŋ˥ kʰɛ˥ po˧ ʑu˥ mA˧ ʑo˥˧。
因为我没有钱了所以不买了。

4. tə˥ me˥ tɕɿ˥ lA˧ ʐA˥ mA˧ ʑɿ˥ tɕɿn˥ mA˧
kei˥˧， 不论他说什么我不去不行。

§143. 无选择式复句。

1. ɲe˧ tɕɿ˧ kʰɛ˥ ʑɿ˥ lA˧ dʑoŋ˧ kei˥˧
你不管什么时候去都可以。

2. ɲe˥ su˥ tiu˧ mA˧ su˥ tiu˧ lA˧ kʰul˧ vul˧
mA˧ ʑi˥˧， 不论你想不想一都没有办法。

3. ʐuŋ˥ ni˥ pu˧ dʐu˧ ʑen˥ tɕɿ˧ po˧ tɕʰi˥
ʐA˥ ŋoŋ。 那样做的话不会好的。

4. ʑA˦ gə˧ gə˧ n˥ bə˧ kʰuɛ˥ ʂɛ˥ ʂɛ˥ ʂɯ˥ tʂɛ˥

po˧ tə˥ ɲe˥ to˥ gə˧ tsʅ˧ kei˦。

我告诉老师的话，他一定算得。

5. ti˥ lo˧ tsA˥ tɕʰe n˥ po˥ mə˧ də˧ kʰuɛ˥ to˥

kə˧ ti˧ pi˥ ji˥ də˧。

这件事情很要紧，要时刻记在心里。

§104 解说复句。

1. tsoŋ˧ kuei˧ mA˧ guei˧ mA˧ kei˥ dʐə˧

boŋ˧ kɛ˧ kɛ˦ dʐə˧。

不算就不行，很凶。

2. tɕʰe˧ mA˧ dʐ˥ mA˧ e˥ di˥ dʐə˧ tɕe˥

ɣəŋ˥ kɛ˥ kɛ˥ dʐə˧。不还钱不行很紧。

3. mA˧ ʂʅ˧ mA˧ kei˥ dʐə˧ toŋ˧ ɲe˥ sɛ˧

tsʅ˧ kei˦。不去不行 他要等我的话。

§105，复缀的复句，

1）差别关系的，

dʑi˧ dʑi˨ suen˥ lA˥ ʒo˥ tA˧ də˧ lo˥ pɥ˥

lA˧ tA˧ də˧ me˥ pɥ˧ tA˧ kA˧ tsɿ˧ kʻu˥˧。

学习也好，工作也好，不论做什么都要努力干。

2）差别关系的 假设，

dʑi˧ dʑi˨ suen˥ lA˧ tA˧ də˨，lo˥ pɥ˥ lA˨

tA˧ də˧，me˥ pɥ˥ lA˧ mə˧ ʂɿ˥ kA˥ lA˥ lA˨

pɥ˥ dʑə˧ lə˨ dʑoŋ˨ mA˧ kei˥˧

学习也好，工作也好，不论做什么？若不努力干，不会有成功之处。

语法材料（二） 云南省宁蒗县第一区（同甸乡）西番语

发音人：熊三亮

记录人：罗秉芬

语法材料（二）
云南省宁蒗县第一区（同甸乡）西番语

语法材料
（二）

云南省宁蒗县第一区（同甸乡）西番语

发音人 熊三亮

记录人 罗秉芬

动词

§23 动词的方向

（一）ba˥˧ 扔

kʻə˧ ba˥˧ 背 — ɦə˧ ba˥˧ 向

tʻə˧ ba˥˧ 出 — də˧ ba˥˧ 入

tə˥ ba˥˧ 上 — nə˧ ba˥˧ 下

tʂʻɛ˦ 抖

kʻə˧ tʂʻɛ˦ 背 — ɦə˧ tʂʻɛ˦ 向

tʻə˧ tʂʻɛ˦ 出 — də˧ tʂʻɛ˦ 入

tə˥ tʂʻɛ˥˧ 上 — nə˧ tʂʻɛ˦ 下

tsuen 拉

kʻə˧ tsuen˥ 背 — ɦə˧ tsuen˥ 向

tʻə˧ tsuen˥ 出 — də˧ tsuen˥ 入

tə˥ tsuen˥˧ 上 — nə˧ tsuen˥˧ 下

tɕʻoŋ˥˧ 来

kʻə˧ tɕʻoŋ˥˧ 对面来 — ɦə˧ tɕʻoŋ˧ 背面来

tʻə˧ tɕʻoŋ˥˧ 出来(成了) — də˧ tɕʻoŋ˥˧ 进来

tʻə˥ tɕʻoŋ˥˧ 上来 — nə˧ tɕʻoŋ˥˧ 下来

ʂɿ˩ 去

kʻə˧ ʂA˥˧ 对面去 — ɦə˧ ʂA˧ 背面去

tʻə˧ ʂA˥˧ 出去 — də˧ ʂA˥˧ (?)

tə˥ ʂA˥ 上去 — nə˧ ʂA˥˧ 下去

tsau˥ 打

k'ə˧ tsau˥ 打出去 — hə˧ tsau˥ 打去来

t'ə˧ tsau˥ 出 — də˧ tsau˥ 入

tə˥ tsau˥ 上 — nə˧ tsau˧˩ 下

to˧˩ 看

k'ə˧ to˧˩ 背 — hə˧ to˧˩ 向

t'ə˧ to˧˩ 出 — də˧ to˧˩ 入

tə˥ to˧˩ 上 — nə˧ to˧˩ 下

ɖoŋ˥ ɖeŋ˧˩ · 滚动（人）

k'ə˧ ɖeŋ˧˩ 背 — hə˧ deŋ˧˩ 向

t'ə˧ ɖeŋ˧˩ 出 — də˧ ɖeŋ˧˩ 入

tə˥ ɖeŋ˧˩ 上 — nə˧ ɖeŋ˧˩ 下

(二) 词义对立的词

tə˥ si˧˩ 生 — nə˧ si˧ 死

t'ə˧ ʂuŋ˥ 买 — t'ə˧ ki˥ 卖

də˧ zɿ˧ 捕 — t'ə˧ ɖɜ˧˩ 放

nə˧ gui˧˩ 穿 — nə˧ p'o˧ 脱

hə˧ tiu˥ 种 — t'ə˧ ɖoŋ˧˩ 拔

k'ə˧ ʑɿ˧ 睡 — tə˥ ɕi˧˩ 醒

nə˧ dzoŋ 坐 — tə˥ k'eŋ˧˩ 起来

§24 动词的时和体

未完成

现在

A˥ tə˧ ʂɛ˥ dʑi˧ dʑi˧ suA˥ dʑoŋ˧˥˧

我现在正读书

A˥ tə˧ ʂɛ˥ guɛ˧ dʑoŋ˥

我正唱。

A˥ tə˧ ʂɛ˥ dʑi˥ dʑi˧ dʑɿ˧ dʑoŋ˥

我正写字

A˥ tə˧ ʂɛ˥ p'ʐin˥ mi˥ de˧˥˧ suen˥ dʑoŋ˧˥˧

我在写西番话

A˥ rə˥ go˧ dʑe˧ de˧ rei˧ toŋ˧ dʑuei˥

我们在聊天

A˥ rə˥ tə˧ ʂɛ˧ ʂrA˧ pu˥ dʑuei˥

我们在玩

en˧ rə˧ tə˧ ʂɛ˥ ke˥ di˧˥˧ dʑuen˧˥˧

我们在唱调

en˧ rə˧ tə˧ ʂɛ˥ dʑi˧ dʑi˧ suA˧ dʑuen˧˥˧

A˥ me˥ tsɛ˧˥˧ 我[illegible]着（dʑoŋ˥ 不能用）

A˧ rə˧ i˧ hA˧ me˥ dʑə˥

我们都[illegible]着。

en˧ rə˥ me˥ dʑə˧

咱们都躺着

ti˥ me˥ dʑə˥ 他躺（复数同）

过去

A˥ tə˥ noŋ˧ dʑi˧ dʑi˨ suA˥ dʑoŋ˥
kʻe˥ po˧ ti˥ A˧ ko˥ ɣui˥ dʑə˨
我刚才读书時他来喊我

A˥ tə˥ noŋ˧ guɛ˧ dʑoŋ˥ ke˥ po˧
我刚才唱歌时.

A˥ tə˥ noŋ˧ dʑi˧ dʑi˨ dʑŋ˥ dʑoŋ˧
kʻe˧ 我刚才写字時.

A˥ ʑɛ˥ pu̥˥ pʻrin˥ mi˥ de˧ suen˥
dʑoŋ˧ kʻe˧ po˧ zo˧ go˨ ʑo˨ mə˧
də˧
我去年学西番话時是在丽江.

A˥ rə˥ tə˥ noŋ˨ de˧ rei˨ toŋ˧ dʑueu˥
kʻo˥ po˧，ko˥ rei˥ mə˥ be˧ A˥ diu˧
我们刚才聊天時是你来喊吗?

A˧ me˥ tɕɛ˥ kʻe˥ po˧ ti˧ A˧ pe˥
lo˥ pu̥˥ kʻu˥ tɕi˧ dʑə˨
我病時(过去)他也要我工作.

A˧ rə˥ we˥ dʑuei˥ kʻe˥ po˧
我们生病時

ti˧ me˥ dʑoŋ˥ tɕi˧ dʑə˧
他说病了（不信的意思）

未来，

A˥ tio˧˥ suA˧ ʐo˥˧˥. 我正读书。

A˥ tio˧˥ guɛ˧ ʐo˥˧˥ 我正唱。

A˥ tə˧ ts'en˧˥ ti˥ dʐoŋ˧ k'e˥˧˥ dʐɿ˧ ʐo˥˧˥

我一会儿正写

A˥ rə˥ p'rin˥ mi˥ de˧˥ suen˥ ʐo˥˧˥

我们将学西番话

A˧ ɯe˧ pe˥ de˧ rei˧ toŋ˥ ʐo˥˧˥

我将和你目仰天

A˥ ɯe˥ tɕA˥ pʉ˥ dʐə˥

我可饿病了

A˥ ɯe˥ kei˥ si˧ k'ei˥˧˥ 我将要杀

en˧ rə˥ ɯe˥ kei˥ si˧ k'ei˧ 咱们将要杀

A˧ rə˥ ɯe˥ tɕA˥ pʉ˧ dʐə˧

我们可饿病了

完成作，

现在，

A˥ tə˧ ʂɛ˥ dʑi˩ dʑi˩ tə˧ le˧ wu˧ nə˧
suA˧ sAŋ˨

我现在读了一本书

A˥ tə˧ ʂɛ˥ uə˧ guɛ˧ sAŋ˨

我现在唱了歌

A˥ tə˧ ʂɛ˥ dʑi˧ dʑi˧ ɦə˧ dʑɿ˧ sAŋ˨

我现在写字了。

A˥ tə˧ ʂɛ˥ noŋ˥ pʻriu˥ mi˥ de˨ ŋuA˥
gu˨ ɦə˧ suen˥ sAŋ˨

我现在去学了五句西番话

A˥ rə˥ tə˧ ʂɛ˧ de˧ vei˩ toŋ˥ se˨

我们现在聊天了。

en˧ rə˥ tə˧ ʂɛ˥ de˧ vei˩ toŋ˧ se˨

咱们现在聊天了。

A˥ tə˧ ʂɛ˥ uə˧ guə˧ noŋ˥ we˥ si˨

我唱了个歌

A˧ rə˥ tə˧ ʂɛ˧ nə˧ guə˧ kʻe˥ we˥ si˨

我们唱唱歌了。

过去

A˥ tə˥ noŋ˥ dʑi˧ dʑi:˧˩ tə˧ le˧ wu˥ nə˧˥
suA˥ sAn˧˥˧ tio˧˩ tɔ˧ le˧ wu˧ suA˧ ʂo˧˥˧

我念了一本书（正读一本）

A˧ tɔ˥ uoŋ˥ uə˧ guɛ˧ sAn˧˩ tə˧ sɛ˥
guɛ˧˩ mA˧ ʂo˧˥˧

我已唱了现在不再唱了.

A˥ dʑ:˧ dzei˧˩ ɦz˧ dʑu˧ sAn˧, tio˧˩ dʑu˧
ji˥ dɔ˧

我已经学了 但还要学（告诉）

A˧ p'riu˥ mi˥ de˧ sueu˥ sAn˥ te˧˩
ʑo˥ mA˧ dʑə˧˥˧

我已学西番话了 但未会.

A˥ rə˧ tɔ˥ uoŋ˥ noŋ˧ de˧ rei˧˩ nə˧
toŋ˧ ʂen˧˥˧

我已跑 天了.

tɔ˧ roŋ˧ ɳe˥ "A˥" ɯe˧˥˧ si˥ "tɕi˧ dʑə˧˥˧

他们说我病了.

tə˧ roŋ˧ ɳe˧˥˧ en˧ rɔ˥ ɳe˧˥˧ si˥ "tɕi˧ dzə˧˥˧

他们说咱们病了

ɳen˥ k'uen˥ ɳe˧ A˧ rə˥ "ɯe˧˥˧ si˧˥˧ "tɕi˧
dʑɔ˧

医生说我们病了

tə˥ rə˥ ɰe˥ dʑuei˥ tɕi˧ dʑə˧
他们说病了（不信）

tə˥ ɰe˥ dʑoŋ˥ tɕi˧ dʑə˧
他说病了（不信）

ti˥ nə˧ guə˧ mə˥ den˧ tɕi˧ dʑə˧
他说他好了（不信）

ti˥ tʻə˧ dʑoŋ˧ mə˥ deu˥ tɕi˧ dʑə˧
他说他病好了（不信）

ti˥ mə˧ ti˥ joŋ˧ pA˧ zo˧ ke˧ mə˥ den˧ tɕi˧ dʑə˧
他说他能拾得起（不信）

未来

一般肯定

ti˥ dʑi˧ dʑi˧ A˥ tA˥ tA˥ suA˧ ji˥ də˧
自己我想去的

A˥ dʑi˧ dʑi˧ tA˥ tA˥ dʑu˧ ji˥ də˧
我一起写字

A˥ pʻrin˥ mi˥ ge˧ tA˥ tA˥ tɕʻui˥ pu˥ sueu˥ ji˥ də˧
我一起好好地学两書话

A˥ hə˧ guɛ˧ nə˧ tA˧ pi˥ ji˥ də˧
我要学完歌

以外一

ɲe˧ tɕiː˥ koŋ˥ kʰə˧ tén˥ ɯe˥ keiː˨˩

你若冷就我衣服

ne˧ mA˧ ɛː˥ tiː˥ kʰoŋ˧ ɲe˥ pu˥ keiː˨˩

你不走，他就要气你。

tiː˥ bA˧ boŋ˥ pe˧ gue˥ mA˧ hA˨˩ gue˥

ɯe˧ dzeu˥ yoŋ˥

这东西碰不得一碰就会破．

en˧ rə˥ iː˧ hA˧ guɛ˧ kiː˨˩ !

我们一起唱歌吧！

动词的时.

① tɕi̠˧˩ 说 词尾变化

现 过 未

ʌ˥ tɕi̠˧ dʑoŋ˥ — tɕi̠˧ sʌŋ˨ — tɕi̠˧ ʂo˥
tɕi̠˧ ma˥ də˧ — tɕi̠˧ ji˥ də˧

ȵe˧ tɕi̠˧ dʑo˥ — kʻə˧ ti˧ si˨ — tɕi̠˧ ʂo˥
kʻə˧ ti˧ ma˥ də˥ — tɕi̠˧ ji˥ də˧

tə˥ tɕi̠˥ dʑə˥ — kʻə˧ tɕy˧ si˨ — tɕi̠˧ ʂen˨
kʻə˧ tɕy˧ ma˧ də˧ — tɕi̠˧ ji˧ də˧

复数

ʌ˧ rə˥ tɕi̠˧ dʑuen˩ / en˧ rə˥ tɕi̠˧ dʑuen˩ } — { kʻə˧ tɕi̠˧ sen˨ / kʻə˧ tɕi̠˧ ma˥ də˨

— { tɕi̠ gi˥ / tɕi̠˧ ji˥ də˧

ȵe˩ rə˥ tɕi̠˧ dʑuen˨ — { kʻə˧ tɕi̠˧ sʌn˨ / kʻə˧ tɕi̠˧ ma˥ də˨

— { tɕi̠˧ ʂen˨ / tɕi̠˧ ji˥ də˧

tə˥ rə˥ tɕi̠˧ dʑə˨ — { də˧ tɕy˧ si˨ / də˧ tɕy˧ ma˥ də˥

— { tɕi̠˧ ʂen˨ / tɕi̠˧ ȵi˧ （不能用 ji˥ də˥）

k'ə˧ ti˧˥ 被 过 未

A: ti˧ 没 — ti˧˥ — ti˧˥
ɲe: ti˧˥ — ti˧˥ — ti˧˥
tə˥: ti˧˥ — tiu˧˥ — ti˧˥

② k'ə˧ dzɿ˥˧ 吃

A˧: dzi˥ dʐoŋ˥˧ — k'ə˧ dzen˥ ʂAn˥˧
— dzi˥ ʂo˥˧
A˧ rə˥: dzɿ˥ dʐuen˥˧ — k'ə˧ dzen˥ ʂen˥˧
— dzi˥ ʂen˥˧

ɲe˧: dzi˥ dʐo˥ — k'ə˧ dzəu˥ mə˥ də˧
— dzi˧˥ ʂo˥˧
多 dzi˧ dʐuen˥ — k'ə˧ dzeu˥ mə˥ də —
dzi˧ ʂeu˥

ti˥ dzi˧ dʐə˥˧ — k'ə˥ dzɿŋ˥ si˥˧
— dzi˧ k'ei˥˧
多: dzi˥ dʐə˥˧ — k'ə˧ dzɿŋ˥ si˥˧ —
— dzi˧˥ k'ei˥˧ si˧ k'ei˥˧

③ k'ə˧ t'en˥˧ 吃

一. t'en˧˥ dʐoŋ˥ — t'en˧ ʂAn˥ — t'en˥ ʂo˥˧
二. t'en˧ dʐo˥ — k'ə˧ t'ioŋ˥ mə˥ də˧ —
t'en˧˥ ʂo˥˧

"kei꜒ ji꜒ da꜒" "tʻa꜒ ro꜒ ʂo꜒ da꜒"
我常如 强调

三、tʻen꜒ dʐə꜒ —kʻə꜒ tʻuen꜒ si꜒（一次）
kʻə꜒ tʻuen꜒ mə꜒ də꜒（次）
— tʻen꜒ kei꜒

一多：tʻen꜒ dʐuen꜒ —kʻə꜒ tʻen꜒ sen꜒ —
tʻen꜒ ʂen꜒。
二多：tʻeu꜒ dʐuen꜒ —kʻə꜒ teu꜒ mə꜒ də꜒
— tʻen꜒ ʂen꜒

三多：tʻeu꜒ dʐə꜒ mə꜒ də꜒ —{kʻə꜒ tʻueu꜒ si꜒ 一次
kʻə꜒ tʻuen꜒ mə꜒ də꜒（次）
— tʻeu꜒ kʻei꜒。

tʻə꜒ kʻen꜒

一、kʻen꜒ dʐoŋ꜒ —kʻoŋ꜒ sʌŋ꜒ —kʻen꜒ ʂo꜒
二、kʻen꜒ dʐo꜒ —kʻoŋ꜒ mə꜒ də꜒ —kʻen꜒ ʂo꜒

三、kʻen꜒ dʐə꜒ —kʻuen꜒ si꜒ — kʻen꜒ kei꜒
kʻuen꜒ mə꜒ də꜒ —

一多：kʻen꜒ dʐuen꜒ —tʻ꜒ kʻen꜒ sen꜒
kʻen꜒ ʂen꜒
二多、kʻen꜒ dʐuen꜒ —tʻə꜒ kʻen꜒ sen꜒ —
—kʻeu꜒ ʂen꜒

三多：kʻen꜒ dʐə꜒ —tʻə꜒ kʻuen꜒ si꜒ —kʻen꜒ kei꜒

p'en˦ 出（一、二不变）

三. p'en˦dʑə˥ — p'ʌn˥si˧ — p'en˦kei˥

ŋʌ˨ 借（一、二不变）

三. ŋʌ˥dʑə˨ — ŋuʌ˥si˨ — ŋʌ˥kei˥

tsei˨ 洗：（一、二不变）

三. tsei˥dʑə˨ — tsuei˥si˨ — tsei˨kei˨

tsi˦ 割（一、二不变）

三. tsi˧dʑə˨ — nə˧tsu˧si˨ — tsi˧kei˨

p'rə˦ 编·织（一、二不变）

三. p'rə˧dʑə˨ — p'rʌ˧si˨ — p'rə˧kei˨

二

tsʌn˥ 打（一、二不变）

三. tsʌu˥dʑə˨ — tso˥si˨ — tsʌn˥kei˨

zi˥ 捕

一：zi˥dʑoŋ˥ — də˧zoŋ˥sʌn˨ — zi˥ʂo˨

一复："dʑuen˥ — də˧zi˥seu˨ — zi˥gi˨

二、zi˥dzo˨ — dz˧zən˥mə˥də˥ — zi˥ʂo˨

二复 zi˥dʑuen˥ — də˧zi˥seu˥ — zi˦ʂen˨

三. zi˥dʑə˥ — də˧zŋ˥si˨ — zi˦kei˨

三复 zi˥dʑə˥ — də˧zŋ˦sen˧ — zi˥kei˨

lo˥ pu˩ 做活

一. lo˥ pu˥ dzoŋ˨ — lo˥ peu˥ tsAn˧ — lo˥ pu˥ ji˧ də˩

多. lo˥ pu˥ dzuen˨ — peu˥ sen˧ — pi˥ ji˧ də˧

二. pu˥ dzo˨ — tʻə˧ pu˥ si˨ — pi˥ ji˥ də˧

多. pu˥ dzuen˥ — tʻə˧ peu˥ mə˥ də˧ — pi˥ ji˥ də˩

三. pu˥ dzə˥ — tʻə˧ po˥ mə˧ də˧ — pu˥ kei˩.

pu˥ dzə˥. — tə˧ po˥ mə˥ də˧ — pu˥ kei˥

zɿ˩ 睡

一. zɿ˧ dzoŋ˩ — kʻə˧ zen˧ sAn˨ — kʻə˧ zɿ˩ ji˥ də˥

多. zɿ˧ dzuen˨ — kʻə˧ zen˧ sen˨ — kʻə˧ zɿ˧ gi˩

二. zɿ˧ dzo˨ — kʻə˧ zen˧ sen˨ — kʻə˧ zɿ˧ ʂo˨

多 zɿ˧ dzuen˩ — kʻə˧ zen˧ sen˨ — zɿ˧ ji˥ də˥

三. zɿ˧ dzə˨ — kʻə˧ zu˧ si˩ — zɿ˧ kei˩

zɿ˧ dzə˨ — kʻə˧ zu˧ si˨ — zɿ˧ kei˨.

zɿ˩ 来

一. zɿ˧ dzoŋ˧ — zeu˧ sAn˩ — zɿ˧ ʂo˩

二. zɿ˧ dzo˨ — zn˥ si˨ — zɿ˧ ji˥ dzə˧

三. zɿ˧ dzə˨ — tɕoŋ˥ si˨ / tA˧ si˨ > zɿ˩ kei˥ mə˥ də˧

ʂɿ˨ 去

一. ʂɿ˥ dzoŋ˨ — ʂen˥ sAn˨ — ʂɿ˥ so˨

二. ʂɿ˥ dzo˥ — ʂoŋ˥ si˨ — ʂɿ˥ ʂo˨

三. ʂɿ˥ dzə˥ — ʂA˥ si˨ — ʂɿ˥ kei˥
(ʂAŋ˥ si˨)

ŋ:˩ 借（一、二不变）

三、ŋ:˨ dʑə˥˧ — də˧ ŋu˧ si˥˧ — ŋ:˨ ke:˥

ʑA˩ 拿

一、ʑA˧ dʑoŋ˩ — də˧ ʑoŋ˥ SAn — ʑA˧ ʂo˥˧

二、ʑA˧ dʑo˥˧ — də˨ ʑu˩ Si˥˧ — ʑA˨ ʂo˥˧

三、ʑA˧ dʑə˥˧ — də˧ ʑuA˥ S:˥˧ — ʑA˧ ke:˥˧

m̥e:˧ S˥˧ 认识
A˥ m̥e:˧ sen˥˧ — A˨ ɣə˥ m̥e:˩ sen:˥˧
tə˥ m̥e:˩ si˥˧ — tə˧ ɣə˧ m̥e:˩ si˥˧
we˩ m̥e:˩ A˥ si˥˧ — we˧ ɣə˥ m̥e:˩ A˥ si˥˧

ʂɣA˩ 笑（一、二不变）

三、ʂɣA˧ dʑə˥ — nə˨ ʂɣuA˨ S:˥˧ — ʂɣA˧ ke:˥

dA˥ 搬运（一、二不变）

dA˥ dʑə˥˧ — duA˥ S:˥ — dA˥ ke:˥˧

tsen˥ 见（dʑoŋ˥. SAn˥）

一、tsuA˥ dʑə˥ — tsen˥ wə˥ də˧ — βen˥ ke:˥˧
二、tsuA˥ dʑə˥˧ — tsen˥ wə˥ də˧ — tsen˥ ke:˥˧
三、tsen˥ dʑə˥˧ — tsnen˥ wə˥ də — tsen˥ ke:˥˧

to˥ 看
一. to˥ — toŋ˥ — to˥jːi˥ də˧
二. to˥ — tːoŋ˦ — to˥jːi˥ də˧
三. to˥ — tsuen˥ ——— tsen˥ keː˦.

ɥɤ˦ 跳
ɥɤ˥ dʐoŋ˦ — ɥoŋ˥ san˦ — ɥə˥ ʂo˦
ɥɤ˥ dʐo˦ — nə˧ ɥɤə˥ sː˥ — ɥə˥ ʂo˩
ɥɤ˥ dʐə˥ — ɥuə˥ sː˦ — ɥə˥ keː˦.

nə˩ mau˥ 忘掉
a˥ mə˩ mau˥ sː˦ — me˦ la˥ uə˧ man˥
pɯ˦ — tə˥ la˥ nə˧ man˥ po˥ sː˧

tə˥ tɕʻː˥ 醒
a˥ tə˥ tɕʻː˥ — me˦ la˥ tə˥ tɕʻː˥ sː˩
— tə˥ la˥ tə˥ tɕʻː˧ sː˧

§25. 动词时态：

将来时：

A˥ tɕoŋ˥ we˥ ʂi˥ ji:˥ də˧
我要回家

ən˧ və˥ tə˥ ɣuə˥ pu˧ tɕoŋ˥ we˥ ʂi˥ gi:˧
咱们一路回家

A˥ və˥ tɕoŋ˥ we˥ ʂi˥ ji:˥ də˧
我们回家去

A˥ tɕe˧ dzɿ˥ ʂo˧
我要吃饭

lu˧ və˥ KA˧ KA˧ dzɿ˧ gi:˧
咱一起吃吧！

A˥ və˥ tɕe˧ dzɿ˥ ʂen˧
我们将吃饭

A˥ suen˥ zo˩ ke:˧ dzə˧
我将学会了

lu˧ və˥ suen˥ zo˩ ke:˧ dzə˧
咱们将学会了

A˥ və˥ suen˥ zo˩ ke:˧ dzə˧
我们将学会了

A˥ we˥ tʂɛ˧ 我病了

lu˥ və˥ we˥ dzə˥ 咱们病了

A˥ və˧ we˥ dzə˥ 我们病了

第二人称：

ɯe˩ tɕoŋ˥ ɯe˥ ʂi˥ i:˥ A˥ də˧
你回家吗？
ɯe˩ və˥ tɕoŋ˥ ɯe˥ ʂi˥ dzuen˥ ba˧！
你们回家吧！

tɛ˧ ʂoŋ˥：ɯe˩ tɕe˧ si˥ dzəu˧！
（立刻）别走，快吃了。
ɯe˩ və˥ tɕe˩ si˥ dzen˩！
你们快吃了！

ɯe˩ ɯe˥ ke:˦ 你就要病
ɯe˩ və˥ ɯe˥ ke:˦ 你们就要病

ɯe˩ suen˥ zo˩ tɕe˧ pu˧ dzə˧
你就能学会
ɯe˩ və˥ suen˥ zo˩ tɕe˧ pu˧ dzə˩
你们就能学会。

第三人称：

t:˥ zi˩ ke:˥ mə˧ dz˧ 他就要回来了。
tə˥ və˥ lA˧ ɿ˧ ke:˥ mə˧ də˧
他们就要回来了。

t:˥ k'ə˧ dzɿ˧ A s:˧ 他吃了（不 ）
tə˥ və˥ lA˥ k'ə˧ dzɿ˦ si˧ 他们吃了（不 ）

t:˥ p'ri:n˥ m:˥ dʑe˧ suen˥ ʑo˩ si:˧
他学会西番话了

tə˥ və˥ j:˧ hA˩ p'ri:n˥ m:˥ dʑe˧ suen˥ ʑo˩ si:˧
他们都学会了。

t:˥ ɯe˥ si:˧
他病了。

tə˥ və˥ lA˥ ɯe˥ si:˧
他们病了。

§25 动词词类

(1) 自动 | 使动

自动	使动	
nə˧ brə˧	nə˧ prə˩	断
nə˧ dʑen˥	nə˧ tɕuen˥	拔
nə˧ tɕe˧	nə˧ tɕuen˧	破
hə˧ dʑoŋ˥	hə˧ tɕ'oŋ˥	穿孔
nə˧ be˥	nə˧ p'e˥	垮倒
joŋ˥ jen˧	dʑoŋ˥ dʑen˧	滚动
nə˧ gu:˧	nə˧ po˩	弯
hə˧ dzAn˩	hə˧ tuAn	讨论

(2) 自动名 | 互动

自动名		互动	
tsAn˥	打	tsA˥ tsAn˧	打架
tɕi˩	说	tɕə˧ tɕi˩	争论
dʑe˧ ts'i˩	争	se˥ se˧	吵架
p'rə˧		nə˧ p'rə˥ p'rə˧	
lɛ˩	混	t'ə˧ lɛ˧ lɛ˩	

3、迫事式

A˥ wue˥ kø˨ na˨ prən˥ kʼøŋ˧ sAn˥
我替妹々梳头

wue˥ kø˧ prəu˥ dʑə˧
妹々梳头

mo˥ wee˧ tɕen˨ nə˥ tsei˦ kʼuen˩ si˥
妈々给兄弟洗

mo˥ wee˥ wA˧ tse:˥ dʑo˥
妈々洗澡

t:˥ wee˧ kuen˧ pe˥ tsoŋ˧ gui˨ gui˩ ke˧ dʑə˥
他给弟穿

kuen˨ wee˥ wA˧ gui˧ dʑə˥
弟穿衣

§27 词汇式

{ nee˧ zʐu˥ tsi˥ A! 你来了？] 陈述
{ nee˧ zi˧ A˥ dzɿo˦ 你要来了吗？]
{ nee˧ zʐu˦ zʐu ˦！ 来！来
{ nee˧ zi˧ ku˦！ 请来！
{ nee˧ nə˧ z˧ ti˥ pu˥ ku˦！ 请来一下.

{ nee˧ ɦə˧ to˥ tsi˦ . 你看了
{ nee˧ to˥ ji˥ A˥ də˧！ 你要买吗？
{ nee˧ nə˧ to˦！ 你看！
{ nee˧ ɦə˧ to˥ ku˦！ 你请看！

{ nee˧ tuẽ˧ ɦə˧ dzəu˥ si˦？ 你吃了吗？
{ nee˧ dzəu˦！ 吃吧！
{ nee˧ dzɿ˧ ku˦！ 请吃.

{ nee˥ A˥ tioŋ˥ si˦？ 你唱了吗？
{ nee˧ tioŋ˦！ 你唱！
{ teu˧ ku˦！ 请唱.

{ nee˧ ʂi˥ ji˥ dz˧ A˧！ 你要走了吗？
{ nee˧ ʂoŋ˦！ 你走
{ nee˧ kA˧ ku˧ ʂi˥ ku˦！ 你慢走！

{ A˥ ʂi˥ dʒiŋ˦ 我走了
{ A˥ ʂi˥ ke˥ ko˦ 让我走！
{ A˥ ʂi˥ A˥ dzɿe˦ si˧ 我可以走吗？

{ A˥ ɯe˧ pe˥ k'en˩ ʑo˧˥
我给你
A˥ pe˥ ken˩ ke˥ ko˧
让我给你
A˥ ti˥ ɯe˧ pe˥ k'en˧ ʑo˧˥ dʑoŋ˧˩ A˥ kei˧˥.
我给你可以吗？

{ en˧ va˥ ʑi˥ gi˥ ʑi˥ gi˧˥：
咱们去吧！
en˧ ɣa˥ dzɿ˥ gi˥ dzɿ˥ gi˥
咱们吃吧！ }

假设式：

ɯe˧˩ tʑoŋ˥ pɯ˥ ha˧ zɿ˧˩ po˧ pɣa˥ ke:˥ ga˥ ɯe˧
你来早一点可以遇见了"麻"。

pɯ˥ ma˥ A˥ ɖoŋ˥ ʑA˥ gi˥ po˧ zɿ˩ ʑo˧˥
今天我在家的话就来。

ɯe˧˩ tɕ'u:˥ pɯ˥ ha˩ suen˥ noŋ tɕ'oŋ˥ pɯ˥ ha˩ ʑo˥ ŋoŋ˧˥！
你好好地学给我就要学会了。

A˥ boŋ˧˩ ʑA˥ gi˧ po˩ tA˥ tA˥ ɯe˩ pe˥ ken˧ ʑo˧˥.
我在家的话一定给你。

ɯe˧˩ mA˧˩ ha˩ ku˥ po˩, A˥ ti˥ lo˥ pɯ˥ to˥ tɕ'oŋ˥ mA˧ ke:˧˥ （成功）
不成　　不是你帮助 做不成了。

疑问式：

{ uee˦ ʂi˥ A˥ ʂo˥˧？ 你去吗？
| ʂi˥ mə˥ uee˦ A˧ diu˧ 是你去吗？
| uee˦ ʂi˥ ji˥ A˥ də˧ 你要走吗？
| ti˦ ʂi˥ A˥ kei˧ 他去吗？

{ uee˦ ʂi˥ A˥ ʂo˥ mA˧ ʂo˥˧ 你去不去？
| uee˦ ʂi˥ ʂo˥ mA˧ ʂo˥˧ nə˥ po˥˧ 不去也得去。
| ti˥ A˥ ʂi˥ mA˧ ʂi˥ tA˥ də˧
（?） 他去不去不一定。

{ uee˦ ʂi˥ ʂo˥ A˧！ 你要走？（反问声）
| uee˦ ʂi˥ ji˥ də˧ A˧！ 你想走？（惊声）

{ uee˦ ʂi˥ ʂo˥ noŋ˩ mA˧ ʂo˥˧ 你去也是去，
| uee˦ ʂi˥ ji˥ də˧ noŋ˩ mA˥˧ də˥˧ "
× × × ×

uee˦ ʂVA˧ pu˥ A˥ ʂo˧ 你玩吗？
uee˦ tɕoŋ˥ me˥ A˥ se˥˧ 你想家吗？
uee˦ tɕoŋ˥ me˥ se˥ A˧ dzə˧？你在想家吗？
uee˥ lo˥˧ də˧ pu˥ si˥ A˧？
你工作做了吗？

否定式：

{ A˥ ʂi˥ mA˧ ʂo˥˧ 我不（要）去
| A˥ mi˥ ʂo˥˧ 我没去

ATmA ꜔ ʂi˥ dzoŋ˩ mA ꜔ ke:˧ 我不去不行.

ɯe˩ ʂi˥ mA ꜔ dzo˧ 你不去？
ɯe˩ mi˥ ʂom˥ A꜔ 你来去吗？
ɯe˩ mA ꜔ ʂi˥ mA ꜔ ke:˧ 你不去不行？

ti˥ ʂi˥ mA ꜔ ke:˧ 他不去
ti˥ mi˥ ʂA˧ 他来去
ti˥ mA˥ ʂi˥ mA ꜔ ke:˧ 他不去不行.

§28. 动词“有”

一、附着

ta˥ den˧ wn˥ tɕim˥ bu˧ lA˥ dioŋ˧˥

这地方有许多房子。

ta˥ dʑin˩ pe˥ po˧ sen˩ ta˧ boŋ˥ lA˥ mA˥ dioŋ˧˥ dʑə˧˥

这些一棵树也没有了。

sen˧ boŋ˥ pe˩ pɐ˧ tsɿ˥ dioŋ˧˥

树上有花。

zəu˥ pe˧ broŋ˧ tɕʻo˧ dioŋ˥

山上有森林了。

tʂi˥ pe˧ to˥ dioŋ˧˥

脚上有疮

tʂi˥ pe˩ to˥ kə˧ tɕoŋ˧˥

脚上有疮。

ȵə˧ pu˧ lA˩ pe˧ A˧ tioŋ˥ dioŋ˧˥

嘴上有胡

ȵə˧ pu˧ lA˥ pe˧ A˧ tioŋ˥ kə˧ ɯei˧ si˧˥

嘴上没胡子。

二、具有着：

A˥ pe˥ dʑi˩ dʑi˩ boŋ˧˥ 我有书

（别人的书也有）

A˥ gu˩ boŋ

（只有着）

我有钱

A˥ tɕiu˥ dioŋ˨

我有房子

A˧ gueu˧ ti˥ ʑe˨

我有一匹马

A˥ tsɿ˥ soŋ˩ tsɿ˥ ʑe˨

我有三個兒子

SA˧ VA˩ to˥ dʑɛ:˩ dʑɛ:˩ tɛ:˨

桌上有书

dʑAŋ˥ to˩ ɕə˩ pʻu˨ tɛ:˨

床子有破子

tɕʻuAŋ˩ Wu˥ mə˥ ŋuA˥ tsɿ˥ ʑe˩

晚上有五人

三、有袋中等

tʻA˩ tsɿ˥ wu˥ VA˩ tɕi˨ Kue:˨

瓶中有[illegible]油

Ve:˥ Wu˩ tɕʻe˩ Kue:˨

银中有金银

tɕɛ˥ po˩ ɦAu˥ Kue:˨

地下有金子

tui˥ Wu˩ Yi˧ Kue:˨

水中有鱼很多

ti˥ tɕuəŋ˩ tɕui˥ wu˧ pu˥ ʑe˨

这孩子肚中有虫

mə˥ po˩ ueuɛ˥ li:u˨ tə˥ pɤə˨ Kue:˨

人有两个眼睛

mɯ˧ mi˥ ko˧˥ dʑɿ˧ kuei˧˩ (ʑdioŋ˩)

天上有星。

四、生命物的存在。

A˥ bɯ˥ suen˥ mA˧˥ pɛi˧ kuen˧˩ ʑe˧

我家有父母兄弟

tɕi˥ wu˧ dʑi˥ ʑe˧˥

水中有鱼。

sen˧ kó˥ guə˧ tsi˨˩ ʑe˧˥

树上鸟儿

tɕʻus˧ toŋ˥ wu˥ tɕʻus˧ soŋ˧ ʑe˧

圈中有三条猪。

sA˥ non˥ mi˥ soŋ˧ tsi˥ ʑe˧˥

家内有三个娃儿

pe˧ wu˥ pɛ˧ dzɿ˧ ʑe˧˥

山中有野兽

vuə˧ pe˧ ku˥ m̩˥ ʑe˧.

路上有大象

五、抽象事物存在。

nə˧ kɛi˥ ʈA˧ noŋ˧ dzə˧ kʻe˥ və˥ dzi˥ ji˥ ʂi˧. tʻen˧ ji˥ ʂi˧. gui˧ ji˥. ʂi˧˥ mə˥ də˥ də˥ ʂi˨˩

脑袋里 有些 有算.什么都有.

ti˥ mi˥ tʂɛ˧ vɛ˧ ʂi˨˩ 他有办法。

(kuei˧˩)

ti˥den˧wu˥ ʂɣa˧ pu˥ɭo˥ wa˥ʂi˩
此也得该头

ti˥lo˧ tə˧ pu˥ɭa˥ pɛu˥pa˧wa˧ ʂi˩
这事做了也无用处

ti˥mə˧ tɕʻa˥ wa˥ ʂi˩ (dioŋ˩)
这人有脾气

tə˥mə˧joŋ˧ den˥ kuei˩
这有字的。

人称（见有表boŋ˩有数：范峰 基他没变化）

A˥gu˧boŋ˩ 我有钱

en˧və˥gu˧bɛi˩ 咱们有钱

A˥və˥gu˧bɛi˩ 我们有钱

ti˥gu˧boŋ˩ 他有钱

tə˥və˥gu˧boŋ˩

we˧gu˧bu˥kei˩ 你有钱

we˧gu˧bu˧dzə˧ wa˥boŋ˥tui˧
你有钱还没没有。

we˧və˥gu˧ A˧ bɛi˩?
你们有钱？

we˧və˥gu˧ bɛi˥kei˧
你可能有钱

语法材料（三） 云南省宁蒗县第一区（同甸乡）

发音人：熊三亮

记录人：罗秉芬

语法材料（三）
云南省宁蒗县第一区（同甸乡）

语法材料

（三）

雲南省宁蒗县第一区（同甸乡）

发音人：熊三亮

記錄人：罗秉芬

§29 系词"是"

单数

1 { A˥ ɕɛ˧ deu˨˩ 我是汉族
ne˧ p'ʐiu˥ mə˥ diu˧ 你是西番族
ti˥ nɐA˧ mə˧ də˥ 他是纳西族

2 { A˥ lo˥ pʐ̩˥ mə˥ den˧ 我是做工的.
ne˧ ts'on˧ pʐ̩˥ mə˥ diu˧ 你是商人
ti˥ dʑi˧ dʑi˧ s'uen˥ mi˥ də˧ 他是教书的.

3 { A˥ le˥ wun˥ nə˧ zi˥ mi˧ deu˧ 我是永宁来的
ti˥ ti˥ den˧ wu˥ dzoŋ˥ mə˥ də˥
他是
ne˧ hə˧ ki˥ tə˥ ʐu˥ ʂi˥ mə˧ diu˧
你是那儿来的

4 A˥ bA˧ boŋ˥ dA˥ zi˥ mə˧ den˨˩
我是来买货的.
ti˥ bA˧ boŋ˥ ʂu˥ ts'oŋ˥ mə˧ də˧
他是来买东西的
ne˧ wen˥ pʐ̩˥ zi˧ mə˧ diu˧
你来干什么

复数

A˥ və˥ ji˧ hA˧ KA˥ mə˥ de˧
我们都是一[…]族
ʔu˧ və˥ ji˧ hA˧ lu˧ ʂʅ˨˩ mA˥ de˨˩
咱们都不是傈僳
ne˧ və˥ ji˧ hA˧ lo˧ lo˥ deu˥ woŋ˧ p'ʐin˥ mə˥ den˨˩? 你们都是一[…]族还是一西番
tə˥ və˥ p'ʐin˥ mə˥ də˧
他们是一西番族
tə˥ və˥ ɕɛ˧ mA˧ də˨˩ 他们不是一汉族

§29(1) 第一人称

① {A˥ ti˥ ma˥ po˧ p'ɤə˥ kei˨˩
我可能和这人相遇
A˥ ma˥ ti˥ na˧ p'ɤə˨˩ 我遇到了一个人

② {A˥ la˧ la˧ tseu˥ kei˨˩ 我可能看见
A˥ tsuA˥ si˨˩ (或 A˥ də˧ tsuA˥)
我看见了

③ {A˥ ʑo˥ kei˧ 我准备去
A˥ ʑo˥ dʑə˨˩ 我马上去
A˥ ʑo˥ si˨˩ 我已去
A˥ ʑo˥ ma˥ də˧ 我已去（
ji˥ də˧, dʑoŋ˨˩ san˨˩ 不能用

§29(2) 可是 非是

(一)
{ti˥ dzɿŋ˥ si˨˩ 他睡了（不是）
ti˥ k'ə˧ dzɿŋ˥ ma˥ də˧ 他睡了（可是）
A˥ toŋ˨˩! 我说

{ti˥ ʑA˥ si˨˩ 他来了
ti˥ A˥ vi˧ tɕo˥ ʑA˥ ma˥ də˧
他不来（可能）走了

ti˥ tʰɯ˥ oŋ˥ ʂi˧ 他来了

ti˥ tɕʰoŋ˥ mə˥ də˧ 他来了（完）

(二)

nɛ˧ A˥ dzəu˥ ʂi˧ 你吃了吗？

tioŋ˩ nɛ˥ A˧ pɛ˥ kʻə˧ dzɿŋ˥ mə˥ də˧ tɕi˩ dzə ɤ˧ 他说你吃了

tioŋ˩ nɛ˥ nɛ˧ kʻə˩ dzɿŋ˥ mə˥ də˩ tɕi˧ dzə˩ 他说你吃了（报实）

nɛ˥ zo˥ ʂi˥ noŋ˩ mi˥ zo˧ 你家有几个兄弟

nɛ˧ zo˥ mə˥ də˧ A˥ tɯŋ˧ 我见你家了

助动词

要——kʻu˥

A˥ zɿ˧ kʻu˥ mə˥ də˧ 我要睡

ti˥ zɿ˧ kʻu˥ mə˥ də˧ 他要睡

nɛ˧ kʻə˧ zɿ˧ A˥ kʻɑ˧ 你要睡

A˥ ʑi˥ kʻu˥ mə˧ də˩ 我走要

ti˧ lA˥ ʑi˥ kʻu˥ mo˧ də˩ 他也要走

nɛ˧ ʑi˥ kʻu˥ A˥ kʻɛi˧ 你要走一吗？

A˥ və˥ lo˥ pɯ˥ kʻu˥ mə˧ də˧
我要工作了

tə˥ və˥ A˥ lo˥ pɯ˥ kʻu˥ mə˥ tA˦ də˧
他们也是一定要工作

we˧ və˥ lo˥ pɯ˥ kʻu˥ A˥ kei˦
你们要工作吗？

能——一人称 tse˧，二人称 ko˧，三人称 tʻoŋ˧

A˥ tə˧ ʂi˥ tsi˥ ku˧ tse˧ mə˥ də˧
我能 百斤

tə˥ tə˧ tsi˧ ku˧ tʻoŋ˥ mA˧ dʑə˧
他一斤也擡不起

we˧ tɕʻi˧ ɬwi˥ ti˦ ku˥ ko˦
你能背几斤

we˧ tio˧ tə˥ ko˥ hə˧ suen˥ pə˥ tɕi˧ ko˥ kei˦。
你有了一个 能说了

A˧ və˥ ʂi˥ dʑɛ˥ mA˧ dʑuei˦
我们都不能去

tə˥ və˥ ʂi˥ tʻoŋ˧（=dʑɛ˧）mA˧ kei˦
他们不能去

we˧ və˥ ʂi˥ kew˥（=dʑɛ˧）A˥ kei˦
你们能去吗？

A˥ dʑi˧ tse˦ mA˧ kei˦ 我不能吃
A˥ dʑi˧ mA˧ tse˧ 我不能吃
A˧ və˥ dʑi˧ tsɛ˧ mA˧ kei˦ 我们不能吃

{tɑ˥ɣə˥ dzɿ˧ tʻoŋ˥ dzə˧˥ 他们能吃
{ɳuei˧ ɣə˥ dzɿ˧ ken˥ A˥ kei˧˥？
你们能吃吗？

会—— 一、ŋuen˧˥、二、ŋo˧ 三、ŋo˧

{A˥ jen˥ tʻen˧ ŋuen˧˥ 我会抽烟
{uei˧ jen˥ tʻen˥ A˥ ŋo˧˥ 你会抽吗？
{ti˥ jen˥ tʻen˥ ma˧ ŋo˥ 他不会抽

{en˧ və˥ ji˧ hɑ˦ jen˥ tʻen˥ ŋuen˧˥
我们都会抽烟
{tə˥ rə˥ ji˧ ha˦ jen˥ tʻen˧ ma˧ ŋo˧˥
他们都不会抽烟

ti˦ mə˧ tɕA˧ li˥ guɛ˦ ŋo˥ mə˥ də˧
那姑娘会唱歌

ti˥ mi˧ gen˥ guei˥ pʻu˥ ŋo˧˥
那老头会打猎

该 dzee˥（不变）

A˥ ɕi˥ dzee˥ ɕi˧˥ 我该走了
uei˦ ɕi˥ A˥ dzee˥ ɕi˧˥ 你该走一了吗？
ti˥ ɕi˥ dzee˥ ɕi˧˥ 他该走了
en˧ və˥ ɕi˥ dzee˥ ɕi˧˥ 我们该一走了
tə˥ və˥ de˦ ɕi˥ mi˥ dzee˧˥
他们还不该走

{uei˧ və˥ ɕi˥ kuɛ˦！ 你们~~……~~走吧！
（可以） （可以）
{uei˦ və˥ pʻu˥ kuɛ˦！ 你们打吧！
{uei˦ pʻu˥ kuɛ˧˥ 你打吧！

tɕen˧ və˥ pe˥ swen˥ dʑe˥ ɚ˥ zi˦

疏了的说已当了

允许：

ti˥ den˩ wu˧ A˥ və˥ ʂi˥ kie˥ mA˧ dʑə˥

这地方不许我的去

ne˩ rə˥ ʂi˥ kie˥ A˥ kei˥ dʑə˦

许你的去吗

tə˥ və˥ ʂ˩ kie˥ ji˥ də˧

(一定)许他的去

nA˩ ti˧ A˧ pe˥ hə˧ to˦ ti˥ pɯ˧ kie˧

你这个给我看一下.

nA˩ ti˧ ti˥ pe˥ hə˧ to˥ ti˥ pɯ˥ kie˦

你这个给他看一下

tio˧ we˦ A˥ vA˥ kə˧ dʑe˥ dzo˥ kie˥

mA˧ dʑə˦

他不许我的坐在这儿

ti˥ zi˧ tsen˦ pe˧ me˧ hɛ˥ kie˥ mA˩

ŋo˩

这地不许放火

不错

ti˥ sɿ˧ dzi˩ mA˩ kA˧ 这果子吃不错

ti˥ sɿ˧ dzi˩ mA˩ hA˧ 这果子不要吃

ti˥ hA˧ boŋ˥ ŋe˥ mA˧ hA˧

这东西碰不得

ti˥ tɑ˥ gu˥ tɕi˧ mɑ˧ kɑ˧ ɯe˧ tɛ˧ ti˧：

这话说碎，你别说

ɯA˧ ti˥ tə˧ gu˧ tɕi˧ mA˧ hA˧ kʼə˧ tɕi˧

kʼe˥ po˧ mə˥ və˧ kʼo˧ ɯe˥ pu˥ ŋo˧

这话不要说、说了别人要笑去

完：

A˥ ti˥ ɭo˥ pu˥ tsʼA˥ pʼeu˥ sAŋ˧˥

我已经完

tA˧ ɭA˥ tsʼA˥ po˥ si˧

他也完了

ɯA˧ A˥ tsʼA˧˥：

你完了没有：

eu˧ və˥ ji˧ hA˧ tsʼA˥ si˧˥

我们都做完了

tə˥ vA˧ mi˥ tsʼA˥

他们还没完

ti˥ tɕiu˥ wA˧ mɑ˧˥ ji˧ hA˥ ʂi˥ tsA˥ si˧˥

房子这些人都走光了

愿意：

A˧ ɯoɯɛ˧ pu˥ ʂi˥ hə̃ŋ˥ hə̃ŋ˧

我愿去当兵

ti˧ ɯoɯɛ˧ pu˥ ʂi˥ hə̃ŋ˥ hə̃ŋ˧ dzɛə˧

他也愿去当兵

ɯe˧ ɯoɯɛ˧ pu˥ ʂi˥ hə̃ŋ˥ hə̃ŋ˥ A˥ dzɛə˧？

你愿当兵吗？

eu˧ və˥ ji˧ hA˧ ɯoɯɛ˧ pu˥ ʂi˥ hə̃ŋ˥ hə̃ŋ˧ dzɛə˧

我们都愿当兵去

tə˥ rə˥ nɯa˦ pɯ˥ ʐi˥ ɦə˨ u˧ m˧ A˦ dʐə˨ ɣ˩

他们都不和岳岳

打算：

ʐe˥ ʐe˥ 算数或但办，ʐo˥ pɯ˥ 第一人称生数

A˥ sen˧ po˥ ʐi˥ ʐo˥ ʐe˥ dʐo˥ ɣ˩

我打算明天走

ti˥ k'o˧ sen˧ ɯə˥ ʐi˥ ʐo˥ ʐe˥ dʐə˥

他打算后天走

ue˧ ʐi˥ ʐo˥ ʐe˥ A˧ dʐo˩ ？

你打算走吗？

A˥ rə˥ ʐi˥ ʐo˥ pɯ˥ m A˧ dʐue˥ ɣ˩

我不打算走了

tə˥ rə˥ tɕ'e˧ dʐi˥ ʐe˥ ʐe˥ dʐə˧

他们打算吃饭了

en˧ rə˥ tɕ'e˧ dʐi˥ ʐo˥ pɯ˧ ki˧

我们准备吃饭

过，经历：

A˥ k'uen˥ min˧ ʐi˥ tɯ˩

我去过昆明

ue˧ ten˧ jin˥ tsen˥ A˥ tɯ˩ ？

你看过电影吗？

ti˧ tə˧ den˧ lA˥ ʐi˥ m A˧ tɯ˥

他一处也没去过

别：

ue˧ tɕ˧ dɯŋ˩ 别打

ue˧ tɕɛ˧ tsu˩ 别洗—tɕi˧

tɕ˧ ɕiu˧ liu˧ 别动—liu˧ liu˧

tɛ˧ tɛoŋ˥ 别弄断 — {na˧ tɛuen˥ si˧ 三
过去 {na˧ tɛoŋ˥ san˥ 一
{na˧ tɛoŋ˥ si˧ 二
tɛen˧ ɛi˧（现在）

ʼu˥ ui˥ tɛ˥ pu˧ 别走 稀泥
过去 {pen˧ san˧
{pu˥ si˧
{po˥ si˧
pu˥ ji˥ də˧（现在）

tɛ˥ ki˧ — 别卖 过去 {tə˧ ki˥ san˧ 一
{tə˧ ku˥ si˧ 三
{tə˧ ki˥ si˧ 二
ki˥ ji˥ də˧（现）

tu˧ gui˧ — 别穿 过去 {nə˧ gui˥ san˧ 一
{nə˧ gaɛi˥ si˧ 三
{nə˧ gui˥ si˧ 二
gui˧ ji˧ də˥（现）

tɛ˧ tiu˥ — 别扔 过去 {hə˧ tiu˥ san˧ 一
{hə˧ tio˥ si˧ 三
{hə˧ tiu˥ si˧ 二
tiu˥ ji˥ də˧（现）

tɛ˧ pʼoŋ˧ — 别跑 过去 {pʼen˥ san˧ 一
{pʼan˥ si˧
{poŋ˥ si˧
pʼen˥ kei˥（现）

tɛ˧ he˥ — 别放
过去 { t'ə˧ he˥ sʌ˨ — / t'ə˧ he˥ ʂi˥ 三 / t'ə˧ he˥ si˨ 二 }

t'ə˧ he˥ ji˥ də˧（既）

tɛ˧ zɑu˨ —
过 { zen˧ sʌ˨ — / tɕ'on˥ si˨ 三 / zu˥ si˨ 二 }
zi˧ ʂo˥（既）

tɛ˧ ʂon˥ —
过 { ʂen˥ sʌ˥ / ʂʌ˥ si˨ / ʂon˥ si˨ }
ʂi˥ ji˥ də˧（既）

§31 系词是分别与动词之后

{ ti˥ t'ə˧ gu˧ ʂʌ˥ mə˥ dɑ˧
他是一日去

ʌ˥ t'ə˧ gi˧ ʂen˥ ʂʌ˥ mə˥ den˨
我是一日去

ue˧ t'ə˧ gi˧ ʂon˥ mə˥ diu˧
你是一日去

此三声均用 mə˥ də˧ 来代替

{ ɬu˧ ʋə˥ t'ə˧ gi˧ ʂi˥ mə˥ de˧（=də˨） 咱们是一日去了
{ tə˥ ʋə˥ t'ə˧ gi˧ ʂi˥ kei˥ mə˥ mʌ˥ də˧ 他们是一不回去
{ ue˧ ʋə˥ t'ə˧ gi˧ ʂi˥ ji˥ ʌ˥ də˧ 你们是要回去吗？

A˥ tA˥ tA lo˥ pɯ˥ dʑoŋ˥ mə˧ deŋ˧
(də˧) 我是一直放牛的
tə˥ lo˥ pɯ˥ dʑə˥ mə˥ də˧.
ueɪ˧ lo˥ pɯ˥ dʑo˥ mə˥ A˥ də˧

A˥ ʑɛ˥ ki˥ ji˥ də˧ 我要割麦了

tə˥ sɯ˥ ki˥ kei˥ mə˧ də˧ 他要割完了

ueɪ˧ toŋ˧ tɕi˧ ki˥ ji˥ də˧ tɕi˧ dʑə˦
你说要割麦了
ueɪ˧ toŋ˧ tɕi˧ ki˥ ji˥ A˥ də˧ ?
你割麦了吗？

语法如下：

sAɯ˥, si˥ seŋ˥ — 过去进行
mə˥ də˥, sAŋ˥ mə˥ də˧, si˥ mə˥ də˧
seŋ˥ mə˥ də˧ 等—过去完成（肯定）

dʑoŋ˥, dʑo˥, dʑə˧, dʑuei˥, dʑueŋ˦.
我 你 他（他们） 咱 （我们、你们）
—现在进行.

dʑoŋ˥…… ɣo mə˥ də˧ 现在完成（肯定）

ʑo˥, kei˥, ʑe˥, ki˥, ʑeŋ˦ —
（一、二单）（三单数）（我们）（咱们）（你们）
—未来进行

ɛo˥ ---- 等 do˥ ɯə˥ dɔ˧ 未来完成（肯定）

ji˥ dɔ˧ — 未来完成式（肯定）

语法材料（四）　云南省宁蒗县永宁区西番语（同甸乡）

发音人：熊三亮

记录人：陆绍等

语法材料（四）
云南省宁蒗县永宁区西番语（同甸乡）

语法材料

（四）

云南省宁蒗县永宁区西番语（同甸乡）

发音人：熊三亮

记录人：陆绍等

形容词

§32，形容词的词尾，

ȵe˥mə˦ 红的，ȵɛ˧mə˦ 黄的，ȵi˥mə˦ 花的

ȵɛ˧mə˦ 黑的，ʂAn˥mə˦，青的，tsʻoŋ˥mə˦ 短的，

po˥mə˦ 宽的，ɕe˥mə˧ 窄的，boŋ˥mə˦ 粗的，

tsʻen˧mə˩ 细的，tʂe˥mə˦ 大的，kA˦tsɛi˩mə˦ 小的，

tsɿ˦mə˩ 肥，tAn˥mə˦ 瘦的，guen˥mə˦ 高的，

dʑue˥mə˦ 矮的，ʂe˥mə˧ 老的，tɕʻui˥mə˦ 好的

§33．形容词的比较级：（四级）

ʂe˥mə˥，ʂe˥ti˥，ʂe˥noŋ˦，ʂe˥tɕA˦
大

ʂAn˥mə˥，ʂAn˥ti˥，ɛAŋ˥，ʂAn˥tɕA˧˦．
青

tAn˥mə˥，ʂAn˥ti˥，ʂAn˥noŋ˥，tɕʻui˥tɕA˦．
好

ȵe˥mə˥，ȵe˥ti˥，ȵe˥noŋ˦．ȵe˥tɕA˦
红

ȵɛ˧mə˥，ȵɛ˧ti˦．ȵɛ˧noŋ˦，ȵɛ˧tɕA˦
黑

§34．形容词重叠形式

1）词根重叠：

tsʻoŋ˧ tsʻoŋ˦ 粽々, tsʻen˧ tsʻen˦ 细细的,

ȵe˧ ȵe˨ 小小的, vuɛ˥ vuɛ˧ 圆圆的,

ʂe˥ ʂe˥ mə˥ 大大的, ʂAn˥ ʂAn˥ mə˨, 青青的

tsʻi˦ tsʻi˧ mə˨, 胖胖的, ȵe˥ ȵe˥ mə 红红的.

bəŋ˥ bəŋ˥ mə˨ 粗粗的 ʐɿ˥ ʐɿ˧ mə˨ 多多的,

四 词尾重叠.

A˧ liu˥ liu˧ 一类々, tsʻen˧ le˧ 细来来的.

ɓe˥ rue˥ rue˧ 圆圆的, ȵA˧ ku˥ ku˧ 黑洞々

be˦ wu˥ wu˧ 白老々, ȵe˥ tsAn˥ tsAn˧ 绿悠々

五 形容词重叠.

tɕʻui˥ mə˥ tɕʻui˥ mə˨ 好好的.

ʂAn˥ mə˥ ʂAn˥ mə˨ 青的 青的.

ʂe˥ mə˥ ʂe˥ mə˨ 大的 大的.

ȵe˥ mə˥ ȵə˥ mə˧ 红的红的

je˥ je˥ ʂe˨ 千千洋洋

mə˥ te˥ mə˥ tə˥ toŋ˧˥ 清々楚々。

(4) 中加部分

① ma˧ ʂan˥ ma˧ tsʻoŋ˧˥。(ʂan˥ ma˧ ʂan˩,
不长不短。 tsʻoŋ˩ ma˧ tsʻoŋ˧˥)

ma˧ ʂe˥ ma˧ ka˧ tsɛi˩ 不大不小

(ʂe˥ ma˧ ʂe˥, ka˩ ma˧ tsɛi˩)

ʂan˥ to˥ ʂan, tsʻoŋ˥ to˩ tsʻoŋ˧˥。长又长，短又短。

do˩ ʂe˧˥ do˩ nə˩ ka˧ tsɛi˧, 又大又小

do˩ bəŋ˥ də˧ kə˧ tsʻen˩, 又粗又小

ma˧ ʂi˩ ma˧ gu˧˥, 不好不坏。

do˩ tɕʻui˥ do˧ dʐɛ˧ 又好又坏。

② tsʻoŋ˥ kɛ˥ tsʻoŋ˥, 短又短，

ʂe˥ kɛ˥ ʂe˧ 大又大

tsʻen˩ kɛ˥ tsʻeu˩ 细里细的

tɕʻui˥ kɛ˥ tɕʻui˧˥, 好里好的

§35 形容词的功能

作主语，

ŋɛi˧ mə˥ noŋ˧ ɲe˥ mə˩ ji˧ hA˧ tɕʻui˥ mə˥ də˧。 黄和红的都是好看的。

pʻri˥ mə˥ ɲe˧ mə˥ nə˧ dʑoŋ˥ si˥ 白的变成黑的了。

pʻri˥ mə˥ kAn˧ to˥ pə˧ tsi˥ ɲe˥ tsAn˥ tsAn˧ mə˧ dioŋ˩。 白的上面有红花。

ʂe˥ mə˥ tɕʻui˩，kA˧ tsɛi˧ mə˥ mA˧ tɕʻui˩ 大的好，小的不好。

作修饰语：

ŋA˥ pə˧ tsi˥ ɲe˥ tsAn˥ tsAn˦ ti˧ də˧ ʐoŋ˩ sAn˩ 我给一支红花。

ti˥ mɯn˧ dʑɛ˦ pʻA˥ ɬi˥ bə˦ wu˥ wɯ˥ ti˥ nə˦ gue˥ si˩， 这姑娘穿了一件白衣服。

tə˥ gəu˥ mə˥ tsʻi˦ ti˦ də˥ dʑə˧。 他身体很胖。

ŋA˥ pʻriu˥ mə˥ ʐe˥ tɕʻui˥ pɯ˥ suen˥ ʂo˩。 我要好好的学习[illegible]语，

ɲe˧ ʐə˥ tʂoŋ˥ pʻo˥ ʂen˩ 你们快去。

ȵe˧ tɕʰui˥ pʰʉ˥ to˥ ko˥˧ 你好好的来。

作宾语，

ȵe˧ ȵue˧ ʑiu˥ mA˧ tɕʰui˥˧ 你的眼睛不好，

tə˥ bɛ˧ wu˥ kʰu˧˥，ʐA˥ ȵe˥ tsAn˥ tsAn˧ mə˧

kʰu˧˥， 他穿红的 我穿红的。

toŋ˧˥ ȵe˥ tɕʰui˥ mə˥ ʐuA˥ si˥。
他挑好的拿去了。

作谓语，

ʐA˥ pA˥ ʑi˥ tə˧ ʂAn˥ si˥˧， 我的衣服干了。

ti˥ mʉ˧ tsʰɿ˧˥ kʰʉ˥ mɛi˥ tə˧ tsʰoŋ˥ si˥˧，
这个女人的头发太短了。

tA˧ ʑiu˥ ȵe˥ tsAn˥ tsAn˧。 他的脸红红的。

ȵe˧ ʂoŋ˥ tə˧ ʁAn˧˥ si˥˧ 你去的太慢了。

作补充语，

ti˥ gue˧˥ dʑuə˧ tɕʰoŋ˥˧ dʑə˥˧
这匹马跑的最快。

tə˥ lo˥ pʰʉ˥ tɕʰui˥ mə˥ dʑə˧，
他做的最快。

tə˥ dʑi˧ dʑi˧ dʑu˧˥ tɕʰui˥ dʑə˥˧ ʐA˥ dʑi˧

dʑi˧ dʑu˧˥ mə˧ tɕʰui˥ dʑə˥˧。

他高兴的好，他笑的不好。

tə˥ dzʌn˧ tɕʻoŋ˥ dzə˧ 他跑的快。

tə˥ŋə˥ kʻə˧ tə˥ ŋə˧ də˧ ɣu˥ tA˥ də˧。
日子一天一天好过了。

mə˥ ʑɛ˧ kʻɛ˥ ʑɛ˧。 人越来越多。

kuA˧ kuA˥ tə˧ koŋ˧ kei˧。
慢慢的冷起来了。

副词。

§36. 副词的词素的形式
一、单词，

a tɕʻui˥ ʑo˧ 很好，ʑo˧ 很多，

tsʻen˧ ʑo 很细，ʂɛ˥ ʑo˧ 很大，

kʻɛ˥ kʻɛ˥ tɕʻui˧ 最好，tɕʻui˥ kʻɛ˥ kʻɛ˥ 好极了，

kʻɛ˥ kʻɛ˥ ʑɛ˧ 极多 ʑɛ˧ kʻɛ˥ kʻɛ˥ 多极了，

kʻɛ˥ kʻɛ˥ ʂɛ˧ 最大，ʂɛ˥ kɛ˥ kʻɛ˥ 大的很，

b, tɕʻe˧ ʂe˥ 马上，tsʻoŋ˥ po˥ 快点。

ŋA˥ tɕʻe˧ ʂe˥ ʂɪ˥ ji˥ də˧ 我马上去

ʒen˧ ʁɑ˥ tɕʰe˧ ʑe˩˥ kʰi˧˥ 咱们马上就去。

ʒen˧ ʁɑ˥ tɕʰe˧ ʑe˥ ʑi˥ kʰi˧˥ 咱们马上就走，

ɲe˧ tɕʰoŋ˥ pʰo˥ ʑoŋ˥ 你快点去，去

c，刚才， tɕʰe˧ noŋ˥。

tə˥ tɕʰe˧ noŋ˧˥ tɕʰoŋ˧˥ 他刚刚来。

to˥ tɕʰe˧ noŋ˥ ʑA˧˥， 他刚刚走，

ʒA˥ tɕʰe˧ noŋ˥ ɲe˧ be˥ ten˧ sAn˧˥，tɕʰe˧ tɕe˥，

nə˧ mAn˧˥ 我刚才对你说了现在又忘了。

ʒn˥ ti˥ mə˥ tɕʰe˥ noŋ˧ ɲe˧ mɐ˥ ʑi˥ dʑə˧˥。

那个人刚才来找你。

d，根本（kʰə˧ tɕo˧） tɕʰɛ˧˥。

ʒA˥ tɕʰɛ˧˥ mA˧ ʑi˧（ʒA˥ kʰə˧ tɕo˧ mA˧

ʑi˧） 我根本没在。

tə˥ tɕʰɛ˧˥ ɲi˧ mA˧ dʑə˧˥。 他根本不作

tə˥ kʰə˧ tɕo˧ woŋ˧ zi˧ mA˧ dʑə˧˥

他根本不来，

ʒA˥ kʰə˧ tɕo˧ mi˥ ten˧˥ 我根本没有说，

e，以前， ʁə˧ be˧˥（ɲe˧˥）

ʒA˥ rə˥ be˥ ŋe˧˩ tɕi˧ tɯ˧˩· 我老早说过，

ʒA˥ rə˥ be˥ ŋe˧˩ ʒi˧ tɯ˧˩ 我从前来过，

tə˥ rə˧ be˥ ʒA˧ to˥ tɕoŋ˥ pɯ˧˩ tɯ˧˩。
他以前应过我。

F，逐渐地，慢慢地，（KA˧ Ku˧）

ti˥ tɕen˧ KA˧ Ku˧ KA˧ Ku˧ Ke˧ ʒe˥ Kei˧˩
这小孩子逐渐地大起来了。

ʒA˥ ŋe˥ KA˧ Ku˧ tə˧ dʑoŋ˥ Kei˧˩
我之病渐渐地好起来了。

ŋe˧ KA˧ Ku˧ ʒoŋ˧˩ 你慢慢走

ʒe˧ KA˧ Ku˧ KA˧ Ku˧ Kə˧ tɕui˥ Kei˧˩
虫子渐渐地好起来了。

g 自然地，
ti˥ joŋ˧ ba˥ ŋe˥ ŋe˧ tei˥ mə˧ də˧
这石头自然地在这里，
ti˥ sen˧ boŋ˥ ŋe˥ ŋe˧ to˧ ŋi˥ mə˥ də˧
这种树枝、自然生长的。
pʻrin˥ mə˥ den˧ lA˧ ŋe˥ doŋ˥ mə˥ də˧
这些孩子的地方自然到在这里了。

h，直接地 tu˥ pɯ˧˩

ʒA˥ ŋe˥ tə˥ be˥ tu˥ pɯ˧ tɕi˧ dʑoŋ˧
我直接地对他说。
ʒA˥ ŋe˥ to˥ be˥ tu˥ pɯ˧˩ me˥ ɕe˧˩
我直接去找他。
ŋe˧ tə˧ tu˧ pɯ ʒoŋ˧ 你直接地去走

一、形容词作副词用。

1) ɲe˧ sen˧ ɲo˥ ~~x~~ ɕe˥ tʂʰo˧˥ bo˧˥ ʑu˧
你明天早早地来，

2) ti˧ tɕʰen˧ tʂʰoŋ˥ pʰu˧˥ pʰan˥ si˧˥
这小孩快快地跑了，

3) ŋa˥ pʰi ɯ˥ mɔ˥ ʐe˥ tɕʰɯ˥ pʰu˧ sua ɯ˥ kʰɯ˧˥
我要好好地学习西番语，

4) ɲe˧ gen˥ ŋoŋ˧ kʰa˧ kʰɯ˧ ʂoŋ˧
你老人家慢慢地走呀！

二、表不同程度的副词。

1) ŋa˥ pʰi ɯ˥ mɔ˧ ʐe˥ tɕʰɯ˥ pʰu˥ dʐoŋ˧ ma˧ ŋɔ˧˥.　我不太会说西番语

2) tə˥ dʑi˧ dʑi˧ tɕʰɯ˥ pʰu˥ dʐɯ˧ ma˧ ŋɔu˧
他不太会写字，

3) tə˥ kʰe˥ je˥ tɕʰɯ˥ pʰu˥ tʂɿ˧ ma˧ ŋɔu˧
他不太会说话，

4) tə˥ mi˥ dʐo˥ ti˥ dʐoŋ˧ tɕʰoŋ˥ si˧˥
他不太好意思来。

§37. 副词的位置。

一、补充时间。

ɣɔ˧ be˥ po˥ ti˥ dʐen˧ kʰɯ˧˥ mə˥ kʰa˥ ti˥ ʐe ɕi˥ mɔ˧ də˧　从前（东）山上住一家人

ɣə˧ ɲe˧ po˥ ti˥ den˧ wu˧ kʻa˦ ti˥ ʑtɕi˥

mò˥ də˧ 以前在这个地方有一个国王

tə˥ ʑe˥ ŋ̊˨ tɕin˥ me˥ tə˧ ʂɛ˨。
他昨天回家了

ʑe˥ ɦə˨ ʒA˥ lA˥ tɕin˥ me˥ ʑen˥ ɕAn˧
昨天我也回家去了。

tə˥ ɲe˧ ɣə˥ po˥ ho˥ kʻo˨ sen˧ ku˥ ʂA˥ si˨
他早就上山去背柴了

ŋə˥ ŋə˥ ɲe˧ ɣə˥ po˥ tə˥ ho˥ kʻo˨ sen˧

ku˥ ʑi˥ dʑə˧。 每天早上他就到山上去背柴了。

二、表示动作的程度，

ŋ̊ʒA˥ me˧ mə˥ də˧ seu˥ ɲe˧ be˥ tɕi˥ ʑo˨
我知道什么就告诉你

ŋ̊ʒA˥ kA˧ me˥ də˥ ku˥ ɲe˧ be˥ ku˥ ʑo˨
我尽力帮助你

3, ti˥ to˥ pu˥ ɣə˥ ɲɛ˥ ʒA˥ mAn˧ sen˨
这事情我老早就知道了。

三、表示形容词的程度，

ti˥ tɕin˥ po˥ dʑə˨ — ti˥ tɕin˥ po˥ ʑo˧
这房子很漂亮，　这房子宽得很，

ti˥ ɣue˥ ɣɛ˧ dʑə˨ → ti˥ ɣue˧ ɣɛ˦ ʑo˧
这路很平坦，　这路平得很。

ti˥ tɕen˦ hen˥ ɲi˥ dʑə˧
这小孩很乖。

ti˥ tɕen˦ hen˥ ɲi˥ ɣɛ˥ kɛ˨ dʑə˧ 这小孩乖得很

pə˥ȵ̥ə˥ boŋ˧ dʑɛə˧ — pə˥ȵ̥ə boŋ˧ ʑo˧，
今天很冷，今天冷得很，

以表示动作的方向的

tə˥ ʑe˥ tɕʰo˩ be˧ tə˧ ʑA˧　他往书去了

tʂɿ˥ KA˧ pO˥ kʰə˧ ʑɿ˩　水往下边流。

ɲA˥ to˥ be˥ tə˥ ʑeu˥ SAu˩　我们往上边爬去

tsʰɿ˧ ŋʷe˥ ɲA˥ ka˧ dʑə˩　狗向面咬我们

§37. 副词重叠，（加重语气）

rə˧ ŋʷe˧ rə˧ ŋʷe˩ kʰɛ˥ tɿ˥ den˩ wu˧ mə˥
ti˧ lA˧ mA ʑei˧　很早很早以前这里一个人都没有。

tə˥ tɕʰoŋ˥ po˥ tɕoŋ˥ po˥ tɕʰoŋ˥，do˧ tɕʰoŋ˥ po˥
tɕʰoŋ˥ po˥ ʑA˩　他快快地来，又快快地去。

ŋʷe˧ KA˧ ku˧ KA˧ ku˧ ʑoŋ˧
你慢慢地走，
ŋʷe˧ tɕʰui˥ pɯ˥ tɕʰui˥ pɯ˥ ha˧ to˩
你好好地看，

连词

§39 常用连词

一、和（hoŋ˥）

1. ŋA˥ tsʰɿ˧ hoŋ˧ dʑə˧ ʂu˥ ʂɛ˥ ji˧ də˧

我去买什么东西。

ʂɛ˧ hoŋ˥ pʰin˥ mə˥ to˥ kʰo˥ kA˥ hə˧

pʰy˧ 汉人和傣族是一家人

koŋ˧ tɕʰAn˥ toŋ˥ ŋəŋ˧ dʑe˧ kɛ˥ kɛɛ˥ i

tə˧ dʑoŋ˧ 共产党和老百姓是一条心。

2. boŋ˧ lA˧ (no˧) boŋ˥ 有没有。

ʂɛ˥ po˥ ʂɛ˥ ji˥ də˧ 去吗去了。

tɕʰui˥ lA˥ tɕʰui˥ ti˥ də dɛə˧ pʰa˧ to˧

ʂe˧ 好不好，太贵了。

ʂe˥. 好倒好，太贵了。

3. lo˥ pɯ˥ mo˥ noŋ˧ kʌu˧ pu˩ pɯ˥ mo˥ ji˩ hʌ˩ dze˧ kɛ˥ dɑ˧。种田的人和干部都是老百姓。

len˥ hoŋ˥ ɳe˧ dɑ˧ zɿ˩ mo˥ uoŋ˧ ʐu˧ go˥

zɿ˩ mɑ˥ ji˧ hʌ˩ ts'oŋ˧ pɯ˥ mɑ˥ dɑ˧
从永宁来的人和丽江来的人都是、做生意。

ʒʌ˥ ɑ˧ ʂɿ˥ ba˧ boŋ˥ uoŋ˧ ɳe˩ ɑ˧ ʂu˥

mɑ˥ ba˧ boŋ˥ mʌ˩ dʐʌn˥ dɑ˩。
我买的东西和你买的东西不一样。

二、“以后”因为、所以、虽然……但是、等：

1. ʒʌ˥ ɑ˧ boŋ˧ hoŋ˥ ʂɿ˥ ʐe˥ ki˥ ɳe˩ boŋ˧ hoŋ˥

zɿ˧ ɕoy˥。我去了做完以后再来你家。

2. ge˧ gen˥ dʑi˧ dʑi˩ ʂɑ˧ suen˥ nɑ˧ tsʌ˥ tɑ˧

po˩ ʂin˥ me˥ ɑ˧ ʂʌy。

老师教完书以后，他就回家去了。

˧ta˥ ɣo˥˧ ɓe˧ dzɿ˥ tsʌ˥ kɛ˦ ʑA˧ pɯ˥ ʑɛ˥ si˦

他们吃了饭以后就出去了。

ŋe˧ tʂɿ˥ koŋ˥ kʰə˧ tɛn˥ kɛ˧ po˧ (ɕe˥ ki˧)

ŋe˥ ŋau˦、你给吃冷水以后就会肚痛。

2. ŋoŋ˩ ŋe˥ ʑA˧ be˥ pri̠n˥ mə˥ ~~ma~~ ʑe˥ ha˧ suen˥

hoŋ˧ ʑA˩ ho˧ ʑo˩

因为你教我西番语所以我才会说。

ŋe˩ mA˧ zɿ˩ kɛ˥ noŋ˧ to˥ kəŋ˧ ŋe˦。

因为你不来所以他生气了。

dʑu˩ ɣə˥ tɕoŋ˥ uoŋ˧ ʒA˥ ʑɛ˥ mA˧ ʑo˦

因为朋友们来了所以我不去了。

3. mɯ˦ tʃi˥ boŋ˧ kɛ˥ po˧ o˩ tɕɛ˥ koŋ˩ tsei˩

天气虽然很冷还洗冷水。

to˥ me˥ to˥ me˥ tə˥ mAn˧ so˥ kɛ˥ po˧ mə˥

ɣə˥ be˧ mA˧ tA˩。

他虽然知道得很多但对人不老实。

ʐA˥ ŋ̊e˥ tʂA˥ kʐ˦ po˧ tɕʰə˥ ʒA˥ be˥ to˥ zɿ˥
mA˧ dʐə˨˩。我虽然病了，他也都不来看我。

4、……做活……也。

ŋ̊e˧ ʂʐ˥ ʂo˥ ʂo˥ tʂʐ˥˧ dʐu˧ lA˥˧ ʂʐ˥ ʂo˨˩。

你去做活，我也去。

ti˥ dʐen˧ be˥ ŋ̊e˧ rə˥ ʂʐ˥ kem˧ ʐA˧ rə˥
lA˧ ʂA˥ rʐ˧ ʂi˧

这个山顶，你们能爬上去，我们也爬上去。

kAi˥ tAn˥ tɕʰyn˥ ʐei˥ tʂɿ˧ kʐ˥ po˧ ku˥ mi˥
zɿ˧ tə˥ mA˧ kei˨˩。

解放军在做活上迷不敢来了。

lo˥ tɕʰui˥ kʐ˥ tɕʰui˥ pɯ˥ tʂʐ˧ dʐu˧ ʂe˧
tɕʰui˥ kə˧ zɿ˧ kei˨˩。

好好做工作，日子就好了。

ʒA˥ pʰriu˥ mə˧ den˧ po˧ pʰriu˥ mə˧ ŋ̊e˥ lA˧
ŋuen˨˩。我是西番族的话就会说西番话了。

三、递层式的连接词：不但、而且、又、还。

1. tə˥ dʑi˧ dʑi˩ tɕʻui˥ pɯ˥ suA˧ mA˩ tɕe˩，
lo˥ pɯ˥ ʐA˧ tɕʻui˥ dʑə˧，

他不但学习好，工作也很好。

Kue˧ men˧ tAŋ˥ mo˥ tɕ˥ mə˥ no ɣ mA˩ tɕe˩
do˩ mə˥ sɛ˧ dʑə ɣ。

解放军不但打八管人，还要教育人。

mA˥ ŋe˧ zA˩ nə˩ mA˧ tɕe˥ do˩ ʒe˩ tsi˩
母亲不但打我，还要骂我。

2. ŋe˩ tə˥ noŋ˩ tɕe˩ kə˩ dzɿ˩ kɛ˥ tə˧ ʂe˩
do˩ tɕe˥ voŋ ɣ

你刚刚吃了饭，现在又饿了。
Kue˧ men˧ tAŋ ɣgo˩ tA˧ kʻu˩ mə˧ ʐA˧ kʻu˩。

解放军又学习还要人。

3. ŋe˧ kʻə˧ dzɿ˩ tsʻA˥ po˧ do˩ dzɿ˩ ʂoɣA˧

你吃完了，还要吃吗？

to˥˧ ta˥ no˧˥ ta˥ gu˧ na˧ kuɛ˧˥ si˥ te˧ ʐe˧˥
do˧˥ ta˥ gu˧ kuɛ˧˥ gʐa˧

他刚刚才喝了一杯，现在还要喝一杯。

ȵe˧˥ ʐe˥˧ ɣa˥ ju˥˧ si˥˧ pa˥ ɣa˥ do˧ me˥˧ pɣ˥ ɹu˥˧ siɣ

你昨天来了，今天又来做什么呢？

四、选择式：或者、否则的，除了…以外。

1. ȵe˥˧ ta˧ ʐe˥˧ po˥ pɣ˥˧ ʐu˥˧ dʐoɣ to˧ ʐe˥˧ po˥˧ pɣ˥˧
ma˧ ʐu˥ dʐa˧。你要就去做，不要就不去。
ȵe˥˧ ʐɿ˥ ʐo˥ ni˥˧ ʐo˧ ma˧ ʐo˥ ni˥˧ ma˧ ʐoɣ

你想要就去，不要就不去。

2. ȵe˧˥ ʐɿ˥ lA˥˧ ʐiɣ mA˧ ʐi˥ lA˥ mA˧ ʐiɣ
你或者去、你或者不去。

ɹu˥ ti˥ ma˥˧ ʐɛ˧˥ da˧ ua˧ pʻrin˥ moɣ da˧.
这个人也许读完呢，也是两者都读。

ȵe˧ tɕin˥ me˥˧ dʐoŋ˥ ji˥ da˧ na˧ to˧ teŋ˧˥
ʐɿ˥ ji˥ da˧。你或者在家或者出去。

3. tə˥ ma˧ da˧ tɕʻu˧ ʑA˧ ʑA˧ ɣə˥ mA˥ ŋəu˨˩.
除非他以外，我们不会做。

ʒA˥ ma˥ də˥ tɕʻu˧ ma˥ ɣə˥ mɛi˦ mA˦ ʂi˨˩
除非了我别人不会知道。

tə˥ ma˧ tɕʻoŋ˥ tɕʻu˦ ʒA˧ ɣə˥ dzu˧ ɭA˧ ʂi˥
mA˧ kei˨˩
除非他来，我们做不成的。

五、强调式：除非、只有。
1. ti˥ lo˥ ɲe˥ ke˥ le˥ ma˥ də˥ tɕʻu˧ ma˥ ɣə˥
dzu˧ tʻoŋ˥ mA˧ kei˨˩
这件事情除非你一个时，别人做不成的。

ti˥ joŋ˧ bA˥ ɲe˦ ke˥ le˥ zu˦ ko˧ dʑu˦
ʒA˧ ɣə˥ zu˦ ɣɛ˥ ʂi˥ mA˧ dʑə˨˩.
这石头只有你一个抬得起，我们都搬不动。
ti˥ dʑen˧ te˥ kA˥ tAŋ˥ tɕyn˥ ma˥
da˥ po˧ ʂi˥ tʻoŋ˦ ma˥ mA˥ ʑei˨˩
这个大除非了解故事，没有人想得起了。

ti˥ tʌu˥ tɕʌ˥ ɕɛ˨˥ kɯ˦ rɛ˥ ɕi˦ mə˥ də˧ pʰo˧

mə˥ ro˥ kɯ˦ mʌ˧ tʰoŋ˨

这根木凳子只有扎西端得起，别人端不起的。

云南泸水县兔峨语调查报告

雲　南

泸水县兔峩语调查报告

1958年12月31日

怒江傈僳族自治州泸水县兔峨族语言调查报告。

(1) 调查情况：

泸水县的兔峨族是住居在泸水县的西边山区，浪坝寨乡，水利寨，人口有44户、193人，自称为"zo˧zu˩"，汉称为"兔峨"，原意是他们在一百多年从兰坪县，兔峨地方搬来，就称兔峨族。实际的民族称谓还没有了解清楚，他们的风俗习惯是与彝相同。服装与巍山彝族差不多，但语言差别较大，从语音和语法又接近彝语支，但是我们还没有进行比较和研究，还不能肯定属何语支。

兔峨族人民善于勤劳，但在解放前受尽了反动统治和压迫，生活很苦，连年只种些极不多的山地杂粮，半饥半饱的过日子，解放后在党和毛主席领导下，打倒了统治阶级，生产得到发展，生活得到逐步改善，乡里都办起小学，儿童都进入了学校，青壮年也积极学习文化，虽然是地处边疆，文化落后的兔峨族地区，现在开始改变了面貌，他们和全国各少数民族一样，正向着欣欣向荣的社会主义康庄大道上前进。

(2) 语言情况：

兔峨语，我们共收集了弍千多个语汇，81条语法，其中一部份新词术语都借用汉语词汇来丰富本民族语言以外，他们和傈僳族杂居往来较密切，有个别词汇也有借用傈僳语，但数量极不多，主要的借词是借汉语词汇，

（3）语音部份，

兔戎语中，有辅音（声母）41个，根据条件归并为36个，元音（韵母）42个归并为31个，有5个调值，现分别列举如下。

① 声母表

发音方法＼发音部位			双唇音		舌尖音				舌根音		
			双唇	唇齿	舌尖前	舌尖中	舌尖后	舌面前	舌面中	舌根	喉
破裂	不带音	纯	p			t			(c)	k(c)	ʔ
		吐气	p'			t'			(c')	k'(c')	
	带音	纯	b			d			(ɟ)	g(ɟ)	
破擦	不带音	纯			ts		tʂ	tɕ			
		吐气			ts'		tʂ'	tɕ'			
	带音	纯			dz		dʐ	dʑ			
带音		鼻音	m			n		ȵ		ŋ(ʔŋ)	
		边音				l					
摩擦		不带音		f	s		ʂ	ɕ		x	h
		带音		v	z		ʐ	ʑ(ʔʑ)		ɣ	
半元音				w 相当于汉语拼音方案里的（w）							

② 表内辅音，舌面中音c c'ɟ这一套，与舌根音k k'g互不冲突，归并为k k'g，作音位代表。

③ 前附喉塞音ʔʑ ʔŋ每个只出现一次，同时它和ʑ ŋ不发生冲突，故将ʔʑ归并为ʑ、ʔŋ归并为ŋ。

② 辅音音系例证：

p	pi˧˩ 给	pa˥ 放	po˩ 话
pʻ	pʻi˧ 解	pʻA˥ 盖	pʻɛ˩ 糠
b	bɛ˧˩ 山	be˧ 赔偿	bo˩ 薄
m	mo˥ 饱	mi˧˩ 熟	mɒ˩ 老
f	fɤ˥ 肥料	fa˧ 翻	fu˧˩ 使喝
v	vA˥ 赏	ve˧ 买	va˩ 年
ts	tsɿ˩ 饭	tsa˧˩ 燃火	tsu˩ 生锈
tsʻ	tsʻa˥ 塞	tsʻu˧ 肺	tsʻʊ˩ 盐
dz	dzɒ˥ 灶	dze˨ 拴	dzʊ˩ 吃
s	sA˧˩ 知道	sʊ˨ 疼(病)	sɛ˩ 二
z	zɿ˧ 绳	zo˧ 大麦	zʊ˩ 儿子
t	tu˥ 他	ti˧ 背	ta˩ 贴
tʻ	tʻu˧ 厚	tʻe˧˩ 包(东西)	tʻɛ˩ 结
d	di˥ 到(到家)	du˧ 像	dɒ˩ 拖
n	nʊ˥ 听	nu˧ 痛	nu˩ 黄牛
l	lɤ˥ 炒	le˩ 重	lu˧ 柳
tɕ	tɕa˥ 酸	tɕa˧ 拔	tɕa˩ 铜
tɕʻ	tɕʻɤ˧ 甜	tɕʻɿ˧ 蹄(牛蹄)	tɕʻɒ˧ 伸
dʑ	dʑɒ˥ 煮	dʑʊ˧ 跳	dʑu˧ 哭
ɕ	ɕa˧ 大便	ɕɒ˧˩ 闲	ɕao˥ 锁(名)

ʑ	ʑu˧ 药	ʑa˥（绵羊）	ʑei˩［种籽］
tɕ	tɕe˥ 揉	tɕi˧ 抱	tɕe˩ 云
tɕʻ	tɕʻi˥ 有（钱）	tɕʻi˩ 洗	tɕʻɛ˩ 山羊
dʑ	dʑi˩ 骑		
ȵ	ȵa˥ 香	ȵʊ˧ 少	ȵʊ˩ 你
ɕ	ɕi˥ 酸	ɕe˧ 墙	ɕɒ˧ 销（动）
ʑ（ʔʑ）	ʑi˧ 去	ʑa˧ 八	ʑy˩ 四
k（c）	kɛ˧ 瘦	ka˨ 怕	kui˩ 嗽口
kʻ（cʻ）	kʻa˩ 装	kʻe˧ 线	kʻi˩ 梁
g（ɟ）	ge˧（兵）	gA˨（门）	gɤ˩ 九
ŋ（ʔŋ）	ŋɛ˥ 看	ŋe˧ 小	ŋʊ̃˩ 五
x	xue˥ 选种	xo˧ 铁	xu˩ 肉
ʔ	ʔe˥ 凸	ʔo˧ 会（会做）	ʔʊ̃˩ 乞
ɣ	ɣu˥ 栽	ɣo˧ 鸡	ɣo˩ 讲（话）
w	wa˥ 喊	wɛɤ˩ 老（粮食）	wa˩ 骨节
h	hu˥ 生（生孩子）	hɛ˧ 汉族	hɛ˩ 还

③元音 元音音系共有41个，归并为2[illegible]个

i（ɿ ʅ ɨ ĩ）y（y ø）e（e ẽ）ɛ ạ ã（Ã ậ）A ɒ（ɒ uo）o ʊ（ʊ̃ ʊ）u ɤ（ɯ ɤ ʌ）ie ia（ia iã ɨA）iɒ io（io iõ）iu ai（ei ai）ao（ao Ao）ui ue（ue uɛ）ua ɤ（u[illegible] ɤ ɤ ɛɤ）

④元音音素例证：

i	pi˧ 给	mi˧ 咩（牛叫）	ni˧ 黄
y	sy˩ 血	ky˧ 狗	ʑy˩ 四
e	ve˧ 买	ne˧ 红	le˩ 重
ɛ	p'ɛ˩ 糠	sɛ˩ 三	tɕ'ɛ˩ 山羊
a	pa˥ 放	sa˧ 杀（猪）	k'a˩ 六
ã	kã˩（根）	ʔã˧ 烤（烤火）	
A	p'A˥ 盖	tsA˧ 咳嗽	ʃA˩ 知道
ɒ	mɒ˩ 老	dzɒ˥ 灶	zɒ˩ 嘴
o	mo˥ 教（教人）	zo˧ 小麦	ʔo˩ 换
ʊ	mʊ˥ 能	tsʊ˧ 饭	ts'ʊ˩ 盐
ɯ	tɯ˥ 他	t'ɯ˧ 厚	nɯ˩ 黄牛
ɤ	tsɤ˧ 热（天气）	nɤ˧ 要	lɤ˩ 热（饭热白热）
ie	pie˥ 扁	mie˩ 坚固	lie˧ 捲
ia	mia˧ 快	mia˩ 猴子	pia˥ 变
io	pio˧ 草	mio˩ 后代	p'io˩ 拆（拆房子）
iɒ	piɒ˧ 私	p'iɒ˧ 剖（剖肚子）	miɒ˩（黄昏）
iɯ	piɯ˧ 肯	biɯ˩ 蜂	miɯ˩ 缨
ao	ʔao˥ [illegible]（名）	tao˩ 麻木	
ue	ts'ue˧ 肺	sue˩ 磨（刀）	kue˩ [illegible]（紫）
ua	kua˧ 脱（牛角脱）	kua˩ [illegible]	ʔua˥ 虎
ai	tai˩ 慢	vai˩ 庙	ai˧（[illegible]）

ɯi　tsɯi˧ 材料(动)　tɯi˧ 短　tɯi˧ 蚌

ɤ　vɤ˧ 搓　tsɤ˧ 摘　sɤ˧ 摸

(四)元音音位说明：

1、ɿ为i ɿ ʅ ɨ 的音位代表，凡p p' t t' 两套辅音与i相拼时，应读作"i"，凡ts ts' 一套与i相拼音时应读作"ɿ"实际音值是"ɿ"，凡tʂ tʂ' 一套与i相拼时实际音值是"ʅ"应读作"ʅ"。"ɨ"只出现在借词中，因此不作为音位处理，自成音节"ŋ"与i ɿ ʅ ɨ 都不冲突，故以i代表，凡以ŋ作自成音节时，拼上辅音ŋ拼上i，读作自成音节音。

(2) "ɥ"仅出现在与i相拼的音节，同时它与"y"不冲突，故併为"y"

(3) "ɛ"只出现在多音节词里，与"ʔ"相拼的高平调，如ʔɛ˥(腕)故併为e。

(4) ɑ̃和ã不发生冲突，但ã的出现频率极少，故以ɑ̃作为音位代表。

(5) "ʊ"只出现在与"ʔ"相拼的21调上，如ʔʊ˨˩桌，因此以"ʊ"作音位代表。

(6) ɯ和ɤ互相不冲突，"ʌ"仅出现在一个ʔʌ˧"硬"的一个音位上，它相当于借汉词的音，不作为音位，因此把ɯ ɤ ʌ 三个中以"ɤ"作音位代表。

(7) iɑ̃ iA iɔ̃ ɯɛ ɯo 等5个音出现的频率极少，仅在个别词汇上出现，因而在互不冲突的条件下把iɑ̃"iA"归併为iɑ、iɑ归并 io ue归并为ue、uo归并为o。

⑥ 辅音音位说明：

(1) 辅音系里有舌面中音c c' ɟ 一套，与舌根音k k' g 不发生冲突，故并为k k' g 作音位代表。

(2) "ʔʑ" 只出现在与"ɿ"相拼的˧33调上，如 ʔʑɿ˧[泼水]，仅一个音节里，虽然在ʑ与ɿ拼的˧33调也出现一个音，但也只限于多音节的一个词里，因而把ʔʑ归并为ʑ，不会发生混淆。

(3) "ʔŋ" 只出现在一个塞音位上，如 ʔŋ˧[锥]，与"ŋ"不发生冲突，故归并为ŋ。

⑦ 声调例证：

˥55	pa˥ 放	mi˥ 赌咒	vA˥ 宽
˧33	pie˧ 腋	pi˧ 解	me˧ 名字
˨32	pi˨ 给	mi˨ 蛙	fu˨ 使喝
˩˧13	su˩˧ 医(病)	zo˩˧ 骂	tɕy˩˧ 叫(公鸡叫)
˨˩21	lo˨˩ 舔	tɕi˨˩ 洗	tɕi˨˩ 街子

⑧ 声调说明：

(1) 53调包括近似51调的音节，但不很显明，以53调为代表。

(2) 32短调中有少部份音节，介于32和21之间，但不很明显，故以32调为代表。

(4) 借词情况：

在兔峨话中一部份新词、术语，都是借汉语的词汇来丰富和发展自己的语言。其中个别词汇，也借僳僳语的词，但主要用途只限于与僳僳族交谈时使用，主要还是借汉语，如 辣子 la˥tsɿ˩ 算 suã˥ 消化 ɕiɔ˧xua˥ 椅凳 ki˥tə˨ 骡子 lo˩tsɿ˩ 石膏 ʂɿ˩kao˧ 等，一些常用词汇都是借用汉语，尤其是大部份新词都是借用汉语来补充，这是必然现象，由于解放后，在党和毛主席的民族政策光辉照耀下，根本改变了民族关系，清除了民族间互相歧视不平等的现象，新的民族关系互相学习、互相帮助，团结友爱已经逐渐发展，他们要求学习汉语和汉文很迫切，从而他们都用汉语来补充本民族语，作为丰富和发展语言交际工具，这样就发展了本民族语言，又促进了民族间文化交流，和民族间的亲密团结，向社会主义先进民族方向前进。

〈5〉语法部份

兔峨语语法共收集了81条，现列举如下，

①构成复合名词时，词根与词根之间没有特殊的表征，靠词序来表达事物的名称，

例： mɯ˧ʑo˩ 子孙 ɣɛ˧ŋu˩ 水牛

②没有外部语言工具表达"性"范畴，人和动物的自然性别，是由词汇意义或附加语来表达的，表示"性"的词素或附加语一般出现在词根或词素后面，

例：ɣu˧ pei˧ ɬu˩ 公狐狸　　ɣu˧ pei˧ mie˩ 母狐狸
狐 狸 公　　狐 狸 母

③ 没有一定的外部语言形式表达"数"的范畴，要表明人和事物的单复数时，要用数词加量词附加语来表示。

例：tɕʰã˧ su˧ ŋu˩ ʁa˩ 三个人　　nu˩ sɛ˩ ko˥ 三条牛
人，三 个　　牛 三 条

④ 兔峨语中，没有副名词，只有数量词，名词位于数量词之前构成 名＋数＋量。

例：sɛ˩ dzɤ˧ tɤ˩ dzɤ˧ 一棵树　　tɕʰã˧ su˧ tɤ˩ ʁa˩ 一个人
树 一 棵　　（人）一 个

⑤ 名词与形容词连用时，形容词位于名词之后，但在"花"被形容词修饰时，可以在前或在后。

例：mie˩ pʰu˧ 白马　　ʔu˩ de˩ mu˧ 大山
马 白　　山 大

ne˧ pʰia˩ 红花　　pʰia˩ ne˧ 红花
红 花　　花 红

⑥ 名词与数词连用时，一定要带有量词，构成 名＋数＋量。

例：u˧ fu˧ li˥ zu˩ sɛ˧ ʁa˩ tɕʰi˥ 乌夫四有三个儿子。
'乌夫四' 儿子 三 个 有

⑦ 名词能与介词连用，连用时，介词位于名词之后。

例：ŋa˧ lu˩ (tʰaŋ) gu˥ pʰi˩ le˧　我从鲁掌来
我 鲁掌（从）来

⑧ 名词能做宾语，做宾语时，位于谓语动词之前。

例：ŋu˧m˧a˩ dʑi˩ 我骑马　　ŋu˧tɕi˧fu˩ 我喝酒
我 马 骑　　我 酒 喝

⑨ 邬族语中，有名词的有格，名词加"z˧"构成。

例：ŋu˧zɤ˧tɕi˧ 我的房子　　ni˧zɤ˧ʔe˩ 你的碗
我 的 房子　　你 的 碗

⑩ 名词没有辅助词表示，有时也有相当于辅助的"ʔu˧"但可以省略，原意不变。

例：kʏ˩ʔu˧ʔo˩ʔu˧ŋa˩ 狗咬猪　　kʏ˩ʔo˩ŋa˩ 狗咬猪
狗 猪 咬　　狗猪咬

⑪ 邬族语中没有副名词，只有数量词。

例：su˧zu˩[illegible]tɕa˧ 一个小孩　　su˧m˧a˩se˩tɕa˧ 三个姑娘
小 孩 一 个　　姑 娘 三 个

⑫ 邬族语中没有副名词，表事物的数量或指定的事物时，必加数量词或指示代词。

nu˩a˧ko˥ 这条牛，　　tʂʏ˩tɕi˧ʔu˧ 那只狗，
牛 这一条　　狗 那个

⑬ 量词能作时量计量的单位。

dʏ˩tɕe˩ʔa˧ 打一下，　　se˩m˧a˧fu˩ 喝三口
一 下 打　　三 口 喝

dʏ˩tɕa˥ʔo˩ʔo˥ 在一会
一 下 在

⑭ 名词只有同形，没有异形。

例：ɣo˧sa˩ 鸟窝 ɣo˧sa˩sɛ˩sa˩tɕo˩ 在三个鸟窝
鸟窝 三 窝 在

sa˧ɕɛ˧da˩ɕɛ˧ 一堆柴
柴 堆 一 堆

⑮ 不同事物的名词，有的可以用一个量词，但这类名词很少同用一个量词。

例：tɕʰy˩da˩ʔu˧ 一只狗 ɣo˩da˩ʔu˧ 一只鸡
狗 一 只 鸡 一 只

tɕa˧su˧da˩ɣa˩ 一个人 ɣo˩vu˧da˩ɬɛ˩ 一个鸡蛋
人 一 个 鸡蛋 一 个

⑯ 人和事物的名词，没有独特的复付的词，其间只加数词。

例：nɛ˩pa˩ 两父子 sɛ˧mɛ˩ 三母女
两 父子 三 母子

⑰ 量词与指示代词连用时，量词位于指示代词之后：

例：tɕʰi˧da˧ɣa˧ 这棵(树) ɣɯ˧da˧ɣa˧ 那棵(树)
这 棵 那 棵

⑱ 量词与形容词连用时，量词位于形容词之前。

例：tɕa˧su˧tɕʰi˧ɣa˧ɬu˧ 这个好人
人 这 个 好

tɕa˧su˧da˩ɣa˧ɬu˧ 一个好人
人 一 个 好

⑲ 量词与数词連用时，数词位于量词之前。

例：tɕʰa˧su˧ n˥ ʈʰa˧ 两个人
人 两 个

⑳ 量词不能直接与名词連用，其间必加数词。

例：tɕʰa˧su˧ dɤ˩ ʈʰa˧ 一个人，nu˩ dɤ˩ ko˧ 一条牛。
人 一 个 牛 一条

㉑ 量词不能直接与动词連用，其间不加数词。

例：tɕʰa˧su˧ n˥ ʈʰa˧ lɤ˧ 来两个人。
人 两 个 来

㉒ 形容词不能重迭，重迭不表示任何意义。表疑问时必加"a˩"

例：sɯ˩va˩ nɤ˧ a˩ nɤ˧ 花红不红
花 红 不 红

23. 形容词没有特殊的词头词尾。

例：nɤ˧ 红 pʰu˧ 白 mɯ˧ 高

24. 形容词与指示代词連用时，形容词位于指示代词之后。

例：tɕʰa˧su˧ a˧ ʈʰa˧ lu˩ 这个好人
人 这 个 好。

nu˩ a˧ ku˩ lo˩ tɕʰu˧ 这条牛很胖。
牛 这 条 很 胖

25、形容词不能直接与量词連用

26、多音形容词与否定副词連用时，否定副词在形动词之间。

例：ɣɯ˦ dɤ˧ 得力　ɣɯ˦ a˩ dɤ˧ 不得力

27. 没有联合式的複合形容词。

28. 形容词与副词"很"连用时，位于形容词之前。

例：lo˩ ɕo˧ ɬu˦ 很好　lo˩ ɕo˧ ŋɤ˧ kɤ˧

很　好　很　好　看

29. 有部份形容词后面加上词尾"zu˩"转化为副词。

例：A˩ zɤ˧ zu˩ 慢慢地

ɬa˧ 轻　ɬa˧ ɲɤ˧ ɲɤ˧ zu˩ 轻轻地。

30. 代词表达单数和複数或多数时，是变音或加数量词。

例：ŋu˧ 我　ŋo˧ ɲɤ˧ 我们　ŋo˧ ɲɤ˧ na˩ ʈa˩ 我们俩

ŋo˩ 你　ŋo˩ mo˩ 你们

tu˧ 他　tɤ˧ ɲɤ˧ 他们

31. 代词后加"zɤ˧"构成领有格。

ŋu˧ zɤ˧ 我的　ŋo˩ zɤ˧ 你　tu˧ zɤ˧ 他的。

32. 人称代词有引述式

例：tu˧ ŋu˧ ŋu˧ a˩ ɕi˧ ŋu˧ ɕi˧ 他说：我不去

他说我不去说

33. 代词有主格宾格的区别，区别时用"zɤ˧"来表达

例：tu˧ zɤ˧ ŋu˧ a˩ ŋu˧ ɲɛ˧ 他的不借给我

他(的)我不借给说

34. 指代方、状态、方式的指示代词，位于其他词之前。

例：a˧ ko˩ dɤ˩ ɣɯ˩ xua˩ 这句话莫说　tu˧ sɤ˧ mu˧ 那样做

这句莫说话　那样做

35. 指示代词与量词之间不能插入数词，数词"十"前不能加"一"

例 nu˧ tɕu˥ ka˥ 那条牛 ɑ˧ pa˧ 这个人 ɑ˧ ɣɯ˧ tsa˧ 十
牛 那 条 这个

36. 指示代词与名词连用时，指示代词在名词之后。

例：ɣa˧ ma˧ ɣa˧ ɣa˧ ɑ˧ ɣa˧ ɑ˧ vu˧ 这只鸡天天下蛋。
鸡 母 这只 一 天 一 天 下（蛋）

37. 疑问代词与其他词连用时，位于名词、代词之后、动词之前。

例：xu˥ pa˧ 那裡 na˧ xu˥ pa˧ pa˧ 你去那裡。
你 那 裡 去
××× na˧ pa˧ mu˧
××× 什么 做 某人做什么。

38. 物主代词第一式，物主代词后加"za˧"构成领有格。

例：ŋu˧ za˧ nu˧ 我的牛 tu˥ za˧ ma˧ 他的马。
我 的 牛 他 的 马。

39. 没有物主代词第二式

40. 没有独立的反身代词、强调词代词，用代词重迭加领有格构成。

例：ŋu˧ za˧ ŋu˧ 我自己。 tu˥ za˧ tu˥ ta˧ ɣu˧ 他自己敲自己。
我 的 我 他 的 他 敲 着

41. 没有返身强调代词，相当于强调于强调代词，同上例。

42. 没有连接代词，在应用连接代词的句子中，连接代词可以省略不用。

例：tsa˧ pu˧ mu˧ su˧，pa˧ sa˧ mu˧ ɑ˧ la˧ zo˧ 老师说明天不来了。
老 师 说 明天 不 来 了。

43. 代词不能重叠，重叠不表示意义。

44. 指示代词表示方位时，是变音表示，更远的方位是拖长声表达。

例：vu˧ pi˧ li˥ 上边来　　mu˧ pi˧ li˥ 下边来
上边来　　下边来

tu˧ pi˧ li˥ 那边来。　tu˧ nu˩ da˩ kɑ˥ ŋa˧ li˩ 那边(远处)在看一条牛
那边来　　那边 牛 一 条 在 看

45. "我们"只有包括式，没有排除式，"我们"和"咱们"一样。

例：ŋu˧ 我　　ŋu˧ pu˧ 我们

46. 代词能做主语。

例：tu˧ pu˧ so˧ ka˧ a˩ li˧ lo˩ 他们三人不来了。
他们 三 个 不 来 了

tu˧ a˩ lu˧ 这个不好
这个 不 好

47. 代词能在及物动词后面做宾语。

例：tu˧ ŋo˧ pa˩ 他打你　　kv˧ ŋu˧ pa˩ 狗咬我
他 你 打　　狗 我 咬

48. 代词能在介词

例：ŋo˩ ko˧ pa˧ tu˧ gu˩ xua˩ 你对谁说话
你 那个 (对) 说 话

49. 代词能做谓语。

例：tsa˧ po˧ a˧ pe˧ ŋu˧ a˧ 这本书是我的
书 这本 我 的

50，没有複音动词。

51，动词重迭不表示疑问，只表示強调语气。

例，[illegible] [illegible]（一定要去） [illegible] a [illegible] 去不去。
去去 去不去

52，复音动词不能重迭，重迭不表示意义。

例：[illegible] 你到那里去玩。
你 那里玩 去

53，动词没有純粹的自动和使动的区别，但组在吃和喝两个动词相当于自动使动之分。

例，[illegible] 吃（自动） [illegible] 吃（使动）
[illegible] 喝（自动） [illegible] 喝（使动）

54，及物动词和不及物动词的标志是，带宾语的是及物动词，不带宾语的是不及物动词。

例，[illegible] 公鸡叫。 [illegible] 我吃飯。
公鸡 叫（不及物） 我 飯 吃（及物）

55，複音动词被否定副词修飾时，否定副词在动词之前

例； [illegible] 帮助 a [illegible] 不帮助。

56 单音动词被否定副词修飾时，否定副词位于动词之前。

例： a [illegible] 不来 a [illegible] 不去 [illegible] 别说

57，动词連用，有下列两种形式。

动补结构： [illegible] 他不去砍柴。
他 柴 不 砍 去

ŋu˧ thɯ˥ ʔo˧ ɣɯ˥ tsɿ˧　我找他去，
我 他 找　去

动词连用　dzɯ˩ ɣɯ˧ 得吃　ŋɯ˥ ma˩ ɣa˧ 不得见
吃 得　　见 不 得

tɕɯ˧ pɯ˩ lɛ˩ ŋu˧ dzɯ˩　拿过来给我吃，
拿过 来 我 吃

58. 动词被副词修饰时，副词位于动词之前，
例：ma˩ ɕɛ˥ ɕɛ˧ ʂɯ˩　慢慢地走，　ma˩ lɛ˧
慢慢 地 走　　不来

59. 动词的直接宾语和间接宾语连用时，间接宾语在前，直接宾语在后，
例：thɯ˥ ŋu˧ ʔo˩ pa˧ pa˧ dɛ˩ kó˩ pɿ˧　他给我一个荞粑，
他 我 荞 粑 粑 一 个 给

60. 表态的方式，有下列几种形式，
完成态：dzɯ˩ ʔɛ˧ zɯ˩　吃完了，
吃 完 了

进行态：thɯ˥ dzɯ˧ dzɯ˩ ʔɛ˧ nɯ˩　他正在吃饭、
他 饭 吃 正 在

始动态：a˩ nɯ˥ ma˩ vo˥ zo˧ ká˧ tho˥ tsɿ˧　今天开始种麦子，
今天（　）麦子 种（开始）去

断续态：sɯ˧ zɯ˩ ma˩ sɿ˩ ŋɤ˧ ma˩ sɿ˩ ŋɤ˧ lɛ˧ zɯ˩　小孩哭着哭着来了，
小 孩“哭 着”“哭 着”来 了

未完成态：tɯ˥dzɯ˧dzɯ˨ʔi˩ʔɯ˧ŋɛ˩ 他饭还吃不完的，
他/饭 吃 不完（还）

61、动词作谓语，在主语之后，

例：tɯ˥tɕʰa˧sɯ˧pɛ˩ 他打人 tɯ˥lɯ˧zɯ˩ 他来了，
他 人 打 他 来 了

62、动词作补语，在谓语动词之前，

例：tɯ˥lɛ˩ 起来 ŋɯgɯ˥tɕɯ˥tɕɛ˥ʔɛ˧ 牛赶进那边去
起来 牛赶那边 去

63、动词不能重迭，重迭不表示意思，

64、没有多音的动词，

65、助动词与动词连用时，助动词在动词之后，

例：zɛ˩ʔɛ˩ 会用 ŋɯ˧dzɯ˧dzɯ˩ŋɛ˧ 我要吃饭
用 会 我 饭 吃 要

66、副词构成相当于状语的状语时，前加词头"ʔɛ˩"后加词尾"zɯ˩"构成，（用形容词）

例，ʔɛ˩tɕʰɛ˧zɯ˩ 慢慢地 ʔɯ˥xo˩zɯ˩ŋɯ˩xuɑ˩ 话好好地说
好好地 说 话

67、只有单音副词没有复音副词，

例：sɯ˧zɯ˩kʰɯ˧tɕɛ˧ʔa˩zɯ˩
小孩 几 年 掉 了

68、副词的位置有下列不同情况：

①副词"太""很"在形容词之前

[illegible] 太坏 [illegible] 很好
太 坏 很 好

否定副词"不"在单音形容词之前，多音形容词之间。

[illegible] 不好，[illegible] 清洁 [illegible] 不清洁。
不 好 清 洁 清 不 洁

否定副词"不"位于动词之前。

例 [illegible] 不帮助 [illegible] 狗不进来
狗 不 进 来，

69. 副词"不"只能作(否定)副词用，不是词头。

70. 介词与名词连用时位于名词(代词)之后

例，[illegible] 从鲁掌来。
鲁掌 从 来

[illegible] 他对我说话。
他 对 我 说 话

71. 连接词的位置有下列几种形式，

连接词位于两个代词之间。

[illegible] 你和我一起去，
你 和 我 一 起 去

连词位于两个名词之间。

[illegible] 小麦和荞一起种。
小麦 和 荞 一 起 种

72. 语气词一般出现在句首或句末。

13. 语气词可以连用

例：ŋo˩ lɛ˧ zu˧ pɛ˧˥　　ŋo˩ ma˩ pi˧ zu˩ pɛ˧˥
你 来 了 吗？　　你 不 去 了 吗？

14. 感叹词在句子之前，拟声词可在句子之间。

例：vo˥！ fɛ˧ tɕi˧ lɛ˧ zo˩　啊！飞机来了。
啊！飞 机 来 了

tsɿ˧ kʰo˧ nu˧ ʔɛ˩ ʔɛ˩ nu˧ ʔi˥ zo˩　老人哼病"呢"的哼啊！
老 人 病 呢 呢 哼 病 啊！

15. 谓语在主语之后，名词、动词、形容词可以作谓语，

例：ŋu˧ zo˧ zu˩ ŋɛ˧ za˩　我是鬼哉猴。　ŋu˧ ʔo˩ sa˩　我杀猪
我 鬼 哉猴是　　我 猪 杀

nu˩ tɕi˧ kʰo˥ lo˩ pi˥ lo˧　这条牛很胖
牛这条 很 胖

16. 宾语在谓语之前，名词代词可以做宾语。

ŋu˧ tɕi˧ ɕu˩　我喝酒。　ŋu˧ tu˥ ɣɛ˩ sa˩ zo˩　我不知道他。
我 酒 喝　　我 他 不 知道

17. 双宾语的词序是，间接宾语在前，直接宾语在后。

例：ŋu˧ ŋo˩ tsɿ˧ pʰo˧ dʑi˩ pʰɛ˩ pi˧　我给他一本书。
我 他 书 一 本 给

18. 补语的位置有几种形式。

结果补语，tɕɛ˧ lɛ˩ lo˩ pi˥ tɕue˧ kɛ˥　房子扫得很干净。
房 子 很 扫 干净

tʰu˥ tɕʰa˧ pʰo˩ ɣɯ˥ tsʰɿ˧ zo˩ 他把书看完了

他 书 看 完 了

程度补语，tsʰu˩ kʰa˧ no˧ zo˩ dzu˩ a˩ tʰo˧ 盐咸得喝不喝不得

盐 咸（得） 喝 不 得

趋向补语，tɕʰa˥ tɕʰi˧ zo˩ 站起走

站 走 起

zɛ˧ la˩ tɕʰu˥ va˧ gɯ˥ kʰɛ˩ lɛ˩ 把东西拿过这里来

東 西 那边拿 过 这里 来

时间补语 ŋu˧ a˧ gɯ˥ tɕʰi˥ sɛ˧ va˩ zo˩ 我到这里三年了

我 这里到↗ 三 年 了

79. 定语在谓语之后，数词形容词可以做定语。

例：tɕʰa˧ su˧ dɤ˩ ɕa˧ lu˧ 一个好人

人 一 个 好

ʔu˧ tɤ˧ dɤ˩ tɤ˧ mu˧ 一座大山 tʰu˥ nɿ˧ 红花

山 一 座 大 花 红

ɤo˩ kʰa˩ tsʰu˧ 六只鸡

鸡 六 只

80. 状语位于主语之后、谓语之前，副词作状语时在动词形容词之前。

例：tʰu˥ a˧ tɕʰɛ˩ ŋua˩ lɛ˧ 他刚才进来

他 刚才 进 来

81，宾语和主语换位时，不须助词的帮助，可以直接换。

例：ŋu˧ no˩ pa˩ nu˧ zo˩ 我把你打痛了。

我 你 打 痛 了

no˩ ŋu˧ pa˩ nu˧ zo˩ 你把我打痛了。

你 我 打 痛 了

陇川县崩龙语词汇本

云南省少数民族社会历史调查组

1958年11月10日　芒市

陇川县崩龙语词汇本

隴川縣崩龍语

詞彙本

雲南省少数民族社會历史調查组

一九五八.十一.十 芒市.

这份材料有三份，一份是红崩龍语的詞彙本，一份是隴川崩龍语的詞彙本，一份是~~録音的~~花崩龍語的録音材料。尚待记録。

为條件及時间所限，林全部詞彙皆取寬式記音法记録，用国际音标标音，没有特殊符号。只有 ɚ 为新形，读作北京语的"兒化韵"读即可。该语虽无声調，但为正确的表示出詞彙的读法及语調的风格，所以也添加上了声調符號。

因记音方式不严，故不精不准，所以不能用作研究语言的材料。只能给此次本组研究族源族别時，提供一点語言方面的一点意见。特此声明。

云南省少数民族社会历史調查组。

纪音人 張琴

一九五八．十．一 翻译 董志清

1	一	[ɖe ˥
2	二	[ɛ ˨˩˦
3	三	[oe ˨˩˦
4	四	[pʻōn ˨˩˦
5	五	[pʻan ˨˩˦
6	六	[tɔ ˨˩˦
7	七	[pu ˨˩˦
8	八	[ta ˦˨
9	九	[tem ˨˩˦
10	十	[əukə ˨˩˦
11	十一	[kə˨˩ ɖe ˨˩˦
12	十二	[kə˨˩ ɛ ˨˩˦
13	十三	[kə˨˩ oe ˨˩˦
14	二十	[ɛ˨˩˦ kə ˨˩˦
15	廿一	[ɛ˨˩˦ kə˨˩ ɖe ˨˩˦
16	廿二	[ɛ˨˩˦ kə˨˩ ɛ ˨˩˦
17	卅(三十)	[oe˨˩˦ kə ˨˩˦
18	五十	[pʻan˨˩˦ kə ˨˩˦
19	九十	[tem˨˩˦ kə ˨˩˦
20	一百	[ɯpu˨˩˦ ɕa ˦˨
21	一百一十	[ɯpu˨˩˦ ɕa˦˨ lue˨˩ kə ˨˩˦
22	一百零一	[ɯpu˨˩˦ ɕa˦˨ lue˨˩˦ ɯ˨˩ ɖe ˥

23 一百十一 [u˥˩ pu˧ ɓa˧ lue˨˩ kə˥˩ lue˨˩ u˨˩ ɗe˥

24 一百八十五 [upu˥˩ ɓa˧ lue˨˩ ta˧ kə˥˩ lue˨˩ p'an˥˩

25 二百 [ɛ˥˩ pu˧ ɓa˧

26 二百零一 [ɛ˥˩ pu˧ ɓa˧ lue˨˩ ɗe˥

27 二百一十 [ɛ˥˩ pu˨˩ ɓa˧ lue˨˩ kə˥˩

28 一千 [əu˥˩ x̃ɛŋ˥

29 一千一十 [əu˥˩ x̃ɛŋ˥ lue˨˩ kə˥˩

30 二千 [ɛ˥˩ x̌ɛŋ˥

31 三千 [θe˥˩ x̌ɛŋ˥ (~) 鼻孔有气流出.

32 一千零一 [əu˥˩ x̃ɛŋ˥ lue˨˩ ɗe˥

33 一万 [əu˥˩ mūn˥

34 狗 [ʃɔ˥˩

35 房子 家 [k'ɪɛp˥

36 火 [ŋɛ˥˩

37 飯 [pɔ̄m˥˩

38 馬 [mpiaŋ˥˩

39 牛（黄） [m̥ mak˥ (。) 自成音节.

40 樹林 [luŋ˨˩ xɛ˥˩

41 我 [ɔ˥˩

42 我们 [ɛ˥˩

43 你 [mɛ˥˩

44 你们 [pɛ˥˩

45	他	anɣ
46	他们	kɛɣ
47	你的	ləɣmɛɣ
48	我的	ləɣɔɣ
49	他的	ləɣanɣ
50	铁锅	mə˥kaŋɣ
51	刷锅	sɔɣ tɕiuɣ
52	伞	tsuaŋ˥
53	包包（挎包）	kpiɔɣ
54	上衣	kpiok˥
55	下衣	sɿ˥laɣ
56	菜板	la˦qoɣ
57	猪油	pyŋɣlaiɣ
58	猪	laiɣ
59	甑子	qʻoŋɣ
60	吹火筒	pɛɣtɔ˥
61	筷子	tʻu˥
62	凳子	taŋ˥
63	菜罈	klanɣ
64	辣椒	maɣpetɣ
65	浅簸箕	kta˥
66	北瓜	klōnɣ

67	木箱	taɣ pan˅
68	扁担	maŋ˅
69	竹篮	~~ncok˅~~ sa˅
70	竹筐	ncok˅
71	大米	laɣ kɔu˅
72	門子	mapɣ lo˅
73	箸籠子	pɛɣ t'u˥
74	洋茄子	qɔɣ laɣ k'aɣ
75	絲瓜	paɣ pɔ˅
76	布鞋	k'tən˅
77	布	takɣ
78	柴火	ɛpɣ ŋɛ˅
79	説	ntaxɣ
80	走(去)	xau˅
81	來	dɛɣ
82	跑	tpoɣ
83	跳	tən˥
84	山	nɔ˅
85	水	ɛ ŋ̊
86	鳥	simɣ
87	魚	kaɣ
88	太陽	s˥˥ ŋɛ˅

89 月亮 〔 pa˥˧ kɛɤ˥˩˥

90 星星 〔 sɿ˥˧ man˥˩˥

91 亮 〔 plaŋ˥˩˥

92 風 〔 q'u˥˩˥

93 雨 〔 klɛ˥˩˥

94 雪 〔 ɛm˥ la˧˩˥ ta˥˩˥

95 鳴 〔 jɯ˥˩˥

96 竹子 〔 xaŋ˥˩˥

97 水牛 〔 ca˥˩˥

98 人 〔 te˥˧e˥˧

99 男人 〔 i˥˧ mɛ˧˩˥

100 女人 〔 i˥˧ pan˥˧

✓101 小孩 〔 kon˥˧ i˥˧ mɛ˥˧

✓102 小姑娘 〔 kon˥˧ i˥˧ pan˧˩˥

✓103 小伙子 〔 mo˥

✓104 爹 〔 kun˥

✓105 娘 〔 ma˥

106 爷爷 〔 kun˥˧ taŋ˥

107 吹(風) 〔 pu˥˩˥

108 肨 〔 klan˥˩˥

109 外祖父 〔 ta˥ nɛ˦˥

11

110	外祖母	ɓa˦ nɛ˥
111	小舅	pɔ˥
112	大舅	kun˨˩ taŋ˥
113	叔叔	kun˨˩ tɛ˨˩
114	伯母	m̥ taŋ˥
115	舅母	kan˥
116	媳妇	i˨˩ pan˦ ən˦
117	頭髮	xə˨˩ kən˨˩
118	耳朵	tɓɔk˥
119	眼睛	ŋai˨˩
120	眉毛	xək˨˩ ŋɛ˨˩
121	鼻子	kətaŋ˥ mo˨˩
122	嘴	moe˨˩˧
123	嘴唇	hu˦ moe˨˩
124	胡子	tə˨˩ mox˨˩
125	牙齿	xaŋ˨˩
126	犬牙	ŋa˨˩
127	舌頭	sə˨˩ ta˨˩
128	槍（步）	Sə˨˩ nat˥
129	蝴蝶	ɡa˥ la˦
130	飛	pɯ˥
131	一隻	u˨˩ to˥
132	一对，一双	u˨˩ sem˨˩

133	血	[ňām V
134	痛	[ʂɛo V
135	一個	[u Y poŋ V
136	一天	[u Y si˥ ŋɛ V
137	臉	[kla Y
138	手	[tɛ V
139	胳臂	[ɓa Y
140	手掌	[kpa Y tai Y
141	腿	[pliɔ V
142	小腿	[pɔ Y tɓan V
143	膝蓋	[kən √ tɓuŋ ˥
144	腳	[kpa √ tɓan V
145	腳指頭	[ʂɿ √ nu √ tɓān V
146	腳指甲	[k'im √ tɓām V
147	力气	[plɔ̄m V
148	心臟	[poŋ √ kən √ nɔ Y
149	張嘴	[əŋ √ mue V
150	闭嘴	[kniap Y mue V
151	腫	[a V
152	痢疾	[vat √ c'a V
153	咬嘴	[ŋam Y ʂɿ √ pɛ Y
154	鳥嘴	[mue V sim √

155 魚嘴 (mūe˨˩ mak˧˥
156 魚嘴 (mue˨˩ qa˨˩
157 螞嘴 (mue˧˩ piaŋ˧˩
158 頭痛 (kən˨˩ sɛo˨˩
159 猪肉 (ɓaŋ˧˩ lɛ˨˩
160 牛肉 (ɓaŋ˧˩ mak˧˩
161 水牛肉 (ɓaŋ˧˩ ca˥
162 織布 (in˨˩ tak˧˥
163 染布 (tɕɛp˦ tak˥
164 買布 (tɕɛx˨˩ tak˥
165 賣布 (jaŋ˨˩ tak˥
166 黑的 (əi˥ waŋ˨˩
167 白的 (əi˥ loe˨˩
168 藍的 (əi˥ la˧
169 紅的 (əi˥ ɣān˧˩
170 黄的 (əi˥ tān˧˩
171 吸气 (tox˧˩ p'ɛ̄m˨˩
172 呼气 (kie˨˩ p'ɛ̄m˨˩ taŋ˨˩
173 生气 (sin˥ tɕāɔ˨˩
174 脾气 (ɛ˧˩ kiaŋ˨˩
175 空气 (hə˨˩
176 烧火 (suhu˨˩ ŋɛ˨˩

177	点火	ptak˥ ŋɛ˥˩˥
178	被子	hɛp˦
179	褥子	hɛp˦˨ sə˥
180	褥单	hɛp˦˨ pɵe˧˩˧
181	白線	sān˧˩˧ loe˥˩˥
182	黑線	sān˥˩˥ waŋ˧˩˧
183	藍線	sān˥˩˥ ɳə˦˨
184	紫線	sān˧˩˧ la˥
185	線	sān˧˩˧
186	毯子	hɛp˥ kpa˥˩˥
187	線毯	hɛp˥ tθaŋ˥
188	黄線	san˧˩˧ tan˥˩˥
189	房梁	pɛ˥
190	椽子	kpōn˥˩˥
191	柱子	ɣaŋ˧˩˧
192	玉米粒	kə˥ aŋ˥˩˥ kɔ˥˩˥ kɛ˥
193	玉米秧	pe˥ kɔ˥˩˥ kɛ˥
194	玉米花	pɔ˦˨ kɔ̄˥˩˥ kɛ˥
195	玉米根	kān˥˩˥ kɔ˥˩˥ kɛ˥
196	棉花	pox˦˨ san˥˩˥
197	棉花秧	pe˦ san˥˩˥
198	棉衣	kpiɔk˥˩˥ tən˥ nun˥

199	金子	kʻi V
200	金镯子	ce˥ waŋ˧ kʻi V
201	棉花籽	ka˧ aŋ V san V
202	医生	səŋ˥
203	金牙	haŋ Y kʻi V
204	银子	ɯ̄n V
205	银镯子	tɕuŋ Y ɯ̄n V
206	銅	taŋ
207	銅線	vɛ V lɛk˥
208	銅丝	taŋ V sik˥
209	鉄	ɬɛk˥
210	锄头	la˧ lok˧
211	銅壶	kʻu V taŋ V
212	錘頭	ɬɛk˥ tʻɛ V
213	秤	sa˥
214	鍋鏟	kɔ˥ san V
215	绳子	vai V
216	裡边	kə V kʻɛŋ V
217	外边	kə V ʑɛ V
218	前边	ki V ɛ V
219	後边	lə V pan V
220	左边	a V ka˥
221	右边	a V ɛ V

222 中间 kteɛ˥ an˦
223 上面 kteŋ˨
224 下面 kə˩ kẽm˨
225 提着 qoŋ˨
226 拿着 tɛ˨
227 拉着 lak˥
228 推着 tʻo˦
229 揹着 bɛ˨
230 扛着 qɔ˨
231 捡着 pɣak˥
232 经验 pin˥ ʔa˥
233 告诉 kə˥ laŋ˨
234 好学生 qɔn˨ lɛ˨ pən˨
235 可以 pən˩ ɯ̃n˨
236 不可以 u˦ pən˨
237 自己(我) ɔ˨
238 别人的 kʻəŋ˥ əi˨
239 大人的 kʻəŋ˥ əi˨ taŋ
240 小孩的 kʻəŋ˥ əi˥ tɛ˨
241 分開 kə˧ saŋ˨
242 分离 kə˦ ka˨
243 什么时候 ɓam˩ m̃ɛ˥
244 等着 ňak˩

245	那時候	[ɓam√ ptɓoi√
246	当　時	[ɓam√ tɓan√
247	現　在	[ɓam√ ɲ̊an√
248	從　前	[ɛ̄n˩ ne√
249	今　天	[ntex˧˥
250	留　心	[vən˥ kā̆ŋ˥nɔ√
251	放黄牛	[plex˥ mak˥
252	放水牛	[plex˥ ca˥
253	多	[qən√
254	很多	[qən√tɓɔ˧˥
255	做	[ʑən√
256	東西	[kne√ kne√
257	熱水	[ɛ̄m˩ ta√
258	冷水	[ɛ̄m˩ gok˥
259	牛圈	[kpɛm√ mak˧˥
260	是的	[mox˧˥ ə˥
261	不是	[ən˧˥u˥mox˧˥
262	有	[mɛx√ ən√
263	沒有	[əm˥ mɛ˧˥
264	好	[hɛ˩ pənt˥
265	不好	[ən˩ pənt˥
266	大的	[ɛ√ taŋ√

267 小的 [ɛ˨˩ tɛ˥

268 大小 [taŋ˨˩ tɛ˥

269 高的 [ɛ˨˩ tɓa˨˩

270 低的 [ɛ˨˩ tɓɛ̣m˨˩

271 高低 [tɓa˨˩ tɓɛm˨˩

272 長的 [toŋ˨˩

273 短的 [tɓɛm˨˩

274 長短 [toŋ˨˩ tɓɛm˨˩

275 快 [ćan˨˩

276 慢 [lɔɛ˨˩

277 快慢 [ćan˨˩ lɔɛ˨˩

278 坏的 [ən˨˩ tɓɔ˨˩

279 西方 [ɦa˥ kat˥ tsɿ˥˨˩ ŋɛ˨˩

280 南方 [pa˥ tɓān˨˩

281 北方 [pə˨˩ hoŋ˥ 此處o松讀。

282 東北方 [tɓɛŋ˥ le˨˩ sɿ ŋɛ˨˩

283 西南方 [tɓɛŋ˥ kat˧ sɿ ŋɛ˨˩

284 西北方 [tɓɛŋ˥ pa˨˩ hoŋ˥ .o松讀.

285 東南方 [tɓɛŋ˥ pa˨˩ tɓan˥

286 文字 [pa˨˩ pɛ˨˩

287 天上 [plan˧

288 地下 [ktɛ˨˩

289 輕的 [n tɕɯ˥
290 重的 [tɕan˩
291 要 [lɛ˩
292 不要 [pu˩ lɛ˩
293 水果 [ɛn˩ mo˧
294 梳子 [na˩
295 穿衣 [nɛp˥ kpiok˥
296 难过 [kuɛ˩tɛ˩
297 伤心 [loe˩ nɔ˩
298 思想 [ktɛ˥ nɔ˩
299 聪明 [pɛt˥
300 紙 [tɕe˥
301 照比 [poŋ˥
302 年 [u˧ tsʅ˥ nam˩
303 月 [u˧ pu˧ ɕēɯ˧
304 日 [u˧ tsʅ˧ ɗɛ˩
305 第一 [ʒe˩
306 第二 [ʒe˧ ɛ˩
307 第三 [ʒe˧ oe˩
308 第四 [ʒe˧ pōn˧
309 第五 [ʒe˧ pán˧
310 第六 [ʒe˧ tɔ˩

311 第七 [ɡe˧ pu˨
312 第八 [ɡe˧ ta˨
313 第九 [ɡe˧ tėm
314 第十 [ɡe˧ kə˨
315 生產 [a˧ mo˧
316 生活 [co˧ hōm˧，或 co˧tan˨
317 生日 [s˩˨ ŋɛ˨ kə˩ ta˨ i˨
318 打架 [kə˨ ŋa˨
319 罵架 [kə˨ ɛ˨
320 頂架 [kə˨ tu˨
321 咬架 [kə˨ ɡak˧
322 知道 [ha˨ ōn˨
323 不知道 [ɔ˨ u˨ na˧
324 梹榔 [plu˨
325 裙子 [k'laŋ˨
326 筍子 [paŋ˨
327 酸筍子 [paŋ˧ piaŋ˨
328 煮筍子 [paŋ˨ taŋ˨
329 吃筍子 [ha˨ paŋ˨
330 一樣(相同) [u˨ mio˨
331 不一樣 [ɔ˨ u˨ mo˧ mio˨
332 好像 [taŋ˨ n̂ɛ˨

333 不像 [u˩ n̆ɛ˩
334 像一点 [n̆ɛ˩ tʻɯ˥
335 好看 [tʻi˩
336 不好看 [ən˩ tʻi˩
337 走一步 [hɔ˩ ɳɛ˩
338 唱歌 [tax˨ lɛu˩
339 跳舞 [qa˥
340 会 [na˩
341 不会 [ɔ˩ u˧ na˩
342 官（土司） [kə˩ ɳa˩
343 大官 [kə˩ ɳa˩ taŋ˩
344 小官 [kə˨ ɳa˩ tɛ˩
345 老爺 [qaŋ˩
346 頭人 [pu˩ kɛ˩ 或 ta˩ x̃iŋ˥
347 怕 [jɔ̄u˩
348 不怕 [ɔ˩ u˩ jɔ̄u˩
349 很怕 [jɔ̄u˩ kɛ˩ kɛ˩
350 少 [piāɛ˩
351 很少 [piāɛ˩ kɛ˩ kɛ˩
352 語言 [ciɔ˩
353 事实 [kɛ˩ kɛ˩
354 遠 [toŋ˩

355 近 [ntaɣ
356 大河 [ɛm˩ taŋ˩
357 小河 [ɛm˩ tɛ˩
358 篦 [kva˩
359 窄 [c'ak˥
360 声音 [k'mɛŋ˩
361 只是 [i˩ ne˩
362 只有 [mɛʌ˩ loe˩
363 打算 [pu˩ ʑɔ˥
364 願意 [tɕu˩ ōn˩
365 单的 [u˩ fe˥
366 双的 [u˩ sɛ̄m˩
367 騎馬 [pak˥ piaŋ˩
368 漢族 [kɛ˥
369 傣族 [tɕɛ̄m˩
370 僳頗族 [gaŋ
371 变化 [pian˥
372 正的 [sɯ˥
373 不正的 [an˩ u˩ sɯ˥
374 鏡眼 [man˥ ta˥
375 帮助 [t'ɛ̄m˩
376 保護 [kām˧ tɕi˩ tɕi˧

377 保留 ｛ ūn˩ tɕi˩ tɕi˩
378 保人 ｛ hɛ˥ ji˥ lin˩
379 岐路 ｛ vɛ˩ hən˩ tān˩
380 山路 ｛ ntān˩ nɔu˩
381 公路 ｛ nʈan˩ taŋ˩
382 小路 ｛ nʈɯan˩ tɛ˩
383 出来 ｛ lex˩ dɛ˩
384 進来 ｛ lɛp˥ dɛ˩
385 出去 ｛ le˩ hɔ˩
386 上去 ｛ hok˩
387 下去 ｛ le˩
388 一套 ｛ ku˩ tɕaŋ˩
389 名字 ｛ tɕɯ˥
390 清楚 ｛ na˩ ōn˩
391 乾净 ｛ cɛt˥
392 不乾净 ｛ an˥ cɛt˥
393 軍隊 ｛ ɓan˧ kōn˧ nan˧
394 軍官 ｛ no˥ kōn˧ nan˩
395 小刀 ｛ po˩ tɛ˥
396 銅炮槍 ｛ sɿ˩ nat˧ tɔŋ˥ pō˥
397 回答 ｛ ɓax˩ cɔ˩
398 学校 ｛ di˥ so˥ sɛɔ˥

399 和尚 { tɕɔ˥

400 小和尚 { tɕɔ˥ tɛ˧˥

401 大和尚 { tɕɔ˥ taŋ˧˥

402 多例教 { tuə˨˩ ɲɛ˥

403 花旁 { tɕuaŋ˧˩˧

404 解决 { pia˧˥ ta˨˩ mo˧˩˧

405 一点 { i˧˩˧ tɕok˧˥

406 花朵 { kɕuŋ˥ po˧˥

407 花树 { taŋ˧˥ po˧˥

408 花苞 { klam˨˩ po˧˥

409 花瓣 { la˧˩˧ po˧˥ tɕɔ˧˥

410 怎么? { m̃ən˥ pɛ˥

411 工具(农) { go˧˥ ta˧˥

412 牛粪 { pón˥ eɕuŋ˧˩˧ mak˧˥ . ɕ 是 ɕ 字.

413 冲碰 { pɛ˥ lok˦

414 冲来 { tux˨˩ ŋɔ˧˩˧

415 踩着 { ɲɛ˥ tɕɔ˥

416 看 { tə˧˥

417 看一看 { tə˨˩ tə˧˩˧

418 手巾 { ptɕɛt˦

419 面盆(洗) { əŋ˧˩˧ pɛ˧˩˧ ŋɛ˧˩˧

420 木柴 { xɛ˧˩˧

421 搭柴 { bɛ˧˥ xɛ˧˩˧

422	做飯	{	taŋ˅ pōm˅
423	錢	{	sɔ˅
424	黄瓜	{	ta√ cə˅
425	炒菜	{	gʻo˥ tɛ̄o˅
426	三足架	{	kɛŋ˅
427	小勺	{	laY
428	篩子	{	m̥peY
429	竹篩子	{	m̥peY kʻə√ ŋi√
430	木板	{	pan˥
431	紡線車	{	goŋY vən˅
432	紡車齒	{	goŋY gan˥
433	茅草	{	plaŋ˅
434	草鞋	{	sam√ pɔ˥
435	竹篾	{	pləŋ˅
436	蔴	{	kśɛ˅
437	石頭	{	mɔ˅
438	磨刀石	{	mɔ˅ laY
439	煙鍋	{	klok˥
440	箩鍋	{	mo√ tɔŋ˅
441	院子	{	kla˥
442	大蒜	{	pʻa√ ɣɔ˥
443	大葱	{	pʻak˥ soŋ˥

444 青菜 [tɛɔ˅ kaŋ˅
445 莞荽 [pki˅ mo˥
446 金鋼鑽 [sɿ˩ kən˥
447 龍色三 [sɿ˩ kən˥ saŋ˩ pʻɔ˅
448 面桃 [mə˅ qa˥
449 石榴 [mə˅ tɓaŋ˥
450 黄果 [plɛ˅ mə˩ ŋo˥
451 梨子 [mɔ˩ man˥
452 牛鞍 [kto˥ maky
453 帶看 [tɔ˅ ōn˅
454 領看 [ɓuŋ˅ ~~[illegible]~~˅ xɔ˅
455 雲彩 [ɯ
456 虹 [plaŋ˅ ktɯ˅
457 鑽 [lɛ˅ klə˥
458 鎚 [hə˥ tɓue˅
459 削（动） [tʻue˥ pɔ˥
460 砍（动） [kə˥ hɛ˅
461 鋸 [lə˥
462 修理 [mpiɛ˅
463 疾病 [sɛ̄o˅
464 治病 [sɿ˩ ɳām˥ sɛ̄o˅
465 藥 [sɿ˩ ɳām˥

466	吃藥	[	xɔ̄m˩ sɿ˧ ȵām˩
467	濺	[	cʻām˩ ɛ˩
468	晒	[	ɣɛ˩
469	晒乾	[	ɣɛ˩ qʻɔ˨
470	堆	[	pɛ̄m˨
471	一堆	[	ɯ̄m˥ pɛ̄m˩
472	切開	[	so˥ kɓa˩
473	佛	[	tɓɔ˥ pʻia˩
474	佛龕	[	tan˩ tɓɛ˩
475	叫	[	tɛ˥
476	喊	[	pāu˥
477	籬笆	[	ɣɛŋ˨
478	蚊帳	[	sut˥
479	簸盘	[	plɛ˩ ma˩ kə˩ pʻan˩
480	贵	[	ŋɔx˩
481	火灰	[	kfaŋ˩
482	肥皂	[	sa˩ pia˥
483	剪刀	[	lə˩ cɛp˥
484	荷包	[	tɓān˥ ɛp˥
485	金戒指	[	sɿ˧kɯ˩ sɛŋ˩
486	耳环	[	ple˥ suɛ˥
487	耳筒	[	ple˥ saŋ˥

488 主人 [kȵa˨˩ k'lɛp˥
489 女主人 [ɕi˨˩ pan˦ kȵa˨˩ k'lɛp˥
490 媒人 [tɕaŋ˥ naŋ˨˩
491 親戚 [pi˥ va˦
492 朋友 [pɔ˦ p'əŋ˨˩
493 敌人 [kun˨˩ tɕɔ˨˩
494 先生 [ta˧˥ tɕi˨˩
495 凉快 [(ȵɔx˨˩ ȵa˥) in˥
496 吸煙 [ȵɔx˨˩ ȵa˥
497 事情 [a˨˩ mo˨˩
498 睡覚 [əi˥
499 価間 [k'sɛ̄m˨˩
500 半夜 [ktɛ˥ sɛ̄m˨˩
501 灯 [pan˥ təŋ˥
502 收拾 [mpiɛ˨˩
503 瓶子 [kpɛɔ˥
504 忘了 [xɛ˨˩ pe˨˩
505 醒了 [xɛ˨˩ k'sɛ˨˩
506 新鲜 [i˨˩ tmɔ˨˩
507 早飯 [pom˨˩ ȵ̃e˨˩
508 中飯 [pom˨˩ ts'ɿ˨˩ ŋɛ˨˩
509 塩(食鹽) [sɛ˨˩
510 晚飯 [pom˨˩ m̂ɛo˨˩

潞西县红崩龙语词汇本

云南省少数民族社会历史调查组

1958年11月10日　芒市

潞西县红崩龙语词汇本

潞西縣紅崩龍語

詞彙本

雲南省少數民族社會歷史調查組

一九五八·十一·十芒市

一、茶崩龍語326，327 328 329 四字不要加以號為錯字。 二、

1	一	[	u˦
2	二	[	an˥
3	三	[	oe˩
4	四	[	pʻun˩
5	五	[	pʻan˩
6	六	[	tar˥
7	七	[	bor˥
8	八	[	dᵗan˥
9	九	[	tem̥˩
10	十	[	kər˥
11	十一	[	kər˩ lu˩ lu˦.
12	十二	[	kər˥ an˩
13	十三	[	kər˥ oe˩
14	廿	[	an˩ kər˩
15	廿一	[	an˩ kər˩ lu˩ lu˦
16	廿二	[	an˩ kər˩ an˩
17	三十	[	oe˩ kər˩
18	五十	[	pʻan˩ kər˩
19	九十	[	tem̥˩ kər˩
20	一百	[	pɓa˧
21	一百一十	[	pɓa˩ law kər˩
22	一百〇一	[	pɓa˩ law lu˦

"r"是大舌顫音而略輕，有時像"そ"字顫動。

23 一百一十一 { pɓa˨˩ ləu˨˩ kər˨˩ ləu˨˩ lu˦

24 一百八十五 { pɓa˨˩ tan˨˩ kər˨˩ pán˨˩

25 二 百 { an˨˩ pɓa˨˩

26 二百零一 { an˨˩ pɓa˨˩ ləu˨˩ lu˦

27 二百一十 { an˨˩ pɓa˨˩ ləu˨˩ kər˨˩

28 一千 { u˨˩ xɛŋ˨˩

29 一千一百 { u˨˩ xɛŋ˨˩ ləu˨˩ ~~pɓa˨˩~~ kər˨˩.

30 二千 { (u˨˩ xɛŋ˨˩ ləu˨˩ kər˨˩) an˨˩ xɛŋ˥

31 三 千 { oe˨˩ xɛŋ

32 一千〇一 { u˨˩ xɛŋ˩ ləu˨˩ lu˦.

33 一 万 { u˨˩ mən˨˩

34 狗 { aɣo˨˩

35 房子.家 { ɗiaŋ˨˩

36 火 { ŋaʑ˨˩

37 飯 { pɔ̄m˥

38 馬 { m̥puʑaŋ˨˩

39 黄 牛 { m̥mɔ˨˩

40 樹林 { xe˥

41 我 { o˨˩

42 我们 { ai˨˩

43 你 { mai˨˩

44 你们 { pai˨˩

45 他 [ti˧˩˧

46 他们 [kai˧˩˧

47 你的 [ən˧˩˧ mɛ˧˩˧

48 我的 [ən˧˩˧ ɔ˧˩˧

49 他的 [ən˧˩˧ ti˧˩˧

50 铁鍋 [klau˥˧

51 伞 [t'i˥˧

52 刷把 [sa˧˥ su˥˧

53 背包 [sɿ˨˩ piɔ˧˩˧，或 kpiɔ˧˩˧

54 上衣 [sɿ˨˩ tɔ˧˩˧

55 下衣 [sɿ˧˩˧ lan˧˩˧

56 菜板 [ʃla˥ qɔ˧˩˧ "ʃ"發ə時舌尖觸前顎。

57 豬油 [priaŋ˥ lɛ˧˥

58 豬 [lɛ˧˥

59 甑子 [a˥ xoŋ˧˥

60 吹大筒 [bɔ˧˥ bɔŋ˥˧

61 筷子 [t'u˥˧

62 凳子 [ʃŋoe˧˩˧

63 菜罈 [ɛn˧˩˧

64 辣椒 [mp'zet˧˩˧

65 浅簸箕 [tɕak˧˥ ko˥˧

66 北瓜 [klōn˥˧

67	木箱	dək˥
68	扁担	maŋ˩ kat˥
69	竹篮	kloe˥
70	竹筐	k'ʑaŋ˩
71	大米	ə˥kau˩
72	門子	a˧ saŋ˩
73	箸籠子	pɔ˧ tɯ˥
74	洋茄子	sɿ˥˩luŋ˩
75	絲瓜	bɔp˧ lɛ˩
76	布鞋	cap˧ tin˩
77	布	pan˩
78	火柴	mi˥ kat˧
79	説	kʑɔx˩
80	走（去）	xau˩
81	來	ʑat˩
82	跑	pɯt˦
83	跳	tɛr˥
84	山	soʑ˥
85	水	ōm˥
86	鳥	ɕinm˥
87	魚	qɛ˥
88	太陽	sɿ˩ ŋɛ˩

89	月亮	plaŋ˥ kie˧˩
90	星星	s˥˩man˩
91	亮	plaŋ˥
92	風	qo˥˥
93	雨	pʐai˥ klɛ˩
95	雞	ɛ˥
96	竹子	ʐəŋ˥
97	水牛	kʐɛ˥
94	雪	pʐɛ˩.
97		
98	人	to˥ i˥
99	男人	i˩ mɛ˩
100	女人	i˩ pan˩
101	小孩	kan˩ niam˩
102	小姑娘	ə˥ piɛ˩
103	小伙子	ə˥ liaŋ˩
104	爹	kun˥
105	娘	mɛ˥
106	爺爺	dɛ˥˩ 即 ɔ 字.
107	吹(風)	
108	胖.	
109	外祖父	ta˥ nɛ˩
110	外祖母	ɓɛ˥ nɛ˩

111 小舅 [pe pə˥ tiɛt˥˩
112 大舅 [pə˥ taŋ˥˩
113 叔父 [kun˥ an˥
114 伯母 [kan˥
115 舅母 [pə˥ kan˥
116 媳婦 [i˥˩ pan˥˩
117 頭髮 [xu˧ kin˥
118 耳朵 [ʃɔ ɣ
119 眼睛 [kɔu˥ ŋɛ˥˩
120 眉毛 [xo˧ mo˥ ŋɛ˥˩
121 鼻子 [moɣ ɓi˥˩
122 嘴 [moe˥˩
123 嘴唇 [ʂɿ˨˩ paɿ˨˩
124 鬍子 [xu˥˩ mɔɣ
125 牙齒 [ʂaŋ˥˩
126 犬齒 [ŋ̥ŋɛ˥˩
127 舌 [ʂɿ˨˩ tɛ˥˩ 此处.ʂ即S.非ʂ.
128 步槍 [ma˥ tsɿ˧
129 蝴蝶 [baŋ˥ pɛɣ
130 飛 [pru˥
131 隻 [u˥˩ to˥˩
132 雙 [u˥˩ sou˥˩

133 血 (n̥am˨˩
134 痛 (ʃau˨˩
145 一個 (u˨˩ qɔ˨˩
136 一天 (sɿ˨˩ ŋɛ˨˩
137 臉 (klɛ˨˩
138 手 (kɛɔŋ˥ dai˥
139 胳膊 (dai˨˩
140 手掌 (kpɔ˥ tai˨˩
241 腿 (plɔ˥˨˩
142 小腿 (
143 胳膝蓋 (kin˨˩ kɛ˥˨˩
144 腳 (tɵəŋ˨˩
145 腳指頭 (nu˥˨˩
146 腳指甲 (ɚɵim˨˩ tɵəŋ˨˩
147 力气 (ʑɛŋ˨˩
148 心脏 (ktɛm˨˩
149 張嘴 (əŋ˨˩ mūe˨˩
150 闭嘴 (kŋoɣ mūe˨˩
151 (咬嘴唇((kvam˥ mūe˨˩)
152 痳疾 (vɛ˨˩ tɵɔ˨˩
153 咬嘴 (kvam˥ mūe˨˩
154 鳥嘴 (mue˨˩ sim˦

编号	词	记音
155	牛嘴	[mūe˧˩ mak˥
156	魚嘴	[mūe˧˩ ka˧˩
157	馬嘴	[mūe˧˩ m̥pʐan˧˩
158	頭痛	[kiŋ˧˩ sɔ˧˩
159	猪肉	[ɕaŋ˧˩ lɛ˧˥
160	牛肉	[ɕaŋ˧˩ mak˥
161	水牛肉	[ɕaŋ˧˩ kʐa˥
162	織布	[ta˧˥ ban˧˩
163	染布	[tɕun˧˩ ban˧˩
164	買布	[tɕɯe˥ ban˧˩
165	卖布	[ɕaŋ˧˥ xɔ˧˥ ban˧˩
166	黑的	[vaŋ˧˩
167	白的	[pla˧˩
168	蓝的	[ɲɛ˩˧˩
169	紅的	[ɕiʐaŋ˧˩
170	黄的	[ɕi˧˩ təŋ˧˥
171	吸气	[si˥ xa˧˩
172	呼气	[əx˧˥ nɛ˥
173	生气	[tɕɔ˧˩
174	脾气	[脾ŋ˧˩ tɕɔ˧˩
175	空气	[xəe˧˩
176	烧火	[dɔ˧˥ ŋal˧˩
177	点火	[tɕam˧˥ ŋal˧˩
178	被子	[xop˥
179	裤子	[pʰkɔp˥
180	褥單	[mpɛr˧˥
181	白線	[səŋ˧˩ pla˧˩
182	黑線	[səŋ˧˩ vaŋ˧˩
183	蓝線	[səŋ˧˩ kɒ˧˩
184	紫線	[səŋ˧˩ kaŋ˧˩
185	線	[səŋ˧˥

186	毛毯	xopɣ klan√
187	線毯	xopɣ ʂəŋ√
188	黄線	ʂəŋ√ təŋ√
189	房梁	pɛ√ kiaŋ√
190	椽子	ʂɿ√ ɔ√
191	柱子	tɕiŋ√ caŋ√
192	玉米	pam√ kɛ√
193	玉米秧	kan√ pam√ kɛ√
194	玉米花	bɔx√ pam√ kɛ√
195	玉米根	ʐiɛ√ pam√ kɛ√
196	棉花	pɔx√ ʂəŋ√
197	棉花秧	kan√ ʂəŋ√
198	棉衣花	ʂɿ√ tɔ√ nun√
199	金子	krel√
200	金鐲子	ciaŋ√ tɛ√ krel√
201	棉花籽	kaŋ√ ʂəŋ√
202	医生	tʐe√
203	金牙	ʂaŋ√ krel√
204	銀子	ʐən√
205	銀鐲子	ciaŋ√ tɛ√ ʐən√
206	銅	taŋ√
207	銅線	ʂɛ√ taŋ√
208	銅化	kpi√ li√ ɓa√ taŋ√

209 铁 (xiɛ 略有颤音，ɛ轻。
210 锄頭 (s˩˨ pzaŋ˨
211 銅壶 (ōm˨ kzaŋ˨
212 犁頭 (pla˨ tɛ˨
213 秤 (kit˥
214 鍋鏟 (kuə˥ tɛan˨
215 繩子 (war˨
216 裡面 (kɔ˨ la˨ kna˨ ɯ˨
217 外面 (la˨ na˨
218 前面 (lar˨ an˨
219 後面 (la˨ pan˨
220 左边 (la˨ a˨ kan˨
221 右边 (la˨ a˨ ɛ˨
222 中間 (ktɛ˨
223 上面 (la˨ ko˨ vɛ "ɛ"近似前"a"
224 下面 (la˨ krom˨
225 提着 (koŋ˨
226 拿着 (koŋ˨
227 拉着 (tɯt˥
228 推着 (ktue˨
229 揹着 (pɛ˨
230 扛着 (ka˩ ˥ (l)字略轻，有位而音略轻。
231 捡着 (du˨

232 経験 ⌈ mɔ˩
233 告訴 ⌈ kɛɛ˩
234 小学生 ⌈ kɔ˩ ɲam˩ pɲɔ˧ li˩
235 可以 ⌈ pən˩ on˩.
236 不可以 ⌈ ə˩ pən˩
237 自己(我) ⌈ ɔ˩
238 别人的 ⌈ ən˩ əi˩
239 大人的 ⌈ ən˩ il˩ taŋ˩ 此處a标冕了些.
240 小孩的 ⌈ ən˩ kan˩ ɲam˩
241 分开 ⌈ kə˩ səŋ˩
242 分离 ⌈ kə˩ ka˩
243 何時 ⌈ pən˩ ma˩
244 等着 ⌈ ɛɛ˩
245 那時候 ⌈ na˩ ma˩
246 当時 ⌈ ɓam˩ an˩
247 現在 ⌈ kɛ˩ tin˩
248 從前 ⌈ an˩ ul˩
249 今天 ⌈ ə˩ tə˩
250 留心 ⌈ rən˥ man˩ man˩
251 放黄牛 ⌈ plɛx˩ mak˩
252 放小牛 ⌈ plɛx˩ kɛan˩

253	多	{	mplam√
254	很多	{	mplam√ a√ aŋ√
255	做	{	ʑəŋ√
256	東西	{	ɯ√ tɕɯ√
257	热水	{	om√ su√ on√
258	冷水	{	om√ ʒaŋ√
259	牛圈	{	kaŋk˥ maky
260	是	{	mox√ on√
261	不是	{	ə√ mox√
262	有	{	may
263	沒有	{	ə√ may
264	好	{	man√
265	不好	{	ə√ man√
266	大的	{	tɛəŋ√
267	小的	{	i√ tiɛty
268	大小	{	i√ tɛəŋ√ i√ tiɛty
269	高的	{	i√ tɕal√
270	低的	{	ɛm√
271	高低	{	ɛm√ tɕal√
272	長的	{	toəŋ√
273	短的	{	ɛm√
274	長短	{	toəŋ√ ɛm√

275	快	[	pʻai˅
276	慢	[	tʻəŋ˅
277	快慢	[	pʻai˅ tʻəŋ˅
278	坏的	[	
279	西方	[	tɔ˅ li˅ pu˅ sɿ˅ ŋɛ˅
280	南方	[	tɔ˅ pu˅ tɕan˅
281	北方	[	tɔ˅ pu˅ xaŋ˅
282	東北方	[	pu˅ tɕan˅ kin˅ koŋ˅
283	西南方	[	(pu˅ xaŋ˅ kin˅ koŋ˅) pu˅ tɕan˅ li˅ pu˅ sɿ˅ ŋɛ˅
284	西北方	[	pu˅ xaŋ˅ kin˅ koŋ˅.
285	東南方	[	pu˅ tɕan˅ lɛ˅ sɿ˅ ŋɛ˅.
286	文字	[	to˅ li˥
287	天上	[	plɛŋ˅
288	地下	[	kʻtai˅
289	輕的	[	ntɕəɪ˅
290	重的	[	tɕan˅
291	要	[	sɿ˅pən˅
292	不要	[	ə˅ sɿ˅pən˅
293	水果	[	kʻɛ˅ mo˅
294	梳子	[	rtɕa˅
295	穿衣	[	tɕʻop˅ sɿ˅ tɔ˅
296	難过	[	na˅ xe˅ ə˅ piɔ˅

297 傷心 lue˧˩ nɛ˧˩

298 思想 na˧˩ pēm˧˩

299 聰明 ɬa˥˧

300 紙 tɓɛ˧˩

301 照片 a˧˩ raŋ˧˩ poŋ

302 年 sɿ˨˩ nam˧˩

303 月 ɕɛl˧˩

304 日 sɿ˨˩ ŋɛ˧˩

305 第一 u˧˩ lu˧˥

306 第二 lu˧˥ an˧˩

307 第三 lu˧˥ oe˧˩

308 第四 lu˧˥ pun˧˩

309 第五 lu˧˥ pān˧˩

310 第六 lu˧˥ tar˧˩

311 第七 lu˧˥ bor˧˩

312 第八 lu˧˥ tan˧˩

313 第九 lu˧˥ tem̥˧˩

314 第十 lu˧˥ kəT˧˩

315 生產 kpləŋ˧˩

316 生活 pxām˧˩

317 生日 sɿ˨˩ ŋɛ˨˩ kət˥

318 打架 kə˨˩ kuŋ˧˩

319 骂架 [kə˨˩ lue˨˩˦

320 顶架 [kə˨˩ to˥

321 咬架 [kə˨˩ ka˨˩˦

322 知道 [nap˥

323 不知道 [ə˨˩ nap˥

324 槟榔 [plu˨˩˦

325 吃槟榔 [

326 笋子 [paŋ˨˩˦

327 酸笋子 [paŋ˨˩˦ pʐaŋ˨˩˦

328 煮笋子 [ʄaŋ˨˩ paŋ˨˩˦

329 吃笋子 [hɔm˩ paŋ˨˩˦

330 一样 [kʼnel˨˩

331 不一样 [ə˨˩˦ kʼnel˨˩˦

332 好像 [pɛ˨˩˦ kʼnel˨˩˦

333 不像 [ə˨˩˦ kʼnel˥ mio˨˩˦

334 像一点 [kʼnel˨˩˦ tʐet˨˩

335 好看 [kɓɛ˨˩˦

336 不好看 [ə˨˩˦ kɓɛ˨˩˦

337 走一步 [xɔ˨˩ uI˨˩ ɓɛ˨˩˦

338 唱歌 [piɛ˨˩˦

339 跳舞 [ɑan˨˩˦

340 会 [vəŋ˨˩˦

341 不会 [ə˨˩˦ vəŋ˨˩

342	官（土司）	[	kɴɛ˩
343	大官	[	kɴɛ˩ taŋ˩
344	小官	[	kɴɛ˩ taŋ˩
345	老闆	[	ta˥ kaŋ˩
346	头头	[	ta˥ kɛ˩
347	怕	[	ɓɔ˩
348	不怕	[	ə˩ ɓɔ˩
349	很怕	[	ɓɔ˩ a˩ a˥˩ 最后"a"读作紧喉？
350	少	[	mpʑɛ˩
351	很少	[	mpʑɛ˩ a˩ a˩
352	语言	[	kʑa˩
353	了实	[	a˩ a˩
354	远	[	toŋ˩
355	近	[	ntal˥
356	大河	[	plɔŋ˩ taŋ˩
357	小河	[	plɔŋ˩ tiɛt˩
358	宽	[	va˩
359	窄	[	ap˥ 较一般常之a稍后.
360	声音	[	sām˩
361	只是	[	tɕə˩ mo˩
362	只有	[	tɕə˩ ma˩
363	打算	[	pʑɔ˩

364 願意 [tɓu˅ ôn˅

365 單的 [tɓɯk˥

366 双的 [kɔp˥

367 騎馬 [pam˅ pzaŋ˅

368 漢族 [kɛ˅

369 傣族 [siam˅

370 景頗族 [q́aŋ˅

371 变化 [pian˅

372 正的 [sɿ˅sɿ˅

373 不正 [ə˅ sɿ˅

374 眼鏡 [ŋai˅ tɓām˅

375 帮助 [t́ɛ̄m˅

376 保護 [pɔ˅xu˅

377 保留 [ōn˅

378 保人 [pɔ˅

379 岐路 [kʻka˅ xan˅ təŋ˅

380 山路 [ntəŋ˅ suɿ˅

381 公路 [ntəŋ˅ taŋ˅

382 小路 [ntəŋ˅ tiɛt˅

383 出来 [le˅ x̌ɔ˅

384 進来 [lep˅de˅

385 出去 [lɛ˅

386	上去	[xɔ˨˩ tɛ˨˩
387	下去	[lɛ˨˩ pia˨˩
388	一套	[u˨˩ ru˨˩ tɕaŋ˨˩
389	名子	[ʂiɛ˨˩ mə˨˩ tɕɯ˨˩
390	清楚	[ʂak˨˩ ʂak˨˩
391	乾净	[ʂɿ˨˩ ŋɛ˨˩
392	不乾净	[ə˨˩ ʂɿ˨˩ ŋɛ˨˩
393	軍隊	[lian˨˩
394	軍官	[kȵɛ˨˩ lian˨˩
395	小刀	[a˨˩ tōm˨˩
396	銅炮槍	[ʂɿ˨˩ na˨˩ tʻoŋ˨˩ pʻɔ˨˩
397	回答	[kviɛt˨˩
398	学校	[ɕiɔ˥ tʻan˥
399	和尚	[tsɔ˨˩
400	小和尚	[a˨˩ ʂaŋ˨˩
401	大和尚	[ʂaŋ˨˩ loŋ˨˩
402	多例教	[tɔ˨˩ ȵɛ˨˩
403	莊房	[caŋ˨˩
404	解决	[plɔ˨˩ tɕa˨˩ mo˨˩
405	一点	[tə˨˩ zet˥
406	花朵	[kɕuəŋ˨˩ pɔ˨˩
407	花樹	[taŋ˨˩ pɔ˨˩

408 花笔 [pɔ˥˩ tōm˥˩
409 花瓣 [ʂan˧˥ pɔ˥˩
410 怎么? [Sən˥˩ pɛ˥˩
411 农具 [Kru˥˩ diɛ˥˩
412 牛粪 [pōn˥˩ mak˧˥
413 冲碓 [tu˥˩ xu˥˩ maŋ˥˩
414 冲米 [tu˥˩ xu˥˩ Kɔ˥˩
415 踩着 [tēn˥˩
416 看 [ɓal˥˩
417 看一看 [ɓal˥˩ u˥˩ ɓal˥˩
418 手巾 [pɬɓɛt˥˩
419 洗脸盆 [aŋ˥˩ lax˥˩ ŋɛ˥˩
420 木柴 [xe˥˩
421 背木柴 [pa˧˥ xe˥˩
422 做饭 [taŋ˥˩ pa˧˥
423 钱 [Sɔ˥˩
424 黄瓜 [tʻKiɛl˥˩
425 炒菜 [qʻo˥˩ tɔ˥˩
426 三足架 [Kɛŋ˥˩
427 小勺 [lan˧˥
428 篦子 [Sat˨˩ plɔ˥˩
429 竹篦子 [nɛ˧˥

430	木板	[	k'ta˧˩ xe˥˧
431	紡車	[	koŋ˥
432	紡車盞	[	tai˥˩ koŋ˥˩
433	茅草	[	plaŋ˥˩
434	草鞋	[	ts'ɔ˧˩ xɛ˥˩
435	竹籤	[	ploŋ˧˩
436	蔴	[	kə˧˩ tàm˥˩
437	石頭	[	mau˥˩
538	磨刀石	[	mau˧˩ lat˥˧
439	煙鍋	[	kla˧˩ pat˥˧
440	甑鍋	[	klɔ˧˩ taŋ˥˩
441	院子	[	klan˥˩
442	大蒜	[	p'ʐɔ˥˧ ʐ字發音時.略有顫動.
443	大葱	[	po˧˩ po˥˩
444	青菜	[	ta˧˩ ɛ˥˩
445	莞荽	[	p'ki˥˩
446	金鋼鑽	[	saŋ˧˩ saŋ˥˩
447	龍色藍	[	mo˥˩ xɛn˥˩ kap˥˧
448	向桃	[	ple˥˧ mi˧˩ kian˥˩
449	石榴	[	plem˧˩ tɕaŋ˥˩
450	黄果	[	ple˧˩ lian˥˩
451	梨子	[	plem˧˩ kɔ˥˧

452 牛鞍 [kʐaŋ√ mak˥

453 帶着 [təi√

454 領着 [ə̃əl√

455 雲彩 [mplan√

456 虹 [ə√ ɓaŋ√

457 鐵 [rpal√

458 錘子 [pkām√

459 削(动) [kɛ√

460 砍 [kɛtʏ

461 鋸 [tan√ tɕaŋ√

462 修理 [m̥pʐe√ "乞" 印 乞字

463 疾病 [(sɿ√ ʐam√) sau√ ʐām√

464 治病 [sɿ√ ʐam√ sau√

465 藥 [sɿ√ nām√

456 吃药 [xɔ̄m√ sɿ√ nām√

467 餓 [pɔ√

468 晒 [ʐai√

469 晒乾 [ʐai√ kɛ√

470 堆 [kʼmokʏ

471 一堆 [u√ kʼmokʏ

472 切开 [pal√ ksaŋ√

473 佛 [pʼʐan√

474 佛龕 [plaŋ˨˩ p'ʐan˥˩
475 叫 [taʔ˥˧
476 喊 [ve˥˩
477 籬笆 [nʐaŋ˥˩
478 蚊帳 [sut˥˧
479 算盤 [suan˨˩ pan˥˩
480 貴 [ŋɛ˥˩
481 火灰 [kɬan˥˩
482 肥皂 [sɿ˨˩ piɛ˥˩
483 剪刀 [rkap˥˧
484 荷包 [kpɔ˨˩ ɛp˥˧
485 金戒指 [lak˨˩ tɕap˨˩ kleɚ˥˩ "ɚ"北京"儿"化同.
486 耳环 [ɕɔ˨˩ sɛ˥˩
487 耳筒 [ɕɔ˨˩ tõm˥
488 主人 [kɲa˨˩ kiaŋ˥˩
489 女主人 [i˨˩ pan˨˩ kɲa˨˩ kiaŋ˥˩
490 親戚 [va˨˩ vɛ˥˩
491 媒人 [əi˨˩ tɕaɯ˥˩
492 朋友 [pʐam˥˧
493 敵人 [tɯ˨˩ əi˨˩ tɕɔ˥˩
494 先生 [ta˨˩ tʐe˥˩
495 凉快 [ɕin˥˩

496 吸煙 [ȵal˨˩ pal˨˩
497 事情 [a˨˩ mu˨˩
498 睡覚 [e˥
499 夜間 [kiəŋ˨˩ lɔm˨˩ mə˨˩
500 半夜 [ktɛ˨˩ ʂəm˨˩
501 [
502 [
503
504
505
506
507
508
509
510
511
512
513
514
515
516
517

西双版纳尹景洪“攸乐”的语言调查材料

调查者：杨和中　乐朝真

1956年7月12日

西双版纳尹景洪“攸乐”的语言调查材料

西双版纳尹景洪

「攸樂」的语言调查材料

调查者　楊和中

藥朝真

1956.7.12日

姓名		年龄	籍贯				
民族语	PIΛ˩ iɔ˧	26		省	县	区	乡	村
		性别	民族语	云南省	西双版纳傣族自治州 攸乐山 勐养版纳		
汉语	白臘腰	男	汉语	CY˧ PA˧	nv˧ iA˩	ɯ˩ tSv˧	t'A˧ (攸乐山) mi˧ (寨名)

住山上或平原	住在山上				
学校教育	没有读过书	文化程度	初小	职业	干部

会说的其他方言或汉语	父母是否说同样的语言或方言	自己的话是否受过别的方言和语言的影响
汉语（说的不太好）傣语（只会一些）	父母会说些傣语（已故）	因在解放前他一句汉语也不会，傣语也只会一点，所以他的攸乐语还是纯洁的。

民族名称		语言和方言名称	分佈区域
自称	汉称	云南西双版纳傣族自治州 攸乐山 攸乐话	就整个攸乐山的攸乐族话来说，只有一些语音上的差别，但完全可以通话，在mA 寨内，是说完全相同的攸乐话的。
CY˧ nv˧	攸乐族		

姓名	民族	所屬單位
蘇朝真	苏朝真（汉）	苏朝真 中央民族学院学生，
楊和中	杨和中（彝）	楊和中

记音地点	记音时间	自1956年6月26日起到1956年7月10日

备注 包括：（一）人口材料；（二）与那些地方的人可以通话，与那些地方的人通话困难，与那些地方的人不能通话；（三）本地聚居，散居，杂居情况；（四）经济生活情况；（五）发音合作人怎样称呼其他民族（举五个）（六）其他。

编号 调字00424号 （正表）

20×20=400　雲南少數民族社會歷史調查組稿紙

一、他们整个寨子共有114户人家，绝大部分是仫乐族，其中只有一、两户汉族，而他们至今已操仫乐话，而不说汉话了。

二、他们同整个仫乐山上住的民族人民全可以通话，只有些语音上的差異，（在本寨（PA˦iA˩寨）内就说完全相同的仫乐话，而没有语音差異，除了仫乐山的外其他地方没有仫乐族。

三、仫乐族在仫乐山上是聚居的，这山上绝大部分仍是居住着仫乐族，其他还有很少数的汉族，以及pɣ˩ mi˩ tsɯ˩（即非汉族也非仫乐族）。

四、经济生活：仫乐族人民以农业为生，但生产方式仍使用着刀耕火耘，他们大部居住在山上，耘地除在山上之外，还有离开自己的寨子较远的地方有稻田、菜园等。因而物产方面有稻米、籼米、包谷、棉花、荞子、以及豆类（后两者较少）。水菓有波萝、甘子、香蕉、芭蕉等亚热带物产以及菜类等。牲畜被人们养的少，只有些牛、羊很少，猪、鸡较多些，马没有。土地占有情况，解放前土地是被当地土司所占有着，本寨内就有两个大头土司。目前即将要进行土改。攸乐族人民都信仰神，他们常杀牛、羊、猪来祭菩萨，他们认为神很多。没有火把节。

五、pɯ˧ tɕʻɛ˧ 攸族

A˧ xʊ˩ 汉族

pɤ˩ mi˩ tsʻɯ˩（不是汉族也不是攸乐族

A˧ kʻɔ˥ A˧ kʻA˩ 阿尼族（哈尼）

i˩ tsʻu˩ 彝族 A˧ pʻʊ˩（扣格族

云南省西双版纳傣族自治州攸乐山勐养版纳

攸乐语调查的报告、 一九五六.七.六日 思茅

壹、调查研究工作述略：

一、调查点的选择：

1、云南省西双版纳傣族自治州小勐养版纳、攸乐山、麻雅寨.

2、攸乐民族主要分佈於西双版纳攸乐山上、在麻雅寨中就有114户攸乐族。

3、此次调查本语言与普查中的正误、原因是：

二、调查时间：自一九五六年六月二十六日起至一九五六年七月十日止。实际工作十三天。（除去两个星期日）共有104小时的工作时间（每天平均工作八小时）

三、音合作人：民族自称 ɕy˧ nʊ˧、姓名：P˦A˩ iɔ˧、年龄：二十六岁、性别：男、人数：一人。

四、记音人：苏朝真、杨和中、

20×20=400　雲南少數民族社會歷史調查組稿紙

五、语言材料：此次调查是使用　　调查大纲、即1687个单位的大纲进行调查的、共得词汇及语法材料，1481个单位（其中包括词汇：1229单位，语法：252单位）。

贰、语言概况：

一、语言：

1，音位系统概述：

声母：（共四十个）

一、单辅音声母（三十三）

双唇：P.B　Ṕ.B　m.m̥　.ɣ

唇齿：

舌尖前：ts　tś　s、z

舌尖中：t.t̡、t́t̡́　n.n̡.l̡、l.l̡

混合：tʃ　tʃ́　ʃ

舌面前：ȵ

舌面中：c　ć　ç

舌根：K　Ḱ　ŋ　x

喉：ʔ

二、複辅音声母：（七）。

Pl、Pl̡、Ṕl、Ṕl̡、ml、Kl、Ḱl、

20×20=400　　云南少数民族社会历史调查组稿纸

韻母：（共三十七个）

一、单元音韻母：（十六）

1. ɿ、i、e、ɛ、A、ɔ、ʊ、u、ɯ、ɤ、ʌ、œ、ø、y、ʉ、

二、複元音韻母：（十七）

ie、iɛ、iA、iʌ、iʊ、io、ʌi、ʊi、Ai、ei、Aɤ、ɔe、ʊe、ʌɔ、Ae、uA、yɛ、

三、三合元音韻母：（一）

iɔu

四、鼻辅音尾的韻母：（二）

Aŋ、en

五、辅音自成韻母的：（一）

m̩

六、声调：

调子共六个，例如：

55调、A˧ tʊ˥ 许多．　　A˧ ni˥ 小、A˧ i˥ 少．

44调．　tʊ˦ 中毒

33调．A˧ tʊ˧ 短

22调．A˧ tʊ˨ 节（付名）．

21调、tʊ˩ 丢．

20×20=400　　雲南少數民族社會歷史調查組稿紙

ʌ13调，co˧tʋ˩想念，tʻʋ˩厚，no˩听 nø˩忘。

2、音字例征与说明：（包括声、韵、调三方面，本说明为了简明起见每个符号所代表的音質如不加以描写和解　的话，就表示与国际音标上所读的相同，因而不再多写，就直接在每个符号之后举例了。）

声母：

p、A˧ pu˧父亲，piA˩说 A˧pʋi˧稀飯，pʌ˩射，

β、βe˩分配，pɛ˩tʋ˧笛子，βɛ˥很，

pʻ、pʻi˩肩膀　pʻɔ˧公的，A˧ pʻɯ˧祖父，piou˩箐箕，

βʻ、ma˩βʻe˧巫师，βʻɛ˩剪，

m、mi˧火，mʋ˩嚼，mø˧ mø˧嘴，miʋ˧马，

ɱ、ɱɛ˥累，ɱɛ˧ mA˧绝种，ɱɛ˩毒，

ɣ̥、ɣ̥A˥猪，ɣ̥ɔ˧竹，ɣ̥ʌ˩揮动，ɣ̥Ai˩勤快，

ts、tsɛ˩刺，tsʋ˩房子，tsɯ˥吹，tsø˩mo˧鹰，

tsʻ、tsʻɛ˧可惜，tsʻA˩晴，tsʻʋ˩抓，tsʻø˧露云

s、sɛ˥杀，sø˧三，sA˥谈话，sɯ˧果实，

dz、dzɛ˩楔子，dzʋ˧走，dzɯ˥揉，dzɔ˧ mi˧女儿，

t、tʋ˩云，tɯ˧ ɲi˧坐，tiɛ˧云 tiʋ˥tiʋ˥銓子，

ʈ、ʈe˧水田 ʈɛ˧看，ʈɛ˩ pi˥扇子 A˧ʈɛ˧便宜

周　　　　巫师，祭雷，送鬼，葬仪
p27(6)
plo/phot

t'、t'i˧一、t'ʋ˧春、t'ɤ˧声音、t'ø˧断、

ʈ'、ʈ'e˧回答、ʈ'ɛ˥錢（单位）、

n、A˧ ni˥小、nA˧˩　nA˧好　nɤ˧红、

ɳ、ɳe˧鬼、ɳe˧˩计算、A˧ɳe˥臭、ɳe˧mɔ˥明年、

l、lɿ˥四、lA˥pɯ˧手、ly˧˩　lʌi˧跌、

ɮ、tʃɔ˧ɮɛ˥铁匠、ɮɛ˧鏷（动）ɮɛ˧˩换、iA˧˩棍、

ɖ、ɖi˧˩风、ɖɔ˧大、ɖœ˥晒、ɖoe˧˩脱、

ɖʐ、ɖʐe˧˩学习、ɖʐe˧˩学习、A˧˩ɖɔ˧灵魂、

tʃ、A˥ tʃɿ˧菓核、tʃɯ˥记忆、tʃʌ˧旗子、tʃɿ˧˩个

tʃ'、tʃ'ɿ˧洗（手）、tʃ'A˥煮、tʃ'u˥凸、tʃ'œ˧˩撕、

ʃ、ʃi˧˩错误、ʃA˥差、A˧ʃʋ˧兄姐、ʃɯ˥代替、

ʃœ˧˩ tʃø˧、

ȵ、ȵi˥二、ȵi˧˩天、ȵy˧˩哭　ȵø˧忘、

c、ci˥fi、A˧cʋ˧筋、cø˧吸、coe˧骗

c'、c'i˧汗、c'A˥扣、c'ʋ˧（马）、c'iʌ˧˩骡子、

ç、çi˧这、çɔ˥pɛ˧˩群、çʌ˧˩m̩˧蚊子、A˧çʌ˥轻（量）

k、kɔ˧ sʋ˧谁、kʌ˧˩ ts'u˧˩缩、kʋ˥嚼、A˥kʋ˧们、

k'、k'i˧˩撑、k'ɔ˧mɔ˧女、k'ɯ˥iɔ˧狗、k'ʋ˧˩剐、

ŋ、ŋɔ˧ ʃɔ˧鱼　ŋɤ˧˩是、ŋA˧˩ zɔ˧鸟、

x、xɛ˥八、xœ˧˩叫（黄牛）xʋ˧梁、A˧hʌ˥远

20×20=400　雲南少數民族社會歷史調查組稿紙

ʔ、ʔø˧ 赊、 ʔø˨˩ 狼、

pl、miA˥ pli˨˩ 辣椒、pl,ʊ˧ 帮助、plɯ˨˩ 脓、plø˧ 軟、

pl̥、pl̥ɛ˧ 开（花） pl̥ɛ˨˩ 飞、

pʻl、KA˥ pʻlA˨˩ 抓儿，A˧ pʻlʊ˧ 白色、pʻlʌ˥ 变、pʻlø˧ 喷（水）

pʻl̥、A˧ pʻl̥e˥ 扁、 pʻl̥ɛ˧ 比赛、

ml、mlɯ˨˩ 沙、 mlʌ˨˩ 美丽 mlœ˧ ɕy˧ 白云、

Kl、Klɔ˧ 塔、 Klu˨˩ 踢、Klʌ˥ 唱、Kly 蹭、(?)

Kʻl、Kʻli˧ 糞、A˨˩ Kʻlɔ˧ 河、Kʻlʌ˨˩ 拧、 Kʻlɔ˧ 退却、

韵母：

ɿ、A˧ tʃɿ˧ 菓核、A˧ tʃɿ˨˩ 嫂々、 ʃɿ˥ 擤、

ʮ、A˧ tʃʮ˧ 甜、tʃʮ˧sɯ˥ 医生、 tʃʮ˧ 药、

i、A˧ pi˧ 祖母、ɬi˨˩ 风 tʃi˨˩ 仓 ȵi˥ 二、ɕi˧ 铜、

e、ve̥˨˩ 事情、tsʻe˧ 滴、ʃe˧ 虱子、ɕe˧ 菜 e˧ 隣居、

ɛ、Bɛ˧ 很、tsʻɛ˨˩ 抢夺、ʃɛ˨˩ 铁、ɕɛ˨˩ 耙、Kʻlɛ˨˩ 棹子、

A、pʻA˧ 火麻 lA˨˩ 迟、tʃA˨˩ 勇敢 ɕA˥ 东西、A˧ KA˨˩ 紧、

ɔ、Sɔ˨˩ 响、tʻɔ˧ 起、Klɔ˧ 落、 pʻlɔ˧ 火腿、pɔ˧ 公的、

ʊ、Kʻɤ˨˩ Sʊ˨˩ mA˥ 他们、Klʊ˨˩ 踢、A˧ pʻlʊ˧ 白色、pʊ˧ 开、

u、A˧₂₂ pu˧₂₂ 父亲、tsu˨˩ 抓、ʃu˨˩ 喝（湯）、nu˥ 提、

ɯ、tsɯ˧ 吹、mɯ˥ 好、 tʃɯ˥ 记忆、ɯ˨˩ 打猎、

ɤ、Klʻɤ˧ 橋、ʃɤ˧ 遮盖、pʻɤ˧ 拴、tsʻɤ˨˩ 十、

20×20=400 雲南少數民族社會歷史調查組稿紙

ʌ、 mɪʌ˩ 美丽、ʃʌ˩ 脱(皂) k'ʌ˩ 篮、mʌ˧ 过去、

œ、 tsœ˧ 割(长长的草) tœ˧ 烧(火) xœ˩ 叫(黄牛) ɪœ˧ 擦(药)、

ø、 tø˧ 穿、pø˧ 分配、tsø˩ 扶、c'ø˧ 句(付名)、

y、 ȵy˩ 哭、c'y˧ 偷、ɪy˩ 角、kɪy˧ 滑、

ʉ、 pʉ˩ 摇动、A˧ p'ʉ˧ 祖父、mʉ˧ 耘 名、

ie、 ie˩ 去、

iɛ、 iɛ˧ 切(菜)

iA、 iA˧ 织(布) iA˧ ȵi˧ 今天、ciA˩ 捆、

iʌ、 ɪʌ˧ 歪斜、 iʌ˧ 骂、

iʊ、 zɔ˧ iʊ˩ 儿子、tiʊ˧ tiʊ˧ 铃子、

iɔ、 iɔ˩ 識 c'iɔ˩ 镰刀、

ʌi、 pʌi˩ 打(獸)、ɪʌi˧ 跌、

ʊi mʊi˧33 爱、

Ai sAi˧ 还、错、ɣAi˩ 勤快、ɖAi˩ 完愚、ɲAi˩ 头人、

ei mei˧ 希望、

ɔu xɔu˩ 分(角、分之分)、

ɔe ɖɔe˩ 钎石、

ʊe t'ʊe˧ 蜘蛛、

Aɔ ɲAɔ˩ 根、

Ae

20×20=400 雲南少數民族社會歷史調查組稿紙

uA　tuA˦ 袜子、luA˦ 乱.
yɛ　yɛ˧ 承认.
iɔu　p'iɔu˩ 背篓　c'iɔu˩ 鞍子.
Aŋ. en.　tʃen˩ 螃蟹
m.　m̩˧tɛ˧ 云.

声调例字见前面

3. 语音特点:

声母方面:

1. 有複补音声母、pl、pl̥、p'l、p'l̥、ml、kl、k'l、其中　化的音可以与不　化的合併音位、所以只有、pl、p'l、ml、kl、k'l.

2. 在塞声、塞擦声中没有濁音、在鼻边、擦声中有n、ȵ、ŋ、m、z、v、但z、v两声母全都清化。

3. 没有紧喉音、也没有紧元音、没有捲舌音、儿化韵、有前付鼻音、很轻微. 但是个自由变体不是正式情况、

4. 舌尖前n、l两辅音同后元音相拼时常带有舌尖后的色彩、

5. p̥、p̥'、m̥ 等这几个颚化的辅音, 只同e ɛ元音两拼、也就是当他们拼时pe有些像pie

20×20＝400　雲南少數民族社會歷史調查組稿紙

pɛ有些像piɛ、但又不是像真的有 介音那样清楚、而且实际上也存在有iɛ、iɛ两複元音、

6、舒唇现象只出现在混合舌葉辅音中，但混合舌葉 圆唇的 元音相拼时和ɯ元音相拼时例外。

7、c、tʃ两辅音可自由变读、s、ç两辅音也可以自由变读、（均为极个别情况，並非普遍现象）

韻母方面：

1、高元音很多、央元音、低元音少、而且高元音的区别较细微、

2、複元音多、同时还有鼻音尾韻、这一点可能受依族语的影响。

3、i元音与ɯ元音、此两者实际上比标准的第一、八号元音要略开一点、但又不到I、和ʊ相对的展唇元音那样开。

4、ɤ、e两元音要比标准的略闭些、因而造成i、e两元音间的差别很细微。同理ɯ和ʊ两元音也差别很细微，但y与ø都较明显。

5、本语言元音中有y、ø、œ三个元音存在，及一个央元音ʉ、后者只同p、pʻ两双唇辅

20×20=400　雲南少數民族社會歷史調查組稿紙

音相拼“阿”元音只有一个中央A、还有两个舌尖元音、ɿ、ʅ、从元音表上看来、单元音在图上的分布的很对称。（见下图）

6. ɿ、ʅ两元音可互相自由变读、
7. ʌ、A两元音也可互相自由变读。可能不是普遍现象，

声调方面：

1. 声调在本语言中共存在有六个、最常见的只有44、33、22、21四个调子、55调、213调出现较少。

2. 55调的字或词、一般均表示一定的特殊的语法作用、213调也是同理、但有些字却不是由于语法作用的需要，而是本来就是那样调子的、这情况较少。

3. 双音节的字或词两个均与同调的很少、多与两个不同调子形成。

4. 在词的组成中、在不同的句子连读中常

20×20=400　　云南少数民族社会历史调查组稿纸

发生变调现象。

二、词汇：

1，借词结构

①全借的：fÃ˨˩ tue˧反对 xuA˨˩ ti˨˩˦皇帝
（反） （对）

②半借的：如：iʌ˧ k'ʋ˧ tʌ˨˩ ɹʋ˨˩
路（攸） 大 路（汉）

juAi˧ kʋ˨˩ tsɤ˨˩ zɔ˧ ɹɔ˨˩ ʂuAi˨˩˦
外国（汉）、 人（攸） 大（老） 蒜.

借汉语中ŋ、n的收尾音，借来后均变成元音的鼻化，或可以用ŋ、n收尾同汉语一样，或变成ʌ元音。这一点与发音人的实际情况有关，因他说汉语多些，汉语掌握的还好。所以这里的借词情况并不正确，另一方面他们所借的音是云南的汉语这必须通过云南汉语来研究其变化规律才成，再一方面本发音人也同时会依语这又是一个特殊情况。

③因借汉而增加新音位的：

1，辅音f：如：fÃ˧ tui˨˩反对、fu˨˩ tɕɛɔu˥胡椒.

2，元音ɯŋ：如：tɯŋ˧ ɣɔ˩.

20×20=400 云南少数民族社会历史调查组稿纸

3. uei：如：ʃuei˩税、tsʻuei˧村、xuei˩tsʻu˩回族。複元音增加很多在此就不再多举了。

2、词彙特点：

①形容词和名词常常可在前面加一个“A”音，其声调随后面的音调而定。

②“去”表向上方去的是 ie˩；表向低处下方去的是 ie˧。没有人数多少，或是否一齐去的限制。

③付名词常与随在前面的名词相同，尤其当名词为双音节时。

④动词常与随在前面的名词相同，尤其当名词为双音节时。

⑤介词不丰富，没有连接词。

⑥借词中包括有借汉语和傣语的两种。

⑦“很”字有两个，还不知道其两者有何不同。

⑧语尾词丰富。

三、语法：

1、词法特点：

名词：

20×20=400　　雲南少數民族社會歷史調查組稿紙

四足家畜名词的阳性标志，是在最后加一个"lɔ˧"，如：pɔ˧ nA˩ nʋ˧ lɔ˧
水牛 公、

四足家畜名词的阴性标志，是在最后加一个"mɔ˧"，如：pɔ˧ nA˩ nʋ˧ mɔ˧
水牛 母

飞禽走兽名词的阳性标志是在最后加"p'ɔ˧"，如：
iA˩ p'ɔ˧ 鸡 公
lɔ˧ p'ɔ˧ 老虎 公

飞禽走兽名词的阴性标志是在最后加"mɔ˧"，如：
iA˩ mɔ˧ 鸡 母
lɔ˧ mɔ˧ 老虎 母

人的男性标志是：K'ɔ˧ p'ɔ˧ 男人
人的女性标志是：K'ɔ˧ mɔ˧ 女人

不能用什么名词表示名词的不定单数，必须说出其数词：如：

pɔ˧ nA˩ ti˩ mʌ˧ 一条牛
牛 一 条

A˩ tsɯ˧ ti˩ tsɯ˧ 一棵树
树 一 棵

名词有一个特定单位的词，这是按与发音人的距离不同而定为三种的，它加在付名词之前，名词之后面，词序为：名+特定单数词+付名词

如：pɔ˧ nA˩ ɕi˧ kɔ˧ mʌ˧ 这条牛、
牛 这（近） 条

pɔ˧ nA˩ A˧ kɔ˧ mʌ˧ 那条牛、
牛 那（较远） 条

pɔ˧ nA˩ k'ɤ˩ kɔ˧ mʌ˧ 那条牛
牛 那（更远） 条

名词所有格没有一定的特态标志，各个字与单读时在声、韵、调方面也无任何变化。如：

pɔ˧ nA˩ u˧ c'i˧ 牛的角
牛 角

mi˩ tu˧ mi˧ 马的尾巴。
马 尾巴

A˧ mɔ˧ kɔ˧ tø˩ 妈妈的衣服。
妈妈 衣服

当事物的名词是双音节时，常用名词的前一个音节或后一个音节来作为付名词：如：

iʌ˧ k'ɔ˧ ti˩ k'ɔ˧ 一条路
路 一条

A˧ pʻi˧ tʻi˧ pʻi˧ 一条绳子
绳子 一 条

ɿy˧ mɔ˧ tʻi˧ ɿy˧ 一条口袋
口袋 一 条

mø˧ mø˧ tʻi˧ mø˧ 一张嘴
嘴 一 张

以上情况是构成付名词常见的一种，但也有例外现象，如 A˨ kʻɿɔ˧ ti˨ ɿʌ˧ 一条河
河 一条

当事物名词是一个音节时，付名词同名词就不一样了，但有时也有连系（如只变调子）：

ɤ˨ tʻi˧ mʌ˧ 一条蛇 tsʋ˨ tʻi˧ tsʋ˧↗
蛇 一 条 房子 一 间

kɿʋ˥ tʻi˧ iɔu˧ 一张纸
纸 一 张

付名词是因事物的不同而不同，它的变化常随各种名词的音而变，尤其当名词为双音节时。单音节时也同样要变的，其位置是：

名词＋数词＋付名词。

付名词中没有一些的"些"，他们说一堆人，两

20×20=400 雲南少數民族社會歷史調查組稿紙

堆人，一堆东西，两堆东西……等。但这个只是按照发音人的说法和翻译法，（因限于 音人的文化水平及汉语水平之故，这里也很可能有不正确的地方）。"堆"是可以说一堆、两堆、三堆……的。

表动作的量的付名词的位置。

数词＋付词名＋动词。

如：tɕi˧ tsɔ˧ tsɔ˧ 吃一顿.
一 顿 吃。

tɕi˩ k'ɑ˧ tɯ˧ 打一下
一 下 打

形容词：

"的"字是有的，但也可省、一般用时均加在"是"的后面才能用，不能单独用它，但有一个例外、就是在"好的"情况下、不加"是"只说"的"即可如下：

ɑ˧ nɤ˧ 红的 或 ɑ˧ nɤ˧ ŋʌ˧ mʌ˧
红 红 是 的

但"好的"：mɤ˧ mʌ˧ 而不能说：mɤ˧ ŋʌ˧ mʌ˧、
好 的

形容词尾的叠表示事物的程度加深：如：

A˨ ny˧ ny˧：绿绿地 ｝表颜色。
A˧ nA˨ nA˨：黑黑地 ｝

（A˧ nA˨ tɪ˧：则表无光泽而"黑"的）

A˧ pɪø˧ pɪø˧：软软地。

不能用叠重式表示疑问：多半是在句子的后面加"ɪA˨？"来表示疑问。如：

tʃɛ˧ ɪA˨？聪明吗？或说：tʃɛ˧ tA˨？ ｝但这话很少用。
mɤ˧ ɪA˨？好吗？或说：mɤ˧ tA˨？ ｝

mɪʌ˨ ɪA˨？美丽吗？tA˨ ɪA˨？多吗？

（双音节词也不能叠）

没有序数词"第"字。

数词从十一开始以后全部为一至十的单数词凑起来形成的。其中只有调子的变化，声、韵母均无变化。

形容词三级的比较：

hɯ˧大；tʃɯ˧ hɯ˧更大；A˧ k'ɯ˧ nɛ˧ hɯ˧最大。mɯ˧好；tʃɯ˧ mɯ˧更好；A˧ k'ɯ˧ nɛ˧；mɯ˧最好。

形容词及形容词短语在句中之位置：

形容词＋的＋名词＋数词＋付名词。

20×20=400 云南少数民族社會歷史調查組稿紙

vɤ˩ lA˧ m̥˧ mʌ˧ tsɤ˩ zɔ˧ ti˧ ɕiʋ˩

做生意 的 人 一 个

一个做生意的人

A˧ nɤ˥ ŋʌ˧ mʌ˧ A˧ pʋ˧ ti˥ pʋ˧ 一朵红的花

红 是 的 花 一 朵

mɯ˧ mʌ˧ tsʌ˩ zɔ˧ n̥i˥ ɕiʋ˩ 两个好人

好 的 人 两 个

如果不用〔mʌ˧ 的〕的时候，词序也要加以改变：名词＋数词＋付名词＋形容词。

如：tsʌ˩ zɔ˧ n̥i˥ ɕiʋ˩ mɯ˥、两个好人

人 两 个 好，

意义相反的词是否有形态标志：

高 tʃɯ˧ miʋ˧、低 tʃɯ˧ mɛ˩、

以上的例子可看出是用第二个音节的元音和声调的变化来表示的，但是在很多其他例子中可看出这种情况并不是常见和很多的，一般情况是没有什么一定的形态标志，如：

lA˥ hɯ˧ 大，tʃi˥ nA˥ 深 lA˧ ʃɯ˥ 长，

A˧ ni˥ 小，A˧ tɛ˥ 浅 A˧ tʋ 短，

代名词我、你、他、我们、你们、他们——均

20×20=400 雲南少數民族社會歷史調查組稿紙

无引称、尊称之别。

下面是代名词的称法及用法：

我、ŋɔ˩；我们 ŋɔ˥ iɔ˧（三个人或三个人以上才能用，这个必须用于对排除自己内部人时用）

你、nʌ˩；A˧ ŋʊ˥（三个人或三个人以上才能用，这个必须用于和内部人说时相当于北京话的"咱们"；而上面那个我们相当于北京话的我们，即不包括对方的）。

你们、nʊ˥ iʊ˧；他们 kɤ˩ sʊ˩ mA˥。

（你们、他们也同样以三个人为起码用的，两人以下不能用）

我的、ŋɔ˧
你的、nʌ˧ } 这些是当用作物主代词时用的、如：
他的、kʌ˧

ŋɔ˧ pɔ˧ nA˩
我的 牛

nʌ˧ pɔ˧ nA˩ ------ 等
你的 牛

20×20=400 雲南少數民族社會歷史調查組稿紙

我的、ŋɔ˩ iʌ˧

你的、nʌ˩ iʌ˧

他的、k'ɤ˩ iʌ˧

可当作独立的句子来用，但其中已包括了一个特定的动词了，那个动词是什么呢？这就决定于一定的语言环境了，如：如某甲想借用某乙的書用，某乙同意的话、可说：“ŋɔ˩ iʌ˧；”是说”

我俩：ŋɤ˥ ȵi˥（用於对别人说时的称唤，即相当於北京话的“我俩”排除式方式）

A˧ ȵi˥（我俩内部称时用，相当於北京话的“咱俩”即包括式方式）

以上只能用於两个人时、多於或少於两人均不可用）

你们：nɯ˥ ȵi˥；他俩 kɤ˧˩ sʋ˧˩ ni˥。

我们的、ŋʋ˥ iʋ˥ A˥，（排除式方式：相当於北京话的“我们的”）

A˧˩ ŋʋ˥ A˥（包括式方式，相当於北京话的“咱们的”）

（以上均以三个人或三个人以上才可用）

我自己：ŋɔ˧˩ ŋʌ˥ iʌ˧

你自己：nʌ˧˩ nɯ˥ iʌ˧ 强调返身第二式没有，只有前面的

他自己：k'ʌ˧˩ A˥ ȵʌ˧ 这一种强调返身式。

指示代词

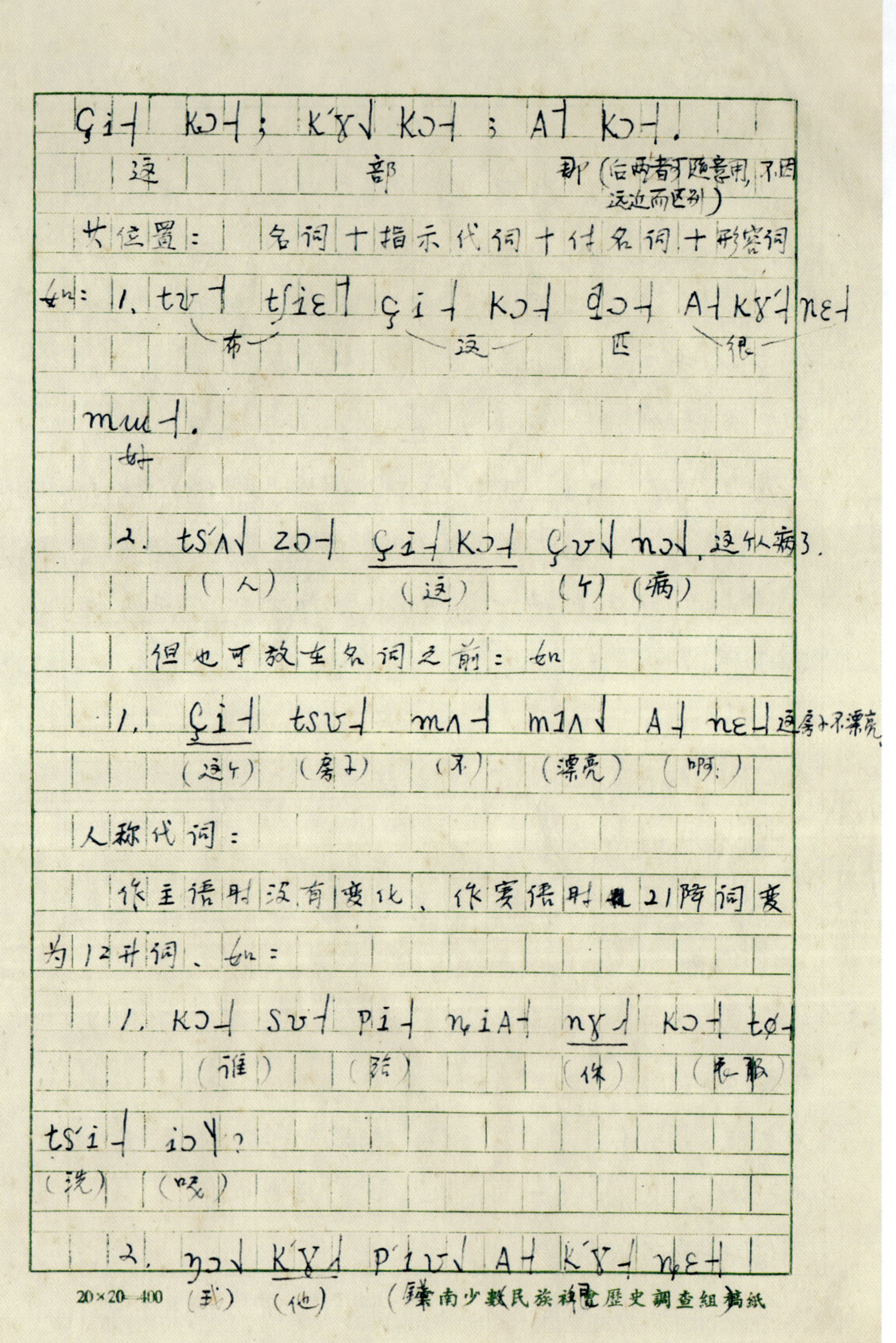

ɕi˧ kɔ˧；kɣ˩ kɔ˧；A˥ kɔ˧.
这 部 那（后两者可随意用，不因远近而区别）

式位置：名词＋指示代词＋付名词＋形容词

如：1. tʋ˧ tʃiɛ˥ ɕi˧ kɔ˧ ɗɔ˧ A˧kɣ˧ nɛ˧
布 这 匹 很
mɯ˧.
好

2. tsʌ˩ zɔ˧ ɕi˧ kɔ˧ ɕʋ˩ nɔ˩. 这个人病了.
（人） （这） （个）（病）

但也可放在名词之前：如

1. ɕi˧ tsʋ˧ mʌ˧ mɪʌ˩ A˧ nɛ˧ 这房子不漂亮.
（这个）（房子）（不）（漂亮）（啊）

人称代词：

作主语时没有变化、作宾语时由21降调变为12升调、如：

1. kɔ˧ sʋ˧ pi˧ ɲiA˧ ŋɣ˧ kɔ˧ tø˧
（谁）（给）（你）（衣服）
tsi˧ iɔ˦？
（洗）（呢）

2. ŋɔ˩ kɣ˩ pɪʋ˩ A˧ kɣ˧ ɲɛ˧
（我）（他）

20×20=400 （云南少数民族社会历史调查组稿纸）

tʻʌ˩ kʋ˩ mʌ˧．我拿给他很多钱．
（多）（拿）（给）

3．ŋɔ˩ nʌ˩ mʌ˧ tɯ˧．我不打你．
（我）（你）不 打

“什么”的位置：什么十名词：

kʻɔɛ˧ ʌ˧ pʋ˧ nɛ˧ sɔ˧？什么花儿香？
什么（花）香

kʻɔɛ˧ 22 ŋɤ˧ 33 kʋ˧ ʌ˩？什么东西？
（什么）（东西）？

动词：

没有使动体、和被动体、但

动词重叠不表疑问，动词不能重叠：如．

1．tsɔ˧ lʌ˩？或 tsɔ˧ tʌ˩？
吃 吗： 吃 吗．

2．nʌ˩ tsʋ˩ iʌ˩ lɔ˧ ŋʌ˩？你从家里来吗？
（你）（家）（从）（来）（吗）？

3．nʌ˩ tsʋ˩ nʋ˩ le˧ lʌ˩？你回家去吗？
（你）（家）（回）去 吗？

4．plʋ˧ lʌ˩？帮助吗？ plʋ˧ tʌ˩？帮助吗．

20×20＝400　雲南少數民族社會歷史調查組稿紙

5. m̩˩ tɕ'ø˧ A˧ ɳA˧？
（折断） （吗？）

6. nʌ˩ tɛ˧ lɔ˥ lA˩？你来看吗？
你 看 来 吗？

付词：其位置：付词＋动词，如：

1. mʌ˧ lɔ˥；2. mʌ˧ tsɔ˧；
不 来 不 吃

3. mʌ˧ pɪʋ˧． 4. t'ʌ˧ pɪʋ˧；
不 帮助 不要（莫） 帮助，

5. t'ʌ˧ m̩˥ tɕø˥
（莫） （折断）

6. k'ɤ˩ ŋɔ˩ mʌ˧ cʋ˧ tʋ˩ c˧．他不想念我．
（他） （我） （不） （想念）

始动态：在动词之后加"mA˩ nɛ˩"表示开始．

1. kɤ˩ sʋ˩ mA˥ cɔu˩ p'ɛ˩ mA˩ nɛ˩．
（他们） （荞子）（割） （开始）

他们开始割荞子了，

2. ŋɔ˩ A˧ me˧ tsʋ˧ mA˩ nɛ˩
（我） （饭） （吃） （开始）

ŋɔ˩ A˧ me˧ tsɔ˧ le˩ ←将来式：我准备吃饭

20×20＝400 雲南少數民族社會歷史調查組稿紙

3. k'ɤ˩ A˧ piʋ˥ piʋ˥ mA˦ nɛ˩. 他写字开始了.
(他) (字) (写) (开始)

将来式：在动词之后加"e˩"表示准备.

1. ŋɔ˩ mi˧ ʃɔ˥ ȵi˧ k'ɤ˩ tɯ˧ e˩.
(我) (明天) (他) (准备)

进行态：在动词之后加一个"ȵA˦ sɯ˧ A˩"表示正在进行.

1. k'ɤ˩ A˧ piʋ˥ piʋ˥ ɔ˩ ȵA˦ sɯ˧ A˩.
他正在写字.

未完成态：在动词之后加"sɔ˧ sɯ˧ A˩"表示.

1. k'ɤ˩ mʌ˧ tsɔ˧ sʋ˧ sɯ˧ A. 他完没吃完.
(他) (不) (吃) (完) (还)

2. ŋɔ˩ k'ɤ˩ mʌ˧ tɯ˧ sɔ˧ sɯ˧ A˩.
(我) (他) (不) (打) (完) (还)

断续进行态：在动

1. k'ɤ˩ ɯ˧ A˧ ɹe˧ A˥ ne˧. 他笑着走了
他 笑 着 走 了

经验态：k'ɤ˩ pi˧ tʃʋ˧ A˧ mɯ˧ A˧ ʃʋ˧
(他) (大蛇) (肉)

tsʋ˧ kʋ˥ lɔ˥ lɔ˥ A˧ nɛ˧ 他吃过蛇肉.
(吃) (过) (来) (了)

在引述讲话人的话中没有其他的话尾或变化。

助动词： 否定词＋动词＋助动词。

助动词不能重叠也不表示疑问。

kɪɣ˧ ɕy˧ ；ie˧ tʃɛ˧ ；tʌ˧ nu˧ ；
（唱歌）（会） （去）（敢） （喝）（想）

mʌ˧ kɪɣ˧ ɕy˧ ； mʌ˧ ie˧ tʃɛ˧ ； mʌ˧ tʌ˧ nu˧ 。
（不）（唱歌）（会） （不）（去）敢 （不）（喝）（想）

付词： 付词＋动词

ŋɣ˧ mʌ˧ ne˧ lɔ˩ ； piʌ˧ piʌ˧ e˩ zʊ˧ 慢慢走
（常常） （来） （慢慢） （走）

tʃɯ˧ uʌ˩i˧ ɐʌ˧ ； ŋɔ˩ e˧ zʊ˧ 我也去
（赶快）（跑） （我）（也）（走）

A˧ kɣ˧ nɛ˧ tʌ˩ ； u˧ lɔ˧A˧ nɛ˧ 又来了
（太很） （多） （又）（来）（了）

tɪ˧ pɯe˧ nʊ˧ tʌ˧ 再喝一杯；A˧ kɣ˧ nɛ˧
（一）（杯）（再）喝 （很）

连接词：

并列、从属两种连接词均没有。

miʊ˧ mɛ˩ nʊ˧ 牛和马；vA˧ iA˩ 鸡和猪
（马） （牛） （猪）（鸡）

20×20=400 云南少数民族社会历史调查组稿纸

ɕɨʌ˨ ɕiʌ˧ A˧ kɤ˧ ȵɛ˧ tʻʌ˨A˧pɯ˧ɖʋ˧
（蚊子）（太）（多）（蚊帐）

iɔ˧ kʻɪoe˥，因为蚊子太多，因此要挂蚊帐，
（因佳）。

介词：

mi˨ tsʻA˥ i˥ 睡在地下；
（地）（睡）

kɤ˨ ŋɤ˧ iʌ˧ lɔ˥ ȵA˧？他从那儿来？
（他）（那儿）（从）来 ？

本语言中借词很不丰富。

ŋɔ˨ e˧ tsɔ˧；
（我）（也）（吃）

ʋ˧ lɔ˥ A˧ ȵɛ˧；zʋ˧ kʻɯ˧ iA˥ ȵɛ˧
（又）（来）（了）（走）（到）（了）

语气词：

ɖʋ˧ lɔ˥ A˧ ȵɛ˧！热起来了！；
（热）（来）（了）

ŋɤ˨ A˧：是的！；ŋɤ˥ ȵɔ˥：是的
（是）（的！）（服从别人）是的！（强调肯定）。

20×20=400 雲南少數民族社會歷史調查組稿紙

piɣ˧ piɣ˧ e˩ tsɔ˧ e˧ tʋ˩ m˩! 慢々地吃吧！

（慢 々 地）（吃）（吧！）

语气词的情况很複杂，由于收集的材料太少，无法归纳，只能列出现象。

m̩˩ pi˧ mʌ˩ A˧ nɛ˩！可能丢了吧？

（丢）（可能）（呢！）

nʌ˩ zɔ˧ ku˧ ɣ˩ nʌ˩！你揹孩子啊！

（你）（孩子）（揹）（啊！）

kɣ˩ e˧ lɔ˩ A˧ nɛ˧！他也来了！

（他）（也）（来）（了）

感叹词：

呼々声：xue˥ i˧！（喂！）；被打着痛时呼声：i˥，i˧！被火烫时惊呼声：e˥e˩！或用 i˥！或用 A˧ iʋ˥！

以物示人时所用语词：ɕi˧！nʌ˩ tɛ˧！；

（你）（看！）

交物于对方时呼：ɕi˧！kʋ˩ tʃe˧ A˧.

（拿）（去）

1. 代名词：

1. xɔu˩：ti˧ xɔu˩ ＝ ŋɔ˧ pɛ˧ 五分（钱的单位）

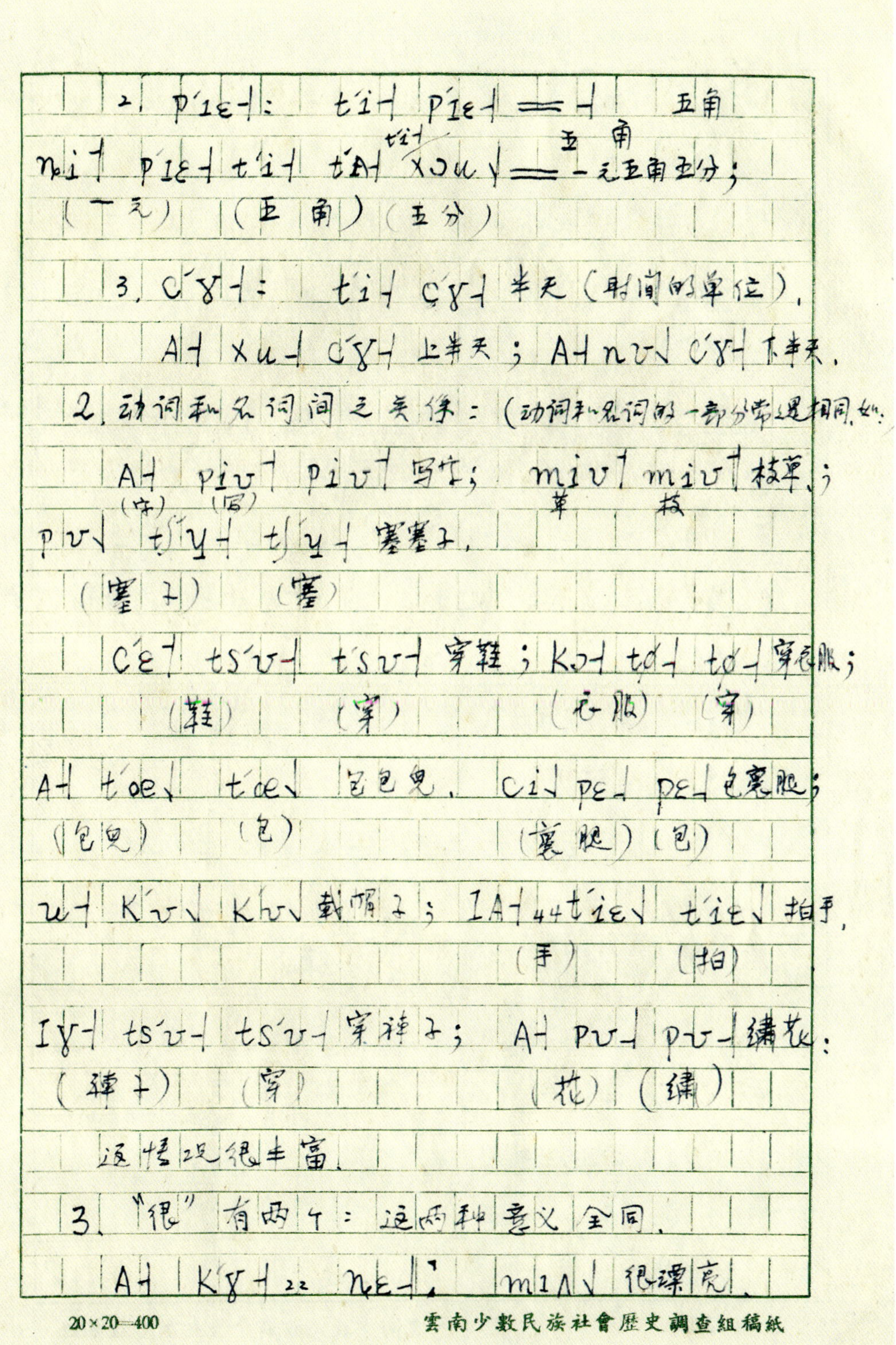

2. pʻiɛ˧：tʻi˧ pʻiɛ˧ ＝ 一 五角

ɲi˧ piɛ˧ tʻi˧ tʻA˧ xɔu˩ ＝ 一元五角五分；
（一元）（五角）（五分）

3. çʻɤ˧：tʻi˧ çɤ˧ 半天（时间的单位）。

A˧ xu˧ çʻɤ˧ 上半天；A˧ nʋ˩ çʻɤ˧ 下半天。

2. 动词和名词间之关系：（动词和名词的一部分常是相同，如：

A˧ piʋ˥ piʋ˥ 写字；miʋ˥ miʋ˥ 栽草；
（字）（写）　　（草）（栽）

pʋ˩ tʃy˧ tʃy˧ 塞塞子。
（塞子）（塞）

çɛ˥ tsʻʋ˧ tsʻʋ˧ 穿鞋；kɔ˧ tɔ˧ tɔ˧ 穿衣服；
（鞋）（穿）（衣服）（穿）

A˧ tʻœ˩ tʻœ˩ 包包儿。çi˩ pɛ˧ pɛ˧ 包裹腿；
（包儿）（包）（裹腿）（包）

ɯ˧ kʻʋ˩ kʻʋ˩ 戴帽子；lA˧44 tʻiɛ˩ tʻiɛ˩ 拍手，
（手）（拍）

Iɤ˧ tsʻʋ˧ tsʻʋ˧ 穿裤子；A˧ pʋ˧ pʋ˧ 绣花：
（裤子）（穿）（花）（绣）

这情况很丰富。

3. “很”有两个：这两种意义全同。

A˧ kʻɤ˧22 ɲɛ˧；mIʌ˩ 很漂亮。

20×20=400　　云南少数民族社会历史调查组稿纸

tɕi˧ mɪʌ˩ 很漂亮　A˧ k'ɤ˧ nɛ˧： tɕɛ˧ 很聪明，

tɕi˧ tɕɛ˧ 很聪明。

4. "漏字"、实际上没有"漏"字，只有进、去、如：

ɕi˧ ɪʋ˧ p'ʋ˧ i˧ tʃʋ˧ tʋ˩ A˧ nɛ˧，这个碗去水了。

（这个）（碗）（水）（去）（了）

ɕi˧ tsʋ˧ i˧ tʃʋ˧ ʋ˩ A˧ nɛ˧，这个房子进水了

（这个）（房子）（水）进（了）

5. pA˧ p'ɪɔ˧（异性）朋友，；mA˧ tʃɤ˧（同性）朋友，

6. A˧ ɯ˩ t'A˧ ʐʋ˩ tsɯ˧、越过那座山。

（那个）（山）（走）过）

ɕi˧ A˧ kɪɔ˧ kA˧ 跨过这条河，

（这）（河）（过）

7. 形容词重叠表示程度加深的情况很多，如：

A˧ kɪy˧ kɪy˧ 滑滑地；A˧ tʌ˧ tʌ˧ 直直地；

（滑）（直）

A˧ nʋ˧ nʋ˧ 嫩嫩地；A˧ k'ɯ˧ k'ɯ˧ 弯弯地。

（嫩）（嫩）（弯）

2. 句法特点：

词序，主语＋谓语：

1. k'ɤ˩ ɪɔ˧ A˧ nɛ˧、他来了。

（他）（来）（了）

20×20＝400　雲南少數民族社會歷史調查組稿紙

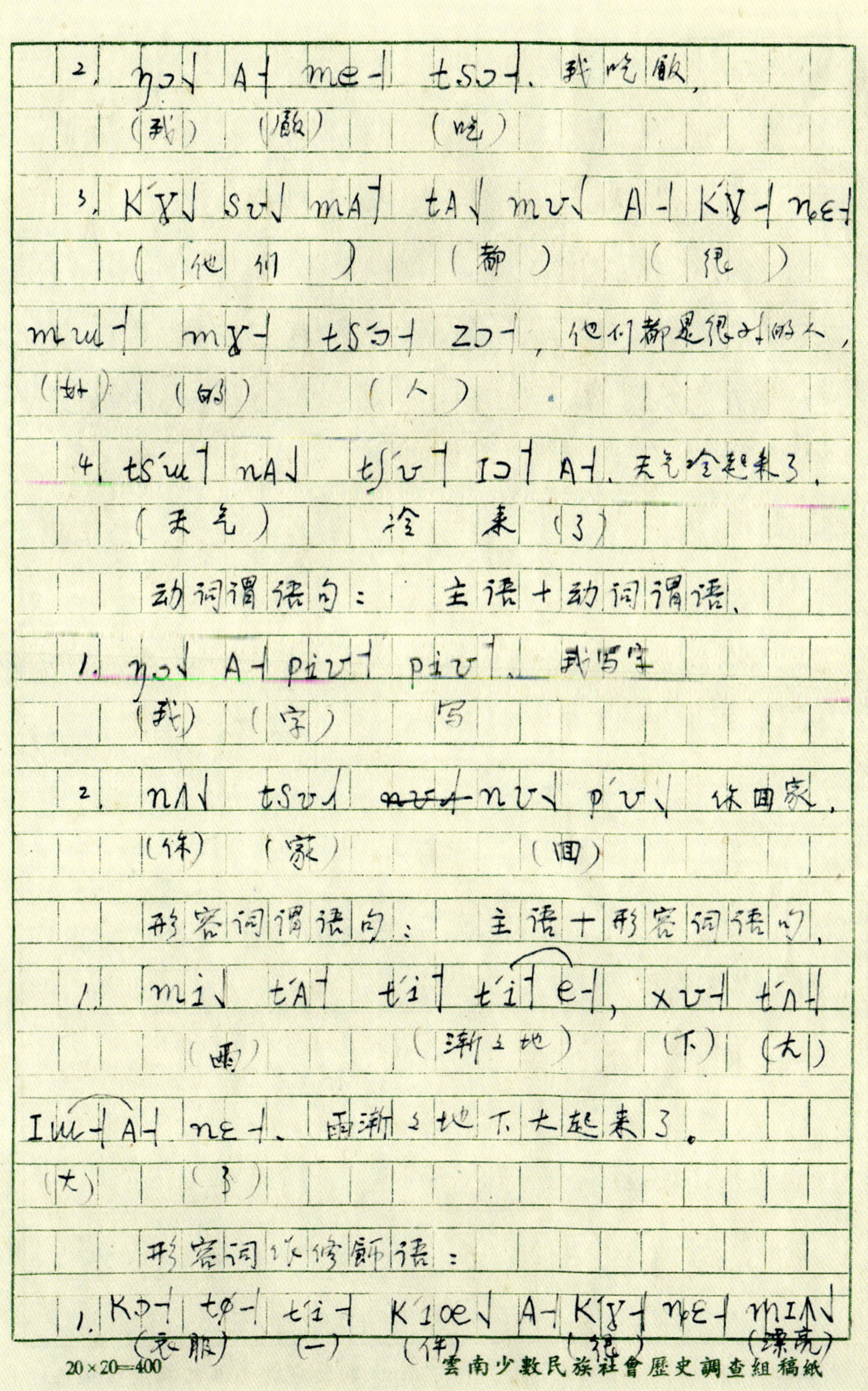

2. ŋɔ˨˩ A˧ me˧ tsɔ˧. 我吃饭，
(我) (饭) (吃)

3. kɤ˨˩ sʊ˨˩ mA˥ tA˨˩ mʊ˨˩ A˧ kɤ˧ ȵɛ˧
(他 们) (都) (很)
mɯ˥ mɤ˧ tsɔ˧ zɔ˧，他们都是很好的人，
(好) (的) (人)

4. tsʰɯ˥ nA˨˩ tʃʊ˥ Iɔ˥ A˧. 天气冷起来了.
(天 气) 冷 来 (了)

动词谓语句： 主语＋动词谓语.

1. ŋɔ˨˩ A˧ piʊ˥ piʊ˥. 我写字
(我) (字) 写

2. nʌ˨˩ tsʊ˨˩ ~~nʊ˧~~ nʊ˨˩ pʰʊ˨˩ 你回家.
(你) (家) (回)

形容词谓语句： 主语＋形容词谓语.

1. mi˨˩ tʰA˥ tʰi˥ tʰi˥ e˧，xʊ˧ tʰʌ˧
(雨) (渐渐地) (下) (大)
Iɯ˧ A˧ ȵɛ˧. 雨渐渐地下大起来了。
(大) (了)

形容词作修饰语：

1. kɔ˥ tø˧ tʰi˧ kɪœ˨˩ A˧ kɤ˧ ȵɛ˧ mɪʌ˨˩
(衣服) (一) (件) (很) (漂亮)

20×20=400 雲南少數民族社會歷史調查組稿紙

mɣ˧˥、一件很美丽的衣服。
的

2. tʃi˧ mɯ˧ ʑe˩. 好好地学习
（好好地）（学习）

并列结构：名词＋名词；形＋形；动＋动。

1. vʌ˥ tʻi˩ mʌ˧ tʃi˧ pe˩ tʻi˩ mʌ˧ zɔ˧.
（猪）（一）（支）（羊）（一）（支）（走）

tsɯ˩ iʌ˧ ne˧.
过（了）

2. ŋɔ˩ ŋɔ˧ pu˧ ŋɔ˧ mɔ˧ ʃɔ˧ mɣ˧. 我找爸爸妈妈的。
（我）（爸爸）（妈妈）.（找的）

3. çi˧ kɔ˧ pʌ˧ ʃu˧ hɣ˧e˧ ɪʌ˥ hɣ˧
（这）（本）（书）（大）（也）（大）

tʻu˩ e˧ʌ˧ tʻu˥。这是本大而厚的书。
（厚）（也）（厚）

4. kɣ˩ ɪɔ˩ mʌ˧ ɪɔ˥ ŋɔ˩ mʌ˧ tʃɛ˧.
（他）（来）（不）（来）（我）（不）（知道）

动宾结构：

1. ŋɔ˩ kɣ˩ ʃu˩ ɪɛ˩ nɔ˩. 我去找他啊！
（我）（他）（找）（啊！）

2. kɣ˩ tɕœ˧ vʌ˧˩ tu˧ tsɛ˥ i̱u˧e˧ 他上街去买布，
(他) (街) (布) (买)

3. ŋɔ˩ kɣ˧˩ tɯ˧ 我打他；4. ŋɔ˩ kɣ˧˩ tɯ˧
(我) (他) (打) (我) (他) (打)

nɛ˧˩ 我打他。

5. ŋɔ˩ tɯ˧ nɛ˩ kɣ˧˩ 我打他；
(我) (打) (他)

6. ŋɔ˩ tɯ˧e˧ kɣ˧˩ 我打他。
(我) (打) (他)

6. ŋɔ˩ nʌ˧˩ su˧ mʌ˧ tsɛ˥ mʌ˧ nɛ˧。
(我) (你) (書) (不) (借) (不) (想)

我不想借给你書。

7. ŋɔ˩ su˧ mʌ˧ tsɛ˥ mʌ˧ nɛ˧ nʌ˧˩.
(我) (书) (不) (借) (不) (想) (你)

我不想借你书。

8. ŋɔ˩ pi˧e˧˩ nʌ˧˩ 我给你；
(我) (给) (你)

9. ŋɔ˩ nʌ˧˩ pi˧e˧ 我给你。
(我) (你) (给)

10. nʌ˧˩，ŋɔ˩ mʌ˧ tse˥，你，我不借。
(你) (我) (不) (借)

20×20=400 雲南少數民族社會歷史調查組稿紙

11 nA˩, ŋɔ˩ mA˧ pi˧e˧, kɣ˩ pi˧e˧!
（你）（我）（不）（给）（他）（给）

你，我不给，给他！

关于动宾结构的词序问题，因收集到的材料有限所以对此现象进行研究，也得不出正确结果，再一方面原因是：发音人文化水平低不能翻译出来，汉语水平也低，再多问他几次他也糊涂了，所以以上宾语放在动词之后是否可以我看还得考虑，也许是他说错了，或是另外变了意思翻不出来，或是其他条件下才可以有些变化，现在还不得而知，只能说到出这些现象，也许和被动语情况有关系。

双宾语：词序：主＋宾(人)＋宾(物)＋动。

1. kɣ˩ ŋɔ˩ ciɔ˩ pA˧ ti˧ pA˧ pi˧ 他给我个荞巴
（他）（我）（荞巴）（个）（个）（给）

2. ŋɔ˩ kɣ˩ piu˩ sɔ˩ pie˧ sAi˧.
（我）（他）（钱）（三）（块）赔

我还给他三个银子。

3. ŋɔ˩ sɯ˧ tsɛ˧ kɣ˩. 我借给他米。
（我）（米）（借）（他）

20×20=400 雲南少數民族社會歷史調查組稿紙

直陈句：

1. k'ɤ˩ A˧ mɛ˧ mø˧ A˧ nɛ˧
（他）（饭）（饿）（了）

2. nʌ˩ A˧ mɛ˧ tsʋ˧、你吃饭。
（饭）（吃）

问句的几种形式：

1. nʌ˩ tsʋ˩ iʌ˩ lɔ˧ ȵA˩？你从家来吗？
（你）（家）（从）（来）吗？

2. nʌ˩ tsʋ˩ lɔ˩ lA˩？你来家里吗？
你（家）（来）

3. nʌ˩ tsʋ˩ mʌ˧ lɔ˧ mA˩ ȵA˩ 你不来家里呀！
（你）（家）（不）（来）（呀！）

4. nʌ˩ tsʋ˩ lɔ˩ mʌ˧ lɔ˩ lA˩？你来家里不啊？
（你）（家）（来）（不）（来）（啊）

5. nʌ˩ tsʋ˩ lɔ˩ A˧ ȵA˩ A˧？你家里来了。
（你）（家）（来）（了）

6. nʌ˩ tsʋ˩ nʋ˩ p'ʋ˩ ie˧ tA˩？你回家去吧？
（你）（家）（回）（去）（吧！）（向下去，或平路）

7. nʌ˩ tsʋ˩ nʋ˩ p'ʋ˩ ie˧ lA˩？你回家去吗？
（你）家（回）（去）（吗，）（向下去）

20×20＝400　雲南少數民族社會歷史調查組稿紙

8. nʌ˩ tsʊ˩ mʌ˧ ɪɔ˧ A˧ pʊ˩? 你不回家来吗？
(你) (家) (不) (来)

9. nʌ˩ tsʊ˩ mʌ˧ ɪɔ˧ A˧ nɛA˩? 你不回家里吗？
(你) (家) (不) (来) (吗)

10. nʌ˩ tsʊ˩ nʊ˩ pʊ˩ mʌ˧ nʊ˧ pʊ˩
(你) (家) (回) (不) (回)

ɪe˧ ɪA˩? 你回家来不来？
(来) ?

一4 较特殊的语法现象：

1. nʌ˩，A˧ zɔ˧ kɯ˧ ɯ˩ sA˧ ɔ˧ mʌ˧，
(你)！(那) (孩子) (笑迷迷) (地)

tɛ˩ nʌ˩！你看！那孩子笑迷迷地。
(看) (你)

2. nʌ˩，ɪɛ˧ nɛʌ˩ ɔ˧ A˩ nɣ˦！
(你)！(那) (太阳) (红红地)

tɛ˧ ue˦ nʌ˩！你看！那太阳红红地
(看) (向上西) (你)

语法材料：

（一）

ŋɔ˩ ɕʊ˩ tsʌ˧ tsɣ˩ sɛ˧ miʊ˧ ŋɣ˩ nɛ˧，
我 地 砍 十 年 是

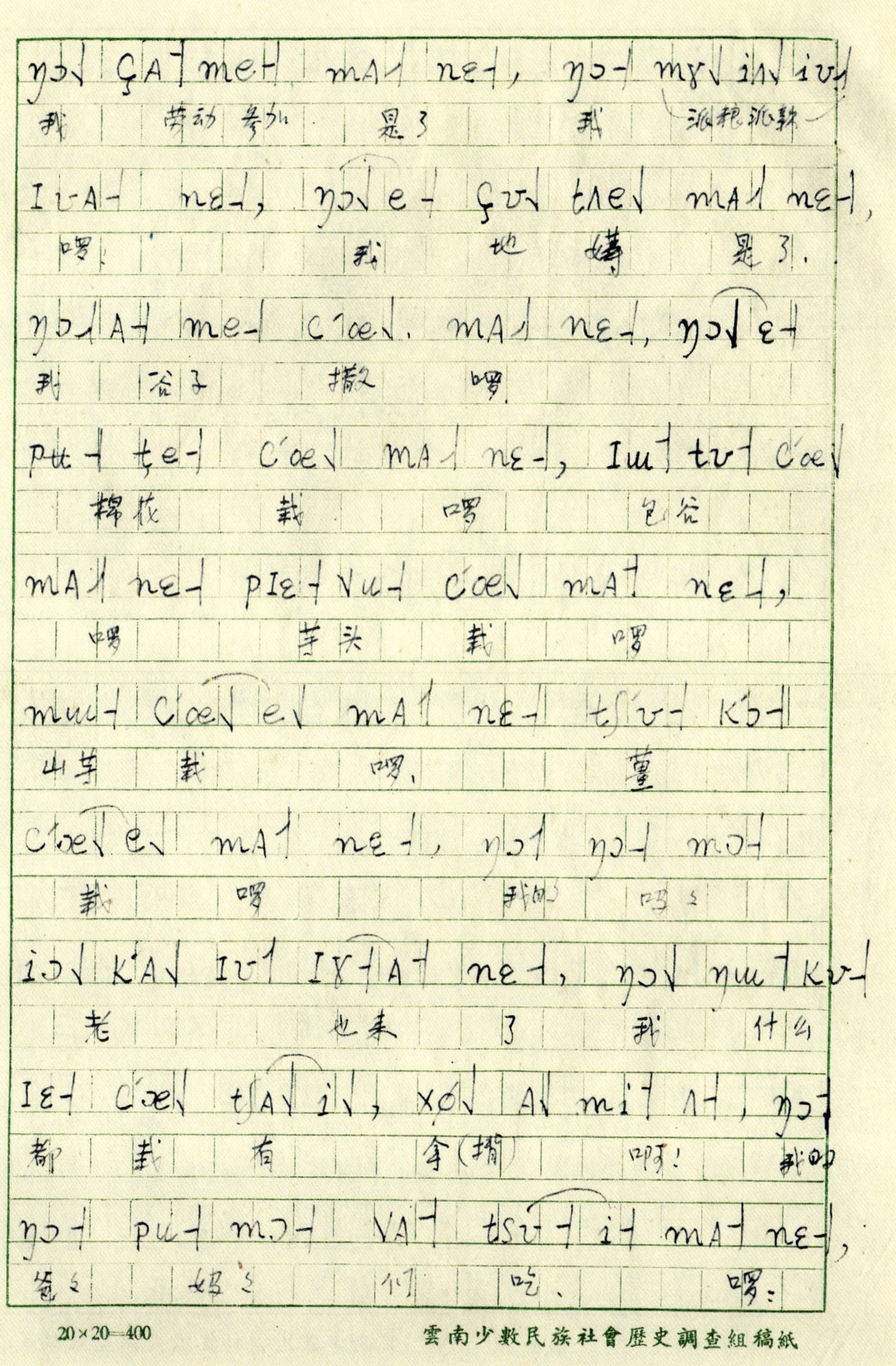

ŋɔ˩ ɕA˥ me˧ mA˩ nɛ˧, ŋɔ˧ mɣ˩ iʌ˩ iʋ˩
我 劳动 参加 是了 我 派粮派款

Iʋ-A˧ nɛ˧, ŋɔ˩ e˧ ɕʋ˩ tʌe˩ mA˩ nɛ˧,
啰 我 也 婧 是了.

ŋɔ˩ A˧ me˧ cʻœ˩. mA˩ nɛ˧, ŋɔ˩ ɛ˧
我 谷子 撒 啰

pɯ˧ te˧ cʻœ˩ mA˩ nɛ˧, Iɯ˥ tʋ˥ cʻœ˩
棉花 栽 啰 包谷

mA˩ nɛ˧ pIɛ˧ vɯ˧ cʻœ˩ mA˥ nɛ˧,
啰 芋头 栽 啰

mɯ˧ cʻœ˥ e˩ mA˩ nɛ˧ tsʋ˧ kɔ˧
山芋 栽 啰, 薑

cʻœ˥ e˩ mA˩ nɛ˧, ŋɔ˥ ŋɔ˧ mɔ˧
栽 啰 我们 吗ゝ

iɔ˩ kʻA˩ Iʋ˥ Iɣ˧ A˥ nɛ˧, ŋɔ˩ ŋɯ˥ kʋ˧
老 也来 了 我 什么

Iɛ˧ cʻœ˩ tʃA˩ i˩, xɔ˩ A˩ mi˥ ʌ˧, ŋɔ˥
都 栽 有 拿(撵) 啊! 我的

ŋɔ˧ pɯ˧ mɔ˧ vA˥ tsʋ˧ i˧ mA˥ nɛ˧,
爸ゝ 妈ゝ 们 吃、 啰:

20×20=400 雲南少數民族社會歷史調查組稿紙

ʃʋ˨˩ ȵi˥ mʌ˧ ɕœ˨˩ tʃɯ˧ kɪɔ˧、i˥ ɕi˥

他们 不 动（作习惯） 能（可以） 以前.

ŋɔ˥ tʃɯ˨˩ ɪɯʋ˧ ŋɔ˥ ɕʋ˨˩ xɯ˧，iA˧ tsɯ˧

我 生 出来 我 养 大 现在

ŋɔ˥ ŋɔ˧ pɯ˧，ŋɔ˧ mɔ˧ vA˥ ŋɔ˨˩ ɕʋ˨˩

我 爸爸 妈妈 们 我 养

mA˥ nɛ˧。

嘞

（二） A˧ pɯ˧ pɔ˧ e˥

父亲 奇怪的

zɔ˧ iʋ˧ sø˧ iʋ˧，A˨˩ kɪɔ˧ ɪʌ˨˩ pɔ˧ i˥，

儿子 三 个 河 冬 边 睡，

sø˧ siʋ˥ A˧ ȵɯ˥，pɯ˧ cy˧ zɔ˥ cy˧，

三 弟 兄 父亲 拣 儿子 拣.

cʋ˧ ɪʌ˥ to˥ mʋ˧ cy˧ nɯ˥，pɯ˧ tʃɯ˧

海 拣 着 父亲 在

A˥ tʋ˥ mʌ˥ iɔ˧，pɯ˧ tʃɯ˧ A˥ tʋ˥ ʃʋ˨˩，

地方 不 着 父亲 在 地方 找

u˧ tʋ˧ tsɤ˨˩ tʃɯ˥ A˨˩ dʌ˨˩，ȵɤ˨˩ ʃʋ˨˩ A˧ ɣɤ˨˩，

丁 四肢 节 臂 大哥 已

20×20=400 雲南少數民族社會歷史調查組稿紙

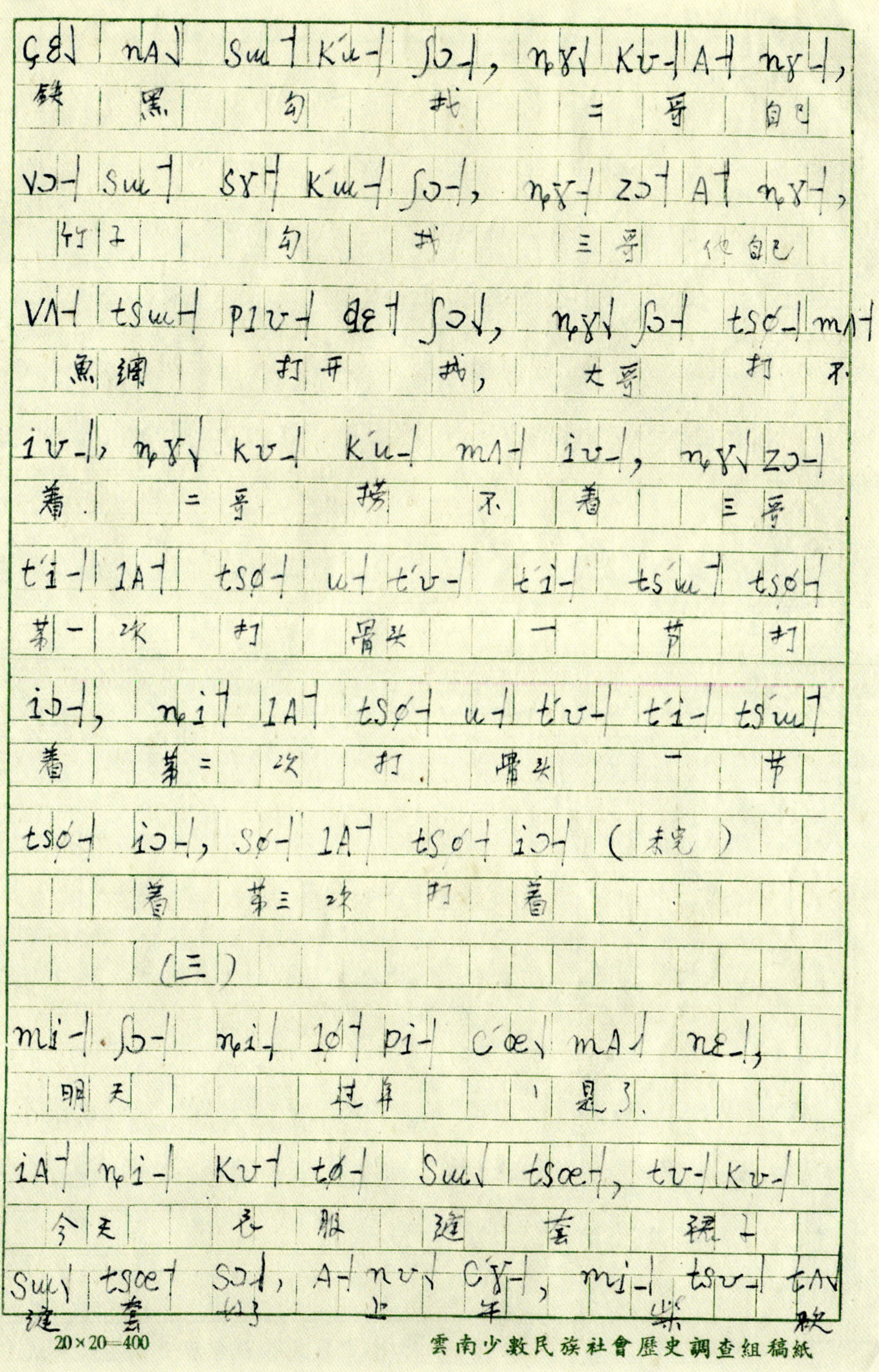
ɕɛ˩ nA˩ sɯ˥ k'ɯ˧ ʃɔ˧, ŋɤ˩ kʋ˧ A˥ ŋɤ˧,
铁 黑 句 找 二 哥 自己
vɔ˧ sɯ˥ sɤ˥ k'ɯ˧ ʃɔ˧, ŋɤ˧ zɔ˥ A˥ ŋɤ˧,
竹子 句 找 三 哥 他自己
vA˧ tsɯ˧ pɪʋ˧ ʤɛ˥ ʃɔ˩, ŋɤ˩ ʃɔ˧ tsø˧ mA˧
鱼网 打开 找， 大哥 打 不
iʋ˧, ŋɤ˩ kʋ˧ k'ɯ˧ mA˧ iʋ˧, ŋɤ˩ zɔ˧
着. 二 哥 捞 不 着 三 哥
t'i˧ lA˥ tsø˧ ɯ˧ t'ʋ˧ t'i˧ tsɯ˥ tsø˧
第一 次 打 骨头 一 节 打
iɔ˧, ŋi˥ lA˥ tsø˧ ɯ˧ t'ʋ˧ t'i˧ tsɯ˥
着 第二 次 打. 骨头 一 节
tsø˧ iɔ˧, sø˧ lA˥ tsø˧ iɔ˧ （未完）
着 第三 次 打 着

（三）

mi˧ ʃɔ˧ ŋi˧ lɔ˥ pi˧ ɕœ˩ mA˩ ŋɛ˧,
明天 过年 是了.
iA˥ ŋi˧ kʋ˥ tø˧ sɯ˩ tsœ˧, tʋ˧ kʋ˧
今天 衣服 缝 套 裙子
sɯ˩ tsœ˥ sɔ˩, A˧ nʋ˩ ɕɤ˧, mi˧ tsʋ˧ tA˩
缝 套 的 上 午 [illegible]
20×20=400 雲南少數民族社會歷史調查組稿紙

kɯɔ˧ i˧，A˧ pʊ˧ tsʻɯ˧ i˧，mi˧ ʃɔ˧
了（还没播回） 花 播 明天

ȵi˧，A˧ kɔ˧ kɔ˧ kɔ˩ to̧，A˧ ʃi˧ to̧˧ miʌ˧
衣服 彩色 穿 啊！

mi˧ tsɔ˧ pi˧，A˧ pʊ˧ ɕy˧ miʌ˧ miʌ˧
紫 褶 花 戴 美丽 啊！

nʊ˩ pʻʊ˩ miʌ˧ A˧ me˧ tsʊ˧，mi˩ kɔ˧
回来 啊 吃 饭 吃 玩

sɯ˧ tʊ˧ lʌ˩ kʻʌ˩，ʃA˩ kɔ˧ ɕo̧˩，mi˧ ʃɔ˧
鼓 锣 打 歌 唱 明天

ȵi˧ ʃɔ˩ pɔ˧ ȵi˩，tsʊ˩ ʃi˧ tsʊ˩ mɔ˧，
后天 房子 新 房子

tA˩ mA˧ ni˧ ɖʊ˧ ɖʊ˧ ɖʊ˧ mA˩ nɛ˩，
秋收后盖房子的时间。 是

iʌ˧ mɔ˧ tʊ˩ mA˩ nɛ˩，mi˧ ʃɔ˧ ȵi˩
庆祝会 来（去） 啊！ 明天

ʃɔ˩ pʊ˧ ȵi˧，kɔ˧ œ˧，iʌ˧ mʊ˩
后天 （盖房子工作） 进去（参加） 庆祝会

tʊ˩ mA˩ nɛ˧。
来（去） 啊

注："kɔ˧ œ˧"参加盖房子工作之意，此词只限于ʐa˧ ʐu˧ ʐu˧的那个特定时节内才能说，其他时候不说。

汉譯。

因发音人同志的汉语水平低，翻譯能力低，所以只能在每个词和字的下面注上汉字，但这些字可能有些翻的不一定正确，因为他常把汉语套到（按到）每一个攸乐语音节上，尤其是些虚词、和语尾词。长篇故事或短篇的笑话等也都不会，只得收集这样几句。

最后补充一点儿攸乐族的社会情况，（只据发音人所说的）攸乐族居住于攸乐山上，其他地方没有攸乐族，他们和傣族、汉族、哈尼族交际较多，其中尤其是傣族，互相在生活上，语言上也有不少影响，经济生活以农业为主，攸乐族人民没有姓，只有名字，每个寨子中有两个头人，全寨人就分为两部分，分别属于两头人管理，在每个头人所属的内部男女之间不能通婚，如有一点点血缘关系也不能通婚，必须两头人之间的男女才可通婚，在一个家庭内父未死，子不得分家、分居，女须与父同居一处，父死后才得分家，家产为所有的儿子平均分配，但长子有继承房屋权，普通人死用土葬、如一家之长死除埋掉还要把其生前所用之床烧掉，有孩子的妇女死后用火葬，小孩子生下来所取的名字是由请来的和尚念经、念出来的、父母不得给儿女起名，每年要杀牛、鸡（杀猪、羊很少，因当地以畜牲少）祭祖先。每年除了有两天过年之外，再也没有任何节日，无火把节。也没有过旧的文字，在家庭内安放佛像的样式也同四川彝族大不相同，乐器方面有一种铜片或竹片所制的口琴，但片数只有一片，同样也是放在唇边手指动来吹。在语言中，词汇有一少部分在语音上和彝语相近，或可感到有对应规律可寻、只是数量较少。

关于侬系族的社会情况全面的情况已向当地西双版纳傣族自治州人民政府要了，但至今还未得到，以上几点仅仅是发音人同志所谈的，可能不够完善，等得到那材料后一齐带回队部。

20×20=400　　云南少数民族社会历史调查组稿纸

（四）结论

一、语言系属

二、方言集团

三、这种彝语能否与四川彝族共用一种彝文？

由以上语言及社会方面的特点和情况看来，攸乐族是具有一些特殊的不同于彝族的，也可说是和彝族特点相差较远的特点，因此我们感到在讨论它是否能同四川彝族共用一种彝文字之前，首先要研究其民族系属问题，再解决其所属的语支问题，或是同哪个方言，哪种语言相近等，之后才能看其文字问题。在他们的民族是否是彝族问题上，我们只发表些不成熟的意见。我们感到是不能归到彝族内的，那么在语言上就不可能是彝语或彝语的方言了。再一个问题就要考虑是否是彝语支的？我们认为今天掌握的材料，和研究的~~问题~~时间来说，还远不足以取得关于这个问题发音的权利，因而我们愿意今后有机会再对攸乐民族进行更深入的调查。但我感到有一个问题是可以较肯定地说

20×20=400　　雲南少數民族社會歷史調查組稿紙

的，那就是仫佬话不能与四川彝话共用一种新文字。

四、如不能共用一种新文字是否要为他们制定另一种新文字呢？这个问题，我认为除了解决以上一系列问题之外，还要了解他们本民族人民的要求、意见，以及他们所接触的其他少数民族如傣族情况，还有他们民族各方面的情况，看是否必要创造一种单为他们自己用的文字，这种文字制定后是否有发展前途等才能确定。

20×20=400　　雲南少數民族社會歷史調查組稿紙